民事訴訟実務の基礎

加藤新太郎 ……… 編
前田惠三・村田渉・松家元 ……… 著

記録篇

第4版

弘文堂

目　次〈記録篇〉

第1　保全事件関係の書類
　　　―当事者の事情聴取書等― ………………………………… 1
　　1　藤田浩氏の事情聴取書 ……………………………………… 3
　　2　不動産占有移転禁止仮処分命令申立書 …………………… 6
　　3　供託書（裁判上の保証及び仮差押・仮処分解放金）…… 11
　　4　仮処分決定 …………………………………………………… 12
　　5　仮処分執行申立書 …………………………………………… 16
　　6　仮処分調書 …………………………………………………… 18
　　7　久保太一氏の事情聴取書 …………………………………… 23

第2　民事第一審訴訟記録 …………………………………………… 25
　　（第1分類）
　　1　民事第一審訴訟記録表紙 …………………………………… 27
　　2　期日指定 ……………………………………………………… 28
　　3　訴状審査表 …………………………………………………… 29
　　4　第1回口頭弁論調書 ………………………………………… 30
　　5　第1回弁論準備手続調書 …………………………………… 31
　　6　第2回弁論準備手続調書 …………………………………… 32
　　7　第2回口頭弁論調書 ………………………………………… 34
　　8　和解期日調書 ………………………………………………… 36
　　9　第3回口頭弁論調書（判決言渡し）……………………… 37
　　10　判決書（省略）……………………………………………… 38
　　11　判決書の送達報告書2通（省略）………………………… 39
　　12　訴状 …………………………………………………………… 40
　　13　答弁書 ………………………………………………………… 44
　　14　準備書面（被告）…………………………………………… 46
　　15　準備書面（原告）…………………………………………… 48
　　16　訴え変更申立書 ……………………………………………… 51

　　（第2分類）
　　1　書証目録（甲号証）………………………………………… 55

2	書証目録（乙号証）………………………………………	57
3	証人等目録（原告申出分）………………………………	58
4	証人等目録（被告申出分）………………………………	59
5	証拠説明書（原告）（●●4年3月28日付け）…………	61
6	証拠説明書（被告）（●●4年4月18日付け）…………	62
7	証拠説明書（原告）（●●4年5月16日付け）…………	63
8	証拠説明書（原告）（●●4年6月13日付け）…………	64
9	証拠説明書（被告）（●●4年6月20日付け）…………	65
10	甲第1号証・全部事項証明書……………………………	66
11	甲第2号証・家屋賃貸借契約書…………………………	67
12	甲第3号証の1・催告書（内容証明郵便）……………	68
13	甲第3号証の2・郵便物配達証明書 （●●4年2月15日付け）……………………………	69
14	甲第4号証の1・請求書（内容証明郵便）……………	70
15	甲第4号証の2・郵便物配達証明書 （●●4年3月10日付け）……………………………	71
16	甲第5号証・預金通帳……………………………………	72
17	甲第6号証・領収証………………………………………	74
18	甲第7号証・陳述書（原告）……………………………	75
19	乙第1号証・荷送り状控え………………………………	78
20	乙第2号証・陳述書（被告）……………………………	79
21	本人調書（原告）…………………………………………	81
22	本人調書（被告）…………………………………………	88
23	証拠申出書（原告）………………………………………	96
24	証拠の申出書（被告）……………………………………	97

（第3分類）

1	訴状委任状（原告）………………………………………	101
2	訴状委任状（被告）………………………………………	102
3	FAX送信書・期日請書……………………………………	103
4	郵便送達報告書……………………………………………	104
5	訴訟進行に関する照会書…………………………………	105
6	ファクシミリ送信書（被告訴訟代理人から裁判所宛）……	106
7	FAX送信票（被告訴訟代理人から原告訴訟代理人宛）……	107
8	準備書面・書証等　提出・直送書，受領書……………	108
9	その他のファクシミリ送信書等（省略）………………	109

第3 執行事件関係の書類……………………………………111
　　1　強制執行申立書（建物明渡執行）………………113
　　2　執行文……………………………………………118
　　3　判決正本送達証明申請書，同証明書……………119
　　4　委任状（建物明渡執行）………………………120
　　5　保管金受領証書（建物明渡執行）………………121
　　6　強制執行申立書（動産執行）……………………122
　　7　委任状（動産執行）……………………………125
　　8　保管金受領証書（動産執行）……………………126
　　9　強制執行調書（建物明渡執行・●●4年8月24日付け）…127
　　10　執行不能調書（動産執行）………………………132
　　11　強制執行調書（建物明渡執行・●●4年9月28日付け）…136
　　12　正本還付申請書，同受書…………………………139

第4 担保取消関係の書類……………………………………141
　　1　担保取消申立書……………………………………143
　　2　判決確定証明申請書，同証明書…………………144
　　3　供託原因消滅証明申請書，同証明書……………145

保全事件関係の書類
―当事者の事情聴取書等―

藤田　浩氏の事情聴取書

◎事情聴取の日時
　●●4年3月7日（月）午後5時30分
◎依頼者
　〒〇〇〇-〇〇〇〇　〇〇県〇〇市〇〇町〇丁目〇番〇号
　電話　〇〇〇-〇〇〇-〇〇〇〇
　　　藤　田　　　　浩（昭和55年5月10日生）

1　はじめに
　①　私は，昭和55年5月10日，父清，母悦子の長男として〇〇県〇〇市に生まれ，現在，光学機器メーカーに研究職として勤務しています。
　　　父清（昭和31年11月3日生まれ）は●●3年8月25日の夕方に交通事故に遭って，また，母悦子（昭和32年9月9日生まれ）は平成21年3月2日持病の糖尿病が悪化して，2人とも亡くなっております。
　　　私には，他に兄弟姉妹はありません。
　②　今回相談したいのは，亡くなった父が一戸建ての家を久保太一氏（以下「久保氏」といいます。）に貸していたのですが久保氏が家賃を続けて5か月分合計100万円も滞納したので，私が契約を解除しました。しかし，建物を明け渡さないため，その対応について相談したいのです。
　　　なお，本日は，あらかじめ電話をした際に用意をしておいて下さいとのお話があった書類も，持参しています。
2　賃貸借契約の締結
　①　私が久保氏に明渡しを求めている建物は，父が平成16年5月，その底地と一緒に，平成16年6月の結婚が決まっていた私たち夫婦の新居として購入してくれたものです。結婚後は私たち夫婦が住んでいましたが，平成21年に母が亡くなり私たち夫婦が父と同居することになったので，父が空き家にしておくのももったいないといって人に貸すことにし，店舗用に若干の改装を加え，石村裕司さんという人に平成22年から●●2年までの間，店舗兼居宅として貸していました。石村さんは，2階に住んで1階でCDレンタル業を営んでいました。
　　　石村さんが廃業して退室した●●2年1月，父は地元で不動産業を営む前沢聡さんに仲介を任せたところ，2月に入って，久保氏が，店舗兼居宅として借りたいと言ってきたのです。
　　　父の生前の話では，久保氏は父の中学・高校時代の同級生で，大学進学後は付き合いがなかったが，大学卒業後就職した会社を平成28年に退職してから個人

で画廊（久保画廊）を営んでいる，とのことでした。
　② 契約内容についてですが，契約書の日付である●●2年4月3日に，父と久保氏が前沢さんの事務所で会って，家賃は月額20万円とし，これをいわゆる前家賃，すなわち毎月末日までに翌月分を父の銀行口座に振り込む方法で支払うこととし（振込手数料は賃借人負担），契約期間は●●2年4月3日から●●5年4月2日までの3年間，使用目的は店舗（画廊）兼居宅，敷金3か月分との約束で貸すこととし，その日に鍵を渡しています。
　　なお，賃料の支払方法は，契約書上は「持参又は送金して」となっていますが，実際には父の銀行口座に振り込んでもらっていました。また，同級生のよしみで，保証人・保証金ともになしということにしたと聞いていますが，家賃20万円はこのあたりの相場であり，特に安いといったことはないと思います。
3　家賃の滞納
　① 家の管理は父がしていましたので，父の生前，私は，家賃の支払状況等をよく知りませんでした。
　　●●3年8月25日に父が交通事故に遭って急死し，葬儀等を済ませ父のこの家と土地も私が相続し，その他の財産の相続に関する手続なども済ませ，ようやく家の管理にも手が回るようになってから，久保氏からの家賃が振り込まれていた銀行口座の通帳を点検してみたところ，本件賃貸借契約締結の直後から賃料の支払が遅れがちで数日程度の入金の遅れが常態化していたことを知りました。
　② ●●3年9月分の家賃は9月13日に振り込まれていました。
　　ところが，その後は，久保氏から10月分以降の家賃の支払がありませんでした。私も，手紙で家賃の催告をしましたが，手紙を郵送するにあたって内容証明や配達証明の扱いにするということはしませんでした。また，私は，会社が休みの日にも何回か久保氏の店舗の方に出向いたほか，年末の12月30日にも直接訪問して，未払となっている10～12月分の家賃3か月分と，年末に弁済期がくる●●4年1月分の家賃の督促をしましたが，そのときの久保氏は，「1月中に全額まとめて支払う。」と言うばかりで，久保氏のその言葉を信じて家に帰りました。
　　なお，正確な日にちは覚えていませんが，確か●●3年11月下旬の夕刻だったと思いますが，久保氏の店舗内に入ると，大柄で一見やくざ風の男が久保氏と何か激しいやりとりをしているのを見たことがあります。時折「借金」とか「店を渡す」「名義を変える」とかいった言葉が聞こえてきましたが，話の内容は私にはよく聞き取れませんでした。ちょっと恐ろしい感じがしたので，その日は結局久保氏と話をせずに家に帰りました。
4　賃貸借契約解除

しかし，年が変わっても久保氏から家賃の支払はありません。
　仕方なく私は，市販のハウツー本を買って参考にして，●●4年2月14日，久保氏に対して，未払になっている●●3年10月から●●4年2月まで5か月分の家賃合計100万円の支払を求めるとともに，書面到着後1週間以内に家賃全額の支払がなければ賃貸借契約を解除する，との書面を配達証明書付きの内容証明郵便で郵送しました。
　すると，翌15日，私からの手紙を受け取った久保氏から私宛に電話があり，また，2月21日には私の自宅を訪ねてきましたが，久保氏は，ただ「もうしばらく待って欲しい。」と言うだけでした。

5　絵画の購入
　なお，父と久保氏との関わり合いで興味深いものとして，父が，生前に久保氏の画廊で日本画1枚（松本元太郎作「大雪山」）を100万円で購入したということがあり，その絵は今我が家の居間に掛かっています。
　この絵の代金は，父が，生前の●●3年6月29日，全額現金で支払っています。
　元々父は絵画の趣味などないのに，6月29日，突然日本画を家に持ち込んで居間に飾ろうとしたので，私が不審に思って尋ねたところ，父は，久保氏から「画廊の経営が思わしくないので，1枚絵を買ってもらえないか。現金一括で代金を支払ってくれるのなら，定価は120万円だけれども，100万円にサービスするから，是非買ってもらえないか。支払は6月末までであれば結構です。」と懇請され，久保氏の画廊の経営を助けるつもりもあって買ってやった，代金は建物の修繕費用等として手元に置いてあったお金の中から今日絵と引換えに支払ってきた，などと話しておりました。
　父の死後，遺品を整理しておりましたところ，この絵の代金の領収証が見つかりました。●●3年6月29日付けの領収証には，「金壱百萬圓也　但　お品代として」と明記されていますが，この字は父の筆跡ではありません。

6　最後に
　久保氏には，一日も早く，本件建物から退室してもらいたいと思います。
　法的手続をとることも含めて，相談にのって欲しいと思います。その場合の今後の手続の流れについて，概要を説明して下さい。
　なお，法的手続をとった場合，日本の裁判では訴訟提起後も話合いで解決することが多いと聞いていますが，今の私にはそのような気持ちは全くありません。もちろん，専門家である弁護士や裁判官の意見に耳を傾けるつもりではおります。
　また，諸費用，特に弁護士に支払う報酬には，着手金と報酬金というものがあると聞いていますので，これらについても今日詳しいお話を聞かせていただきたいと思っています。
　　　　　　　　　　　　　　　　　　　　　　　　　　　　　　　　以　上

| 収入印紙 | **不動産占有移転禁止仮処分命令申立書** |

●●4年3月14日

○○地方裁判所　御中

　　　　　　　　　　　　　債権者代理人弁護士　　甲　野　太　郎　㊞

当事者の表示　　　　　　別紙当事者目録記載のとおり
仮処分により保全すべき権利　　建物明渡請求権

　　　　　　　　　申　立　て　の　趣　旨
　債務者は，別紙物件目録記載の物件に対する占有を他人に移転し，又は占有名義を変更してはならない
　債務者は，上記物件の占有を解いて，これを執行官に引き渡さなければならない
　執行官は，上記物件を保管しなければならない
　執行官は，債務者に上記物件の使用を許さなければならない
　執行官は，債務者が上記物件の占有の移転又は占有名義の変更を禁止されていること及び執行官が上記物件を保管していることを公示しなければならない
との裁判を求める。

　　　　　　　　　申　立　て　の　理　由
第1　被保全権利
1　本件賃貸借契約の締結
　債権者の父である藤田　清（以下「清」という。）は，債務者に対し，●●2年4月3日，次の約定でその所有していた別紙物件目録記載の建物（以下「本件建物」という。甲1）を賃貸し（以下「本件賃貸借契約」という。甲2），これを引き渡した。
(1)　賃　　　料　　1か月20万円
(2)　賃料支払期間　毎月末日までに翌月分の賃料を貸主方に持参又は送金して支払う。

(3)　賃　貸　期　間　●●2年4月3日から●●5年4月2日まで3年間
　(4)　特　約　条　項
　　　借主が賃料の支払を1回でも怠ったとき，その他本件賃貸借契約の約定に違反したときは，貸主は何らの催告を要せず直ちに本件賃貸借契約を解除することができる。
2　債権者による地位の承継
　　清は，●●3年8月25日に死亡し，同人の長男で唯一の相続人である債権者が本件建物の所有権を相続により取得し，同年9月9日に本件建物についてその敷地とともに債権者名義の所有権移転登記手続をした（甲1）。
　　これにより，債権者は本件建物の賃貸人としての地位を承継した。
3　本件賃貸借契約の解除
　　債務者は，本件賃貸借契約締結の直後から賃料の支払が遅れがちであったが，●●3年10月分から●●4年2月分までの賃料100万円を支払わなかった（甲3）。
　　本件賃貸借契約には前記1の(4)に記載のとおり賃料の支払を1回でも怠ったときは解除できるとの無催告解除特約があったが，債権者は，債務者に対し，●●4年2月15日に債務者に配達された同月14日付けの内容証明郵便で，未払賃料をこの内容証明郵便到達後1週間以内に支払うよう求めるとともに，債務者がその支払をしないときは本件賃貸借契約を解除するとの意思表示をした（甲4の1・2）。
　　しかし，債務者は，同月22日までに前記未払賃料を支払わなかった。
　　したがって，本件賃貸借契約は，同月23日に債務者の債務不履行に基づく解除によって終了した（甲5の1・2）。
4　被保全権利のまとめ
　　よって，債権者は債務者に対し，本件賃貸借契約の終了に基づく本件建物の明渡請求権を有している。

第2　保全の必要性
1　債務者の現況について
　　債務者は，契約締結後現在に至るまで本件建物を店舗（久保画廊）兼居宅として使用している。
　　そして，その詳細は不明であるが，本件建物の債務者方にその債権者と思われる第三者が訪れ，債務者との間で，本件建物の占有を第三者に移転し又は占有名義を第三者名義に変更するとも聞き取れるような会話もあった（甲6）。
　　このような債務者は，本件建物の占有を第三者に移転し又は占有名義を第三者

名義に変更するおそれがある。
 2　結　語
　　債権者は，前記第1の4に記載の権利を実現するため，本案訴訟を準備中であるが，前記のおそれが現実化すると，債権者は勝訴の判決を得てもその執行は不可能になる。
　　そこで，債権者は本件仮処分命令の申立てに及んだ次第である。

以　上

疎　明　方　法

1　甲1　　　　　　　全部事項証明書（省略）
2　甲2　　　　　　　家屋賃貸借契約書（省略）
3　甲3　　　　　　　預金通帳（省略）
4　甲4の1　　　　　催告書（内容証明郵便）（省略）
5　甲4の2　　　　　郵便物配達証明書（省略）
6　甲5の1　　　　　請求書（内容証明郵便）（省略）
7　甲5の2　　　　　郵便物配達証明書（省略）
8　甲6　　　　　　　報告書（省略）

添　付　書　類

1　甲号証　　　　　　　　　　　各1通（省略）
2　固定資産評価証明書　　　　　1通（省略）
3　委任状　　　　　　　　　　　1通（省略）

　　　　　　　　　当　事　者　目　録

〒〇〇〇-〇〇〇〇　〇〇県〇〇市〇〇町〇丁目〇番〇号
　　　　債　権　者　　藤　田　　　　浩
〒〇〇〇-〇〇〇〇　〇〇県〇〇市〇〇町〇丁目〇番〇号
　　　　　　〇〇〇ビルディング〇階　甲野法律事務所（送達場所）
　　　　債権者代理人弁護士　　甲　野　太　郎
　　　　　　　電　話　〇〇〇-〇〇〇-〇〇〇〇（代表）
　　　　　　　ファクシミリ　〇〇〇-〇〇〇-〇〇〇〇
〒〇〇〇-〇〇〇〇　〇〇県〇〇市〇〇町〇丁目〇番〇号
　　　　債　務　者　　久　保　太　一

物　件　目　録

所　　在　　〇〇市〇〇町〇丁目〇番地

家屋番号　　〇番

種　　類　　居宅

構　　造　　木造瓦葺2階建

床 面 積　　1階　85．30平方メートル
　　　　　　2階　62．41平方メートル

供託書・OCR用
(裁判上の保証及び仮差押・仮処分解放金)

(第2号様式 印供第32号)

字加入	字削除		係受付員印	頁	調査	記録	/

申請年月日	●● 4 年 3 月 14 日
供託所の表示	○○地方法務局

法令条項

裁判所及び事件名等:
- ○○ 地方 ☐ ○○ 支部
- ●● 4 年 (ヨ) 第 123 号 不動産占有移転禁止 仮処分命令申立 事件

当事者:
- ☐ 原告 ●● 申請人 ☐ 債権者
- ☐ 被告 ☐ 被申請人 ●● 債務者
- 供託者 / 被供託者

供託の原因たる事実

- ☐ 訴訟費用の担保
- ☐ 仮執行の担保
- ☐ 強制執行取消の保証
- ●● 仮処分の保証
- ☐ 仮執行を免れるための担保
- ☐ 強制執行停止の保証
- ☐ 仮差押の保証
- ☐ 仮差押取消の保証
- ☐ 強制執行続行の保証
- ☐ 仮処分取消の保証
- ☐ 仮差押解放金
- ☐ 仮処分解放金
- ☐ その他

備考

(注) 1. 供託金額の冒頭に¥記号を記入してください。なお、供託金額の訂正はできません。
2. 本供託書は折り曲げないでください。

供託者の住所氏名	住所	○○県○○市○○町○丁目○番○号
	氏名・法人名等	藤 田 浩
	代表者等又は代理人住所氏名	○○県○○市○○町○丁目○番○号 ○○ビルディング○階 甲野法律事務所 甲野 太郎

☐ 別添のとおり
ふりかたからは別紙継続用紙に記載してください。

被供託者の住所氏名	住所	○○県○○市○○町○丁目○番○号
	氏名・法人名等	久 保 太 一

☐ 別添のとおり
ふりかたからは別紙継続用紙に記載してください。

供託金額	百十億千百十万千百十円
	¥ 5 0 0 0 0 0

受理 ㊞ ●● 4 年 3 月 14 日

↓ 濁点、半濁点は 1 マスを使用してください。

供託者カナ氏名	フ	ジ	タ	ヒ	ロ	シ										

仮 処 分 決 定

　　当　事　者　　別紙当事者目録記載のとおり

　上記当事者間の●●4年（ヨ）第123号　仮　処　分命令申立事件について，当裁判所は，債権者の申立てを相当と認め，　債権者に　金50万円
の担保を立てさせて，次のとおり決定する。

　　　　　　　　　　主　　　　　文
　債務者は，別紙物件目録記載の物件に対する占有を他人に移転し，又は占有名義を変更してはならない。
　債務者は，上記物件の占有を解いて，これを執行官に引き渡さなければならない。
　執行官は，上記物件を保管しなければならない。
　執行官は，債務者に上記物件の使用を許さなければならない。
　執行官は，債務者が上記物件の占有の移転又は占有名義の変更を禁止されていること及び執行官が上記物件を保管していることを公示しなければならない。

　　●●4年3月15日

　　　　　　　○○地方裁判所民事第○部
　　　　　　　　　裁　判　官　　○　○　○　○

　　　　　　　　　当　事　者　目　録

〒○○○-○○○○　○○県○○市○○町○丁目○番○号

　　　　債　権　者　　藤　田　　　浩

〒○○○-○○○○　○○県○○市○○町○丁目○番○号

　　　　　　○○○ビルディング○階　甲野法律事務所（送達場所）

　　　　債権者代理人弁護士　　甲　野　太　郎

　　　　　　　電　話　○○○-○○○-○○○○（代表）

　　　　　　　ファクシミリ　○○○-○○○-○○○○

〒○○○-○○○○　○○県○○市○○町○丁目○番○号

　　　　債　務　者　　久　保　太　一

物　件　目　録

　　所　　在　　　○○市○○町○丁目○番地
　　家屋番号　　　○番
　　積　　類　　　居宅
　　構　　造　　　木造瓦葺2階建
　　床 面 積　　　1階　85．30平方メートル
　　　　　　　　　2階　62．41平方メートル

これは正本である。

　●●4年3月15日

　　○○地方裁判所民事第○部

　　　裁判所書記官　　　　　　某　　㊞

注意　①申立書に使用した債権者，又は代理人の印
　　　　鑑と，保管金提出に使用する印鑑が異る
　　　　場合は受付係に申し出て下さい。
　　　②該当文字を○で囲む

執行の立会　㊲・無
立会希望月日

強　　制 執 行 申 立 書 仮差押・仮処分	受付印	郵送地方
○　○　地方裁判所 支部　執行官　御中　　●●4年3月15日	予納金 （解錠執行　有・無）　　　　円	担当　　　　　　　　区

（〒○○○-○○○○）
　　　　住　　所　　○○市○○町○丁目○番○号
　　　　債権者　　藤　田　　　浩

（〒○○○-○○○○）　　○○市○○町○丁目○番○号　○○○ビルディング○階
　　　　送達場所　　甲野法律事務所
　　　　代理人　　甲　野　太　郎　　㊞

（〒○○○-○○○○）
　　　　住　　所　　○○市○○町○丁目○番○号
　　　　フリガナ　　　ク　ボ　タ　イ　チ
　　　　債務者　　久　保　太　一

（〒　　　　）
　　　　住　　所
　　　　フリガナ
　　　　債務者

目的物の所在場所　　目的物所在地の略図は別紙調査表のとおり
　（執行の場所）
①．前記債務者の住所

2．

3．

　　　　連絡先　電　話　○○○-○○○-○○○○（代表）

執行の目的及び執行の方法
イ．動産執行　（家財・商品類・機械・貴金属・その他）
ロ．建物明渡・土地明渡・建物退去・代替執行（建物収去等）・不動産引渡
動産引渡・船舶国籍証書等取上・自動車引渡
ハ．動産仮差押（家財・商品類・機械・貴金属・その他）
仮処分 （動産・ 不動産 ・その他）
特別法に基づく保全処分

請求金額　金　　　　　　　　　　　　　　　万円　　　（内訳は別紙のとおり）

目 的 物 件 　　別紙のとおり

債 務 名 義 の 表 示

1.　○○地方裁判所　　　支部　平成●● 4年（ヨ）第　１２３　号

　　　判決・仮執行宣言付支払命令・仮執行宣言付支払督促　　　　調書
　　　仮差押命令・ 仮処分命令 　不動産引渡命令

2.　　　法務局所属公証人

　平成●●　　年　第　　　　　号　執行証書

添付書類		
①．上記の正本		1通
2．送達証明書		通
3．確定証明書		通
4．資格証明書		通
⑤．委任状		1通
⑥．債務者に関する調査表		1通
7．更正決定の正本		通
8．更正決定の証明書		通
9．		通

1．同時送達の申出　　　　　　有・㊀

②．執行調書謄本を関係人に交付されたい。

3．事件終了後，債務名義正本・送達証明書を
　　返還下さい。（但し全額弁済を除く）

　　　　　　　　　　　　　　　　　　印
4．関連事件の事件番号
　　　　　　年（執　）
　　　　　　第　　　　　　　号

（注）当事者目録及び物件目録は省略

●●4年（執ハ）第10号

仮 処 分 調 書

執行に着手した日時	●●4年3月22日	午前 10時 15分
執行を終了した日時		午前 10時 30分
執 行 の 場 所	○○県○○市○○町○丁目○番○号	
執 行 の 目 的 物	別紙物件目録のとおり	
執行に立ち会った者	債権者代理人　　甲野太郎 債務者　　　　　久保太一 立会人　　　　　某	

執 行 の 内 容

1　目的物の現況，占有状態等は別紙調査表のとおり。
2　目的物に対する債務者の占有を解いて執行官の保管とした。
　債務者に使用を許した。
3　本調書に添付の公示書写しと同文の公示書を目的物の入口ドアを入った右側壁面に貼付した。
4　債務者に対し，仮処分物件の処分，仮処分の公示書の損壊等の行為をした場合，法律上の制裁があることを下記の方法により告知した。
　　　　　　　　　　　　　　　　記
　㋑　口頭
　ロ　公示書
　㋩　公示書に併記かつ本調書を送付
5　特記事項
　　債務者方は不在で施錠されていることが予測されたので，解錠技術者及び立会人を同行して臨場した。

	当事者の表示等　別紙のとおり	
執行に立ち会った者等の署名押印	債権者代理人　　甲　野　太　郎	㊞
	債務者　　　　　久　保　太　一	㊞
	立会人　　　　　某	㊞
	技術者　　　　　某	㊞

●●4年3月22日

○　○　地　方　裁　判　所

執　行　官　　　　　　　某　　㊞

占有関係等調査表

物件番号	債務者	調査の結果		
		物件の状況	占有範囲	占有者
	久保太一	☑ 居宅 ☑ 事務所 ☑ 店舗	☑ 全部 ☐	☑ 左記債務者 ☐
		☐ 居宅 ☐ 事務所 ☐	☐ 全部 ☐	☐ 左記債務者 ☐

(参考事項)
☑ 郵便受けの表示，　☑　表札の表示，
☐ 債務者宛の郵便物（☐　　　　　　　　　　　　　　　　　）の存在
☑ 債務者宛の公共料金関係書類（☑電気，☑ガス，☑水道）の存在
☑ 債務者（☐方在室者，　☐会社代表者，　☐会社従業員，☐　　　　）の陳述要旨

私が１人で居宅兼店舗（久保画廊）として使用しています。

☑ 債権者（代理人）の陳述，　☑　債務名義の存在（**仮処分決定正本**）
☐ 一件記録の資料

☐

☐

☐
　及び現場の状況等を総合勘案して上記のとおり認定した。

●●4年（執ハ）第10号

公　示　書

（事件番号）　●●4年（ヨ）第123号
（債権者）　藤　田　　　浩
（債務者）　久　保　太　一

　標記の事件について，○○地方裁判所がした仮処分決定に基づき，次のとおり公示する。

1　債務者は，下記仮処分物件の占有を他人に移転し，又は占有名義を変更することを禁止されている。
2　執行官が●●4年3月22日下記仮処分物件の債務者の占有を解いて，これを保管中である。
　　ただし，債務者に限り，使用を許した。

（注意）下記仮処分物件の処分，公示書の損壊等をした場合，刑罰に処せられる。

　　●●4年3月22日
　○○地方裁判所執行官　　　　　　　某　　　㊞

（仮処分物件の表示）
　　別紙物件目録のとおり

（注）当事者目録及び物件目録は省略

これは謄本である。

　●●4年3月22日

　　○○地方裁判所

　　　執　行　官　　　　　　某　㊞

久保太一氏の事情聴取書

◎　事情聴取の日時場所
　　　　●●4年4月7日午後1時30分　　　当事務所
◎　依頼者
　　　　○○県○○市○○町○丁目○番○号
　　　　電話　○○○－○○○－○○○○
　　　　　　　　久　保　太　一（昭和32年1月20日生）

1　●●2年4月3日，不動産屋の前沢聡さんの仲介で本件物件を借りることになり，大家さんと初めて会いました。驚いたことに，大家さんは中学高校の同級生であった藤田清君でした。清君から「同級生だから，保証人はいらないよ。」と言われ，家賃月額20万円で期間3年の約束で賃借りすることになりました。3年後も建物賃貸借契約を当然更新するつもりでした。不動産屋からは，特に契約書に関する説明はなく，言われるままに契約書に署名押印し，4月分の家賃を日割計算で支払い，鍵を受け取りました。

2　清君とは賃貸借契約締結の際に再会して以来，食事やら飲み会やらで交流を重ねてきましたので，清君が●●3年8月25日に交通事故で亡くなられたと聞いたときは，大変ショックでした。

3　清君が私所有の絵を買ってくれたことについて，説明します。
　　●●3年6月29日，清君が絵を見せてくれと言って，私の住居兼画廊にやってきました。世話になった人に絵を贈るのだというので，私が購入予算を尋ねると，100万円から120万円くらいだということでした。そこで，私が所有している絵と売却を頼まれている絵が画廊に置いてありましたので，清君にそれらの絵を見せました。すると，清君は私が所有している松本元太郎画伯の「大雪山」と「湖水」を大変気に入り，この2点を買いたいというのです。私が「2点も買ってくれるのか。」と聞くと，彼は「両作品とも気に入った。『大雪山』は自宅に置き，『湖水』は世話になっている人に贈ることにしたい。どのくらいで売ってくれるのか。」と聞いてきました。「大雪山」と「湖水」はそれぞれ120万円でしたが，彼が2点も購入してくれるというし，彼が世話になっている人への贈り物ということなので，私は「それぞれ価格は120万円だが，友達に売るのだから思いきって『大雪山』，『湖水』をそれぞれ100万円，合計200万円でどうか。」と答えました。すると，彼は「『大雪山』の100万円は即金で支払うが，残金100万円は2か月後にして欲しい。」と言いました。私は，多少躊躇しましたが，一度に2点も売却できるので，彼の申入れを承諾しました。彼は，一度家に戻り，現金100万円

を持ってきて払ってくれました。私は，１００万円の領収証を書き，彼に渡しました。彼は，私に「湖水」を送ってくれないかと言って，送り先のメモを手渡してくれたので，私が業者に頼み，メモに書かれた住所に「湖水」を搬送してもらいました。送料は私が負担しました。その業者に頼んだ際の送り状がありますので，証拠として提出します。彼は，よい絵を買ったと喜んで，その日に「大雪山」を自分で持ち帰りました。

4 ●●３年８月２５日に清君が突然亡くなってしまい，残金１００万円を支払ってもらえるのか多少心配でしたが，「大雪山」を自宅に持って帰っているので，相続人も分かっているものと思っていました。

　ところが，●●４年２月１５日，突然，藤田浩君から未払家賃１００万円を支払えとの催告書が送られてきました。確かに，●●３年１０月分から●●４年２月分まで家賃を支払っていないことは事実です。景気が悪く，絵が売れなくなったことで，生活費を稼ぐだけで精一杯でした。しかし，私は，清君の相続人から絵の残代金１００万円を支払ってもらっていないので，家賃を支払わなくてもいいと考えていました。ですから，浩君から，家賃を支払えとの書面がきたので，●●４年２月２１日には，浩君の家に行って，絵の代金と相殺することを告げました。

5 私が，浩君に絵画の代金と家賃を相殺すると言ったにもかかわらず，裁判所から来た執行官に公示書を貼られ，今度は訴状が送られてきました。清君が亡くなったと聞いて，一番に駆けつけたのは私なのに，その息子が私を裁判にかけるなど，とんでもないことです。

6 送られてきた訴状を見ましたら，私が契約直後から家賃を遅れて支払っていると書いてありました。しかし，私は，家賃を遅れないように，その月の分はその月にきちんと支払っています。契約書を見ましたら，確かに家賃は前払いと書かれていましたが，契約する際には，そのような説明を受けていませんので，家賃を前払いしなければならないことは知りませんでした。清君の相続人が，浩君のほかに誰がいるのかは知りません。

7 話し合えば分かることなのに，なぜ裁判を起こしてきたのか理解できません。しかし，裁判を起こされた以上，はっきり白黒をつけたいと思います。なお，賃貸借契約は現在も続いていると考えていますので，今後も家賃は支払います。

以　上

民事第一審訴訟記録

調停委員	裁判官	A	期	4/25・10:00	/ ・ :	/ ・ :
				5/23・3:00	/ ・ :	/ ・ :
				6/20・11:00	/ ・ :	/ ・ :
	書記官	B	日	7/20・1:30 本人2	/ ・ :	/ ・ :
				7/25・4:30 和	/ ・ :	/ ・ :
				8/8・1:10 判	/ ・ :	/ ・ :

民事第一審訴訟記録

○○地方裁判所民事第○部

結果 ●●年月日 □認容 □一部認容 □棄却 □和解 □認諾 □取下 □	事件番号	●● 4年(ワ)第254号	事件の標目	建 物 明 渡
		●● 年( )第 号		
		●● 年( )第 号		
		●● 年( )第 号		

	符号	当事者	符号	代理人	電話 ファックス
保存始期 / 保存終期 ●●年月日 / ●●年月日 報告 □受理 □結果 保管物 □受入 □返還 予告登記 □嘱託 □抹消 □事件票 □事件簿	甲	藤 田 浩		甲 野 太 郎	○○○-○○○○-○○○○ ○○○-○○○○-○○○○
	乙	久 保 太 一		乙 野 次 郎	○○○-○○○○-○○○○ ○○○-○○○○-○○○○

当事者欄 符合 原告 甲・被告 乙・参加人 丙・引受人 丁・補助参加人 戊

全　冊の内　冊

●●4年(ワ)第254号
請求事件
原告　藤田　浩
被告　久保太一

　　　　　　　　　　命　　　　令

頭書の事件について，期日を次のとおり指定する。

●●4年4月25日　午前10時00分　　口頭弁論期日

　　　　　　　　　　●●4年3月29日
　　　　　　　　　　　○○地方裁判所民事第○部
　　　　　　　　　　　　　　　　　　裁　判　官　　　㊞

当事者双方代理人に対し，即日電話により告知済み。　裁判所書記官

訴 状 審 査 表　　　　　●● 4年（ワ）第 254 号

審　査　事　項		事件係	係書記官	補　正　の　内　容	連　絡	結果
当事者	当事者の表示	✓	✓		／	
	委　任　状	✓	✓		／	
	資 格 証 明 書				／	
					／	
訴訟物	訴訟物の価額	✓	✓		／	
	証　明　書	✓	✓		／	
	貼 用 印 紙 額	✓	✓		／	
					／	
その他	管　　　轄	✓	✓	□管轄証明文書	／	
	訴 訟 費 用	✓	✓		／	
					／	
添付書類	戸 籍 謄 本				／	
	登 記 簿 謄 本	✓	✓		／	
	重 要 書 証		✓		／	
	目 録 図 面				／	

請求の趣旨・原因等	
連絡メモ	〔書記官〕　　　　　　　　　〔裁判官〕
備考	

裁判官認印 ㊞

第1回口頭弁論調書

事件の表示	●●4年(ワ)第254号
期日	●●4年4月25日午前10時00分
場所及び公開の有無	○○地方裁判所民事第○部法廷で公開
裁判官	A
裁判所書記官	B
出頭した当事者等	原告代理人　甲野太郎
	被告代理人　乙野次郎
指定期日	●●4年5月23日午後3時00分　弁論準備

　　　　　　　弁論の要領等

原告
　　訴状陳述
被告
　　答弁書陳述
裁判官
　　本件を弁論準備手続に付する。
証拠関係別紙のとおり

　　　　　　　　　　　　　　　　裁判所書記官　　B　㊞

第1回弁論準備手続調書

事 件 の 表 示	●●4年（ワ）第254号
期　　　　　日	●●4年5月23日午後3時00分
場　所　等	○○地方裁判所民事第○部準備手続室
裁　判　官	A
裁判所書記官	B
出頭した当事者等	原告代理人　　甲　野　太　郎
	被告代理人　　乙　野　次　郎
指　定　期　日	●●4年6月20日午前11時00分

当　事　者　の　陳　述　等

原　　告
　　準備書面（●●4年5月16日付け）陳述
被　　告
　　準備書面（●●4年5月9日付け）陳述
　　原告の準備書面第3の各事実のうち，1は否認し，2，3はいずれも認める。
続　　行
証拠関係別紙のとおり

　　　　　　　　　　　　　　　　　　　　裁判所書記官　　　B　㊞

裁判官認印　㊞

第2回弁論準備手続調書

事　件　の　表　示	●●4年（ワ）第254号
期　　　　　日	●●4年6月20日午前11時00分
場　所　等	○○地方裁判所民事第○部準備手続室
裁　判　官	A
裁判所書記官	B
出頭した当事者等	原　　告　　藤　田　　浩
	原告代理人　甲　野　太　郎
	被　　告　　久　保　太　一
	被告代理人　乙　野　次　郎
指　定　期　日	●●4年7月20日午後1時30分

当　事　者　の　陳　述　等

被　　告
　　被告は，原告に対し，●●4年4月11日及び同年5月2日に各20万円を，同年6月6日に10万円を本件建物の賃料あるいは賃料相当損害金として支払った。

原　　告
　　被告主張の上記支払は認める。原告は，同金員を本件建物の同年3月分，4月分，5月分（一部）の賃料相当損害金として受領している。

裁判官及び当事者双方
　　証拠調べによって証明すべき事実は次のとおりである。
　1　被告による相殺の自働債権があったか（松本元太郎作の絵画「湖水」の売

買があったか，同絵画の清への引渡しがあったか。）。
2　被告による相殺の意思表示があったか。
3　信頼関係を破壊しない特段の事情が認められるか。

証拠関係別紙のとおり
裁　判　官
　　弁論準備手続終結

　　　　　　　　　　　　　　　　　　　　　裁判所書記官　　　B　㊞

第2回口頭弁論調書

事 件 の 表 示	●●4年（ワ）第254号
期　　　　　日	●●4年7月20日午後1時30分
場所及び公開の有無	○○地方裁判所民事第○部　法廷で公開
裁　判　官	A
裁判所書記官	B
出頭した当事者等	原　　告　　藤　田　　浩
	原告代理人　　甲　野　太　郎
	被　　告　　久　保　太　一
	被告代理人　　乙　野　次　郎
指　定　期　日	●●4年7月25日午後4時30分　和解
	●●4年8月8日午後1時10分（判決言渡し）

弁　論　の　要　領

原　　告
　　　訴え変更申立書陳述
被　　告
　　　原告の訴えの変更申立書による請求の変更に異議はない。
当事者双方
　　　弁論準備手続の結果陳述
証拠関係別紙のとおり
裁　判　官
1　弁論終結

2　　和解勧告

　　　　　　　　　　　　　　　　　　　裁判所書記官　　B　㊞

裁判官認印　㊞

和　解　期　日　調　書

事 件 の 表 示	●●4年（ワ）第254号
期　　　　　日	●●4年7月25日午後4時30分
場　　　　　所	○○地方裁判所民事第○部和解室
裁　判　官	A
裁 判 所 書 記 官	B
出頭した当事者等	原　　告　　藤　田　　浩
	原告代理人　　甲　野　太　郎
	被　　告　　久　保　太　一
	被告代理人　　乙　野　次　郎

手　続　の　要　領　等

裁　判　官
　　　和解打切り

　　　　　　　　　　　　　　　　　　裁判所書記官　　　B　㊞

裁判官認印　㊞

第3回口頭弁論調書（判決言渡し）

事件の表示	●●4年（ワ）第254号
期　　日	●●4年8月8日午後1時10分
場所及び公開の有無	○○地方裁判所民事第○部　法廷で公開
裁判官	A
裁判所書記官	B
出頭した当事者等	（なし）
指定期日	

　　　　　　　　　　弁論の要領

裁判官
　　　判決原本に基づき判決言渡し

　　　　　　　　　　　　　　　　　裁判所書記官　　　B　㊞

判決書（省略）

（注）　解説篇２３９頁（在来様式の判決書例）及び２４４頁（新様式の判決書例）を参照。

判決書の送達報告書2通(省略)

訴　　状

●●4年3月28日

○○地方裁判所　御中

　　　　　　原告訴訟代理人弁護士　　甲　野　太　郎　㊞

〒○○○-○○○○　○○県○○市○○町○丁目○番○号
　　　　原　　告　　藤　田　　浩

〒○○○-○○○○　○○県○○市○○町○丁目○番○号
　　　　○○○ビルディング○階　甲野法律事務所（送達場所）
　　　　上記訴訟代理人弁護士　　甲　野　太　郎
　　　　　　　　電　話　○○○-○○○-○○○○（代表）
　　　　　　　　ファクシミリ　○○○-○○○-○○○○

〒○○○-○○○○　○○県○○市○○町○丁目○番○号
　　　　被　　　告　　久　保　太　一

建物明渡請求事件
　訴訟物の価額　　３２８万１２５１円
　貼用印紙額　　　　２万２０００円

第１　請求の趣旨
　１　被告は，原告に対し，別紙物件目録記載の建物を明け渡せ
　２　被告は，原告に対し，１００万円及び●●４年３月１日から１の建物明渡済み
　　まで１か月２０万円の割合による金員を支払え
　３　訴訟費用は被告の負担とする
　との判決並びに仮執行の宣言を求める。

第2　請求の原因
1　本件賃貸借契約の締結
　　原告の父である藤田　清（以下「清」という。）は，被告に対し，●●2年4月3日，次の約定でその所有していた別紙物件目録記載の建物（以下「本件建物」という。甲第1号証）を賃貸し（以下「本件賃貸借契約」という。甲第2号証），同契約に基づき，これを引き渡した。
　⑴　賃　　　　　料　　1か月20万円
　⑵　賃料支払期間　　毎月末日までに翌月分の賃料を貸主方に持参又は送金して支払う。
　⑶　賃　貸　期　間　　●●2年4月3日から●●5年4月2日まで3年間
　⑷　特　約　条　項
　　　借主が賃料の支払を1回でも怠ったとき，その他本件賃貸借契約の約定に違反したときは，貸主は何らの催告を要せず直ちに本件賃貸借契約を解除することができる。
2　原告による地位の承継
　　清は，●●3年8月25日に死亡し，同人の長男で唯一の相続人である原告が本件建物の所有権を相続により取得し，同年9月9日に本件建物について，その敷地とともに原告名義の所有権移転登記手続をした（甲第1号証）。
　　これにより，原告は本件建物の賃貸人としての地位を承継した。
3　本件賃貸借契約の解除
　　被告は，本件賃貸借契約締結の直後から賃料の支払が遅れがちであったが，●●3年10月分から●●4年2月分までの賃料100万円を支払わなかった。
　　本件賃貸借契約には前記1の⑷に記載のとおり賃料の支払を1回でも怠ったときは解除できるとの無催告解除特約があったが，原告は，被告に対し，●●4年2月15日に被告に配達された同月14日付けの内容証明郵便で，未払賃料をこの内容証明郵便到達後1週間以内に支払うよう求めるとともに，被告がその支払をしないときは本件賃貸借契約を解除するとの意思表示をした（甲第3号証の1・2）。
　　しかし，被告は，同月22日までに前記未払賃料を支払わなかった。
　　したがって，本件賃貸借契約は，同月23日に被告の債務不履行に基づく解除によって終了した（甲第4号証の1・2）。
4　本件建物の相当賃料額は，1か月20万円を下らない。
5　よって，原告は，被告に対し，本件賃貸借契約の終了に基づき，本件建物の明渡しと，未払賃料及び遅延損害金として100万円並びに●●4年3月1日から

同明渡済みまで1か月20万円の割合による遅延損害金の支払を求める。

証　拠　方　法

甲第1号証	全部事項証明書（建物）
甲第2号証	家屋賃貸借契約書
甲第3号証の1	催告書（内容証明郵便）
甲第3号証の2	郵便物配達証明書（配達日　●●4年2月15日）
甲第4号証の1	請求書（内容証明郵便）
甲第4号証の2	郵便物配達証明書（配達日　●●4年3月10日）

附　属　書　類

1	訴状副本	1通
2	甲第1号証	1通
3	甲第1号証写し	1通
4	甲第2号証から同第4号証の2までの各写し	各2通
5	証拠説明書	2通
6	固定資産評価証明書	1通（省略）
7	訴訟委任状	1通

物 件 目 録

所　　在　　〇〇市〇〇町〇丁目〇番地

家屋番号　　〇番

種　　類　　居宅

構　　造　　木造瓦葺2階建

床 面 積　　1階　85.30平方メートル

　　　　　　2階　62.41平方メートル

●●4年(ワ)第254号　建物明渡請求事件
原告　藤田　浩
被告　久保太一

答　弁　書

第1回弁論陳述

受付印

直送済
（編注　「受付印」・「直送済」との記載は以下省略）

●●4年4月18日

○○地方裁判所民事第○部イ係　御中

〒○○○-○○○○　○○市○○町○丁目○番○号
乙野法律事務所（送達場所）
被告訴訟代理人弁護士　　乙　野　次　郎　㊞
電　話　○○○-○○○-○○○○
FAX　○○○-○○○-○○○○

第1　請求の趣旨に対する答弁
　1　原告の請求を棄却する
　2　訴訟費用は原告の負担とする
　との判決を求める。
第2　請求の原因に対する認否
　1　請求原因第1項は認める。
　2　同第2項のうち，亡清が●●3年8月25日に死亡したことは認め，その余は不知。
　3　同第3項のうち，被告が●●3年10月分から●●4年2月分までの賃料100万円を支払わなかったこと，本件賃貸借契約には無催告解除特約があること，原告より，未払賃料を1週間以内に支払うよう，もし支払わない場合には本件賃貸借契約を解除するとの催告書が●●4年2月15日に被告に送達されたこと，被告が同月22日までに賃料を支払わなかったことを認め，その余は否認する。本件賃貸借契約が解除により終了したことは争う。
　　　被告は本件賃貸借契約締結から賃料を遅滞なく支払っていた。●●3年10月分から●●4年2月分までの賃料100万円は，後述のとおり，被告の亡清に対する売買代金債権と相殺により消滅している。
　4　同第4項は否認する。

5 同第5項は争う。
第3 相殺の抗弁
 1 被告は，●●3年6月29日，亡清に対し，被告所有の松本元太郎作「大雪山」及び「湖水」をそれぞれ代金100万円，合計200万円で売り，「大雪山」の代金として100万円の支払を受けた。
 2 被告は，亡清に対し，上記売買契約に基づき，上記絵画2点を引き渡した（乙1）。
 3 被告は，原告に対し，●●4年2月21日，上記残代金債権をもって，原告の賃料債権とその対当額において相殺するとの意思表示をした。

証　　拠　　方　　法

乙第1号証　　　荷送り状控え

附　　属　　書　　類

1 乙号証写し　　　　　　　　　　　1通
2 証拠説明書　　　　　　　　　　　1通
3 訴訟委任状　　　　　　　　　　　1通

●●4年(ワ)第254号　建物明渡請求事件
原告　藤田　浩
被告　久保太一

第1回弁論準備陳述

準　備　書　面

●●4年5月9日

○○地方裁判所民事第○部イ係　御中

被告訴訟代理人弁護士　乙　野　次　郎　㊞

1　絵画2点の売買契約締結の経緯
(1)　●●3年6月29日，亡清は，被告が画廊を営む本件建物に絵画を買いに来た。亡清は，大変世話になっている人へ絵を贈りたいので，被告が売っている絵を見せて欲しいというのであった。そこで，被告は所有していた松本元太郎作の「大雪山」，「湖水」及びその他の作品を見せた。すると，亡清は「大雪山」及び「湖水」(各120万円)を気に入り，その2点を購入したいが，いくらで売ってくれるかと尋ねてきた。被告は，亡清が2点もの絵を購入することに驚き，その理由を尋ねると，「大雪山」と「湖水」の両方とも気に入ったので，「大雪山」は自宅に飾ることにし，「湖水」を贈答にするとの話であった。
(2)　被告は，2点もの売買であるとともに，友人である亡清が世話になった人物への贈り物ということもあったので，亡清に対し「『大雪山』を100万円，『湖水』を100万円とし，合計200万円でどうだ。」と申し入れた。すると，亡清は「100万円は即金で支払うが，残りの100万円は2か月ほど待って欲しい。」と答えた。被告は，100万円の支払が2か月先になることに躊躇したが，亡清が中学高校時代の友人であったことから，これを承諾した。
(3)　以上のように，●●3年6月29日，亡清と被告との間において，上記絵画2点につき代金合計200万円，うち「大雪山」の代金100万円を即日支払い，「湖水」の代金100万円を●●3年8月31日までに支払うとの売買契約が成立した。被告は，「大雪山」を同日亡清に引き渡すのと引き換えに代金100万円を受け取った。「湖水」については，●●3年7月9日，亡清が指定した△△市○○町×丁目×番×号所在の株式会社三谷総業に搬入した(乙1)。
2　相殺の経過
(1)　被告は，売買代金100万円の支払期限である●●3年8月31日を待っていたところ，同月25日に亡清が死亡し，上記支払期限までに支払を受けられなか

った。しかし，被告は，亡清の相続人が亡清の売買代金債務の存在を当然知っているものと考え，特に亡清の相続人にその確認を求めることはしなかった。
 (2) 被告は，●●4年2月15日，原告より未払賃料100万円の催告を受けた。そこで，同月21日，被告は原告の自宅を訪問して，原告に対し，上記売買残代金債権をもって，原告の賃料債権とその対当額において相殺する旨意思表示をした。
3 信頼関係不破壊の事情
 被告には，上記1及び2の事実のほか，次のとおり，原告との賃貸借契約につき信頼関係を破壊すると認めるに足りない特段の事情があり，原告の本件賃貸借契約解除は効力を有しない。
 (1) 被告は，本件賃貸借契約締結時から●●3年9月分まで遅滞なく賃料を支払っており，本訴提起後の●●4年4月，5月にも賃料を支払っている。
 原告は、訴状第3項において、被告が賃料を遅れがちに支払っていると主張する。しかしながら，賃料は契約締結当初から当月分を月末までには支払ってきており，この点について亡清から非難を受け，また変更を求められたことは一度もない。
 (2) 被告には本件建物以外に居住する不動産はなく，本件賃貸借契約が解除されれば，被告は生活の本拠を失うことになる。
 (3) 被告は，本件建物において，「久保画廊」の屋号で画商を営んでいるが，画家や画商仲間に「久保画廊」の所在地が知れ渡っており，本件所在地を離れて今後「久保画廊」を営むことは相当困難であり，本件建物を明け渡すことは生活の糧を失うに等しい。
4 よって，原告の請求は棄却されるべきである。

以 上

●●4年(ワ)第254号 建物明渡請求事件
原　告　藤　田　　　浩
被　告　久　保　太　一

第1回弁論準備陳述

準　備　書　面

●●4年5月16日

○○地方裁判所民事第○部イ係　御中

原告訴訟代理人弁護士　　　甲　野　太　郎　㊞

　原告は，以下のとおり必要な限りで認否及び反論をする。
第1　答弁書の第3（相殺の抗弁）に対する認否及び反論
　1　同第1項の事実中，原告の父である藤田　清（以下「清」という。）が被告から，●●3年6月29日，絵画「大雪山」（松本元太郎作）を代金100万円で買ったこと及びその売買代金を同日支払った事実は認める。被告は同日付で領収証を発行している（甲第6号証）。
　　　清が被告から「湖水」と題する絵画を買ったとの事実は，否認する。
　2　同第2項の事実中，清が被告から絵画1枚（「大雪山」）の引渡しを受けた事実は認める。
　　　清が被告に「湖水」と題する絵画を引き渡したとの事実は否認する。前項のとおり，清が「湖水」と題する絵画を買った事実はなく，勿論，同絵画の引渡しを受けた事実もない。
　3　同第3項の事実について，被告が原告に対して●●4年2月21日付けで相殺の意思表示をしたとの事実は否認する。
　　　そもそも前記1に記載のとおり，清が「湖水」と題する絵画を買った事実はなく，清が被告から買った絵画（「大雪山」）の代金100万円は全額支払済みであり，被告の主張する自働債権は存在しない。

第2　被告の●●4年5月9日付け準備書面の主張に対する認否及び反論
　1　同第1項（絵画2点の売買契約締結の経緯）について
　　(1)　同(1)及び同(2)について
　　　　●●3年6月29日，清が被告方を訪れた事実は認める。
　　　　清が「湖水」と題する絵画を買った事実はなく，被告に対し，贈答用に同絵画を買いたいなどと言ったこともない。清は被告から「画廊の経営が思わしく

ないので絵を買ってもらえないか。『大雪山』の代金は１２０万円であるが，代金を現金一括で支払ってくれるのなら，１００万円に値下げする。代金の支払時期は６月末までであれば結構である。」などと懇請されて，絵画１枚（「大雪山」）を買ったのである。

　　　その余の事実は知らない。
　(2)　同(3)について
　　　清が被告から●●３年６月２９日に絵画１枚（「大雪山」）を代金１００万円で買ったこと及び同日その売買代金を支払い引渡しを受けたことは，いずれも認める。

　　　清が被告から「湖水」と題する絵画を買ったとの事実及び被告に対し訴外株式会社三谷総業へ同絵画を搬入するよう指示したとの事実は，いずれも否認する。
２　同第２項（相殺の経過）について
　(1)　同(1)について
　　　清が●●３年８月２５日に死亡したこと及び被告が原告に対し債務の確認など，何もしていない事実は，認める。
　　　その余の事実は知らない。
　(2)　同(2)について
　　　原告が被告に滞納家賃１００万円の支払を催告した事実は認め，その余は否認する。
３　同第３項（信頼関係不破壊の事情）について
　　債務不履行が信頼関係を破壊するに足りないものとする特段の事情があり解除が効力を有しないとの被告の主張は，争う。
　(1)　同(1)について
　　　被告が●●４年４月１１日及び同年５月２日に各２０万円合計４０万円を清名義の普通預金口座に振り込んでいる事実は認める。原告は，これらの金員を，３月以降の賃料相当損害金に充当する予定である（甲第４号証の１）。
　　　その余の事実は否認する。家賃はいわゆる前家賃であるが（甲第２号証の第３条），●●２年４月３日の本件賃貸借契約締結以来，被告が契約どおりに月末までに翌月分の家賃を支払ったことはない（甲第５号証）。
　(2)　同(2)について，知らない。
　(3)　同(3)について，被告が本件建物で「久保画廊」の屋号で画商を営んでいる事実は認める。その余の事実は知らない。
４　同第４項について，被告の主張を争う。

第3　原告の主張（信頼関係不破壊の評価障害事実の存在）
　本件については、以下の事情があるから、信頼関係を破壊するに足りないものとする特段の事情は認められないというべきである。
1　被告は、●●2年4月3日の本件賃貸借契約締結の直後から賃料の支払が遅れがちであった。
2　本件建物の●●3年10月分から●●4年2月分までの賃料は、●●4年1月末までに支払われなかった。
3　被告は、清の相続人である原告に対し、債務の確認等を何もしていない。

第4　結語
　畢竟被告は、清が死去したことを奇貨として、本件建物の明渡し及び滞納家賃の支払を免れようとするものにすぎない。
　原告は、速やかに請求を認容されるよう求めるものである。

以　上

●●4年(ワ)第254号　建物明渡請求事件
原告　藤田　浩
被告　久保太一

|第2回弁論陳述|

訴え変更申立書

●●4年7月20日

○○地方裁判所民事第○部イ係　御中

原告訴訟代理人弁護士　　　甲　野　太　郎　㊞

1　原告は，次のとおり請求の趣旨を減縮する。
　訴状「第1　請求の趣旨」の第2項に「被告は，原告に対し，100万円及び●●4年3月1日から1の建物明渡済みまで1か月20万円の割合による金員を支払え」とあるのを，「被告は，原告に対し，100万円及び●●4年6月1日から1の建物明渡済みまで1か月20万円の割合による金員を支払え」と減縮する。

2　減縮の理由
　原告は，被告から以下のとおり合計60万円の支払を受け，これを●●4年3月1日から同年5月末日までの賃料相当損害金合計60万円に充当したため。
　　①　●●4年4月11日　　　20万円
　　②　同年5月2日　　　　　20万円
　　③　同年6月6日　　　　　10万円
　　④　同年7月4日　　　　　10万円

以　上

第3号様式（書証目録）

事件の表示　●●　4年（ワ）第254号

（甲　号証）　　　書　証　目　録　　（原　告　提出分）

(この目録は，各期日の調書と一体となるものである。)

番号	提出		陳述			備考
	期日	標目等	期日	成立	成立の争いについての主張	
1	第1回 ☑弁論 □準備的弁論 □弁論準備	全部事項証明書（建物）	第　回 □弁論 □準備的弁論 □弁論準備			
2	第1回 ☑弁論 □準備的弁論 □弁論準備	家屋賃貸借契約書	第　回 □弁論 □準備的弁論 □弁論準備			
3の1	第1回 ☑弁論 □準備的弁論 □弁論準備	催告書（内容証明郵便）	第　回 □弁論 □準備的弁論 □弁論準備			
3の2	第1回 ☑弁論 □準備的弁論 □弁論準備	郵便物配達証明書 ●●4年2月15日付け	第　回 □弁論 □準備的弁論 □弁論準備			
4の1	第1回 ☑弁論 □準備的弁論 □弁論準備	請求書（内容証明郵便）	第　回 □弁論 □準備的弁論 □弁論準備			

（注）該当する事項の□にレを付する。

第3号様式（書証目録）　　　　　　　　　　事件の表示　●●　4年（ワ）第254号

（　甲　号証）　　　　　書　証　目　録　　（　原　告　提出分）

（この目録は，各期日の調書と一体となるものである。）

番号	提出		陳述			備考
	期日	標目等	期日	成立	成立の争いについての主張	
4の2	第 1 回 ☑弁　　論 □準備的弁論 □弁論準備	郵便物配達証明書 ●●4年3月10日付け	第　　回 □弁　　論 □準備的弁論 □弁論準備			
5	第 1 回 □弁　　論 □準備的弁論 ☑弁論準備	預金通帳	第　　回 □弁　　論 □準備的弁論 □弁論準備			
6	第 1 回 □弁　　論 □準備的弁論 ☑弁論準備	領収書	第　　回 □弁　　論 □準備的弁論 □弁論準備			
7	第 2 回 □弁　　論 □準備的弁論 ☑弁論準備	陳述書 （原告）	第　　回 □弁　　論 □準備的弁論 □弁論準備			
	第　　回 □弁　　論 □準備的弁論 □弁論準備		第　　回 □弁　　論 □準備的弁論 □弁論準備			

（注）該当する事項の□にレを付する。

第3号様式（書証目録）

事件の表示　●●　4年（ワ）第254号

（乙号証）　　書　証　目　録　（被　告　提出分）

（この目録は，各期日の調書と一体となるものである。）

番号	提出		陳述			備考
	期日	標目等	期日	成立	成立の争いについての主張	
1	第1回 ☑弁論 □準備的弁論 □弁論準備	荷送り状控え	第　回 □弁論 □準備的弁論 □弁論準備			
2	第2回 □弁論 □準備的弁論 ☑弁論準備	陳述書 （被告）	第　回 □弁論 □準備的弁論 □弁論準備			
	第　回 □弁論 □準備的弁論 □弁論準備		第　回 □弁論 □準備的弁論 □弁論準備			
	第　回 □弁論 □準備的弁論 □弁論準備		第　回 □弁論 □準備的弁論 □弁論準備			
	第　回 □弁論 □準備的弁論 □弁論準備		第　回 □弁論 □準備的弁論 □弁論準備			

（注）該当する事項の□にレを付する。

第4号様式（証人等目録）

事件の表示　●●　4年（ワ）第254号

証　人　等　目　録　　（原　告　申出分）

（この目録は，期日に行われた事項については，各期日の調書と一体となるものである。）

申　　出		採否の裁判		証拠調べの施行			調書の作成に関する許可等	備　　考
期　日　等	証拠方法の表示等	期　日　等	採否の別	指　定　期　日 年 月 日	時	実施		
第 2 回 ☐弁　　論 ☐準備的弁論 ☑弁論準備	原告本人	第 2 回 ☐弁　　論 ☐準備的弁論 ☑弁論準備	採㊫ ・ 否	4. 7.20 同　行	1:30	☑ ☐ ☐	☐ 調書省略 ☐ 調書記載 　 に代わる 　 録音テー 　 プ等	
第　　回 ☐弁　　論 ☐準備的弁論 ☐弁論準備		第　　回 ☐弁　　論 ☐準備的弁論 ☐弁論準備	採 ・ 否			☐ ☐ ☐	☐ 調書省略 ☐ 調書記載 　 に代わる 　 録音テー 　 プ等	
第　　回 ☐弁　　論 ☐準備的弁論 ☐弁論準備		第　　回 ☐弁　　論 ☐準備的弁論 ☐弁論準備	採 ・ 否			☐ ☐ ☐	☐ 調書省略 ☐ 調書記載 　 に代わる 　 録音テー 　 プ等	
第　　回 ☐弁　　論 ☐準備的弁論 ☐弁論準備		第　　回 ☐弁　　論 ☐準備的弁論 ☐弁論準備	採 ・ 否			☐ ☐ ☐	☐ 調書省略 ☐ 調書記載 　 に代わる 　 録音テー 　 プ等	
第　　回 ☐弁　　論 ☐準備的弁論 ☐弁論準備		第　　回 ☐弁　　論 ☐準備的弁論 ☐弁論準備	採 ・ 否			☐ ☐ ☐	☐ 調書省略 ☐ 調書記載 　 に代わる 　 録音テー 　 プ等	

（注）該当する事項の☐にレを付する。

事件の表示　●●　4年（ワ）第254号

第4号様式（証人等目録）

証 人 等 目 録　　（ 被　告　申出分 ）

（この目録は，期日に行われた事項については，各期日の調書と一体となるものである。）

申　　　出		採否の裁判		証拠調べの施行			調書の作成に関する許可等	備　　考
期　日　等	証拠方法の表示等	期　日　等	採否の別	指　定　期　日 年　月　日	時	実施		
第 2 回 □弁　　論 □準備的弁論 ☑弁論準備	被告本人	第 2 回 □弁　　論 □準備的弁論 ☑弁論準備	㊡ ・ 否	4. 7.20 同　行	1：30	☑ □ □	□ 調書省略 □ 調書記載に代わる録音テープ等	
第　　回 □弁　　論 □準備的弁論 □弁論準備		第　　回 □弁　　論 □準備的弁論 □弁論準備	採 ・ 否			□ □ □	□ 調書省略 □ 調書記載に代わる録音テープ等	
第　　回 □弁　　論 □準備的弁論 □弁論準備		第　　回 □弁　　論 □準備的弁論 □弁論準備	採 ・ 否			□ □ □	□ 調書省略 □ 調書記載に代わる録音テープ等	
第　　回 □弁　　論 □準備的弁論 □弁論準備		第　　回 □弁　　論 □準備的弁論 □弁論準備	採 ・ 否			□ □ □	□ 調書省略 □ 調書記載に代わる録音テープ等	
第　　回 □弁　　論 □準備的弁論 □弁論準備		第　　回 □弁　　論 □準備的弁論 □弁論準備	採 ・ 否			□ □ □	□ 調書省略 □ 調書記載に代わる録音テープ等	

（注）該当する事項の□にレを付する。

原告　藤　田　　　浩
被告　久　保　太　一

証 拠 説 明 書

●●4年3月28日

○○地方裁判所　御中

　　　　　　　原告訴訟代理人弁護士　　甲　野　太　郎　㊞

号　証	標　　　目 （原本・写しの別）	作　成 年月日	作 成 者	立　証　趣　旨
甲1	全部事項証明書	原本	●●4年 3月7日	○○地方法務局登記官某	原告が本件建物の所有権を相続により取得しその旨の移転登記手続を終えており，本件賃貸借契約の賃貸人たる地位にあること
甲2	家屋賃貸借契約書	同上	●●2年 4月3日	藤田清・被告・前沢聡	本件賃貸借契約締結の事実及びその内容
甲3の1	催告書 （内容証明郵便）	同上	●●4年 2月14日	原告・郵便事業株式会社	本件賃貸借契約につき，原告が滞納賃料を催告の上，解除の意思表示をしたこと
甲3の2	郵便物配達証明書	同上	●●4年 2月15日	郵便事業株式会社○○支店	同上
甲4の1	請求書 （内容証明郵便）	同上	●●4年 3月9日	甲野太郎・郵便事業株式会社	同上
甲4の2	郵便物配達証明書	同上	●●4年 3月10日	郵便事業株式会社○○支店	同上

●●4年(ワ)第254号　建物明渡請求事件
原告　藤田　浩
被告　久保太一

証　拠　説　明　書

●●4年4月18日

○○地方裁判所民事第○部イ係　御中

被告訴訟代理人弁護士　　乙　野　次　郎　㊞

号証	標　目 (原本・写しの別)		作成 年月日	作成者	立証趣旨	備考
乙1	荷送り状控え	原本	●●3年 7月8日	○○運送株式会社	被告が，藤田清の依頼に基づき，絵画1点を株式会社三谷総業に送った事実	

●●4年(ワ)第254号　建物明渡請求事件
原告　藤田　浩
被告　久保太一

証 拠 説 明 書

●●4年5月16日

○○地方裁判所民事第○部イ係　御中

原告訴訟代理人弁護士　　甲　野　太　郎　㊞

号証	標　目 （原本・写しの別）		作成 年月日	作成者	立　証　趣　旨
甲5	預金通帳	原本	●●2年 4月6日 〜 ●●4年 5月2日	株式会社 プラム銀行	被告は本件賃貸借契約締結直後から賃料の支払が遅れがちであり、●●3年10月分から●●4年2月分までの賃料100万円を支払っていないこと
甲6	領収証	同上	●●3年 6月29日	被告	清は被告から購入した絵画の売買代金を既に全額支払済みであり、被告による相殺は効力を有さず、原告による本件賃貸借契約解除の効力を何ら左右するものではないこと

●●4年(ワ)第254号　建物明渡請求事件
原告　藤田　浩
被告　久保太一

証 拠 説 明 書

●●4年6月13日

○○地方裁判所民事第○部イ係　御中

原告訴訟代理人弁護士　　甲　野　太　郎　㊞

号証	標　　目 (原本・写しの別)		作成 年月日	作成者	立　証　趣　旨
甲7	陳述書	原本	●●4年 6月9日	原告	被告は本件賃貸借契約締結の直後から賃料の支払が遅れがちであり，原告による催告にもかかわらず●●3年10月分から●●4年2月分までの賃料100万円を支払っていないこと，原告の父である故藤田清(以下「清」という。)が被告から購入した絵画は1枚だけ(「大雪山」)であり被告の主張する絵画(「湖水」)購入の事実はなく，清は絵画の売買代金を既に全額支払済みであり，被告による相殺は効力を有さず原告による本件賃貸借契約解除の効力を何ら左右するものではないこと，その他原告の立証にかかわる全ての事実。

●●4年（ワ）第254号　建物明渡請求事件
原告　藤田　浩
被告　久保太一

証　拠　説　明　書

●●4年6月20日

○○地方裁判所民事第○部イ係　御中

被告訴訟代理人弁護士　　乙　野　次　郎　㊞

号証	標　目 （原本・写しの別）		作　成 年月日	作成者	立　証　趣　旨	備考
乙2	陳述書	原本	●●4年 6月15日	被告	被告が藤田清に絵画2点をそれぞれ100万円で売ったこと，売買残代金100万円をもって未払家賃と相殺したこと，建物賃貸借契約につき被告に信頼関係不破壊の事情が存すること	

甲第1号証

○○県○○市○○町○丁目○　　　　　　　　　　全部事項証明書　　（建物）

表　題　部 (主である建物の表示)	調製	余　白	不動産番号	0000000000000
所在図番号	余　白			
所　　在	○○市○○町○丁目　○番地		余　白	
家屋番号	○番		余　白	
① 種　類	② 構　造	③ 床　面　積　㎡	原因及びその日付〔登記の日付〕	
居宅	木造瓦葺2階建	1階　　85：30 2階　　62：41	平成5年4月2日新築 〔平成5年10月10日〕	
所 有 者	○○県○○市○○町○丁目○番○号　和　光　薫			

権　利　部（甲　区）(所　有　権　に　関　す　る　事　項)			
順位番号	登 記 の 目 的	受付年月日・受付番号	権利者その他の事項
1	所有権保存	平成5年11月1日 第4416号	所有者　○○市○○町○丁目○番○号 　　和　光　薫
2	所有権移転	平成16年5月10日 第1898号	原因　平成16年5月6日売買 所有者　○○市○○町○丁目○番○号 　　藤　田　清
3	所有権移転	●●3年9月9日 第3567号	原因　●●3年8月25日相続 所有者　○○市○○町○丁目○番○号 　　藤　田　浩

　これは登記記録に記録されている事項の全部を証明した書面である。ただし、登記簿の乙区に記録されている事項はない。

●●4年3月7日
○○地方法務局　　　　　　　　　登記官　　　　　　　　　某　　　　㊞

＊下線のあるものは抹消事項であることを示す。　　　　整理番号　D＊＊＊＊＊　（ ＊／＊ ） 1／1

甲第2号証

（注）ゴシック部分は手書きである。

家 屋 賃 貸 借 契 約 書

　　貸主　　**藤田　清**　　と借主　　**久保太一**　　との間に，次のとおり家屋賃貸借契約を締結する。

第1条　貸主はその所有する次に表示の家屋を借主に現状有姿のまま賃貸し，借主はこれを賃借する。
　　　　所　　在　　○○県○○市○○町○丁目○番地
　　　　家屋番号　　○番
　　　　木造瓦葺2階建　　店舗兼居宅
　　　　　1階　　　　**85.30**平方メートル
　　　　　2階　　　　**62.41**平方メートル
第2条　賃貸期間は，**●●2年4月3日**から**●●5年4月2日**までの満**3**年間とする。ただし，期間が満了したときは，双方協議の上，更新することができるが，このときの家賃は公租公課の変動も考えられるため双方協議の上決定する。
第3条　家賃は1か月**20**万円とし，毎月末日までに翌月分を貸主住所地に持参又は送金して支払う。
第4条　敷金は**60**万円，礼金は**20**万円とし，本日支払を了した。この敷金は，本契約終了時に無利子で返還する。
第5条　使用目的は店舗兼居宅とし，借主はこの目的のために本件建物を改装することができる。
第6条　借主は，貸主の承諾なしに本物件を第三者に転貸し又は賃借権を第三者に譲渡することはできない。
第7条　借主が賃料を1回でも遅滞したときその他本契約書の全条文の一つにでも違反したときは，貸主は催告なしに直ちに本契約を解除することができる。
第8条　この契約に定めがない事項については，当事者は，関係法規並びに慣習に従い，誠意をもって協議の上，善処する。

　　上記のとおり契約が成立したので，本契約書2通を作成し，各自署名押印の上，各1通を所持する。
　　　　　　　●●2年4月3日
　　　　　　　　貸　主　　○○県○○市○○町○丁目○番○号
　　　　　　　　　　　　　　　　藤　田　　　清　　㊞
　　　　　　　　借　主　　○○県○○市○○町○丁目○番○号
　　　　　　　　　　　　　　　　久　保　太　一　　㊞
　　　　　　　　立会人　　○○県○○市○○町○丁目○番○号
　　　　　　　　　　　　　　　　前　沢　　　聡　　㊞

甲第3号証の1

　　　　催　告　書

拝啓　貴殿ますますご清栄の段お慶び申し上げます。
　○○県○○市○○町○丁目○番地所在の建物についての●●3年10月1日から●●4年2月28日までの賃料100万円の支払が本日に至るもされておりませんので，本書面到達後1週間以内に全額を支払うよう催告申し上げます。もし同期日までに全額の支払がされないときは，前記建物についての賃貸借契約は当然に解除されるものとします。
　　　　　　　　　　　　　　　　　　　　　敬具

　　●●4年2月14日
　　　　差出人
　　　　　○○県○○市○○町○丁目○番○号
　　　　　　　藤　田　　浩　㊞
受取人
　○○県○○市○○町○丁目○番○号
　久　保　太　一　殿

この郵便物は●●4年2月14日第86号書留内容証明郵便物として差し出したことを証明します。
　　　　　郵便事業株式会社

甲第3号証の2

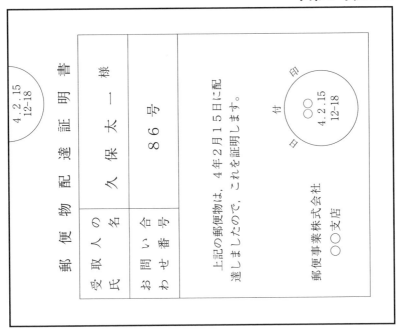

郵便物配達証明書

受取人の氏名	久保 太一 様
お問い合わせ番号	86号

上記の郵便物は、4年2月15日に配達しましたので、これを証明します。

日付印
○○
4.2.15
12-18

郵便事業株式会社
○○支店

（消印）4.2.15 12-18

郵便はがき

〒 ○○○-○○○

○○県○○市○○町○丁目○番○号

藤田　浩　様

通信事務郵便

郵便事業株式会社
○○支店

甲第4号証の1

　　　　　請　求　書
　　　　　　　　　　　　　　　●●4年3月9日
〒○○○-○○○○
　○○県○○市○○町○丁目○番○号
　　久　保　太　一　殿

　　　　　　〒○○○-○○○○
　　　　　　　○○県○○市○○町○丁目○番○号
　　　　　　　○○○ビルディング○階　甲野法律事務所
　　　　　　　　　　　　　　藤田　浩代理人
　　　　　　　　弁護士　甲　野　太　郎　㊞

拝啓　陽春の候，益々ご清祥の段，お慶び申し上げます。
　当職は，藤田　浩氏を代理して以下のとおり請求致します。
　藤田氏は，貴殿に対し，貴殿との○○県○○市○○町○丁目○番地所在の建物（本件建物）の賃貸借契約について，●●4年2月14日付け催告書により当時貴殿が滞納されていた賃料100万円（●●3年10月から●●4年2月分まで5か月分）の支払を求めるとともに，同書面到達後1週間以内に全額の支払がないときは上記賃貸借契約は当然に解除するとの意思表示をし，同書面は同月15日に貴殿に到着致しましたが，貴殿からは同月22日までの間に上記100万円の支払がありませんでした。
　そこで，同契約は，同日の経過によって当然に解除・終了致しました。
　つきましては，貴殿においては，速やかに本件建物を明け渡し，合わせて上記滞納賃料全額を速やかに支払われるよう請求致します。
　なお，今後貴殿より藤田氏宛に支払があった場合，藤田氏は，順次契約解除後の賃料相当損害金等に充当致します。
　末筆ながら，益々のご健勝をお祈り申し上げます。
　　　　　　　　　　　　　　　　　　　　　敬具

この郵便物は●●4年3月9日第44号書留
内容証明郵便物として差し出したことを証明します。
　　　　　　　郵便事業株式会社

郵便認証司
●●4年3月9日

○○
4．3．9
12-18

甲第4号証の2

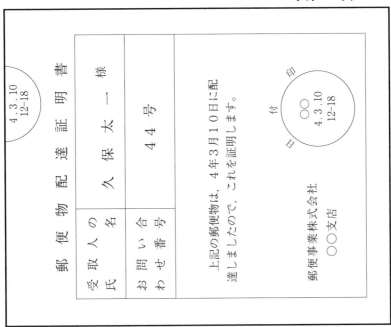

郵便物配達証明書			
受取人の氏名	久保 太一 様		
お問い合わせ番号	44号		

上記の郵便物は、4年3月10日に配達しましたので、これを証明します。

郵便事業株式会社
〇〇支店

付
〇〇
4.3.10
12-18
日
名

4.3.10
12-18

郵便はがき
〇〇〇-〇〇〇〇

〇〇県〇〇市〇〇町〇丁目〇番〇号
〇〇〇ビルデア1ンゲ〇階

甲野法律事務所
弁護士 甲野 太郎 様
代理人 藤田 浩

通信事務郵便

郵便事業株式会社
〇〇支店

甲第 5 号証

Bank of Plum

店番号　3 8 5
口座番号　1 0 8 5 3 0 4

藤　田　　　清　様

総合口座通帳

プラム銀行

普通預金（兼お借入明細） No. 1

	年月日	記号	お引出金額（円）	お預入金額（円）	差引残高（円）
1	2-4-6	現金	ゴシンキ	＊10,000	（以下略）
2	2-5-7	振込	クボタイチ	＊200,000	
3	2-6-8	振込	クボタイチ	＊200,000	
4	2-7-6	振込	クボタイチ	＊200,000	
5	2-8-12	振込	クボタイチ	＊200,000	
6	2-9-14	振込	クボタイチ	＊200,000	
7	2-10-5	振込	クボタイチ	＊200,000	
8	2-11-9	振込	クボタイチ	＊200,000	
9	2-12-7	振込	クボタイチ	＊200,000	
10	3-1-12	振込	クボタイチ	＊200,000	
11	3-2-8	振込	クボタイチ	＊200,000	
12	3-3-8	振込	クボタイチ	＊200,000	
13	3-4-12	振込	クボタイチ	＊200,000	
14	3-5-10	振込	クボタイチ	＊200,000	
15	3-6-7	振込	クボタイチ	＊200,000	
16	3-7-5	振込	クボタイチ	＊200,000	
17	3-8-9	振込	クボタイチ	＊200,000	
18	3-9-13	振込	クボタイチ	＊200,000	
19	4-4-11	振込	クボタイチ	＊200,000	
20	4-5-2	振込	クボタイチ	＊200,000	
21					
22					
23					
24					

甲第6号証
（注）ゴシック部分は手書きである。

領　収　証

　　　　　　　　　　　　　　　　No.００１０２
藤　田　　　清　様　　　　●●3年　6月29日

　★　**金壱百萬圓也**
　但　**お品代として**
上　記　正　に　領　収　致　し　ま　し　た

　　　　　　　　　　久　保　画　廊
　　　　　　　　　　代表　久　保　太　一　㊞
　　　　　　　　　　ＴＥＬ○○○（○○○）○○○○

甲第7号証

（注）ゴシック部分は手書きである。

●●4年（ワ）第254号　建物明渡請求事件
原　告　藤　田　　　浩
被　告　久　保　太　一

陳　述　書

●●4年6月9日

○○地方裁判所民事第○部イ係　御中

藤　田　　　浩　㊞

1　はじめに

　私が本件建物を貸していた久保太一氏（以下「久保氏」といいます。）が家賃を続けて5か月100万円も滞納したので，契約を解除しましたが，久保氏が明渡しに応じてくれないため，この訴訟を提起しました。以下，本訴提起に至った事情について，陳述します。

2　賃貸借契約の締結

①　本件建物は，亡くなった父（藤田　清）が平成16年5月に購入し，●●3年8月25日，父の死によって私が相続したものです（甲1号証）。

②　●●2年4月3日，当時本件建物を所有していた父が久保氏との間で，家賃は月額20万円とし，これをいわゆる前家賃，すなわち毎月末日までに翌月分を父の銀行口座に振り込む方法で支払うこととし（振込手数料は賃借人負担），契約期間は●●2年4月3日から●●5年4月2日までの3年間，使用目的は店舗（画廊）兼居宅，敷金3か月分との約束で貸すこととしました（甲2号証）。

　賃料の支払方法は，契約書上は「持参又は送金して」となっていますが（第3条），実際には父の銀行口座に振り込んでもらっていました（甲5号証）。

　なお，家賃20万円はこのあたりの相場であり，特に安いといったことはないと思います。

3　家賃の滞納

①　家の管理は父がしていましたので，父の生前，私は，家賃の支払状況等をよく知りませんでした。

②　●●3年8月25日に父が急死し，本件建物を私が相続し，久保氏からの家賃が振り込まれていた銀行口座の通帳を点検してみたところ，本件賃貸借契約締結

の直後から賃料の支払が遅れがちで数日程度の入金の遅れが常態化していたことを知りました（甲5号証）。

③　●●3年9月分の家賃は9月13日に振り込まれていました。
　ところが，その後は，久保氏から10月分以降の家賃の支払がありませんでした。私は，手紙で家賃の催告をしたほか，会社が休みの日に何回か久保氏の店舗の方に出向き，また，年末の12月30日には直接訪問して，未払となっている10～12月分の家賃3か月分と，年末に弁済期がくる●●4年1月分の家賃の督促をして家に帰りました。

4　賃貸借契約解除と絵画の購入
①　しかし，年が変わっても久保氏から家賃の支払はありません。
　そこで私は，●●4年2月14日，久保氏に対して，未払になっている●●3年10月から●●4年2月まで5か月分の家賃合計100万円の支払を求めるとともに，書面到着後1週間以内に全額の支払がなければ賃貸借契約を解除する，との書面を配達証明書付きの内容証明郵便で郵送し（甲3号証の1），翌15日久保氏は受け取りましたが（甲3号証の2），やはり「待って欲しい。」と言うだけでした。

②　なお，久保氏は，2月21日に私に口頭で，未払となっている家賃と代金をもらっていない日本画（松本元太郎作「湖水」）の代金とを相殺すると言ったと主張しているとのことですが，そのような事実はありません。21日も，やはり家賃の支払をもう少し待って欲しいと言っただけでした。
　確かに，父は，生前に久保氏の画廊で日本画1枚（松本元太郎作「大雪山」）を100万円で購入しており，その絵は今我が家の居間に掛かっています。
　しかし，この絵の代金は，父が，生前の●●3年6月29日，全額現金で支払っています。
　元々父は絵画の趣味などないのに，6月29日，突然日本画を家に持ち込んで居間に飾ろうとしたので，私が不審に思って尋ねたところ，父は，久保氏から「画廊の経営が思わしくないので，1枚絵を買ってもらえないか。現金一括で代金を支払ってくれるのなら，定価は120万円だけれども，100万円にサービスするから，是非買ってもらえないか。支払は6月末までであれば結構です。」と懇請され，久保氏の画廊の経営を助けるつもりもあって買ってやった，代金は建物の修繕費用等として手元に置いてあったお金の中から今日絵と引き換えに支払ってきた，などと話しておりました。
　父の死後，遺産を整理しておりましたところ，この絵の代金の領収証が見つかりました（甲6号証）。●●3年6月29日付けの領収証には「金壱百萬圓也　但お品代として」と明記されています。

③　久保氏が「大雪山」と一緒に父に売ったという日本画（松本元太郎作「湖水」）など，私は見たことも聞いたこともありません。父が「大雪山」とは別にもう1枚絵を買ったとか，絵の代金債務が残っているなどとかいったことは，あり得ないことです。

　念のため，私は，本年6月8日，久保氏が父の指示で「大雪山」とは別の絵を送ったと主張している株式会社三谷総業（△△市○○町×丁目×番×号。乙1号証）の現地を調査しました。しかし，そこには「株式会社三谷総業」なる会社はなく，同所に所在の建物を管理していた不動産業者（小山不動産　電話　○○○－○○○－○○○○）の担当者（北川氏）に確認したところでは，確かにかつて「株式会社三谷総業」なる会社はあったが，●●3年6月頃には引っ越し，現在連絡先等は不明であるとの話を聞くことができました。

5　最後に
　久保氏には，一日も早く，本件建物から退室してもらいたいと思います。

以　上

乙第1号証

ご依頼主控え		お問い合わせ伝票番号	987-654-321-10
受付日　●●3年7月8日		配送予定(指定)日	●●3年7月9日

ご依頼主	○○市○○町○丁目○番○号 **久　保　画　廊** 代表　久　保　太　一　　　様	お届け先	△△市○○町×丁目×番×号 **株式会社三谷総業** 様
品名　絵画1点	○○運送株式会社 取扱店　△△支店　コード123-456-789		○○運送株式会社 料金受領之印

乙第2号証
（注）ゴシック部分は手書きである。

陳　述　書

1　私は，●●2年4月3日，不動産屋の前沢聡さんの仲介で，中学・高校の同級生であった藤田清氏の所有する本件建物を住宅兼画廊として，家賃月額20万円，期間3年の約束で借りました。前沢さんからは，特に契約に関する説明はなく，いわれるままに契約書に署名押印し，4月分の家賃を日割計算で支払い，鍵を受け取りました。

2　藤田清氏とは賃貸借契約締結の際に再会して以来，食事や飲み会で交流を重ねてきました。
　　●●3年6月29日，藤田清氏が絵を見せてくれといって，私の住居兼画廊にやってきました。世話になった人に絵を贈るのだというので，私が購入予算を尋ねると，100万円から120万円くらいだということでした。そこで，私の所有している絵と売却を頼まれている絵が画廊に置いてありましたので，藤田清氏にそれらの絵を見せました。すると，藤田清氏は私が所有している松本元太郎画伯の「大雪山」と「湖水」を大変気に入り，この2点を買いたいと言うのです。値段は「大雪山」，「湖水」のいずれも1点120万円でした。私が「2点も買ってくれるのか。」と聞くと，藤田清氏は「両作品とも気に入った。『大雪山』は自宅に置き，『湖水』を世話になっている人に贈ることにしたい。どのくらいで売ってくれるのか。」と言ってきました。私は，彼が2点も購入してくれるというし，彼が世話になっている人への贈り物ということなので，私は「『大雪山』，『湖水』をそれぞれ100万円，合計200万円で売ろうと思うが，どうか。」と尋ねました。すると，藤田清氏は「『大雪山』の100万円は即金で支払うが，残金100万円は2か月後にして欲しい。」と言い，私は多少躊躇しましたが，承諾しました。彼は，一度家に戻り，現金100万円を持ってきて払ってくれました。私は，100万円の領収証を書き，藤田清氏に渡しました。彼は，私に「湖水」を送ってくれないか，と言うので私が業者に頼み，株式会社三谷総業宛に「湖水」を搬送してもらいました。「大雪山」は彼がその日に自分で持って帰りました。

3　●●3年8月25日，友人でもある藤田清氏が交通事故で亡くなられ，大変ショックでした。また，売買代金の残金100万円を支払ってもらえるのか多少心配でしたが，「大雪山」を自宅に持って帰っているので，相続人も分かっているものと思っていました。
　　ところが，●●4年2月15日，突然，原告から未払家賃100万円を支払えと

の催告書が送られてきました。しかし，私は絵の残金１００万円を支払ってもらっていませんので，●●４年２月２１日，原告の家に行って，絵の代金と相殺するのだといいました。
4　私は，●●３年９月分まで家賃の支払を怠ったことはありません。１０月分から●●４年の２月分までの合計１００万円は絵の代金と相殺しています。その後は若干遅れながらも４，５月と家賃は支払っています。

　私には，本件建物のほかに住む場所はありません。また，本件建物で「久保画廊」の屋号で画商を営んでおり，画商仲間ではこの地に「久保画廊」が所在することはよく知られております。もし，本件建物を離れて他所で画商を営むとすれば，立退費用のほか多額の宣伝広告費用の支出を余儀なくされ，私が置かれている現在の経済情勢では到底不可能であり，私の生活が破綻を来すことは避けられません。

　その一方で，原告は敷金６０万円を預かっており，原告が生活に困ることはありません。
5　以上のとおりですから，原告の請求を認めることはできません。

以　　上

　●●４年６月１５日
　　○○市○○町○丁目○番○号
　　　　久　保　太　一　㊞

第5号様式（証人等調書）

☐ 証 人　☑ 本 人　☐ 鑑定人　☐　　調 書 （この調書は，第 2 回口頭弁論調書と一体となるものである。）	裁判所書記官印 ㊞

事件の表示	●● 4 年 （ワ）第　　2 5 4　　号
期　　　　日	●● 4 年 7 月 20 日　　午前・⦅午後⦆ 1 時 30 分
氏　　　　名	藤　田　　浩
年　　　　齢	4 2 歳
住　　　　所	○○県○○市○○町○丁目○番○号
宣誓その他の状況	☑ 裁判長（官）は，宣誓の趣旨を説明し， 　　☐ 証人が偽証した場合の罰を 　　☑ 本人が虚偽の陳述をした場合の制裁を 　　☐ 鑑定人が虚偽の鑑定をした場合の罰を 　告げ，別紙宣誓書を読み上げさせてその誓いをさせた。 ☐ 裁判長（官）は，さきにした宣誓の効力を維持する旨告げた。 ☐ 後に尋問されることになっている 　　☐ 証人　☐ 鑑定人　は 　　☐ 在廷しない。 　　☐ 裁判長（官）の許可を得て在廷した。 ☐

陳　述　の　要　領

別紙のとおり

以　上

（注） 1　該当する事項の☐にレを付する。
　　　 2　「陳述の要領」の記載の末尾に「以上」と記載する。

（別紙）
原告代理人
甲第7号証（陳述書）を示す。
1 　　　この陳述書は、藤田さんが説明して下さった内容を私がまとめ、内容を確認してもらってご署名・ご捺印頂いた書面ですね。
　　　　　　　はい。
2 　　　現在、訂正したいところなどありますか。
　　　　　　　いいえ。ありません。
3 　　　それでは、この陳述書に沿って、お尋ねしていきます。まず、被告の久保さんと原告の父親である藤田清さんとは、どのような関係があったのですか。
　　　　　　　父の話では、久保さんは父の中学・高校時代の同級生で、大学進学後は付き合いがなかったが、大学卒業後就職した会社を退職してから画廊を営んでいる、とのことです。
4 　　　どのような経緯で、現在あなたが所有する建物を久保さんが賃借することになったのですか。
　　　　　　　父は家をそれまで石村さんという人に貸していましたが、石村さんが廃業して空き家になったため、前沢聡という不動産屋に仲介を任せたところ、久保さんが借りたいと言ってきたのです。
5 　　　久保さんの家賃の支払条件は、どのようなものだったのですか。
　　　　　　　家賃はいわゆる前家賃で、月額20万円でした。
甲第2号証（家屋賃貸借契約書）第3条を示す。
6 　　　賃料の支払方法は、契約書上は「持参又は送金して」となっていますが……。
　　　　　　　具体的には父の銀行口座に振り込むことになっていました。
7 　　　久保さんの家賃の支払状況についてお尋ねします。
　　　　　　　久保さんは、あなたが今言われた契約どおりに家賃を支払っていたのでしょうか。
　　　　　　　いいえ。
8 　　　実際にはどうだったのですか。
　　　　　　　私は父が亡くなってからはじめて知ったのですが、賃料の支払は遅れがちで、毎月数日程度、入金が遅れていたことが分かりました。
甲第5号証（預金通帳）の1頁を示す。
9 　　　この通帳を見て、久保さんの家賃の支払が毎月遅れがちであったことを知ったということですか。
　　　　　　　はい。
10 　　　次に、今回あなたが本件賃貸借契約を解除するに至った賃料の未払について

お尋ねします。
　　久保さんからは、●●3年10月分から●●4年2月分まで、5か月分の家賃合計100万円の支払がなかったというのですね。
　　　　はい。
甲第3号証の1（催告書）を示す。

11　そこで、あなたは、●●4年2月14日、久保さんに対して、100万円の滞納家賃の支払を求めるとともに、書面到着後1週間に家賃全額の支払がなければ賃貸借契約を解除するという内容のこの書面を、配達証明書付きの内容証明郵便で郵送したのですね。
　　　　はい。

12　久保さんから1週間以内に100万円の支払はあったのですか。
　　　　いいえ。

13　この「通知書」に対して、久保さんから何か連絡はありましたか。
　　　　はい。2月15日に久保さんから、父との関係もあるしもう少し待って欲しい、との電話がありました。

14　そのとき、久保さんから、お父さんに絵の売買代金が未払で残っているとか、近くその代金と滞納家賃とを相殺する予定であるとかいった話はありましたか。
　　　　いいえ。

15　久保さんは、その後●●4年2月21日に、あなたのところを訪ねた際、あなたに対し、未払家賃100万円は絵の代金と相殺すると言ったと主張しているのですが、そのような事実はあったのですか。
　　　　いいえ。

16　どんな話があったのですか。
　　　　今述べましたとおり、父との関係もあるからもう少し待って欲しい、と言うだけでした。

17　もし、久保さんが言われるような絵の代金の未払があったのなら、当然2月15日の電話でも、そのことについて久保さんからあなたに説明があるはずですよね。
　　　　はい。しかし、そんな話はありませんでした。

18　では、2月15日以前に、久保さんから、お父さんに売った絵の代金が未払になっているとか、支払って欲しいと言われたことはありましたか。
　　　　いいえ。

19　生前お父さんが久保さんからそのような請求を受けていたこと、あるいは、お父さんがあなたに対して久保さんに未払代金があるから払わなければならないと言っていたことは、ありましたか。

　　　　　　　いいえ。
20　お父さんが久保さんから絵を買った事実はありますね。
　　　　　　　はい。今居間に掛かっている「大雪山」です。
21　その絵の代金は，お父さんが支払っているのですね。
　　　　　　　はい。領収証もあります。
甲第6号証（領収証）を示す。
22　「金壱百萬圓也　但　お品代として」と明記されていますね。
　　　　　　　はい。
23　この字は誰の字かご存じですか。
　　　　　　　父の字ではありません。勿論，私の字でもありません。
24　久保さんは，お父さんは「大雪山」とは別にもう1枚，「湖水」という絵を買ったのだと主張しておられますが。
　　　　　　　そのような事実はないと思います。
25　どうしてそのように言えるのですか。
　　　　　　　父は，絵などの趣味はなく，今回以外に絵を買ったこともありませんし，美術館や画廊へ絵を見に行ったということも，私は知りません。
26　久保さんがあなたに未払代金があり相殺すると言ったと主張している今年の2月21日と，「大雪山」とは別にもう1枚絵を売ったと主張している●●3年6月29日とでは，8か月近くも経っていることになりますが，このように期間が開いているということについて，思い当たることはありますか。
　　　　　　　敢えていうなら，そのような絵を父に売った事実がないということではないでしょうか。
27　あなたは，お父さんの買った絵を送ったと久保さんが主張されている株式会社三谷総業という会社をご存じですか。
　　　　　　　いいえ。
28　生前お父さんから，そのような会社の名前や話を聞かれたことがありますか。
　　　　　　　いいえ。
乙第1号証（荷送り状控え）を示す。
29　今回久保さんからの主張を受けて，あなたは，この荷送り状の三谷総業のお届け先欄に住所として記載されている「△△市○○町×丁目×番×号」の現地を調査して下さいましたね。
　　　　　　　はい。
30　いつ調査されたのですか。
　　　　　　　6月8日，水曜日の午後1時過ぎです。
31　三谷総業という会社はありましたか。

いいえ。
32　どのような状況だったのですか。
　　　　そこには「テナント募集中」と書かれた看板の掛かった空き家が1軒あるだけで，そのような会社は見当たりませんでした。そこで，携帯電話で看板に連絡先として書かれていた不動産屋に電話をして聞きました。なかなか教えてくれなかったのですが，昨年6月頃に家賃を半年分も滞納して夜逃げ同然に出て行ったとの話を聞くことができました。
33　久保さんが経営している「久保画廊」の経営状況について，あなたが何かご存じのことはありますか。
　　　　よその会社のことですからはっきりしたことは分かりませんが，大繁盛しているようには見えません。なお，確か●●3年11月下旬の夕刻だったと思いますが，久保画廊に入ると，大柄な男性が久保氏と何か激しいやりとりをしているのを見たことがあります。時折「借金」とか「店を渡す」「名義を変える」とかいった言葉が耳に入りましたが，それ以上のことは分かりません。

被告代理人
34　三谷総業の名前を聞いたこともないというのですか。
　　　　ええ，知りません。
35　あなたは久保さんの家賃の支払が遅れがちだったと述べられましたが，久保さんは当月分の家賃を月初めに支払っており，お父さんと久保さんとの間では，それでよいということになっていたのではありませんか。
　　　　分かりません。
36　あなたが本件建物をお父さんから相続した後である●●3年9月分の家賃についても，久保さんは9月13日に家賃を振り込んでおり，あなたもこれを了承していたのではありませんか。
　　　　了承はしていません。●●3年8月25日に父が急死し，葬儀やら相続やらで忙しく，当時はそこまで手が回らなかったのです。
37　久保さんは，●●4年4月以降，従前の銀行口座に毎月家賃を支払っていますね。
　　　　でも，●●3年10月から●●4年3月までは支払はありませんでした。
38　あなたは，●●3年6月29日当時，どこに住んでいたのですか。
　　　　父と，今の家に住んでいました。
39　ずっとお父さんと一緒に暮らしていたのですか。
　　　　ずっとという意味が分かりませんが。
40　いつからお父さんと一緒に暮らしていたのですか。

平成21年に母が亡くなってから、父が亡くなるまで、夫婦で父と同居していました。

41　亡くなったお父さんには絵の趣味がないとおっしゃいましたが、お父さんは、100万円もする「大雪山」を買われていますね。それでどうして、絵の趣味がないといえるのですか。
　　　　　同級生だった久保さんが困っていると言うから、また、20万円サービスしてくれると言うから、「大雪山」を買ったのだと話していました。

42　同居していても、24時間お父さんと一緒にいらしたわけではないのでしょう。
　　　　　勤めもありますが、私は週末は家にいることが多く、特に父とも不仲であったわけではありませんから、父に絵の趣味のないことぐらいは知っています。

原告代理人

43　先ほどの、●●4年4月以降も久保さんが家賃を支払っているとの被告代理人の質問についてですが、実際に支払われているのは、本日現在、4月11日と5月2日に各20万円、6月6日と7月4日に各10万円、合計60万円だけですね。
　　　　　はい。

44　あなたはこれを家賃として受け取っているのですか。
　　　　　いいえ。契約を解除しましたから、損害金として受け取っています。

裁判官

45　「大雪山」以外に、お父さんが持っていた絵はあるのですか。
　　　　　ありません。

　　　　　　　　　　　　　　　　　　　　　　　　　　　以　上

（注）ゴシック部分は手書きである。

宣　誓

良心に従って真実を述べ、
何事も隠さず、
偽りを述べないことを
誓います。

　　　氏　名　**藤　田　　　浩** ㊞

第5号様式（証人等調書）

☐ 証　人　☑ 本　人　☐ 鑑定人　☐　　　調　書　　　（この調書は，第 2 回口頭弁論調書と一体となるものである。）	裁判所書記官印　㊞

事件の表示	●● 4 年 （ワ） 第 2 5 4 号
期　日	●● 4 年 7 月 2 0 日　　午前・㊙ 1 時 3 0 分
氏　名	久　保　太　一
年　齢	6 5 歳
住　所	○○県○○市○○町○丁目○番○号
宣誓その他の状況	☑ 裁判長（官）は，宣誓の趣旨を説明し， 　☐ 証人が偽証した場合の罰を 　☑ 本人が虚偽の陳述をした場合の制裁を 　☐ 鑑定人が虚偽の鑑定をした場合の罰を 告げ，別紙宣誓書を読み上げさせてその誓いをさせた。 ☐ 裁判長（官）は，さきにした宣誓の効力を維持する旨告げた。 ☐ 後に尋問されることになっている 　☐ 証人　☐ 鑑定人　は 　☐ 在廷しない。 　☐ 裁判長（官）の許可を得て在廷した。 ☐

陳　述　の　要　領

別紙のとおり

以　上

（注）1　該当する事項の☐にレを付する。
　　　2　「陳述の要領」の記載の末尾に「以上」と記載する。

被告代理人
乙第2号証（陳述書）を示す
1 　陳述書の末尾記載の署名捺印はあなたがしたものですか。
　　　　　はい。私が署名捺印しました。
2 　この陳述書の記載内容に間違いはありませんか。
　　　　　ありません。
3 　あなたと藤田清さんとは中学・高校と同級生だったのですか。
　　　　　はい。
4 　中学・高校時代はどの程度親交があったのですか。
　　　　　親友といってもよい付き合いでした。
5 　大学は同じではなかったのですか。
　　　　　私は○○美大に，彼は△△大学に進学しました。
6 　大学時代の親交はどうだったのですか。
　　　　　夏休みには一緒に日本各地を旅行し，冬は毎年スキーに行くような間柄でした。
7 　大学を卒業した後も親交があったのですか。
　　　　　お互いの結婚式には，披露宴のほかに，神前の式にも参列しています。
8 　藤田清さんと再会したのは，●●2年4月3日の本件建物の賃貸借契約の日だったのですか。
　　　　　そうです。
9 　再会後の親交はどうでしたか。
　　　　　彼も私も，昔に戻ったように，毎週一緒に飲みに行ったり，カラオケをしに行ったりしました。
10 　あなたの職業は画商ですね。
　　　　　はい。
11 　いつから画商をしていますか。
　　　　　かれこれ5年位になります。
12 　あなたが本件建物を借りた目的は何ですか。
　　　　　生活の本拠としての住居と仕事場としての画廊を営業することです。
13 　●●3年6月29日，藤田清さんがあなたの画廊を尋ねてきましたか。
　　　　　はい。
14 　どのような用件で来たのですか。
　　　　　はじめは絵を見せて欲しい，と言ってきました。
15 　何の連絡もなく，突然，画廊に来たのですか。
　　　　　以前から，私の画廊にある絵を見せて欲しいと言っていましたが，前

もって6月29日に来るという話はありませんでした。
16　なぜ，藤田清さんは，あなたに絵を見せて欲しいと言っていたのですか。
　　　　自分が大変世話になった人がおり，何らかのお礼をしなければいけないと思っていたのだが，何を贈ったらよいか分からなかった。しかし，友人から絵画がいいんじゃないかとアドバイスを受けたので，見せて欲しい，と言っていました。
17　あなたの画廊には何点くらい絵画の作品があるのですか。
　　　　大小合わせて7，8点くらいです。
18　そのうち，あなたが所有する絵は何点あったのですか。
　　　　2点でした。
19　2点は何という作品ですか。
　　　　松本元太郎画伯の「大雪山」と「湖水」です。
20　藤田清さんは，画廊に飾ってある作品を全部見たのですか。
　　　　はい。
21　藤田清さんは，作品を見て，あなたに何と言ったのですか。
　　　　松本元太郎画伯の「大雪山」と「湖水」は実にすばらしい。「大雪山」を自宅に飾りたくなったよ，と言っていました。
22　藤田清さんは絵を2点買おうと言ったのですか。
　　　　いいえ，「大雪山」と「湖水」の値段を尋ねてきましたので，それぞれ120万円だと答えました。
23　あなたは，藤田清さんにいくらくらいの絵を考えているのかと聞きませんでしたか。
　　　　聞きました。彼は100万から120万円の絵を考えているんだと言っていました。
24　絵の値段を聞いた藤田清さんはどうしましたか。
　　　　2つの絵の前でじっと見つめていましたので，私が冗談に，思い切って両方とも買ったらいいじゃないかと言ったのです。
25　藤田清さんは何と答えましたか。
　　　　実は，俺も「大雪山」と「湖水」の両方を買おうかと考えていたところなんだ，「大雪山」を自宅に飾り，「湖水」を人に贈ろうというのです。
26　それで，あなたは藤田清さんに金額の話をしましたか。
　　　　はい。2点とも買ってくれると言うのなら，それぞれ100万でいいと話しました。
27　藤田清さんは，どうしましたか。
　　　　有り難い，100万は即金で払うけど，残りの100万は2か月ほど待って

くれないか，というのです。
28 あなたは，承諾したのですか。
　　　彼にダメだとは言えません。50年以上もの付き合いですから。
29 あなたは，残金の支払が心配ではありませんでしたか。
　　　彼は，指輪やネックレスなどの高級輸入宝飾品を販売しており，財産もあり，心配はしませんでした。
30 藤田清さんは，6月29日に現金100万円を支払ったのですか。
　　　はい。自宅に100万円を取りに戻り，私に支払ってくれました。私は彼に100万円の領収証を渡しました。
31 藤田清さんは，6月29日に「大雪山」を自宅に持って行ったのですか。
　　　はい。彼の車に積んで持って帰りました。
32 「湖水」の方はどうしましたか。
　　　彼から，ここの住所に送って欲しいと言って，住所の書かれているメモを渡されました。
33 あなたは，藤田清さんから渡されたメモに記載された住所に「湖水」を送ったのですか。
　　　はい。
34 「湖水」を送った際の荷送り状の控えはありますか。
　　　はい。

乙第1号証（荷送り状控え）を示す

35 「湖水」を送った際の荷送り状の控えがこれですか。
　　　そうです。
36 この荷送り状の控えには，作品名が書かれていませんが，「湖水」を送った際の荷送り状の控えに間違いないですか。
　　　間違いありません。
37 藤田清さんから聞いた話では，世話になった人に贈るということでしたが，この荷送り状の控えは宛先が株式会社三谷総業宛になっています。なぜ，会社宛に送ることになったのですか。
　　　彼は，自宅に飾るより，会社の応接間に飾った方がよかろうと言っていました。三谷総業は世話になった人が経営している会社だと聞きました。
38 藤田清さんが，●●3年8月25日に亡くなりましたね。
　　　突然だったので，大変驚きましたし，悲しかったです。
39 絵の残代金を支払ってもらえるかどうか，心配ではなかったですか。
　　　その時は，そのようなことは考えませんでした。しばらくしてから，

浩君に話そうかとも思いましたが，父親のことだから浩君も分かるはずだと思い，話しませんでした。

40　ところで，あなたは，●●3年10月分から●●4年2月分までの家賃を支払っていませんね。

　　　はい，支払っていません。

41　家賃の支払条件は契約書では前払になっていませんか。

　　　契約書にはそのように書かれてありましたが，当初から当月分をその月末に支払っていますし，今回の訴訟になるまで清君からも何も言われていません。

42　あなたは，●●4年2月21日，原告に対し，未払家賃100万円は絵の代金と相殺すると言ったのですか。

　　　はい。浩君が契約を解除すると言ってきたものですから。

43　あなたは，●●4年の4月から7月まで，毎月20万円の家賃を支払っていますね。

　　　はい。毎月支払っています。

44　あなたは，本件建物を離れて引っ越すとなると，画商の仕事はどうなりますか。

　　　あの場所で画廊をやっていることは画商仲間ではよく知られており，引っ越せば，仕事はこれまで以上に困難になります。

45　あなたは，引っ越せるような場所はないのですか。

　　　離婚した妻に財産分与で土地と建物をやったので，不動産はありません。

原告代理人

46　あなたは，●●4年2月15日，原告から未払家賃の100万円を支払えとの催告を受けていますよね。

　　　はい。

47　あなたは，催告を受けた日に原告のところに電話をしていますね。

　　　はい。

48　あなたは，原告に電話で，家賃をもう少し待ってくれと申し入れたのではないですか。

　　　はい。絵が思ったように売れなかったものですから，家賃が払えなかった時期がありました。

49　そして，●●4年2月21日になって，絵の代金100万円と相殺すると原告に言った，というのですか。

　　　はい。

50　あなたは，21日になってはじめて絵の代金100万円を払ってもらっていないと原告に言ったのですか。
　　　　　いいえ，その前にも話をしたことがあります。
51　いつのことですか。
　　　　　電話で話をしたときです。
52　2月15日の電話のときですか。
　　　　　はい。
53　2月15日の電話で絵の代金100万円が残っているというのなら，なぜそのときにあなたは未払家賃と絵の残金とで相殺すると言わなかったのですか。
　　　　　絵の代金のことを言えば，原告の方で帳消しにしてくれると思ったものですから，そのときは私の方から相殺するとは言いませんでした。
54　では，なぜ2月21日に突然原告を訪ね，家賃と絵の代金とを相殺すると言ったというのですか。
　　　　　1週間以内に家賃を払わないと立ち退かなければならなくなるので，絵の代金と相殺することをはっきりさせておいた方がよいと思いました。
55　あなたの話では，清氏に●●3年6月29日に，「大雪山」のほかに「湖水」という絵も売ったということですね。
　　　　　はい。

乙第1号証(荷送り状控え)を示す

56　この荷送り状の記載によると，あなたが○○運送に「湖水」の運送を依頼したのは●●3年7月8日ですね。
　　　　　はい。
57　●●3年6月29日に絵の売買契約がなされたのに，なぜ1週間以上も経過してから絵を送っているのですか。
　　　　　運送会社に頼むのを忘れていました。

甲第6号証(領収証)を示す

58　この領収証はあなたの画廊で作成したものですね。
　　　　　はい。
59　この領収証の但書きには「お品代として」としか記載されていませんね。
　　　　　はい。
60　あなたの話のように「大雪山」と「湖水」の2点を合計200万円で売ったというのであれば，ただし書きには少なくとも「売買代金200万円の内金として」と書くのではないですか。
　　　　　分かりません。私は法律家ではありませんから。
61　あなたは先ほど，被告代理人からの，●●4年の4月から7月まで毎月20万

円の家賃を支払っていますねとの質問にはいと答えられましたが，実際に支払っているのは，4月11日と5月2日に各20万円，6月6日と7月4日に各10万円，合計60万円だけですね。
　　　　はい。

裁判官
62　　絵の売買契約が成立しその絵を搬送する場合，普通なら運送会社に何日くらいで依頼をするのですか。
　　　　普通，代金を受け取った翌日には運送会社に依頼をします。
63　　絵の売買契約をするときに，契約書は作らないのですか。
　　　　作るときと，作らないときがあります。
64　　売買契約書を作らないときとは，どのような場合ですか。
　　　　現金で全額の支払があるような場合には，買主から求められる場合を除き，契約書を作りません。
65　　本件で売買契約書を作らなかったのはなぜですか。
　　　　清君が契約書はいらないと言ったからです。
66　　あなたにとっては，清氏に残代金100万円の支払を確約してもらう必要があるのではないですか。
　　　　旧知の間柄ですから，信頼していました。
67　　●●4年3月に家賃を支払ったことはないのですか。
　　　　支払っていません。

　　　　　　　　　　　　　　　　　　　　　　　　　　　　　以　上

（注）ゴシック部分は手書きである。

宣　　誓

良心に従って真実を述べ、
何事も隠さず、
偽りを述べないことを
誓います。

氏　名　**久　保　太　一**　㊞

●●4年（ワ）第254号　建物明渡請求事件
原告　藤田　浩
被告　久保太一

証　拠　申　出　書

●●4年6月13日

○○地方裁判所民事第○部イ係　御中

原告訴訟代理人弁護士　　甲　野　太　郎　㊞

1　人証の表示
　　〒○○○－○○○○　○○県○○市○○町○丁目○番○号
　　　原告本人　藤　田　　　浩（同行・主尋問約30分）

2　立証の趣旨
　　原告本人に対する尋問によって，被告は本件賃貸借契約締結の直後から賃料の支払が遅れがちであり，原告による催告にもかかわらず●●3年10月分から●●4年2月分までの賃料100万円を支払っていないこと，原告の父である故藤田清（以下「清」という。）が被告から購入した絵画は1枚だけ（「大雪山」）であり被告の主張する絵画（「湖水」）購入の事実はなく，清は絵画の売買代金を既に全額支払済みであり，被告による相殺は効力を有さず原告による本件賃貸借契約解除の効力を何ら左右するものではないことを証する。

3　尋問事項
(1)　清と被告との関係について
(2)　清と被告との本件賃貸借契約の締結及び契約の内容について
(3)　被告による賃料の支払状況について
(4)　原告による滞納賃料の催告及び本件賃貸借契約の解除について
(5)　契約解除前後における原告・被告間でのやりとりについて
(6)　清が被告から購入した絵画は1枚（「大雪山」）だけであり，被告の主張する絵画（「湖水」）を購入した事実のないこと
(7)　清は，被告から購入した絵画の売買代金100万円を既に全額支払済みであること
(8)　その他，これらに関連する一切の事項

●●4年(ワ)第254号　建物明渡請求事件
原告　藤田　浩
被告　久保太一

証　拠　の　申　出　書

●●4年6月20日

○○地方裁判所民事第○部イ係　御中

　　　　　　　　　　　被告訴訟代理人弁護士　　乙　野　次　郎　㊞

1　人証の表示
　　　　○○県○○市○○町○丁目○番○号
　　　　　被告本人　　久　保　太　一(同行)
　　　　　　　　　　　　　(主尋問20分)

2　立証趣旨
 (1) 藤田清と被告との間で絵画2点につき売買契約が締結され，2点ともに引き渡された事実
 (2) 上記2点のうち，1点の代金が未払である事実
 (3) 藤田清と被告との間で良好な賃貸借契約関係が存続していた事実

3　尋問事項
　　　　別紙尋問事項書記載のとおり

　　　　　　　　　　　　　　　　　　　　　　　　　　　　以　上

　　　　　　　　　尋　問　事　項　書

　　　　　　　　　　　　　　　　　　　　　　　被告本人　久　保　太　一

1　藤田清と被告との関係について
2　本件賃貸借契約の締結とその後の経過について
3　藤田清と被告との間で締結された絵画の売買契約について
4　賃料債権と売買代金債権とを相殺するまでの経過について
5　相殺後の賃料の支払について
6　その他本件に関連する一切の事項

㊞

訴 訟 委 任 状

私は次の弁護士を訴訟代理人と定め，次の事項を委任します。

　　　　　弁護士　　甲　野　太　郎

　　　　　　○○弁護士会所属
　　　　　　〒○○○-○○○○　○○県○○市○○町○丁目○番○号
　　　　　　　　　○○○ビルディング○階　　甲野法律事務所
　　　　　　電　話　○○○-○○○-○○○○（代表）
　　　　　　ファクシミリ　○○○-○○○-○○○○

1．次の当事者について，管轄裁判所に対する訴訟提起その他手続遂行に関する一切の件
　　原　告　　藤　田　　浩
　　被　告　　久　保　太　一
　　事件名　　建物明渡請求事件

2．反訴の提起，和解，調停，請求の放棄認諾，訴訟参加訴訟引受に基づく訴訟脱退
3．控訴，上告，上告受理の申立て及びこれらの取下げ，訴えの変更及び取下げ
4．手形判決小切手判決又は少額訴訟判決に対する異議の申立て，これらの取下げ及び取下げの同意
5．復代理人選任，支払請求及び弁済受領，供託及び供託の還付取戻，関係証拠収集

　上記訴訟委任状に署名捺印します。

　　●●　4年　3月7日

　　住　所　〒○○○-○○○○
　　　　　　○○県○○市○○町○丁目○番○号

　　氏　名　　藤　田　　浩　　　㊞

訴 訟 委 任 状

●●4年4月7日

住　所　　〇〇市〇〇町〇丁目〇番〇号
委任者　　　久　保　太　一　㊞

私は，次の弁護士を訴訟代理人と定め，下記の事件に関する各事項を委任します。
　　　　　弁　護　士　　乙　野　次　郎
　　　　　〇〇弁護士会所属
　　　　　住　所　〒〇〇〇-〇〇〇〇
　　　　　　　　　〇〇市〇〇町〇丁目〇番〇号
　　　　　　　　　乙野法律事務所
　　　　　電　話　〇〇〇-〇〇〇-〇〇〇〇
　　　　　ＦＡＸ　〇〇〇-〇〇〇-〇〇〇〇
　　　　　　　　　　　記

1．委任事項
　　原告藤田浩，被告久保太一間の〇〇地方裁判所●●4年（ワ）第254号建物明渡請求事件につき，被告として応訴し，訴訟を追行する一切の件

1．反訴の提起
1．訴えの取下げ，和解，請求の放棄若しくは認諾又は訴訟参加若しくは訴訟引受けによる脱退
1．控訴，上告若しくは上告受理の申立て又はこれらの取下げ
1．手形訴訟，小切手訴訟又は少額訴訟の終局判決に対する異議の取下げ又はその取下げについての同意
1．復代理人の選任
1．代理人供託，供託金の取戻又は還付請求及び受領ならびに同利息の請求及び受領に関する一切の件

●●4年3月29日

ＦＡＸ送信書

送信先　○○地方裁判所民事第○部イ係　御中
　（Fax　○○○−○○○−○○○○）

発信者
　〒○○○−○○○○　○○県○○市○○町○丁目○番○号○○○ビルディング○階
　　　　　　甲野法律事務所　原告訴訟代理人弁護士　甲　野　太　郎㊞
　　　　　TEL○○○−○○○−○○○○（代表）　FAX　○○○−○○○−○○○○
　以下のとおり，期日請書をファクシミリにて提出します。

　　　　　　　　　　　　　　　　　　　　　　　　　本書を含め全部で　1枚

●●4年（ワ）第254号　建物明渡請求事件
原　告　藤　田　　　浩
被　告　久　保　太　一

期　日　請　書

　　　　　　　　　　　　　　　　　　　　　　　　　●●4年3月29日

○○地方裁判所民事第○部イ係　御中

　　　　　　　　　　原告訴訟代理人弁護士　甲　　野　　太　　郎　㊞

　上記事件の期日を下記のとおり指定され呼出しを受けましたので，本期日請書を提出します。
記
　●●4年4月25日（月）午前10時00分（口頭弁論期日）
　　　　　　　　　　　　　　　　　　　　　　　　　　　　　　以　上

郵便送達報告書 (住所, 居所等用)	発送年月日	●● 4 年 3 月 29 日
事件番号		●● 4 年 (ワ) 第 254 号

送達書類	書類の名称	●●4年4月25日午後10時00分 口頭弁論期日呼出状・訴状副本 答弁書催告状　甲第1から第4号証の2までの各写し		
	差出人	所在地	(省略)	
		名　称	○○地方裁判所民事第○部イ係	
	受送達者 本人指名		久　保　太　一	

受領者の押印又は署名	㊞
送達の場所	郵便番号○○○-○○○○ ○○県○○市○○町○丁目○番○号
送達年月日時	●● 0 4 年 0 4 月 0 4 日 1 0 時

送達方法	①	受送達者本人に渡した。
	2	受送達者本人に出会わなかったので，書類の受領について相当のわきまえがあると認められる次の者に渡した。 　ア　使用人・従業員　　　　イ　同居者 　　　　　　　　　　　　　　　(氏名：　　　　　　　　　　　　　　　　　)
	3	次の者が正当な理由なく受取りを拒んだので，その場に差し置いた。 　ア　受送達者本人　　イ　使用人・従業員　　　ウ　同居者 　　　　　　　　　　　　　　　(氏名：　　　　　　　　　　　　　　　　　)
	4	営業所に出向いた書類の受領について相当のわきまえがあると認められる次の者に渡した。 　ア　使用人・従業員　　　　イ　同居者 　　　　　　　　　　　　　　　(氏名：　　　　　　　　　　　　　　　　　)

上記のとおり送達しました。　　　　　●●　4 年　4 月　4 日
(所属)　　　　　　　　　　　　　　　　配達担当者
　㋐　郵便事業㈱　　　　○○　支店
　イ　郵便局㈱　　　　　　郵便局　　　　　　　某　　　　　　　㊞

上記送達に係る郵便物が適正に送達されたこと及びその送達に関する事項が適正に記載されていることを確認しました。　　　　　●●　4 年　4 月　4 日 (所属)　　　　　　　　　　　　　　　　郵便認証司 　㋐　郵便事業㈱　　　　○○　支店 　イ　郵便局㈱　　　　　　郵便局　　　　　　　某　　　　　　　㊞	差出人記入欄

注意
1　受領者が押印又は署名をすることができないときは，「受領者の押印又は署名」欄にその旨を記入すること。
2　「送達の場所」欄は，市町村名から住居番号等まで詳細明確に記入すること。ただし，営業所の窓口において交付したときは，「窓口」とのみ記入すること。
3　「送達年月日時」欄の年月日時のいずれかの数字が1桁のときは，枠内に右詰めで記入すること。また，時刻は24時間制で記入すること。
4　「送達方法」欄は，次により記入すること。
　(1)　「1」，「2」，「3」及び「4」の欄については，該当する数字ひとつを「○」で囲む。
　(2)　「2」，「3」，又は「4」を「○」で囲んだ場合は，さらに該当するものを「○」で囲み，その氏名を記入する。ただし，受送達者本人であるときは，その氏名は記入しない。
5　配達担当者及び郵便認証司の「所属」欄は該当するものを「○」で囲み，その名称を記入すること。

●●4年（ワ）第254号

訴訟進行に関する照会書

〇〇地方裁判所民事第〇部

　本件の円滑な進行を図るため，下記の照会事項に御回答の上，早急に当部に提出されるよう御協力ください（ファクシミリも可）。
　なお，御回答いただいた書面は，本件の訴訟記録につづり込むこととなります。
（照会事項）
1　**郵便による訴状送達の可能性**
　　　　☑被告の住所地に，平日，本人又は同居者・事務員がいる
　　　　□被告の住居地に，休日の方が，本人又は同居者・事務員がいる
　　　　□被告の住所不明ということで，公示送達になる見込み
2　**被告の就業場所について**
　　　　□判明している（　　　　　　　　　　　　　　　　　　　）
　　　　□調査したが分からない　　□調査未了
3　**被告の欠席の見込み**　　□ある　　□ない　　☑不明
4　**被告との事前交渉**　　□ある　　☑ない
5　**被告との間の別事件の有無**
　　　　☑ある　　（裁判所名　　　　〇〇地方裁判所
　　　　　　　　　　事件番号　　●●4年（ヨ）第　123　号
　　　　　　　　　　不動産占有移転禁止仮処分命令申立事件
　　　　□ない
6　**事実に関する争い**　　□ある　　☑ない
7　**和解について**
　　　　☑条件次第である
　　　　□全く考えていない
8　その他，裁判の進行に関する希望等，参考になることがあれば自由に記入してください。
　　速やかに原告勝訴の判決を言い渡されるよう求めます。

　　　　●●4年3月29日　　回答者　原告代理人　**甲野太郎**
　　　　　　　　　　　　　　　電話番号　〇〇〇-〇〇〇-〇〇〇〇

ファクシミリ送信書

●●4年4月18日

送 信 先	○○地方裁判所　　御中 （FAX ○○○-○○○-○○○○）
送 信 者	被告訴訟代理人弁護士　　乙　野　次　郎　㊞ 　　　TEL ○○○-○○○-○○○○ 　　　FAX ○○○-○○○-○○○○
事 件 番 号 当 事 者 名	●●4年（ワ）第254号建物明渡請求事件 原告　藤田　浩 被告　久保太一
次 回 期 日	●●4年4月25日
文 書 名	答弁書（●●4年4月18日付け） 証拠説明書 乙第1号証
送 信 枚 数	5　枚　（送信書を含む）
通 信 欄　　訴訟委任状は，別途持参します。	

＿＿＿＿＿＿＿＿＿＿＿＿ＦＡＸ送信票＿＿＿＿＿＿＿＿＿＿＿＿

●●4年4月18日

原告訴訟代理人
　弁護士　甲　野　太　郎　先生
　（ＦＡＸ　○○○－○○○－○○○○）

　　　　　　　　　　　　○○市○○町○丁目○番○号
　　　　　　　　　　　　　　TEL　○○○－○○○－○○○○
　　　　　　　　　　　　　　FAX　○○○－○○○－○○○○
　　　　　　　　　　　　乙野法律事務所
　　　　　　　　　　　　被告訴訟代理人
　　　　　　　　　　　　　　弁護士　乙　野　次　郎　㊞

　○○地方裁判所●●4年（ワ）第254号建物明渡請求事件について，以下の書面をＦＡＸ致します。御確認の上，折り返し受領書を裁判所及び当職にＦＡＸして頂きたくお願い申し上げます。

□　答弁書（●●4年4月18日付け）（2枚）	1通
□　証拠説明書（1枚）	1通
□　乙第1号証（1枚）	1通

受　　領　　書

●●4年4月18日

○○地方裁判所　　　　　　御中　（ＦＡＸ　○○○－○○○－○○○○）
被告訴訟代理人弁護士　乙野次郎　~~行~~　（ＦＡＸ　○○○－○○○－○○○○）
　　　　　　　　　　　　　先生
　　　　　　　　　原告訴訟代理人　甲　野　太　郎　㊞

　本日，上記書類及び書証を被告訴訟代理人からのＦＡＸにより受領致しました。

●●4年5月16日

準備書面・書証等　提出・直送書

送信先
　○○地方裁判所民事第○部イ係　御中
　　（Fax　○○○-○○○-○○○○）
　被告訴訟代理人弁護士　乙野次郎　先生
　　（Fax　○○○-○○○-○○○○）

送信者
　〒○○○-○○○○　○○県○○市○○町○丁目○番○号○○○ビルディング○階
　　　　　　甲野法律事務所　原告訴訟代理人弁護士　甲野太郎 ㊞
　　　　　　TEL○○○-○○○-○○○○（代表）　FAX○○○-○○○-○○○○

拝啓　ますます御清祥のこととお慶び申し上げます。
　下記事件について，以下の「送信する書面」をファックスにて提出・直送します。
　以下の「準備書面・書証等受領書」の日付を補充し，署名（記名）押印の上，裁判所及び当職宛てにそれぞれファックス送信して下さい。　　　　　　　　　　敬具

記

　原　　告　　藤田　浩
　被　　告　　久保太一
　裁　判　所　○○地方裁判所民事第○部イ係
　事件番号・事件名　　●●4年（ワ）第254号　建物明渡請求事件
　次回期日　●●4年5月23日（月）午後3時00分（弁論準備手続）

送信する書面
　1．●●4年5月16日付け準備書面　　　　　　　　　　　　　3枚
　2．甲号証写し（甲5・甲6）　　　　　　　　各1通合計　3枚
　3．●●4年5月16日付け証拠説明書（甲5・甲6）　　　　1枚
　　　　　　　　　　　　　　　　　本書1枚を含め全部で　8枚

●●4年5月16日

準備書面・書証等　受領書

○○地方裁判所民事第○部イ係　御中
　（Fax　○○○-○○○-○○○○）
原告訴訟代理人弁護士　　甲野太郎𣆶　先生
　（Fax　○○○-○○○-○○○○）

　上記書面を受領しました。
　　　　　　　　　　　被告訴訟代理人弁護士　　乙野次郎 ㊞

1　ファクシミリ送信書（被告訴訟代理人から裁判所宛）（準備書面〔●●4年5月9日付け〕に関するもの）

2　ＦＡＸ送信票（被告訴訟代理人から原告訴訟代理人宛）（準備書面〔●●4年5月9日付け〕に関するもの），受領書（原告訴訟代理人から裁判所及び被告訴訟代理人宛）

3　準備書面・書証等提出・直送書（原告訴訟代理人から被告訴訟代理人宛）（●●4年6月13日付け証拠申出書・甲号証写し〔甲7〕・同日付け証拠説明書に関するもの），準備書面・書証等受領書（被告訴訟代理人から裁判所及び原告訴訟代理人宛）

4　ファクシミリ送信書（被告訴訟代理人から裁判所宛）（証拠説明書・乙第2号証〔被告陳述書〕に関するもの）

5　ＦＡＸ送信票（被告訴訟代理人から原告訴訟代理人宛）（●●4年6月20日付け証拠の申出書・乙第2号証〔被告陳述書〕同日付け証拠説明書に関するもの），受領書（原告訴訟代理人から裁判所及び被告訴訟代理人宛）

6　訴え変更申立書副本の送達報告書

　1～6は省略

執行事件関係の書類

注意　①申立書に使用した債権者，又は代理人の印鑑と，保管金提出に使用する印鑑が異る場合は受付係に申し出て下さい。
　　　②該当文字を○で囲む

執行の立会　㈲・無
立会希望　月　日

| 強　　制 執行申立書 仮差押・仮処分 | 受付印 | 郵送 地方 |

○○地方裁判所　支部　執行官　御中

●●4年8月18日

予納金（解錠執行　有・無）　　　円　　担当　　区

(〒○○○－○○○○)
住　所　　○○市○○町○丁目○番○号
債権者　　藤　田　　浩

(〒○○○－○○○○)　　○○市○○町○丁目○番○号　○○○ビルディング○階
送達場所　甲野法律事務所
代理人　　甲　野　太　郎　㊞

(〒○○○－○○○○)
住　所　　○○市○○町○丁目○番○号
フリガナ　　ク　ボ　タ　イチ
債務者　　久　保　太　一

(〒　　　　)
住　所
フリガナ
債務者

目的物の所在場所　目的物所在地の略図は別紙調査表のとおり
（執行の場所）
①．前記債務者の住所

2．

3．

連絡先　電話　○○○－○○○－○○○○　（代表）

執行の目的及び執行の方法
イ．動産執行　（家財・商品類・機械・貴金属・その他）
ロ．建物明渡・土地明渡・建物退去・代替執行(建物収去等)・不動産引渡
　　　動産引渡・船舶国籍証書等取上・自動車引渡
ハ．動産仮差押（家財・商品類・機械・貴金属・その他）
　　　仮処分（動産・不動産・その他）
　　　特別法に基づく保全処分

請求金額　金　　　　　　　　　　　　　　　円　　（内訳は別紙のとおり）

目　的　物　件　　　別紙のとおり

債務名義の表示

1．　○○地方裁判所　　　　支部　平成　●●　4年（ワ）第　254　号

　　　判決・仮執行宣言付支払命令・仮執行宣言付支払督促　　　　調書
　　　仮差押命令・仮処分命令　　不動産引渡命令

2．　　　法務局所属公証人
　　平成
　　●●　　年　第　　　　　号　執行証書

添付書類

①．上記の正本　　　　　　　　1通
②．送達証明書　　　　　　　　1通
3．確定証明書　　　　　　　　　通
4．資格証明書　　　　　　　　　通
⑤．委任状　　　　　　　　　　1通
⑥．債務者に関する調査表　　　1通
7．更正決定の正本　　　　　　　通
8．更正決定の証明書　　　　　　通
9．　　　　　　　　　　　　　　通

1．同時送達の申出　　　　　　　有・無
②．執行調書謄本を関係人に交付されたい。
3．事件終了後，債務名義正本・送達証明書を返還下さい。（但し全額弁済を除く）

印

4．関連事件の事件番号
　　　　　　年(執　　　)
　　　　第　　　　　　　号

　　　　　　　　当 事 者 目 録

〒○○○-○○○○　○○県○○市○○町○丁目○番○号
　　　　　債　権　者　　藤　田　　　浩

〒○○○-○○○○　○○県○○市○○町○丁目○番○号
　　　　　○○○ビルディング○階　甲野法律事務所（送達場所）
　　　　　債権者代理人弁護士　　甲　野　太　郎
　　　　　　　電　話　○○○-○○○-○○○○（代表）
　　　　　　　ファクシミリ　○○○-○○○-○○○○
〒○○○-○○○○　○○県○○市○○町○丁目○番○号
　　　　　債　務　者　　久　保　太　一

　　　　　　　債務名義の表示
○○地方裁判所●●4年（ワ）第254号　判決

物　件　目　録

所　　在　　〇〇市〇〇町〇丁目〇番地

家屋番号　　〇番

種　　類　　居宅

構　　造　　木造瓦葺2階建

床 面 積　　1階　85．30平方メートル
　　　　　　2階　62．41平方メートル

判決書（省略）

債務名義の事件番号	●●4年（ワ）第254号

執　行　文

　　債権者　　は，債務者　　に対し，この債務名義により強制執行をすることができる。

　●●4年8月18日
　　　○○地方裁判所民事第○部
　　　　　　裁判所書記官　　　　　　B　　㊞

債　権　者 （　原　告　）	藤　田　　　浩
債　務　者 （　被　告　）	久　保　太　一

（注）　この執行文は判決正本（**117**頁）の末尾に綴じ付ける方法で付与される。

●●4年(ワ)第254号　建物明渡請求事件
原告　藤田　浩
被告　久保太一

判決正本送達証明申請書

●●4年8月18日

○○地方裁判所民事第○部イ係　御中

原告訴訟代理人弁護士　　甲　野　太　郎　㊞

　上記事件の仮執行宣言付きの判決（判決言渡しの日：●●4年8月8日）の正本が，被告に下記のとおり送達されたことを証明されたく申請します。

記

送達の日：●●4年8月12日

●●4年8月18日

上記を証明する。

○○地方裁判所民事第○部
　　裁判所書記官　　　　　B　　　　㊞

㊞

委 任 状

私は次の弁護士を訴訟代理人と定め，次の事項を委任します。

　　　　　　　　弁護士　　甲　野　太　郎

　　　　　　　○○弁護士会所属
　　　　　　〒○○○-○○○○　○○県○○市○○町○丁目○番○号
　　　　　　　　○○○ビルディング○階　　甲野法律事務所
　　　　　　電　話　　○○○-○○○-○○○○（代表）
　　　　　　ファクシミリ　○○○-○○○-○○○○

1．下記執行申立事件の申立て，その取り下げ，その他手続遂行に関する一切の件
　　債　権　者　藤　田　　浩
　　債　務　者　久　保　太　一
　　事件の表示　建物明渡強制執行申立事件
　　債　務　名　義　○○地方裁判所●●4年（ワ）第254号

2．上記事件について，執行取消・担保取消（取戻）の申立てをなす件
3．申立ての訂正，変更及び取下げ
4．復代理人選任，支払請求及び弁済受領，供託及び供託の還付取戻，関係証拠収集

上記委任状に署名捺印します。

　　　●●　4年　8月18日

　　　　　住　所　〒○○○-○○○○
　　　　　　　　　○○県○○市○○町○丁目○番○号

　　　　　氏　名　　　藤　田　　浩　　　　㊞

保管金受領証書

執行官室

提出書号 ●● 4年度 第○○○号
進行番号 ●●

事件番号 4年(執口)第25号

保管の事由　執行官予納金

債務者氏名　久保太一

金額	千	百	十	万	千	百	十	円

☐ 上記金額を受領しました。
☐ 上記金額を振り込んでください。

●● 年　月　日

住所
氏名

○○地方裁判所歳入歳出外現金出納官吏　殿

(注意) あなたは、保管金残額還付の際この受領証書が必要ですから大切に保存してください。還付の時の受領印は保管金提出時使用の印鑑を用い、不明の場合には印鑑証明書を添付してください。
なお、還付の際、振込みを希望される方は、右枠に振込み先口座等を明記し、「上記金額を振込んでください。」欄の☐に✓印をしてください。
また、事件終了後残額がある場合、5年間請求しないと返還がされず、国庫組入れとなります。

提出者　甲野太郎　殿

金額	¥90,000

上記金額を領収しました。

●● 4 年 8 月 22 日

○○地方裁判所歳入歳出外現金出納官吏
裁判所事務官　某　㊞

決議印	小　切　手	
		第　　　号
	銀行	支店
	金庫	
	普通・当座・貯蓄・別段・その他	
振込先金融機関名		
預金種別		
口座番号	第　　　号	
フリガナ		
口座名義		

—121—

注意　①申立書に使用した債権者，又は代理人の印
　　　　鑑と，保管金提出に使用する印鑑が異る
　　　　場合は受付係に申し出て下さい。
　　　②該当文字を○で囲む

執行の立会　㊲・無　立会希望　月　日

| 強　　　制 執 行 申 立 書 仮差押・仮処分 | 受付印 | 郵送地方 |

○○　地方裁判所
　　　支部　執行官　御中

●●4年8月18日

予納金（解錠執行　有・無）　　円
担当　　区

(〒○○○-○○○○)
　　　　住　所　　○○市○○町○丁目○番○号
　　　　債権者　　藤　田　　　浩

(〒○○○-○○○○)
　　　　　　　　　○○市○○町○丁目○番○号　○○○ビルディング○階
　　　　送達場所　甲野法律事務所
　　　　代理人　　甲　野　太　郎　　㊞

(〒○○○-○○○○)
　　　　住　所　　○○市○○町○丁目○番○号
　　　　フリガナ　　ク　ボ　タ　イ　チ
　　　　債務者　　久　保　太　一

(〒　　　　)
　　　　住　所
　　　　フリガナ
　　　　債務者

目的物の所在場所　　目的物所在地の略図は別紙調査表のとおり
　（執行の場所）
①．前記債務者の住所

2．

3．

　　　　連絡先　電話　○○○-○○○-○○○○　（代表）

執行の目的及び執行の方法	
イ.	動産執行 （家財・商品類・機械・貴金属・その他）
ロ.	建物明渡・土地明渡・建物退去・代替執行（建物収去等）・不動産引渡 動産引渡・船舶国籍証書等取上・自動車引渡
ハ.	動産仮差押（家財・商品類・機械・貴金属・その他） 仮処分（動産・不動産・その他） 特別法に基づく保全処分

請求金額　金　１００万円　　　（内訳は別紙のとおり）

目 的 物 件　　別紙のとおり

債 務 名 義 の 表 示

1.　　○○地方裁判所　　　支部　　平成●●　４年（ワ）第２５４号

　　　判決・仮執行宣言付支払命令・仮執行宣言付支払督促　　　調書
　　　仮差押命令・仮処分命令　　不動産引渡命令

2.　　　　法務局所属公証人
　　平成
　　●●　　年　第　　　　　号　執行証書

添付書類			
①. 上記の正本	1通	1. 同時送達の申出　　有・無	
②. 送達証明書	1通	②. 執行調書謄本を関係人に交付されたい。	
3. 確定証明書	通		
4. 資格証明書	通	3. 事件終了後, 債務名義正本・送達証明書を返還下さい。（但し全額弁済を除く）	
⑤. 委任状	1通		
⑥. 債務者に関する調査表	1通		印
7. 更正決定の正本	通	4. 関連事件の事件番号	
8. 更正決定の証明書	通	年（執　）	
9.	通	第　　　　　　号	

請求金額計算書	
摘　　　　　要	金　額
元　本（金額，残額，一部請求）	１００万円
利　息　　　から　　　まで　年　割　分 　　　　　　　　　　　　　　日歩　銭　厘	
損害金　　　から　　　まで　年　割　分 　　　　　　　　　　　　　　日歩　銭　厘	
損害金	
督促手続費用	
仮執行宣言手続費用	
執行準備費用（内訳下記のとおり）	
１．申立書提出費用	
２．執行文付与申請　　　書記料 　　　　　　　　　　　印紙代	
３．送達証明申請　　　　書記料 　　　　　　　　　　　印紙代	
合計金１００万円	

㊞

委 任 状

私は次の弁護士を訴訟代理人と定め，次の事項を委任します。

　　　　　　弁護士　　甲　野　太　郎

　　　　　　　○○弁護士会所属
　　　　　〒○○○-○○○○　○○県○○市○○町○丁目○番○号
　　　　　　　○○○ビルディング○階　　甲野法律事務所
　　　　　　　電　話　　○○○-○○○-○○○○（代表）
　　　　　　　ファクシミリ　　○○○-○○○-○○○○

1．下記執行申立事件の申立て，その取り下げ，その他手続遂行に関する一切の件
　　債　権　者　藤　田　　浩
　　債　務　者　久　保　太　一
　　事件の表示　動産強制執行申立事件
　　債　務　名　義　○○地方裁判所●●4年（ワ）第254号

2．上記事件について，執行取消・担保取消（取戻）の申立てをなす件
3．申立ての訂正，変更及び取下げ
4．復代理人選任，支払請求及び弁済受領，供託及び供託の還付取戻，関係証拠収集

上記委任状に署名捺印します。

　　●● 4年　8月18日

　　　住　所　　〒○○○-○○○○
　　　　　　　　○○県○○市○○町○丁目○番○号

　　　氏　名　　　藤　田　　浩　　㊞

保管金受領証書

執行官室

提出書号 進行番号	●●	4年度　第〇〇〇号
事件番号	●●	4年(執イ)　第81号
保管の事由		執行官予納金
債務者氏名		久保　太一

提出者　　甲野　太郎　殿

金額	￥35,000

印

上記金額を領収しました。

●● 4 年 8 月 22 日

〇〇地方裁判所歳入歳出外現金出納官吏
裁判所事務官　某　㊞

●●地方裁判所歳入歳出外現金出納官吏　殿

金額	千	百	十	万	千	百	十	円
●●								

☐ 上記金額を受領しました。
☐ 上記金額を振り込んでください。

●● 年　　月　　日　　住所　　氏名

(注意) あなたは、保管金残額還付の際この受領証書が必要ですから大切に保存してください。還付の時の受領印は保管金提出時使用の印鑑を用い、保管金受領証書を添付してください。不明の場合には印鑑証明書を添付してください。
なお、還付の際、振込みを希望される方は、右枠に振込み先口座等を明記し、「上記金額を振り込んでください。」欄の☐に✓印をしてください。
また、事件終了後残額がある場合、5年間請求しないと返還ができず、国庫組入れとなります。

振込先金融機関名	銀行 金庫	支店
預金種別	普通・当座・貯蓄・別段・その他	
口座番号	第　　　　　　　号	
フリガナ		
口座名義		

決議印	小切手 第　　　　号

	●● 4 年（執ロ）第２５号

強　制　執　行　調　書

執行に着手した日時	●●4年8月24日	午前・午後　１０時　２０分
執行を終了した日時		午前・午後　１０時　４０分
執　行　の　場　所	○○県○○市○○町○丁目○番○号	
執　行　の　目　的　物	別紙目録（省略）記載のとおり	
執行に立ち会った者	☑債権者（☑代理人）　　甲　野　太　郎 ☑債務者　□在室者　　　久　保　太　一 ☑立会人　　　　　　　　　　某	

執　行　の　内　容

1　執行の目的
　　別紙目録記載の物件に対する
　　☑不動産明渡執行　　□不動産引渡執行　　□建物収去・土地明渡執行
　　□動産引渡執行　　　□自動車引渡執行　　□

（注）執行官の謄本認証は省略

2 執行の内容
(1) 目的物件の同一性，占有状況を調査した。
　　その結果は，別紙占有関係等調査表に記載のとおりである。
(2) 執行を妨げる事由がないものと認め，債務者　に対し，9月28日までに，債権者に目的物件を明け渡すよう（□口頭により，☑催告書を差し置くことにより）催告した。
(3) 本調書に添付の公示書写しと同文の公示書を目的物件の
　　　　　　　　北側壁及び，台所の壁面
　に提示した。
(4) 強制執行実施予定日を　9 月 28 日 午⑩後 10時 15分と指定し告知した。
　　　　　　　　告知方法　　債権者　　　口頭
　　　　　　　　　　　　　　債務者　　　□口頭　☑本調書謄本を送付
3 特記事項
(1) □ 債務者方は施錠されていたので，立会人を立ち会わせ，技術者に解錠させて執行した。
　　□ 債務者方は施錠されていたので，立会人を立ち会わせ，債権者側が用意した鍵を用いて解錠し執行した。
　　☑ 債務者は不在で施錠されていることが予測されたので，解錠技術者及び立会人を同行した。
　　☑ 同時執行　●●4年（執イ）第81号事件

(2) □ 上記強制執行実施予定日に債務者等に引き渡すことができない目的外動産が存するときは，これを当該実施予定日に強制執行の場所において売却する旨を決定し，上記2の(4)の方法により告知した。
　　□

執行に立ち会った者等の署名押印	債権者代理人　甲野太郎　㊞
	債務者　　　　久保太一　㊞
	立会人　　　　某　　　　㊞
	技術者　　　　某　　　　㊞

当事者の表示等　別紙（省略）のとおり

●●4年8月24日
　　○○地方裁判所
　　　　執　行　官　　　　　某　　㊞

占有関係等調査表

物件番号	債務者	調査の結果		
		物件の状況	占有範囲	占有者
	久保太一	☑ 居宅 ☑ 事務所 ☑ 店舗	☑ 全部 ☐	☑ 左記債務者 ☐
		☐ 居宅 ☐ 事務所 ☐	☐ 全部 ☐	☐ 左記債務者 ☐

(参考事項)
- ☑ 郵便受けの表示, ☑ 表札の表示,
- ☑ 債務者宛の郵便物（☑ 一般郵便物（多数）　　　　　　　　　　）の存在
- ☑ 債務者宛の公共料金関係書類（☑電気, ☑ガス, ☑水道）の存在
- ☑ 債務者（☐方在室者,　☐会社代表者,　☐会社従業員, ☐　　　　）の陳述要旨

私が本件建物を居宅兼店舗（久保画廊）として使用しています。8月中に退去します。

- ☑ 債権者（代理人）の陳述, ☑ 債務名義の存在
- ☐ 一件記録の資料

- ☐

- ☐

- ☐
  及び現場の状況等を総合勘案して上記のとおり認定した。

公 示 書

(事件番号)　●●　4　年（執ロ）第　2 5　号

(債権者)　　　　藤　田　　浩

(債務者)　　　　久　保　太　一

　標記の（☑　建物明渡（引渡）し，□　土地明渡し）執行事件について，次のとおり公示する。

1　本日，当職は，債務者に対し，下記物件を債権者に明け渡すよう催告した。
2　下記物件の引渡し期限を　●●4年9月28日と定めた。
3　債務者は，下記物件の占有を他人（債権者を除く）に移転することを禁止されている。

【注意】
(1)　下記物件の強制執行実施予定日は●●4年9月28日である。
(2)　この公示書の損壊等をした場合，刑罰に処せられる。

　　　　●●4年8月24日
　　　　　　○○地方裁判所執行官　　某　　　　㊞

　　　　　　　　　　　　記

(物件の表示)
　　　□　裏面記載のとおり　　☑別紙物件目録（省略）記載のとおり

(公－1)

●● 4 年（執イ）第81号

執 行 不 能 調 書

執行に着手した日時	●●4年8月24日	午前㊥ 10時 20分
執行を終了した日時		午前㊥ 10時 40分

執 行 の 場 所	○○県○○市○○町○丁目○番○号

執 行 の 目 的 物	債務者の占有する動産

執行に立ち会った者	債権者代理人　　　甲 野 太 郎 債務者　　　　　　久 保 太 一 立会人　　　　　　某

執 行 の 内 容

執行の内容
　債権者の申し立てた執行の場所に行ったところ，次の☑印の事由により執行することができなかった。
事　　　由
1　□　執行の場所が特定できない。
2　□　執行の場所を債務者が占有していない。
3　□　執行の場所に存在する動産は，
　　　□　債務者及び　　　　　との共同占有であることが認められ，
　　　□　世帯主の占有であることが認められ，
　　　債務者の単独占有に属すると認められる動産は存在しない。
4　□　債務者の占有する動産は換価の見込みがない。
5　☑　別紙差押禁止動産目録掲記以外に換価の見込みのある動産は存在しない。
6　□　別紙差押禁止動産目録掲記以外に換価の見込みのある動産は，
　　　（評価額　　　円）　　　（評価額　　　円）
　　　（評価額　　　円）　　　（評価額　　　円）
　　　が存在するだけであり，剰余を生ずる見込みがない。

（注）執行官の謄本認証は省略

7 □ その他

補 足 事 項 等

同時執行 ●●4年(執ロ)第25号事件

解 錠 の 要 否

□ 債務者方は施錠されていたので，証人を立ち会わせ技術者に解錠させた。
☑ 債務者方は不在が予測されたので，解錠技術者及び証人を同行した。

当事者の表示等　別紙（省略）のとおり

執行に立ち会った者等の署名押印	債権者代理人　甲 野 太 郎　㊞
	債務者　　　　久 保 太 一　㊞
	立会人　　　　某　　　　　　㊞
	技術者　　　　某　　　　　　㊞

●●4年8月24日
　○ ○ 地 方 裁 判 所
　　　執 行 官　　　　　某　　㊞

差 押 禁 止 動 産 目 録
（但し，※印のものが数点ある場合には一点に限る。）

　　　整理タンス

※　洗濯機（乾燥機付きを含む）

　　　ベッド

※　鏡台

　　　洋タンス

　　　調理用具

　　　食器棚

　　　食卓セット

※　冷蔵庫（容量を問わない）

※　電子レンジ（オーブン付きを含む）

※　瞬間湯沸し器

※　ラジオ

※　テレビ（２９インチ以下）

※　掃除機

　　　冷暖房器具（但し，エアコンを除く）

※　エアコン

※　ビデオデッキ

請求金額計算書	
摘　　　　　要	金　額
元　本（金額，残額，一部請求）	１００万円
利　息　　　から　　　　まで　年　割　分 　　　　　　　　　　　　　　　日歩　銭　厘	
損害金　　　から　　　　まで　年　割　分 　　　　　　　　　　　　　　　日歩　銭　厘	
損害金	
督促手続費用	
仮執行宣言手続費用	
執行準備費用（内訳下記のとおり）	
１．申立書提出費用	
２．執行文付与申請　　　書記料 　　　　　　　　　　　　印紙代	
３．送達証明申請　　　　書記料 　　　　　　　　　　　　印紙代	
合計金１００万円	

●● 4 年（執ロ）第25号

強 制 執 行 調 書

執行に着手した日時	●●4年9月28日	(午前)・午後　10時　30分
執行を終了した日時		(午前)・午後　10時　45分

執 行 の 場 所	○○県○○市○○町○丁目○番○号

執 行 の 目 的 物	別紙目録（省略）記載のとおり

執行に立ち会った者	☑債権者（☑代理人）弁護士　　甲　野　太　郎 □債務者　□在室者 ☑立会人　　　　　　　　　　　　　　　某

執 行 の 内 容

1　執行の目的
　別紙目録記載の物件に対する
　☑不動産明渡執行　　□不動産引渡執行　　□建物収去・土地明渡執行
　□動産引渡執行　　　□自動車引渡執行　　□

2　執行の内容
 (1) □　目的外動産は存在しない。
　　 ☑　目的外動産は存在するが，
　　　　□　債務者が，所有権を放棄し，廃棄して差し支えない旨を陳述
　　　　□　債務者が，所有権放棄書を提出
　　　　☑　無価値物と認定
　　 した。
 (2) 債権者は，債務者から目的物件の引渡しを受けていないので，本件執行手続により引渡しを受けたい旨を述べた。
 (3) よって，債務者の目的物件に対する占有を解いて，これを債権者に引き渡した。
　　 なお，(1)の目的外動産は，債権者（代理人）にその廃棄を託した。
3　特記事項
 (1) ☑　債務者方は施錠されていたので，立会人を立ち会わせ，技術者に解錠させて執行した。
　　 □　債務者方は施錠されていたので，立会人を立ち会わせ，債権者側が用意した鍵を用いて解錠し執行した。
　　 □　債務者方は不在で施錠されていることが予測されたので，解錠技術者及び立会人を同行した。
 (2) □

(2－ニ)

当事者の表示等	別紙（省略）のとおり		
執行に立ち会った者等の署名押印	債権者代理人	甲野 太郎	印
	立会人	某	印
	技術者	某	印

●●4年9月28日

　○○地方裁判所
　　　執行官　　　　　某　　印

●●4年（執ロ）第25号
債権者　　藤　田　　浩
債務者　　久　保　太　一

正本還付申請書

●●4年10月11日

○○地方裁判所　執行官　殿
　　　　　　債権者代理人弁護士　　　　　　甲　野　太　郎　㊞

　上記事件について，債権者が添付書類として提出した下記書類の還付を受けたく申請します。

記

1．執行力のある判決正本　　　　　　1通
2．同　送達証明書　　　　　　　　　1通

以　上

●●4年（執ロ）第25号
債権者　　藤　田　　浩
債務者　　久　保　太　一

受　書

●●4年10月11日

○○地方裁判所　執行官室　御中
　　　　　　債権者代理人弁護士　　　　　　甲　野　太　郎　㊞

　上記書面を確かに受領しました。

以　上

担保取消関係の書類

●●4年(ヨ)第123号　不動産占有移転禁止仮処分命令申立事件
申立人(債権者)　藤　田　　　浩
被申立人(債務者)　久　保　太　一

担保取消申立書（事由が止んだ場合）

　　　　　　　　　　　　　　　　　　　●●4年10月6日

○○地方裁判所民事第○部　御中

　　　　　申立人代理人弁護士　　　　　　　甲　野　太　郎　㊞

　　〒○○○-○○○○　○○県○○市○○町○丁目○番○号
　　　　　申立人(債権者)　　　　　　　　藤　田　　　浩
　　〒○○○-○○○○　○○県○○市○○町○丁目○番○号
　　　　　○○○ビルディング○階　甲野法律事務所（送達場所）
　　　　　申立人代理人弁護士　　　　　　　甲　野　太　郎
　　　　　　　電　話　○○○-○○○-○○○○（代表）
　　　　　　　ファクシミリ　○○○-○○○-○○○○
　　〒○○○-○○○○　○○県○○市○○町○丁目○番○号
　　　　　被申立人(債務者)　　　　　　　久　保　太　一

　　　　　　　　申立ての趣旨及び理由

　上記事件につき申立人が下記のとおり供託した金５００，０００円の担保は，申立人全部勝訴の本案判決があり，この判決は●●4年8月25日の経過によって確定し，担保の事由が止んだので，担保取消決定をされたく申し立てる。

　　　　　　　　　　　　記
　供託年月日　　　　●●4年3月14日
　供託所の表示　　　○○地方法務局
　供　託　番　号　　●●3年度金第○○○○号
　供　託　金　額　　金５００，０００円

　　　　　　　　添　付　書　類

１　判決正本（写し）　　　　１通
２　判決確定証明書　　　　　１通

　　　　　　　　　　　　　　　　　　　以　上

●●4年(ワ)第254号　建物明渡請求事件
原告　藤田　浩
被告　久保　太一

判決確定証明申請書

　　　　　　　　　　　　　　　　　　　　　●●4年8月29日

○○地方裁判所民事第○部イ係　御中

　　　　　　　　原告訴訟代理人弁護士　　甲　野　太　郎　㊞

　上記事件の判決(判決言渡しの日：●●4年8月8日)は，被告について，下記の日の経過により確定したことを証明されたく申請する。

記
●●4年8月25日

　　　　　　　　　　　　　　　　　　　　　●●4年8月29日

上記を証明する。

　　　○○地方裁判所民事第○部
　　　　　裁判所書記官　　　　　　B　　　　㊞

●●4年(モ)第50号　担保取消申立事件
●●4年(ヨ)第123号　不動産占有移転禁止仮処分命令申立事件
申立人(債権者)　藤　田　　　浩
被申立人(債務者)　久　保　太　一

供託原因消滅証明申請書

●●4年11月7日

○○地方裁判所民事第○部　御中

　　　　　申立人代理人弁護士　　　　　　　　甲　野　太　郎　㊞

　　〒○○○-○○○○　○○県○○市○○町○丁目○番○号
　　　　　申立人(債権者)　　　　　　　　　　藤　田　　　浩
　　〒○○○-○○○○　○○県○○市○○町○丁目○番○号
　　　　　○○○ビルディング○階　甲野法律事務所(送達場所)
　　　　　申立人代理人弁護士　　　　　　　　甲　野　太　郎
　　　　　　　電　話　○○○-○○○-○○○○(代表)
　　　　　　　ファクシミリ　○○○-○○○-○○○○
　　〒○○○-○○○○　○○県○○市○○町○丁目○番○号
　　　　　被申立人(債務者)　　　　　　　　　久　保　太　一

申請の趣旨及び理由

　上記事件につき申立人が別紙のとおりなした供託について，御庁において担保取消決定がなされ同決定が確定したので，供託原因の消滅したことを証明されたく申請する。

記

　供託年月日　　　●●4年3月14日
　供託所の表示　　○○地方法務局
　供託番号　　　　●●3年度金第○○○○号
　供託金額　　　　金500,000円

●●4年11月7日

　上記を証明する。
　　　　○○地方裁判所民事第○部
　　　　　　　　裁判所書記官　　　　　　某　　　㊞

(注)　別紙(供託書正本写し)は省略

〔編著者〕

加藤新太郎 中央大学大学院法務研究科教授・弁護士

〔著者〕

前田惠三 元弁護士

村田　渉 東京高等裁判所判事

松家　元 弁護士・筑波大学法科大学院教授

民事訴訟実務の基礎【記録篇】〔第4版〕

2004（平成16）年4月15日　初版1刷発行
2007（平成19）年3月30日　第2版1刷発行
2011（平成23）年9月30日　第3版1刷発行
2019（平成31）年3月15日　第4版1刷発行

編　者　加藤新太郎
発行者　鯉渕友南
発行所　株式会社 弘文堂　101-0062　東京都千代田区神田駿河台1の7
　　　　　　　　　　　　TEL 03(3294)4801　振替 00120-6-53909
　　　　　　　　　　　　http://www.koubundou.co.jp

装　丁　笠井亞子
印　刷　図書印刷
製　本　井上製本所

©2019 Shintaro Kato. Printed in Japan

JCOPY 〈(社)出版者著作権管理機構 委託出版物〉

本書の無断複写は著作権法上での例外を除き禁じられています。複写される場合は、そのつど事前に、(社)出版者著作権管理機構（電話 03-5244-5088、FAX 03-5244-5089、e-mail: info@jcopy.or.jp）の許諾を得てください。
また本書を代行業者等の第三者に依頼してスキャンやデジタル化することは、たとえ個人や家庭内の利用であっても一切認められておりません。

民事訴訟実務の基礎

解説篇

加藤新太郎 編
前田恵三・村田渉・松家元 著

第4版

弘文堂

【第4版】はしがき

　法律実務家を目指そうとする者は，その仕事のプロトタイプを知り，それをこなすことができる汎用的な能力を身につけなければならない。法律実務家の仕事のプロトタイプは，一定の問題状況を前提として，どこに真の問題があるのかを発見し，その問題の法的性質を分析し，その問題に適用すべきルールは何かについて，法解釈をし，あるいは判例を調べて認識した上で，当該案件に特有の推論の構造を把握し，法的思考力を駆使して，方向性の大筋を展望して解決していくものである。民事紛争であるならば，その解決システムの中核にあるのは，民事訴訟であるから，民事訴訟実務に精通することが必須となる。

　そうした理由により，法科大学院においては，「民事訴訟実務の基礎」科目がおかれ，法律実務家を志す者は皆これを学ぶ。民事訴訟の当事者の訴訟代理人は，刑事訴訟や行政訴訟のそれとは異なり，立場に互換性があることに特徴があり，民事弁護の質と裁判結果の実質的な勝敗の程度には正の相関関係がある。つまり，良質の弁護士は，原告訴訟代理人になっても，被告訴訟代理人になっても，依頼者に有利な判決を得たり，和解的解決をみる割合が高いのである。

　学び方としては，民事訴訟の対象となる事件について，弁護士相談の段階から，提訴前の民事保全手続，判決手続を経て，判決後の執行手続に至るまでの一連のプロセスを，事件記録・関連記録を基に考えていくことが最適である。本書は，これを具体化し民事訴訟実務について到達すべき基礎レベルを明示したテキストとして定評のある『民事訴訟実務の基礎〔第4版〕』である。類書はみられない。

　本書第4版は，債権法改正全面対応版である。最高裁判例を中心に新たな重要判例に言及し，引用文献をアップデートするほか，法実務の動向・統計的数値など新しい情報を盛り込んでいる。なお，対象とする事件については時制を新しくしたが，基本的情報を付与するという観点から事件の骨格は維持している。

　共同執筆者であった前田惠三弁護士は，練達の法律実務家であり，司法

研修所民事弁護教官として，東洋大学法科大学院教授として，法曹養成教育に熱い情熱を注いでこられた，かけがえのない同志であった。前田さんは，第3版刊行後の2014年に急逝され，第4版の執筆は叶わなかった。残された我々は，彼に成り代わり，彼を偲びつつ改訂作業に取り組んだ。

本書は，法科大学院においてはテキストとして，法科大学院学生が自習用に，学部学生が予備試験対策として，さらには，司法修習生が実務修習で学んだことを確認する復習のために用いられてきた。認定司法書士の方々にも読まれている。第4版も，これまでと同様に多くの読者に受け入れられることを願っている。

本書の刊行に当たり，初版から変わることなく行き届いたお世話をいただいた，弘文堂の北川陽子さんには，心からお礼申し上げたい。

2019年1月

執筆者を代表して

加藤 新太郎

〔注記〕元号の移行期における改訂であることから，第4版初刷に限って，次の元号を●●と表記しています。

【第3版】はしがき

　ここに『民事訴訟実務の基礎〔第3版〕』を読者諸賢の机上に贈る。
　民事訴訟実務の基礎を学ぶための基本書であり，その到達すべきレベルを具体的に示した本書は，幸いにも，好評をもって読者に迎えられた。法科大学院におけるテキストとして，また，法科大学院学生が自習用に，さらには，司法修習生が実務修習で学んだことを確認する復習のために用いられた。
　民事訴訟実務は，休むことを知らない。民事訴訟実態調査研究会（代表：竹下守夫一橋大学名誉教授）の実態調査によれば，平成10年の民事訴訟法改正前後で比較すると，人証調べをした事件は4割から3割に減少しているが，平均の人証数は，2.2人から2.7人に増えており，人証調べの必要な事件の3件に2件が集中証拠調べで行われている。争点整理を適切に行い，人証調べを行う事件自体は絞っているが，調べた人証の数は，近時の方が多く，それが集中証拠調べで実施されるというのが，現在の民事訴訟実務の姿である。
　執筆者らは，本書の水準が次世代の法律実務家の民事訴訟実務のイメージを規定することになるかもしれないという思いから（風呂敷を大きく広げすぎであることは自覚しつつ），本書に盛り込むべき情報を最新・最適にするため，第3版を刊行することにした。本書の目的と構想については初版から同様であるが，第3版の方針は，次のとおりとした。
　第1に，関連文献・法実務の動向・統計的数値など新しい情報を盛りこみ，かつ，章ごとに学びのポイントを明示するなど，より分かりやすいものにするようにした。
　第2に，判例および法理論に関連する基本情報（判例の要旨，民事訴訟法判例百選〔第4版〕の番号，民事訴訟法の争点［新・法律学の争点シリーズ4］など）について明示し，学習の便に資するようにした。
　第3に，対象とする事件については，その骨格は維持しつつ，時制を新しくするなど，若干のリニューアルをした。
　こうした改訂にもかかわらず，ボリュームは増やすことを極力抑えたの

で，息長く愛読される「民事訴訟実務の基礎の標準的テキスト」としての要件は満たすことになったはずである。本書第3版が，初版・第2版の名宛人として想定していた法科大学院学生，司法修習生，若手の法律実務家（弁護士，裁判官，司法書士）のほか，新司法試験予備試験を受験しようとする方々にも受け入れられれば，幸いである。

　本書刊行にあたっては，初版・第2版と同様に，弘文堂の北川陽子さんにお世話いただいた。きめ細かな配慮とよりよい書籍をつくり上げようという熱意をもった仕事ぶりに，心から感謝申し上げたい。

　2011年7月

執筆者を代表して

加藤　新太郎

【第2版】はしがき

　『民事訴訟実務の基礎』という，格別の工夫のない，そのものずばりのタイトルの本書は，手前味噌ではあるが，好評をもって読者に迎えられた。民事訴訟の対象となる事件について，もめごと・弁護士への相談の段階から，提訴前の民事保全手続，天王山である判決手続を経て，判決後の執行手続に至るまでのすべてのプロセスを，事件記録・関連記録を基に解説する試みは，これまでにはみられなかった。こうした形態での手続の語り方・学び方を有益であると考え，「大民事訴訟法」構想として提案したのは，1991年の民事訴訟法学会のシンポジウムであった（加藤「報告　大学における民事訴訟法教育―法律実務家の立場から」民事訴訟雑誌38号143頁）が，それを具体化したのが，本書であった。

　本書は，いくつかの法科大学院においてテキストとして使われただけでなく，法科大学院学生が自習用に読み，さらには，司法修習生が実務修習で学んだことを確認する復習のために用いられた。この間，執筆者の加藤には法科大学院のスタート時の実情について知見を得る機会が与えられ，村田と前田は実際に法科大学院の教育に携わり，学生に接してきた。第2版は，執筆者らのそうした経験を生かしつつ，よりよい基本テキストを目指すものである。

　本書の目的と構想については初版「はしがき」のとおりであるが，第2版の方針は，次のようにした。

　第1に，関連文献・法実務の動向・統計的数値など新しい情報を盛りこみ，かつ，より分かりやすいものにするようにした。

　第2に，判例および法理論との関連について，これまで以上に配慮して，それらの基本情報（判例についてはその要旨，民事訴訟法判例百選［第3版］の番号など）についても明示するようにした。

　第3に，対象とする事件については時制を新しくしたほか，若干のリニューアルをしたが，事件の骨格は維持している。基本的情報を付与することのできる事件と考えたからである。

　本書の眼目は，法科大学院の学生が司法修習生として実務修習に臨むに

当たり，この程度は民事訴訟実務の基本的知識として備えておいてほしいというレベルで叙述している点にある。民事訴訟実務の基礎について，その到達すべきレベルを具体的に示しているのである。

　法科大学院における「民事訴訟実務の基礎」教育の成熟に伴い，解説の対象とする事件も年度によって変えたいという要請が強くなることが予測される。そのことは，執筆者らも受け止めており，将来的には，別の事件を解説の対象とする本書の別バージョンを考えていくことにしたい。

　初版と同じく第2版でも行き届いたお世話をいただいた，弘文堂の北川陽子さんには，心からお礼申し上げたい。

　　2007年2月

執筆者を代表して

加藤　新太郎

はしがき

　民事訴訟実務は，ダイナミックである。何よりも，民事実体法と民事手続法とが交錯する最前線である。第1に，民事実体法の平面的な理解が訴訟手続の流れの中で立体的なものになっていくことが実感できる。第2に，手続法の理論の有用性が，現実の手続の実践の中で検証され，実務的慣行には，実は理論的裏付けがあることを発見することができる。第3に，法律実務家には手続の中での自ら果たすべき役割のあることが認識されるとともに，各ステージで賢明に主体的に役割遂行をしていくための洗練された技能が必要不可欠であることが得心できる。一人の法律実務家の内に，民事実体法と民事手続法，理論と実務，スキルとマインドとが架橋されて一つに融合されることにより，はじめて民事訴訟実務が分かったといえるのである。

　本書は，そうした民事訴訟実務の基礎を学ぶための標準的なテキストである。法科大学院において，「民事訴訟実務の基礎」などの実務基礎科目で使用されることを想定している。民事訴訟実務の教育の目標としては，現実の民事訴訟実務の動態についての認識を形成させるとともに，手続ないし制度の思想と個々の手続規範のあり方ないし解釈論を理解させるところに求めるべきであろう。さらに，民事訴訟実務に取り組むことの面白さも伝えて，見識とスキルの向上のためのモチベーション形成の契機にしたい。そのためには，情報の名宛人を明確に意識して，付与されるべき過不足のない情報を確定する作業が必要であり，手続を実践的に理解するために，その構成も工夫されるべきであると考える。

　そこで，本書は，第1に，民事紛争について，典型的なケースである建物明渡請求訴訟の事件記録及び関連記録を素材として，そのケースの訴訟代理人となる弁護士の活動の諸相，訴訟を審理する裁判官の活動の実際を対象とすることにした。民事訴訟実務においては，どのような事実が法的に意味があるかについて認識し，争点に関していかに事実が確定されるのかについて理解することが不可欠である。その意味で，要件事実論と事実認定論は，重要な柱になる。

第2に，民事訴訟実務の展開について，民事紛争事件の発端，当事者の準備，弁護士に対する相談面接，相対交渉，民事保全，提訴，審理，判決，執行というステージを追いながら，手続をトータルに鳥瞰するとともに，各ステージにおいて法的にどのような事柄が問題となり，どのような問題状況があるかなど基本的な事項を分かりやすく解説することにした。これは，手続そのものを全体的かつ動態的に理解するために必要であると考えたことによる。

　第3に，理論科目としての民事訴訟法で学んだ事柄が，一つの紛争を対象として繰り広げられる手続の中で，どのような位置付けがされているのか，いかなる機能を発揮するものなのかなどが分かり，ひいては理論的な論点の復習にもなるように配慮した。理論と実務の相互のフィードバックにより，この両者の架橋が可能になるからである。

　このように，本書は，事件記録とその解説から構成されるのであるが，同旨のねらいを持つ先行のテキストとしては，司法研修所監修『4訂　民事訴訟第一審手続の解説──別冊記録に基づいて』（法曹会・2001）がある。本書の特色としては，判決手続のみに限定することなく，時間的に提訴前の事柄（提訴前の活動，民事保全手続）と判決後の手続（執行手続）にも視野を拡げて，民事紛争解決プロセスの全体像を把握できるようにしている点である。解説のレベルは，司法修習生として実務修習に入るに当たって，この程度は民事訴訟実務の基本的知識として備えておいてほしいというレベルを目指している。

　本書は，司法研修所の現役教官およびOB教官と民事弁護所付経験者とによって執筆された。いずれも，法科大学院における「民事訴訟実務の基礎」科目のスムーズな展開を意図して，この企画に加わった。もっとも，本書は，法科大学院で学ぶことのなかった司法修習生や若手弁護士などの法律実務家が，民事訴訟実務の基本をより深く理解する目的で副読本として参照していただいても，十分に役立つものになっているはずである。多くの読者に受け入れられれば，幸いである。

　また，執筆者としては，さらに練り上げて，このテキストを目的にかなった，より良いものにしていきたいと考えている。本書を使用された読者の方々から，様々なご指摘をいただくことを切望している。

最後に，本書の企画から出版に至るまで，万端にわたりお世話いただいた弘文堂編集部の北川陽子さん，田上恵佳さんにも，厚くお礼を申し上げたい。

　2004年2月

執筆者を代表して

加藤　新太郎

目　次〈解説篇〉

序章　本書の利用法 ………………………………………………………… 1
　　Ⅰ　本書の構成と考え方 ………………………………………………… 1
　　Ⅱ　事件記録の読み方 …………………………………………………… 2

第1章　民事紛争解決プロセスと手続の流れ ………………………… 4
　　Ⅰ　民事紛争解決プロセス ……………………………………………… 4
　　Ⅱ　相対交渉 ……………………………………………………………… 5
　　Ⅲ　相談・面接と弁護士による交渉 …………………………………… 6
　　Ⅳ　民事保全 ……………………………………………………………… 8
　　Ⅴ　民事訴訟の提起と追行 …………………………………………… 10
　　Ⅵ　民事執行 …………………………………………………………… 12

第2章　相談 ………………………………………………………………… 14
　　Ⅰ　相対交渉の限界 …………………………………………………… 14
　　Ⅱ　弁護士の相談・面接 ……………………………………………… 15
　　　　1　弁護士の訴訟活動における相談の位置づけ
　　　　2　相談の目的　　3　事情聴取前の準備
　　　　4　事情聴取の場所と時間
　　　　5　事情聴取の流れと事情聴取の技法　　6　受任と報酬契約
　　Ⅲ　資料（証拠）の収集 ……………………………………………… 21
　　Ⅳ　内容証明郵便と弁護士による交渉 ……………………………… 22
　　　　1　内容証明郵便の発信　　2　弁護士による交渉
　　　　3　弁護士による依頼者の説得　　4　示談の成立
　　Ⅴ　法的手段の選択 …………………………………………………… 24
　　Ⅵ　本件の弁護士相談と資料（証拠）の収集について …………… 25

第3章　民事保全 …………………………………………………………… 27
　　Ⅰ　民事保全の制度（概説） …………………………………………… 27
　　　　1　民事保全の存在理由　　2　民事保全の特質
　　Ⅱ　民事保全の種類 …………………………………………………… 30
　　　　1　仮差押え　　2　係争物に関する仮処分
　　　　3　仮の地位を定める仮処分

Ⅲ　民事保全の概説 …………………………………………………… 32
　　　1　民事保全の手続の構造──裁判と執行
　　　2　民事保全の申立て　　3　民事保全の審理
　　　4　民事保全の担保　　5　民事保全の裁判（決定）
　　　6　民事保全の執行（保全執行）
　　　7　仮差押解放金・仮処分解放金　　8　民事保全における救済
　Ⅳ　本件でとられた民事保全──占有移転禁止仮処分 ……………… 41
　　　1　占有移転禁止仮処分の申立て
　　　2　占有移転禁止仮処分の審理・担保・決定・担保取消し
　　　3　占有移転禁止仮処分の執行──不動産の場合
　　　4　占有移転禁止仮処分の執行による効力（当事者恒定効）

第4章　民事訴訟の提起 …………………………………………… 46
　Ⅰ　はじめに …………………………………………………………… 46
　Ⅱ　訴状の作成 ………………………………………………………… 46
　　　1　必要的記載事項　　2　実質的記載事項
　　　3　請求原因の記載上の留意点
　Ⅲ　本件の訴状作成について ………………………………………… 51
　　　1　本件の法律構成　　2　請求の趣旨について
　　　3　請求の原因について　　4　その他の記載事項について
　Ⅳ　証拠の提出 ………………………………………………………… 55

第5章　民事訴訟の開始 …………………………………………… 57
　Ⅰ　訴状の受付 ………………………………………………………… 58
　　　1　受付　　2　事件係における訴状の受付手続
　　　3　事件番号及び事件名　　4　保存期間
　Ⅱ　事務分配 …………………………………………………………… 60
　　　1　事件の配てん　　2　単独体での審理と合議体での審理
　　　3　大規模訴訟の特則
　Ⅲ　訴状審査 …………………………………………………………… 61
　　　1　担当裁判部における訴状審査
　　　2　裁判官と裁判所書記官との協働
　　　3　補正命令，訴状却下　　4　訴状の補正の促し
　Ⅳ　要件事実の基礎 …………………………………………………… 64
　　　1　要件事実の意義　　2　証明責任と主張責任
　　　3　法律要件分類説による主張証明責任の分配
　　　4　要件事実の役割・機能
　Ⅴ　訴状の実質的記載事項の審査 …………………………………… 71
　　　1　本件の訴訟物　　2　主たる請求の訴訟物についての検討

3 主たる請求の請求原因事実　　4 附帯請求の請求原因事実
5 本件訴状の記載についての検討
Ⅵ 訴状の送達 …………………………………………………………… 91
1 訴状送達の意義　　2 送達手続
Ⅶ 訴訟要件の審査 ………………………………………………………… 92
1 訴訟要件　　2 訴訟要件の調査　　3 管轄権
Ⅷ 期日の指定 ……………………………………………………………… 95
1 期日指定についての考え方
2 「特別の事由がある場合」についての考え方
3 本件における期日の指定と呼出し

第6章　被告の応訴 ……………………………………………………… 98
Ⅰ 被告からの事情聴取 …………………………………………………… 98
1 弁護士の始動　　2 事情聴取と被告への説明
Ⅱ 答弁の準備 ……………………………………………………………… 99
Ⅲ 答弁書の作成 …………………………………………………………… 100
1 答弁書　　2 本案前の答弁
3 請求の趣旨に対する答弁　　4 請求の原因に対する認否
5 被告の主張　　6 証拠方法と附属書類
7 答弁書の提出時期と方法　　8 答弁書提出の効果
Ⅳ 本件の答弁書について ………………………………………………… 105
1 訴状の分析検討　　2 答弁の法律構成と問題点
3 本件答弁書の作成　　4 証拠の提出

第7章　第1回口頭弁論期日 ………………………………………… 107
Ⅰ 訴訟審理（概説） ……………………………………………………… 108
1 意義　　2 審理の構造——当事者主義と職権主義
3 審理手続の進行と裁判所の訴訟指揮権
4 手続の進行，審理の整理に関する当事者の地位
5 当事者の責問権
6 裁判官の職権行使における裁量についての考え方
Ⅱ 審理の方式 ……………………………………………………………… 114
1 口頭弁論の意義　　2 訴訟審理の方式に関する原則
3 訴訟審理の内容に関する原則——処分権主義と弁論主義
Ⅲ 第1回口頭弁論期日における手続 …………………………………… 118
1 事件の呼上げ等　　2 訴状の陳述　　3 答弁書の陳述
4 請求の趣旨に対する答弁（民訴規80条1項）
5 請求原因に対する認否　　6 被告の主張（抗弁）

　　　　Ⅳ　書証の提出 …………………………………………………………… 130
　　　　　　1　証明の対象　　2　書証
　　　　　　3　書証に関する留意事項
　　　　　　4　その他の証拠調べ手続の概要
　　　コラム：計画審理（149）

第8章　弁論準備手続期日 ……………………………………………………… 150
　　Ⅰ　争点整理手続（概説）…………………………………………………… 151
　　　　　1　争点及び争点整理の意義　　2　争点整理の必要性
　　　　　3　争点整理手続　　4　進行協議期日
　　　　　5　争点整理手続の選択
　　Ⅱ　弁論準備手続における争点整理 ………………………………………… 157
　　Ⅲ　釈明 ……………………………………………………………………… 159
　　　　　1　争点整理と釈明　　2　期日外釈明
　　　コラム：専門訴訟への対応（161）
　　Ⅳ　第1回弁論準備手続期日における手続 ………………………………… 162
　　　　　1　弁論準備手続（民訴168条以下）の実施
　　　　　2　弁論準備手続において行うことができる訴訟行為
　　　　　3　第1回弁論準備手続期日における争点整理の内容
　　Ⅴ　第2回弁論準備手続期日における手続 ………………………………… 178
　　　　　1　訴え提起後の金員支払に関する主張の整理
　　　　　2　証拠関係　　3　和解の意向の確認
　　　　　4　弁論準備手続の終結と効果
　　　コラム：弁論準備手続における対話（181）

第9章　第2回口頭弁論期日 …………………………………………………… 188
　　Ⅰ　原告の主張の整理──訴えの変更 ……………………………………… 189
　　Ⅱ　弁論準備手続の結果陳述 ………………………………………………… 190
　　Ⅲ　証拠調べ ………………………………………………………………… 191
　　　　　1　証拠調べ（概説）　　2　集中証拠調べ
　　Ⅳ　弁論の終結 ……………………………………………………………… 200
　　Ⅴ　和解の試み──和解期日の指定 ………………………………………… 201

第10章　和解期日 ……………………………………………………………… 202
　　Ⅰ　訴訟上の和解の意義と実際 ……………………………………………… 202
　　　　　1　訴訟上の和解のための制度
　　　　　2　訴訟上の和解の位置付け
　　　　　3　訴訟上の和解に求められるもの
　　　　　4　和解による解決の利点と和解に適する紛争類型

Ⅱ　和解における裁判官の役割……………………………………………206
　　　　　1　総説　　2　和解における心証開示
　　　Ⅲ　和解における弁護士の役割……………………………………………207
　　　　　1　訴訟上の和解の有用性
　　　　　2　訴訟代理人としての弁護士の役割
　　　Ⅳ　本件における和解の試みの経過………………………………………210

第11章　判決言渡し……………………………………………………………211
　　　Ⅰ　心証形成の基本…………………………………………………………212
　　　　　1　民事裁判における事実認定の重要性
　　　　　2　事実認定における経験則・論理則の役割
　　　　　3　書証の証明力　　4　人証の信用性の判断方法
　　　　　5　事実認定における弁論の全趣旨の取扱い
　　　コラム：事実認定——事実関係の分析のための手法（217）
　　　Ⅱ　裁判官の思考……………………………………………………………218
　　　　　1　「部分的・個別的なアプローチ」と「全体的・関係的なアプローチ」
　　　　　2　「分析的思考」と「統合的思考」
　　　Ⅲ　心証形成過程の説明……………………………………………………221
　　　　　1　心証形成過程説明の必要性　　2　心証形成過程説明の方法
　　　コラム：事実認定の手法と心証形成過程の説示の手法との関係（227）
　　　　　3　本件における心証形成過程の説明
　　　Ⅳ　判決書の作成——在来様式の判決書／新様式の判決書………………233
　　　　　1　判決書作成の目的　　2　判決書の記載事項（民訴253条1項）
　　　　　3　在来様式の判決書と新様式の判決書　　4　本件の判決書
　　　Ⅴ　判決言渡期日……………………………………………………………249
　　　　　1　言渡期日（民訴251条）　　2　言渡期日の通知（民訴規156条）
　　　　　3　言渡しの方式（民訴252条，254条，民訴規155条）
　　　　　4　判決をする裁判官（民訴249条1項）　　5　言渡し後の処置

第12章　上訴……………………………………………………………………251
　　　Ⅰ　上訴審における手続の特徴と主な留意点……………………………251
　　　　　1　控訴審の手続　　2　上告審における手続
　　　Ⅱ　敗訴当事者における上訴の選択………………………………………258
　　　　　1　判決言渡し後の訴訟代理人の活動　　2　上訴の選択要素
　　　　　3　依頼者への説明　　4　上訴に際しての注意点

第13章　民事執行………………………………………………………………262
　　　Ⅰ　民事執行制度（概説）……………………………………………………262
　　　　　1　民事執行の種類　　2　強制執行——債務名義

　　　　　　3　執行文　　4　執行開始の要件
　　　　　　5　民事執行の機関・土地管轄　　6　民事執行上の代理
　　　　　　7　強制執行の停止・救済
　　　　Ⅱ　本件でとられた民事執行——強制執行……………………273
　　　　　　1　本件における強制執行の申立て
　　　　　　2　非金銭執行——本件における建物明渡し
　　　　　　3　金銭執行——本件における動産執行

第14章　民事訴訟手続の課題と展望…………………………278
　　Ⅰ　民事紛争解決手続の中の民事訴訟……………………278
　　Ⅱ　民事訴訟の現状と課題……………………………………279
　　　　1　民事訴訟の現状　　2　民事訴訟の課題
　　Ⅲ　ハーモナイゼーションとしての協働的訴訟運営……………281
　　　　1　協働的訴訟運営
　　　　2　民事訴訟運営におけるハーモナイゼーション

【参考】
　時系列表　　284
　　ブロック・ダイアグラム　　285

　　事項索引　　286

〔執筆分担〕
● 加藤新太郎——序章，第1章，第2章，第6章，第12章Ⅱ，第14章
● 前田惠三——第2章，第4章，第6章，第10章Ⅲ，第12章Ⅱ
● 村田　渉——第5章，第7章〜第9章，第10章Ⅰ・Ⅱ・Ⅳ，第11章，第12章Ⅰ
● 松家　元——第3章，第4章，第10章Ⅲ，第13章

文献略語表

伊藤	伊藤眞『民事訴訟法〔第6版〕』（有斐閣・2018）
新堂	新堂幸司『新民事訴訟法〔第5版〕』（弘文堂・2011）
高橋(上)	高橋宏志『重点講義民事訴訟法(上)〔第2版補訂版〕』（有斐閣・2013）
高橋(下)	高橋宏志『重点講義民事訴訟法(下)〔第2版補訂版〕』（有斐閣・2014）
加藤・裁量論	加藤新太郎『手続裁量論』（弘文堂・1996）
加藤・役割論	加藤新太郎『弁護士役割論〔新版〕』（弘文堂・2000）
加藤・民事事実認定論	加藤新太郎『民事事実認定論』（弘文堂・2014）
加藤・ＣＢ倫理	加藤新太郎『コモン・ベーシック弁護士倫理』（有斐閣・2006）
加藤・Ｌコミュニケーション	加藤新太郎編『リーガル・コミュニケーション』（弘文堂・2002）
加藤・尋問技術	加藤新太郎編『民事尋問技術〔第4版〕』（ぎょうせい・2016）
上谷＝加藤・総括と展望	上谷清＝加藤新太郎編『新民事訴訟法施行三年の総括と将来の展望』（西神田編集室・2002）
田尾＝加藤・事実認定	田尾桃二＝加藤新太郎編『民事事実認定』（判例タイムズ社・1999）
小島＝伊藤・ＡＤＲ	小島武司＝伊藤眞編『裁判外紛争処理法』（有斐閣・1998）
後藤＝藤田・和解	後藤勇＝藤田耕三編『訴訟上の和解の理論と実務』（西神田編集室・1987）
裁量と規律	大江忠＝加藤新太郎＝山本和彦『手続裁量とその規律』（有斐閣・2005）
条解民訴規則	最高裁判所事務総局民事局『条解民事訴訟規則』（司法協会・1997）
講座民訴(1)(2)(5)	新堂幸司編集代表・講座民事訴訟『1―民事紛争と訴訟』,『2―訴訟の提起』,『5－証拠』（弘文堂・1984・1984・1983）
講座新民訴(2)	竹下守夫編集代表『講座新民事訴訟法Ⅱ』（弘文堂・1999）
理論と実務(上)	塚原朋一＝柳田幸三＝園尾隆司＝加藤新太郎編『新民事訴訟法の理論と実務(上)』（ぎょうせ

	い・1997)
新民訴大系(1)	三宅省三＝塩崎勤＝小林秀之編集代表『新民事訴訟法大系（第1巻）』（青林書院・1997)
新堂古稀(上)	『新堂幸司先生古稀祝賀　民事訴訟法理論の新たな構築(上)』（有斐閣・2001)
百選	高橋宏志＝高田裕成＝畑瑞穂編『民事訴訟法判例百選〔第5版〕』（有斐閣・2015)
争点	伊藤眞＝山本和彦編『民事訴訟法の争点〔新・法律学の争点シリーズ〕』（有斐閣・2009)
中野＝下村	中野貞一郎＝下村正明『民事執行法』（青林書院・2016)
執行官提要	最高裁判所事務総局民事局監修『執行官提要〔第5版〕』（法曹会・2008)
瀬木	瀬木比呂志『民事保全法〔新訂版〕』（日本評論社・2014)
竹下＝藤田・保全法	竹下守夫＝藤田耕三編『民事保全法』（有斐閣・1997)
原井＝河合・保全法	原井龍一郎＝河合伸一編著『実務民事保全法〔三訂版〕』（商事法務・2011)
ＬＱ	三木浩一＝笠井正俊＝垣内秀介＝菱田雄郷『民事訴訟法〔第3版〕』（有斐閣・2018)
30講	村田渉＝山野目章夫編著『要件事実30講〔第4版〕』（弘文堂・2018)
一審解説	司法研修所監修『4訂　民事訴訟第一審手続の解説―別冊記録に基づいて』（法曹会・2001)
起案の手引	司法研修所編『10訂　民事判決起案の手引』（法曹会・2006)
事例で考える	司法研修所『事例で考える民事事実認定』（法曹会・2015)
新問研	司法研修所編『新問題研究　要件事実』（法曹会・2011)
民裁要件事実(1)(2)	司法研修所民事裁判教官室編『増補　民事訴訟における要件事実（第1巻）』，『民事訴訟における要件事実（第2巻）』（法曹会・1986・1992)
類型別	司法研修所編『改訂　紛争類型別の要件事実　民事訴訟における攻撃防御の構造』（法曹会・2006)
教材民事執行	司法研修所編『民事弁護教材　改訂　民事執行〔補正版〕』（日本弁護士連合会・2017)
教材民事保全	司法研修所編『民事弁護教材　改訂　民事保全

〔補正版〕』（日本弁護士連合会・2014）

我妻・債権各論(上)(中1)　　我妻榮『債権各論（上巻）（中巻一）』民法講義 V_1・V_2（岩波書店・1954・1957）

序　章
本書の利用法

I　本書の構成と考え方

　司法修習生が，生きた民事訴訟実務の基本を初めて学ぶのは，これまでは司法研修所の前期修習における「民事裁判科目」の中であった。とりわけ，民事裁判講義という名称で，別冊記録を用いて行われる民事訴訟第一審手続の解説を受講していく中で，司法修習生は，自らの民事実体法の必ずしも豊かでない知識と平面的な理解を訴訟手続の中で豊かで立体的なものに組み替えていかなければならないことを痛感させられたものである。
　また，必ずしも実際的意味合いの理解が十分ではなかった手続法の理論が，現実の手続の実践の中で，どのように現れているのかを知り，司法修習生は，目から鱗が落ちる思いがしたものであった。また，この講義により，司法修習生は，手続の中で裁判官，弁護士の果たすべき役割を認識し，賢明かつ主体的に役割遂行をしていくための技能を身につけなければならないことを覚悟したのであった。
　しかし，周知のとおり法曹養成のための基礎教育システムに抜本的な改革が断行され，司法修習課程の前期修習は置かれないことになった（ただし，68期からは導入修習が行われている）。これに替わり，法律実務家を志す者は，法科大学院において，（従来の）司法修習課程の前期修習において行われていた民事訴訟実務の基礎を学ぶことになった。
　本書は，そのための標準的なテキストであり，民事訴訟実務の基礎と実践についての情報を過不足なく提供するものである。本書の構成としては，典型的なケースである建物明渡請求訴訟の事件記録及び関連記録を素材として，そのケースの訴訟代理人となる弁護士の活動の諸相，訴訟を審理す

る裁判官の活動の実際を対象とする。そして，判決手続のみに限定することなく，時間的に提訴前の事柄（提訴前の活動，民事保全）と判決後の手続（執行手続）にも視野を拡げて，民事紛争解決プロセスの全体像を把握できるように，実務の展開に沿って，民事紛争事件の発端，当事者の準備，弁護士に対する相談面接，相対交渉，民事保全，提訴，審理，判決，執行という，いくつかのステージを追いながら，手続をトータルに鳥瞰しつつ，各ステージにおいて法的にどのような事柄が問題となり，どのような問題状況があるかなど基本的な事項を取り扱っている。

したがって，本書の利用法としては，①「民事訴訟実務の基礎」などの実務基礎科目において，教官がこのテキストを用いてレクチャーをしていくことのほか，②他の教材が用いられた場合について，学生がサブテキストとして利用することの二つが想定される。本書は，その意味で，法律実務家を志す者であれば誰もがくぐらなければならない通過点としての「民事訴訟実務の基礎」である。

II　事件記録の読み方

本書の特色は，別冊記録（＝記録篇）に対応して，一般的説明と本件に即した説明をしていることである。これは，記録ないし関係書類の実物に触れることによって民事訴訟実務の動態についてリアルな認識を形成し，制度の思想と個々の手続規範のあり方ないし解釈論を具体的に理解させようという意図に基づくものである。

その前提として，別冊記録の読み方について解説しておくことにしよう。

別冊記録は，時間的な流れに沿って，保全関係書類，民事訴訟記録，執行関係書類，担保取消関係書類の順に綴られている。別冊記録のうち民事訴訟記録は，裁判所にある正規の記録であるが，その他の保全関係書類，執行関係書類，担保取消関係書類は，弁護士の手持ちの書類（写し）という想定である。

民事訴訟記録は，「民事訴訟記録の編成について」（平成9年7月16日付け最高裁総三第77号事務総長通達）に基づいて分類・編成されている。ちなみに，訴訟記録の編成は，裁判所書記官の事務であり，「最高裁総三」と

あるのは，最高裁事務総局総務局第三課が，裁判所書記官事務を所管していることから，ここが主管となって事務総長通達が発出されていることを示している[1]。

訴訟記録は，「3分方式」という考え方により編成されている。3分方式は，第1分類（弁論関係書類），第2分類（証拠関係書類），第3分類（その他の書類）という区分けをする。訴訟記録を見る者にとって，短時間に効率的に，訴訟手続の経過及びその内容を把握できるようにする目的で，訴訟関係書類をその性質に応じて分類するものである。

第1分類（弁論関係書類）は，調書，判決書，訴状の3群に分け，その順に綴る。調書群は，争点整理，訴訟の経過，期日の連続を明らかにする書類である。判決書群は，訴訟の終了を明らかにし，またはこれに付随する書類である。したがって，訴訟上の和解で訴訟が終了していれば，和解調書は，ここに綴られる。これに対して，和解期日調書は，調書群に綴られることになる。訴状群は，答弁書や準備書面など当事者及びその主張を明らかにする書類である。各群の書類は，編年体により綴られる。

第2分類（証拠関係書類）は，目録（書証目録，証人当事者目録），証拠説明書，書証写し，証拠調べ調書，嘱託回答書，証拠申出書の6群に分け，その順に綴る。

第3分類（その他の書類）は，文字どおり，第1分類と第2分類に属さないそれ以外の書類を綴る。例えば，訴訟委任状などの代理を証明する書面や当事者・代表者の資格証明関係書類，郵便送達報告書，ファクシミリ送信書などである。

3分方式がとられる前の訴訟記録は，書類が提出され，作成される時間的順序のみにより編年体で，内容によって分類されることなく編成されていた。そのような状態と比較すると，3分方式によって編てつされた訴訟記録は，訴訟の進行状況の効率的な把握ができ，訴訟手続の適正な進行を図るための基盤になるものといえるのである。

---

1) この通達の解説については，最高裁事務総局『書記官事務に関する新通達等の概要(上)』（司法協会・1998）73頁以下参照。

第1章
民事紛争解決プロセスと手続の流れ

> ■この章で学んでほしいこと
>
> 　民事紛争解決のプロセスは、どのようなステージ（段階）で構成されているか。
> 　この章では、民事訴訟実務について、《当事者の相対交渉→弁護士との相談・面接→弁護士による交渉→民事保全→民事訴訟の提訴→民事訴訟の審理→判決・和解→民事執行》という民事紛争解決のプロセスの中で大まかなイメージを形成してほしい。それが、第2章以降に進むにあたっての最良の導入になるのである。

I　民事紛争解決プロセス

　人が一定の関係を形成する社会において、もめごと、トラブルが生じる事態は避けることができない。もめごと、トラブルの中には、法的問題を含むものとそうでないものがある。ここでいう民事紛争解決プロセスは、法的問題を含むトラブルが発生した場合、一定の手順を踏んで解決していく過程を指す。こうした民事紛争解決プロセスは、次のような五つのステージ（段階）で構成される[1]。

　第1に、民事紛争を解決するため、関係当事者による折衝（相対交渉）がされるが、それが首尾よくいかず、行き詰まる。

　第2に、紛争当事者が、弁護士・司法書士などの法専門職に対して相談

1）　小島武司「紛争処理制度の全体構造」講座民訴(1)355頁。なお、民事紛争解決プロセスについて裁判に巻き込まれた平凡吉の日記（具体的ストーリー）にそって描いたものとして、山本和彦『よくわかる民事裁判—平凡吉訴訟日記〔第3版〕』（有斐閣・2018）は初学者には最適である。

し，法専門職を代理人とする連絡・交渉が行われる。この段階で，紛争が解決することも少なくない。

第3に，それでも紛争が解決しない場合には，民事保全手続を使って，権利を保全する措置をとることになる。

第4に，民事訴訟を提起し，これを追行する。その結果，訴訟上の和解が成立し，または判決が下されて，債務名義が成立する。ケースによっては，民事訴訟ではなく，民事調停その他の法的措置を選択することも視野に入れられるべきことは当然である。

第5に，債務名義に表示された権利について債務者が任意履行する，または，民事執行という形態で権利の実現を図る。

以下では，このステージの全体の流れを概観しつつ，手続との関係を考えていくことにしたい。

II 相対交渉

民事紛争を解決する手段としての相対交渉の特色としては，次のような点を挙げることができる[2]。

第1に，当事者が何を紛争（解決すべき問題）として認識しているかにより，交渉の形態とその展開を異にする。このことは，金銭の貸し借りの問題を交渉しようというケースと近隣にマンションの建設が予定され日照・通風被害の発生が予測される場合の対応策を協議しようというケースとでは，交渉の形態や進行・展開は大きく異なるであろう。

第2に，相対交渉は，当事者間の社会関係に依存し，コミュニケーション・プロセスとして展開する。当事者による交渉能力は必ずしも対等ではなく，相対交渉では，社会的な力関係を反映することになるのが現実である。そうすると，社会的強者の方が社会的弱者に対して優位に立つことも少なくなく，ここに，相対交渉の限界がある。しかし，弱者であっても，法規範を根拠として持ち出し，法的手段に訴えると告げることは，時として，社会関係の強弱のギャップを埋めることになる。また，相対交渉が社会関係に依存することそれ自体は，常に紛争解決を阻害するわけではない。

---

2) 樫村志郎「相対交渉」小島＝伊藤・ADR50頁。

例えば，継続的取引関係にある者の取引関係において一方当事者が他方に損害を与えた場合，一回の損害を即時に填補するのではなく，継続的取引の中で吸収して取扱いをするという交渉と解決も可能となるからである。

　第3に，相対交渉は，紛争当事者間及びその属する集団の規範意識にかかわるところが少なくない。もっとも，そこで持ち出される規範は，厳密な意味での法規範とは限らない。例えば，「借りたものは返さなければならない」，「約束は守るべきだ」などは法規範ともいえるが，借りた金銭の返済期日が到来している場合において，親子兄弟や親しい友人の間であれば，手元不如意という事情を考慮して，返済期日を変更することや分割払いにするということは，生活規範とみるべきものであろう。

　そして，このような相対交渉が功を奏さないときには，法専門職である弁護士の助力を得ることになるのである。

　本件では，藤田浩氏の父である清氏が死亡した後，清氏が久保太一氏に賃貸していた店舗兼居宅の賃料を久保氏が支払わないので，浩氏が手紙や，直接久保氏を訪問して，延滞賃料を催促していたことが相対交渉である。それでも功を奏さないので，浩氏は，●●4年2月14日には，配達証明書付きの内容証明郵便で催告し，賃料支払のない場合には本件賃貸借契約を解除する旨の通知をしたこと（2月15日到達），これに対して，久保氏が電話で，「待って欲しい」と応対していることなどの一連の流れも，相対交渉の一コマである。しかし，本件では，相対交渉では，延滞賃料が支払われることはなかった。

Ⅲ　相談・面接と弁護士による交渉

　解決すべき民事紛争を抱えた当事者は，弁護士のもとを訪れ，相談をする。本件でも，藤田浩氏は，電話連絡した上で，3月7日，甲野太郎弁護士のもとに相談のために訪れている。

　弁護士は，当事者の当面する問題状況について，正確かつ丁寧に聴取することが要請される。ここでは，当事者から，具体的事実がいかなるものであったか，どのようにしたいと考えているのかを聴取することは不可欠である[3]。この場合の具体的事実は，生の事実であることは当然であるが，

要件事実論に通じた弁護士は，この段階から，ポイントになりそうな事実を押さえておく。そして，事情聴取をした結果は，メモにして残すのが通常である。事情聴取に際しては，当事者の持参した資料も点検し，足りない資料の収集を指示するとともに，場合により弁護士自ら関連資料を収集する。そのような形で，当事者の述べる事実を一定の客観的立場から吟味する姿勢で調査，点検をするのである。

　その次の段階として，弁護士は，聴取，調査した事実を前提として，当事者の当面する問題を法的観点から吟味，検討する。ここでは，要件事実論からの検討もされる。そして，自らの専門的知見に照らし，具体的な対応策についての見通しを持つ。その上で，当事者に対して，問題点について，その理解能力に応じた説明をすることになる。

　そうした相談を経た後に，弁護士は，当事者から案件の処理について依頼される。その場合には，まず，相手方に対して連絡し，例えば，「内容証明郵便」を出すほか，相手方と改めて交渉することを試みるのが通常であろう。本件でも，甲野太郎弁護士は，3月10日，久保太一氏に対して，配達証明書付きの内容証明郵便により本件建物の明渡と延滞賃料の支払を請求している。第2章で，その解説がされる。

　弁護士のする交渉においては，①権利関係に争いのない場合，②権利に争いのある場合，とがある。①は，例えば，売買契約を締結したこと，代金未払などに争いがないケースであるが，この類型については，利害調整型の交渉が展開される。一種の取引交渉モデルであるが，このような交渉の行動基準としては，「目的意識を持った無理のない利害調整」が妥当する[4]。これに対して，②については，一般的に，合理的対話の精神を基礎とする「反論可能性を前提とした対論」という基本的枠組みを持つ紛争解決交渉モデルが妥当する[5]。

---

3) この場面において，法専門職に要請されるのは，コミュニケーション・スキルである。この点については，加藤・Ｌコミュニケーション参照。
4) 加藤・役割論334頁。
5) 加藤・役割論335頁。

Ⅳ　民事保全

　弁護士は，交渉によって紛争の解決が図れない場合，法的手段に及ぶことを検討する。民事訴訟を提起するか，民事調停を申し立てるか等の，手続の選択をしなければならない。

　民事訴訟を選択する場合には，訴えの提起から判決の確定までいくつかのステップがあり，一定の時間を要する。その間に，相手方の財産状態や係争物の権利関係に変化が生じることがある。そうしたことが起こると，せっかく勝訴判決（債務名義）を得たとしても権利の実現ができない事態が生じる。これでは，権利者（債権者）は損害を被るし，行ってきた民事訴訟手続が無意味になってしまう。こうした不都合な事態を予め避けるため，法専門職は，民事保全手続を利用して権利を保全することを考慮することになる。

　民事保全の手続は，①保全命令の申立ての当否を審理し，保全命令を発令すべきかどうかを判断する裁判手続（保全訴訟手続），②発令された保全命令に基づきその内容を実現する手続（保全執行手続），で構成される。民事保全手続は，速やかにしなければ目的を達することができないという緊急性，暫定性（仮定性），本案訴訟に付随する付随性などの特色がある。

　民事保全には，その目的と方法によって，仮差押え（民保20条），係争物に関する仮処分（同23条1項），仮の地位を定める仮処分（同条2項）がある[6]。

　仮差押えは，金銭債権について，執行の目的たる債務者の責任財産（不動産，動産，債権など）のうち債権額に相応する適当な財産を選択して，それの現状を維持し，将来の強制執行を保全するための民事保全である。例えば，貸金債権を有する者（債権者）が借主（債務者）に対し，貸金返還請求訴訟を提起して，債務名義を獲得して強制執行に着手するまでに，借主が財産を隠匿したり，資産の状況を変更することができないようにする効果がある。仮差押えをしておかなかったために，困ったケースを紹介しておこう[7]。

　6）　竹下＝藤田・保全法29頁〔吉村徳重〕。

【仮差押えをしておかなかったツケ】
　Xは，Y会社に対し融資していたが返済されないため貸金返還請求訴訟を提起した。Y会社は，取締役Aが借主であると否認した。貸金契約の当事者が争点となり，Xは全部認容判決を得たが，執行段階では，Y会社は財産を処分して休眠状態になっていた。これでは，執行はままならない。そこで，Xは，今度は，Y会社代表者個人に対し，執行免脱的行為であるとして損害賠償請求訴訟を提起した。しかし，会社の財産を処分することを制約される理由はない。債務の存在を争っている時期における時期の会社財産の処分を執行免脱的行為とみることは困難である。Xは，この訴訟では敗訴した。
　Xは，Y会社の財産に仮差押えをしておけば，こうした事態を回避することができた。訴訟代理人弁護士としては，当然に，その利用を考えるべきであったのだ。

　係争物に関する仮処分は，債権者が債務者に対し特定物についての給付請求権を有し，かつ，目的物の現在の物理的または法律的状態が変わることにより将来における権利実行が不可能または著しく困難になるおそれがある場合に，目的物の現状を維持するのに必要な暫定措置を講ずる民事保全である。例えば，不動産の登記請求権を保全するための処分禁止の仮処分（同53条），建物収去土地明渡請求権を保全するための建物の処分禁止の仮処分（同55条，64条），物の引渡しまたは明渡請求権を保全するための占有移転禁止の仮処分（同62条）などが典型例である。

　仮の地位を定める仮処分は，争いがある権利関係について，債権者に生ずる著しい損害または急迫の危険を避けるために，暫定的な地位を定める民事保全である。例えば，解雇された労働者がその日の生活費にも困窮するような場合に，使用者に賃金仮払を命じるケース，無効な株主総会の決議によって選任された取締役が職務の執行に当たることにより著しい損害が生ずるおそれがある場合に，その取締役の職務の執行を停止し，代行者を選任するようなケースなどが典型例である。

　債権者は，保全処分の申立てに当たり，被保全権利と保全の必要性を主

7）　加藤新太郎＝山本和彦編『裁判例コンメンタール民事保全法』はしがき（立花書房・2012）。

張・疎明しなければならない。被保全権利の主張は，本案訴訟における請求権の主張と要件事実は同じである。

本件では，延滞賃料請求権を保全するため仮差押えもできるが，甲野弁護士は，保全処分として，不動産占有移転禁止仮処分命令を申し立てた。裁判所から，50万円の担保を立てさせた上で，同決定が発令されている。第3章で，その解説がされる。

V 民事訴訟の提起と追行

民事訴訟は，訴状の提出により動き出す。訴えを提起する際のミニマムの要請として，民訴法133条に定める事項を記載した訴状を作成し，訴額に応じた所定の手数料を（収入印紙の貼付または現金で）納付し，被告の数に応じた副本を添付して管轄裁判所に提出する。訴状を作成する段階における，請求の原因の記載は，要件事実論の観点から構成されることが不可欠である。本件の訴訟の提起についても，第4章で，その解説がされる。

訴状が裁判所に提出されると，必要的記載事項の有無，印紙の貼付等について審査が行われ，不備があると裁判長の補正命令が発せられ，これに応じないときは訴状は却下される（民訴137条1項，2項）。

その後，民事訴訟は，訴状の送達（同138条），口頭弁論期日の指定及び呼出し（同139条，民訴規60条），答弁書の提出（民訴規79条，80条），口頭弁論期日，争点整理手続，集中証拠調べ（民訴182条），口頭弁論の終結（同243条），判決の言渡し，判決の確定または上訴といった具合に進行する。第5章，第7章から第12章で，その解説がされる。

民事訴訟法は，証拠収集手段を拡充して当事者の訴訟活動の事前準備を容易にし，的確な主張を展開させ，できる限り，早期に争点整理を実施して，争点を絞り込み，争点に照準を合わせた最良証拠を提出し，集中証拠調べにつなげるという「争点中心審理」を採用している[8]。当事者が攻撃防御方法の応酬をする口頭弁論，口頭弁論の準備を書面の形態で用意する

---

8) 竹下守夫「新民事訴訟法と証拠収集制度」法学教室196号6頁（1997），加藤新太郎「裁判官の立場からみた争点整理」理論と実務(上)208頁，同「争点整理手続の構造と実務」『梅善夫・遠藤賢治先生古稀祝賀・民事手続における法と実践』247頁（2014・成文堂）。

準備書面，当事者が何を争い，何を証明したらよいかを明確にするための争点整理手続は，審理の基本的構成要素である。

民事訴訟審理の目標は，手続保障に配慮しながら事案の実体的真実に限りなく近付くことであるが，口頭弁論における諸原則は，そうした目標を支援する機能を有するものである。それらを，キイ・ワードで整理すると，①双方審尋主義，②口頭主義，③直接主義，④公開主義，⑤集中審理主義，⑥職権進行主義，⑦適時提出主義，⑧計画進行主義，となる[9]。

当事者が主張した事実のうち，裁判所が判断する対象となる事実を確定する手続である争点整理は，争点中心審理においては極めて重要である。争点整理は，規範適用において意味のある事実についての主張の不一致を明らかにする作業であり，要件事実論の観点から事実の整序を実践していくことが中心的な作業となる。すなわち，訴訟物に関して，十分な主要事実が主張されているか，主要事実に関連する間接事実としてはいかなるものがあるか，補助事実は何かなどを確定し，それらの事実に関連する証拠を挙げ，書証については認否（の予定）を相互に確認した上で，相手方が争う事実と，争わない事実とを区別し，証拠調べの対象を限定する作業をしていく[10]。これが計画的進行の基礎になる。民事訴訟において最終的に意味を持つ事実（判決において勝敗の鍵となるもの）は，その事実が認定できるかどうかによって，主張するところの請求権が発生しているか，消滅しているか，阻止されるものであるか等が決まる要件事実にほかならない。主要事実レベルで決着がつかない事項については，間接事実の争いとなり，さらに，例えば，書証の成立に関する補助事実の争いとなることも少なくない（争点の範囲の縮小，争点の深化・展開）。このように，規範適用において意味のある事実についての主張の不一致が争点であり，その後の証拠調べによって証明テーマとされる事項となる。

争点整理手続には，弁論準備手続，準備的口頭弁論，書面による準備手続がある（民訴164条～178条）。争点整理手続の選択肢は多様であり，事件の内容・性質，当事者の弁論準備の程度，当事者の事件進行についての意向などに相応した手続選択ができる。

---

9) 伊藤269頁。
10) 加藤・裁量論11頁。

攻撃防御方法の提出時期については、歴史的には、法定序列主義、随時提出主義がみられた。法定序列主義は、請求原因の主張、抗弁の主張、再抗弁の主張といった攻撃防御方法の段階ごとに審理の対象となる事実が確定し、確定された事実を前提として証拠申出に基づいて証拠調べを実施するものであり、弁論と証拠調べを分離するもの（証拠分離主義）である。これに対して、随時提出主義は、請求原因・抗弁などは訴訟物との関係で論理的順序に従って審理されるのが原則であるが、それぞれの審理は固い自己完結的なものではなく、攻撃防御方法の追加・修正は可能であり、こうした随時の事実主張に結び付いた形で証拠申出がされ、適宜な時期に証拠調べが実施される（証拠結合主義）。法定序列主義の下では、当事者が失権を危惧して仮定主張を多くする傾向があり、随時提出主義の下では、当事者がともすると戦術的観点から主張証明の時期を設定するため、審理が遅延する傾向がみられる。そこで、現行民事訴訟法では、訴訟の進行状況に応じ適切な時期に攻撃防御方法を提出すべきものとする適時提出主義（同156条）を採用して、厳格な口頭弁論の一体性から緩やかな手続段階の区分へのシフトを志向した。例えば、時機に後れた攻撃防御方法の却下（同157条1項）、釈明に応じない攻撃防御方法の却下（同条2項）、争点整理手続終了後の攻撃防御方法提出についての説明義務（同167条、174条、178条）、集中証拠調べ（同182条）などの定めに、それが具体化されている。

　いずれにしても、民事訴訟は民事紛争解決プロセスの中核に位置するものである。このステージにおいては、各局面において、裁判所は手続裁量を駆使し、要件事実論を意識した心証形成及び計画的な訴訟進行を、当事者は要件事実論を念頭に置いた信義にかなった訴訟活動をしていくことが要請されるのである。いうまでもなく、原告の目的は、債務名義の獲得であり、被告の目的はその阻止ということになる。

Ⅵ　民事執行

　民事訴訟において勝訴し、債務名義を獲得した後のプロセスはどのようなものか。

　債務者としては、正々堂々と争った結果敗訴したのであると考え、任意

に債務の履行をするというパターンがある。訴訟上の和解で終了した場合には，債務者が納得していることから任意履行率が高い。

しかし，民事執行手続により，強制的に権利を実現せざるを得ないパターンも少なからずみられる[11]。この場合には，債権者は，強制執行を申し立てて債務者に対する給付請求権を実現していくことになるが，強制執行の開始要件として，必要事項を記載した申立書に，執行力ある債務名義の正本を添付しなければならない（民執22条，民執規21条）。債務名義には，特定の者が特定の者に対して（民執23条）特定の給付を請求できる権利があることが記載されている[12]。

民事執行は，債務名義に記載された請求権の内容により，①金銭債権の給付を求める場合，②金銭債権以外の給付を求める場合，に分けられる。

金銭債権の執行は，債務者の財産に対して行う強制執行である。執行裁判所または執行官は，債権者の申立てにより対象物を差し押さえ，対象物が不動産，動産等である場合には，原則として競売の方法により配当がされ，対象物が債権その他の財産権である場合には，原則として取立てまたは転付命令により，債権者はその限度で満足を得る。

非金銭債権の執行には，物の引渡債権の執行（例えば，土地明渡し，動産の引渡し），目的物を第三者が占有する場合の引渡しの強制執行，代替執行（例えば，建物収去），意思表示の擬制（例えば，所有権移転登記申請）などがある。

こうした民事執行プロセスを利用することにより，権利者は原状の回復，損害の塡補など権利の実現を図ることができ，ここに民事紛争の解決が図られることになる。このステージでは，要件事実論的な考慮が必要な場合はあまりない。しかし，例えば，債権者が債務名義（金銭請求権）を獲得した後に，債務者が弁済したのにもかかわらず，強制執行される場合には，請求異議訴訟（民執35条）などの対抗手段がある。そこでは，また要件事実論が必要となるのである。

本件では，甲野太郎弁護士は，建物明渡強制執行という手段をとっている。第13章で，これを解説する。

---

11) 民事執行過程における弁護士の役割については，加藤・ＣＢ倫理243頁。
12) 中野＝下村154頁。

第2章

相談

■この章で学んでほしいこと

【相談・受任の留意点は何か】
　＊どのような点に留意して事件の相談を受けるのか？
　＊受任した弁護士は何をするのか？
【民事紛争解決にはどのような手段があるのか】
【弁護士倫理からみた相談者・依頼者，相手方への対応と留意点】

Ⅰ　相対交渉の限界

　民事上の争いが起こると，はじめに当事者間でその争いを終わらせようと話合いをする。相対交渉である。

　紛争当事者は，自己の主張が正しいものと信じ，自分の主張を貫こうとし，自己に不利益な事は頭から消え去ってしまいがちである。相対交渉では争いを終わらせようとする目的を離れ，互いに相手を打ち負かそうとすることに意識が行き，とめどなき甲論乙駁の論争に突入することがある。ときには，当事者の代わりにあるいは当事者とともに，知人，友人，目上の者，交渉事に長けている人物が仲に入り話合いをすることもあるが，争いを客観化することができず単なる応援部隊で終わってしまう。このような状況下では，当事者が自主的に紛争を解決することはなかなか困難である。このように相対交渉には限界がある。そこで，当事者は法専門職である弁護士に相談し，弁護士が民事紛争の解決に当たることになる。

II　弁護士の相談・面接

1　弁護士の訴訟活動における相談の位置づけ

　民事訴訟における弁護士の訴訟活動は，①依頼者の相談・事情聴取から始まり，②データの収集と取捨選択の後，③生の事実を法的にどのように主張として組み立てていくかを考え，④相手方の言い分・反論を突き合わせ，争点を認識し，⑤争点について，どのような証拠方法によってどのように立証していくか適切な立証計画を立て，さらに，⑥証拠調べを効果的に実施し，⑦実施された証拠調べの結果を評価（裁判官の心証を推測）し，⑧事案の見通し・当事者との意向との関連において，判決に赴くか，和解的解決に赴くかを選択するという一連のものによって構成される。これらを首尾よく実践していくことが，すなわち，適切な弁護活動を展開していくということにほかならない[1]。

　依頼者の相談の重要性は，弁護士の仕事は，①相談者・依頼者からの相談[2]を契機としていること，②相談者・依頼者の存在を不可欠としていることから裏付けられる。そして，相談者・依頼者の存在は，弁護士職務の公益性とともに，事件の受任から解決までの各場面において，弁護士が考慮しなければならない最も重要な要素である。

2　相談の目的

　弁護士が相談を受けあるいは事情を聴取する目的は，第1に，事件に関わる生の事実を知ることである。争いの原因や理由，争いに至る経過，相手方の応答などのほか，取引方法，業務形態，商慣習などの周辺事情も聴取する必要がある。また，相談者の話を裏付ける証拠の有無及び所在についても，聴取しなければならない。

　事情聴取の目的の第2は，弁護士が聴取した事情から相談の趣旨・目的

---

[1]　加藤新太郎「民事訴訟における弁護士の役割」新堂幸司監修・高橋宏志・加藤新太郎編『実務民事訴訟法講座〔第3期〕①民事司法の現在』325頁（日本評論社・2014）。
[2]　弁護士は，不当な目的のため，または品位・信用を損なう方法により，事件の依頼を勧誘しまたは事件を誘発してはならない（弁護士職務基本規程10条参照）。加藤・CB倫理36頁。

を的確に把握することである。相談の趣旨・目的が的確に把握できれば，目的に適合した解決策を示すことができる。だが，弁護士が相談の目的を的確に把握することは必ずしも容易なことではない。相談者自身，何を相談してよいのか分からない場合がある[3]。また，相談の目的が表面的で，それをクリアしても本当の解決にはならない場合もある。例えば，株式会社の取締役が代表取締役の専横を排除したいとの相談があったとしよう。この場合の相談の目的は一見明白である。相談者は弁護士に，代表取締役の専横排除の方策を求めている。したがって，代表取締役の業務執行が違法であれば業務執行の差止めを，また取締役会で代表取締役の解職決議を，あるいは代表取締役に対し損害賠償を請求する方策があるとの回答があり得よう。しかし，相談者の会社は，相談者の父が代表取締役，その母と妻が取締役であった場合においては，上記の回答は相談の目的を的確に把握した上での解決策を提示したとはいえない[4]。相談の目的を的確に把握するには，事件の実態・背景にも迫ろうとする弁護士の意識が重要である。

3 事情聴取前の準備

弁護士と相談者が時間を効率的に使うため，事情聴取前の準備が大切である。

相談者は，電話で弁護士に相談時間を予約するのが通常であるが，弁護士は，その予約の際に，相談者から相談の概要を聞くことが有益である。内容いかんによっては緊急に相談時間を設けなければならない場合があるからである[5]。また，弁護士にとっても事前に準備ができ，あるいは利益相反[6]に該当するか否かをチェックできる利点もある。

弁護士は，相談予約を入れる際，相談に関連する資料[7]をできるだけ漏

---

[3] 法律相談と人生相談が混在した相談は，相談者自身，相談の目的を自覚することが困難な事例として挙げられる。

[4] 会社事件であっても，事件の真相が親子兄弟間や夫婦間の争いにある場合，家庭裁判所の調停になじむといえる。

[5] 債務者が貸金の返済をせず，唯一の資産である不動産を売却しようとしているので相談したいとの電話があった場合，土地の仮差押えを必要とする事案が想定でき，緊急を要する相談に当たる。

[6] 例えば，相談者の相手方が弁護士の顧問先であったり，あるいは前に相談者を相手方とする相談を受けていた場合には，弁護士は相談者から相談を受けることは許されない（弁護士25条，弁護士職務基本規程27条，28条）。加藤・CB倫理64頁。

れなく持参するように指示することも重要である[8]。資料がない状態で事情を聴取しても，相談者の曖昧な記憶を前提とする大雑把な事実しか分からないので，結局，資料の持参を依頼して再度の相談日を入れることになる。また，いつ，どこで，誰が（誰と），どのように，何をしたのか，時間を追って生の事実について記載したメモを相談者に作成してもらうことも時間の効率化に極めて有益である。相談者よりも事情をよく知る人物がいる場合[9]，その者を同道してもらうよう相談者に指示することもある。

4 事情聴取の場所と時間

事情聴取の場所は，弁護士事務所で行うのが一般である。資料の複写が容易であり，簡単な文書ならその場で作成するのに便利だからである。相談者も弁護士事務所の様子を見て信頼感を増すことがある。その一方で，弁護士は軽快なフットワークを示すことも大事である。相談者が老齢である場合や事故現場を見分した上で事情聴取をする場合には，聴取場所を相談者宅や事故現場にしてもよい。

面接時間は，弁護士から指定するのが通常である。事件の緊急性や難易度，資料収集の準備，相談者の都合などを考慮して設定する。事情聴取にどのくらいの時間をかけるかは，相談内容によって異なる。しかし，人間の集中力や体力，弁護士の他の事件への時間配分などを考慮すると，1時間30分から2時間程度が適当といえよう。

5 事情聴取の流れと事情聴取の技[10]

事情聴取は相談者との挨拶から始まる。挨拶は相談者が初対面である場

---

7) 例えば，売買契約書，賃貸借契約書，金銭消費貸借契約書，不動産の登記事項証明書，納品書，請求書，領収書，念書などがある。
8) どのような資料の持参を指示するかは，相談者が会社のベテラン担当者かあるいは新人か，社会経験のある者か，年齢はどうかなど，その相談者に応じた指示を必要としよう。
9) 例えば，帳簿の記載についての説明が必要な場合には，会計担当者の同行を求めることもある。ただし，相談者が事情に通じた人物として第三者を同道して来る場合があるが，時にはその第三者が立場を翻す場合もあるため，弁護士はその第三者が信頼できる人物であるかどうかについて，相談者に注意を喚起したい。
10) 法律相談に関しては，加藤・Lコミュニケーション，柏木昇「弁護士の面接技術に関する研究」日弁連法務研究財団編『法と実務3』（商事法務・2003）3頁，菅原郁夫＝岡田悦典編／日弁連法律相談センター面接技術研究会『法律相談のための面接技法』（商事法務・2004），中村芳彦＝和田仁孝『リーガル・カウンセリングの技法』（法律文化社・2006）などが有益である。

合，ラポール[11]の形成が特に重要である。個人の相談者は自分が紛争当事者になった不安を抱えている。初対面の弁護士には，「どのような弁護士だろうか」，「こんな馬鹿げた相談をと思われないだろうか」と二重の不安を覚えるものである。その状況の下で，弁護士がいたわりを示した優しい言葉をかければ，相談者は「親切に話を聞いてくれそうな弁護士さん」との印象を持ち，何でも相談してみようとの安心感と信頼感を持つ。ただし，ラポールの過度の醸成には注意を払わなければならない。過度のラポールの醸成は，相談者の甘えの引き金になり，弁護士の助言の客観性を喪失させることになりかねず，弁護士による依頼者牽制が効かなくなる懸念も想定されるからである[12]。

　事情の聴取は，まず事案の概要から始まり，次第に核心部分の詳細に至るように進める。弁護士は，相談者に生の事実[13]を語らせ，事件の全体像を把握する。事件に至る経緯がいくつかの事実を前提にし，また事件関係者が多い場合，後に争点を絞り込む上でも全体像の把握は特に重要である。

　弁護士が事件の全体像を把握する上で，相談者に対する質問は「事件のきっかけは何だったのですか」，「その時，あなたはどのように対応したのですか」というように，回答者が自由に回答できるオープン・クエスチョンの形式が適当である。相談者から自由な発想による漏れの少ない生の情報が語られることが多いからである。

　全体像が把握できた後，事件の核心に関する事実の有無を確認する場合には，クローズド・クエスチョンの形式が適当である。クローズド・クエスチョンは，相談者に対し「この契約書に署名押印したのはAさんでしたか」，「あなたが目撃したのはBさんだったのですか」というように問いかける方法である。この質問形式は，ピンポイントに事実を掘り下げ，また特定の事実の有無について正確な情報を得ようとするときの有効な手法である[14]。

　事情聴取により，得られた事実をもとに時系列表を作成しておくことも

---

11) フランス語の*rapport*。心理学で使われる用語で，精神的交流・意志の疎通が良好である状態をいう。
12) 柏木・前掲注10) 41頁。
13) 相談者の説明中には事実説明と自己の価値判断を伴った主張とが混在していることがあるが，弁護士はまず事実の把握に専念すべきである。

極めて有益である。複雑な事案では頭の整理に不可欠であり，また後日の継続相談に備えた備忘録としても役立つ。

　弁護士は，相談者と同じ目線の高さで，相談者から事情を聴取することが大切である。人への共感をエンパシー（「empathy」）と呼ぶが，相談者は弁護士が自分の話に共感してくれていると思うとき，適度のラポールが醸成されて信頼関係が深まり，自分が不利益と思っていることも隠さずに述べるようになる。弁護士が相談者と同じ目線の高さにいることを示す共感的聴取法（empathetic understanding）[15]は正確な情報収集に有益な手法である[16]。

　弁護士は，事情聴取の要所要所において，相談者が述べる事実と客観的な証拠との照合をすべきである。相談者が常に真実を述べるとは限らない。また，相談者の記憶違いや思い込み，誤解もあるであろう。客観的な証拠と齟齬する事実が述べられたときは，放置することなく齟齬する理由を十分に吟味しなければならないが，ここでも適度のラポールの醸成と共感的聴取法が解決の鍵となる。相談者の落ち度や責任を追及するように受け止められる弁護士の言動は控えなければならない。

　弁護士は，紛争の概略を把握したところで，民事訴訟を提起するとしてどのような請求が立てられるか，その請求を理由付ける事実は何か，その事実に聞き落としがないかを意識しながら事情を聴取することが大切である。

　弁護士は，聴取を終えたところで，相談者に事件の見通しを示さなければならない。弁護士が適切な見通しを立てるには，事実関係と適用される法規の的確な理解が当然の前提となる。事件の見通しには，勝敗の見通し，和解の見通し，時間と費用の見通しがあり，相談者にはそれぞれの見通しを示すべきである。見通しを示す際，事件は相手方の出方やまわりの状況

---

14)　実務では，オープン・クエスチョンとクローズド・クエスチョンとを臨機応変に組み合わせている。
15)　柏木・前掲注10) 49頁。
16)　人と人とのコミュニケーションにおいて，聞き手から気乗りしないような表情や疑いの目をされたなら，話し手は本気で話をしようとは思わないであろう。また，「ほほう」「なるほど」「そうなりますね」といった上手なあいづちも共感的聴取法の具体例といえる。また，机に軽く身を乗り出し相談者をゆったりと包み込むような姿勢で向かい合う動作も同様である。

により変化する「生き物」であるから，弁護士は相談者に対し，見通しが最終の結論ではないことを伝えておかなければならない。ただし，弁護士は，見通しを説明する際に，依頼者が期待するような解決の見込みがないことが明らかであるのに，あたかもあるように装って事件を受任してはならない（弁護士職務基本規程29条）。

ところで，弁護士が事件の見通しを立てる際に考えなければならないことの一つに，事件の結論の妥当性，バランスがある。弁護士は，「基本的人権を擁護し，社会正義を実現することを使命」（弁護士1条1項）とし，その一方で「当事者その他関係人の依頼〔等〕によつて……法律事務を行うことを職務とする」（同3条1項）。弁護士は，その「公益的使命」と「依頼者の代理人としての役割」という，一見矛盾した性格を持つ。しかし，弁護士も弁護士法によって認められた一つの資格である以上，依頼書のどのような利益でも絶対的に擁護しなければならないものではなく，法制度・実体法の趣旨にかなう依頼者の「正当な」利益を適正手続によって実現するのがその役割である。この意味において弁護士の代理人的役割も公益的使命によって限界を画されるものと解される。弁護士は，目的のために手段を選ばなければならないのである[17)18)]。

相談者に過度の期待を抱かせるような見通しを示すことは避けるとともに，悲観的な見通しだけを示すことも適当ではない。弁護士は高い見識の上に立ち，バランスのとれた解決策を相談者に提示することが肝心である。

弁護士は，当然のことながら，相談者が「人」であることを銘記しなければならない。机上では没個性の相談者を想定しがちであるが，実際には様々な個性の相談者から相談を受けるのである。自分が一番正しいと思いながら相談に来る人，優柔不断で自己決定ができない人など様々であり，適切な対処の仕方[19)]を学ぶことも重要である。

6　受任と報酬契約

弁護士が事件を受任するときは，依頼者に受任の趣旨，内容及び範囲を

---

17)　加藤・役割論6頁参照。
18)　加藤・役割論149頁以下は，事情聴取・資料収集・事実調査，法的検討，具体的措置の選択，説明と承諾，職務遂行と依頼者との連絡，委任事務の終了などの各場面における弁護士の注意義務について論じており，参考になる。
19)　柏木・前掲注10）74頁以下参照。

明確にするとともに，手続費用及び報酬について説明をし（弁護士職務基本規程29条），報酬契約を締結しなければならない（同30条）。書面を残すことが必要である[20]。

また，紛争解決手段に応じ，委任事項が記載された委任状や訴訟委任状を依頼者から受領しておくことも忘れてはならない。

Ⅲ　資料（証拠）の収集

　資料収集の第1は，依頼者から関係資料を受け取ることである。依頼者の中には，自分の判断で資料を選別して持参する者がいる。依頼者としては，自分に不利な資料を弁護士に対しても示したくないのである。これは，人の世の常であるから，弁護士は目くじらを立てることなく，依頼者に「関係資料はこれですべてですか」と淡々と問いかければよいのである。

　第2に，弁護士は，第三者から資料を収集するが，これは，官公庁等からの資料収集が中心となる。典型例としては，不動産について法務局から土地や建物の登記事項証明書，閉鎖登記簿謄本，登記申請書（添付書類を含む），地図や公図など，法人について同じく法務局から登記事項証明書や各種法人登記簿謄本など，身分関係について市町村役場から戸籍謄本，除籍謄本，住民票などが挙げられる。弁護士は，受任している事件について，所属弁護士会を通して，官公庁や公私の団体に必要事項の報告を求めることができる（弁護士23条の2）。この弁護士会照会制度を活用することにより，客観的なより多くの資料収集が可能になる。

　第3に，弁護士が自らする現場での写真撮影，専門家からの鑑定意見の聴取，証人や利害関係者からの聴取も資料収集である。

---

[20]　弁護士報酬契約だけではなく，金銭や証拠書類を預かる際に，当然のことながらきちんと預かり証を交付することも，依頼者の信頼を得ることにつながる行為である。

Ⅳ　内容証明郵便と弁護士による交渉

1　内容証明郵便の発信

　弁護士が相手方と交渉する場合，はじめに相手方に文書を送付するのが通例である。いきなり電話をかけたり，面談を求めることはしない。文書を送付するとその返信があり得るが，それに対応すること自体交渉そのものである。

　文書の送付は，普通郵便で行う場合と内容証明郵便で行う場合がある。内容証明郵便[21)22)]で行う場合としては，①意思表示や通知をした事実，内容[23)]，時期を明確化しておく必要があるとき，②対抗要件としての確定日付を取得する必要があるとき，③強固な意思を表示しておいた方がよいと判断したとき[24)]，④相手方に事態を放置すれば法的手続に移行することを示し，任意の履行を期待するとき，⑤相手方に反論の機会を与え争点の明確化を図るとき等が挙げられる。弁護士が文書を送付[25)]するときは，内容証明郵便とすることが多い[26)]。

2　弁護士による交渉

　依頼者の代理人として交渉に当たる以上，依頼者の言い分の正当性を強く主張することは当然である。しかし，交渉は紛争解決に向けられたもの

---

21) 内容証明郵便は，郵便として差し出した文書の内容を郵便事業株式会社から証明してもらう特殊取扱郵便物である（郵便44条，48条）。形式は，縦書き・横書きともに1行20字以内，1枚26行以内，横書きの場合は1行13字以内，1枚40行以内，または1行26字以内，1枚20行以内の制限があり，また句読点や括弧を1字と数えるなどの制約がある点で，通常の書留郵便と異なる。なお，記録**70**頁の内容証明郵便は紙数の制約上，1枚の規定行数を超えていることに注意されたい。
22) 現在，文字数などの制約を緩和し，内容証明郵便を電子化した電子内容証明サービスも行われている。
23) 内容証明郵便は後々まで残るものであり，後日相手方から証拠として利用されないよう，どこまでの内容を記載するかは慎重に検討する必要がある。
24) どのような表現を使うかは事案の内容や当事者の置かれた状況次第であるが，脅迫的文言や過激な表現はその後の交渉にマイナスとなるとともに，その弁護士自身の品格を落とすことになるので注意しなければならない。
25) 弁護士名で文書を送付すると相手方が警戒してしまい，交渉が進まないことが予想されるときは，弁護士が文書を書き，依頼者本人名で発信させることもある。
26) 相手方を強く刺激したくないと判断される場合には普通郵便で行うことがある。その場合には，必ずコピーをとって保存しておくべきである。

であるから，主張とこれを裏付ける資料があればそれを示して相手方の納得を誘い，また相手方の言い分にも十分に耳を傾け，場合によっては自分の主張を再検討し，譲れるところは譲り，その中から妥当な解決策を見つけるように努めなければならない[27]。

交渉において，目的が正当であっても，手段・方法が不相当であることは許されない。交渉を有利に導くために，資料に工作を加えることが許されないのは当然である。弁護士の交渉相手が相手方本人である場合，「法律ではあなたの意見はまったくナンセンスで通らない」などと相手方が無知であるかのように見下す言動や「アンタは評判が悪い。誰もアンタのいうことは信用してないし，私だってアンタのいうことなんか信用しない」というような人の名誉や信用を毀損する言動をとることは，単に相手方の反感を買うだけで効果はなく，交渉を無意味にするものとして慎まなければならない。誠意を尽くし，相手方の立場を尊重する姿勢を示すことで互譲の意思を引き出させることができるのである。

3 弁護士による依頼者の説得

交渉は当事者の一方だけに意見を押し付けるものではあり得ない。紛争解決のためには，弁護士が依頼者を説得しなければならない[28]。そのためには，依頼者に相手方との交渉経過を逐次報告し，依頼者に現在の状況とその置かれている立場を冷静に認識してもらう必要があるとともに，「あなたのいうことなら信用します。その和解案で結構ですから，進めてください」と言われるような信頼関係を常に作っておくことが肝要である。

4 示談の成立

交渉の結果，話がまとまった場合にはその内容を明確にするために文書に記載し，当事者双方あるいは代理人が署名押印しておくことが大切である。なお，給付の内容が，金銭その他の代替物または有価証券の一定数量

---

[27] 交渉の技法に関して，ロジャー・フィッシャー＝ウィリアム・ユーリー（金山宣夫＝浅井和子訳）『ハーバード流交渉術』（ＴＢＳブリタニカ・1982），Ｄ・カーネギー（山口博訳）『人を動かす〔新装版〕』（創元社・1999），加藤新太郎編著『リーガル・ネゴシエーション』（弘文堂・2004）などが有益である。

[28] 依頼者を説得するにしても，事情聴取後の見通し説明と大きくかけ離れた和解案では弁護士の能力と見識が疑われ，依頼者を説得することは困難であろう。事情聴取後の見通し説明は適切でなければならない。

の給付を目的とする請求権の場合，その不履行があったときには強制執行ができるように執行受諾文言を入れた公正証書（執行証書。民執22条5号）を作成するが，その他の請求権でも心理的な圧力により履行を確保する目的で単純な公正証書を作成することがある。

また，金銭債権だけでなく，非金銭債権についても債務名義とすることができる訴え提起前の和解（起訴前の和解，即決和解ともいう。民訴275条）による事案処理もある。

V 法的手段の選択

交渉によっても紛争の解決が見込めない事件について，次のような紛争解決手段がある。

(1) **ADR**（alternative dispute resolution：裁判外紛争解決制度）[29]

ADRは，裁判所とは別に設立された紛争処理機関において，和解あっせん，調停，仲裁により紛争を解決する制度[30]である。

(2) **支払督促**（民訴382条以下）

簡易裁判所に金銭その他の代替物または有価証券の一定数量の給付を申し立てる制度である。

(3) **調停**（民調1条）

裁判所に，当事者の互譲により条理にかない実情に即した解決[31]を図ることを求める制度である。

(4) **民事保全**

民事保全については第3章参照。実務では，民事保全が契機となって和解で紛争が解決する場合がある。

---

29) ADRについては，小島＝伊藤・ADR参照。
30) 裁判外紛争処理機関には，例えば弁護士会，建設工事紛争審査会，日弁連交通事故相談センターなど，各種の専門分野の紛争処理機関がある。
31) 調停を申し立てるに適する事件として，相手方が依頼者と友好な間柄にあり互譲による解決がふさわしい場合，証拠が十分でないながらも社会正義の面から何らかの救済が必要とみられる場合，相手方が信用のある企業等で裁判で決着させるより話合いで処理した方が望ましい場合などが挙げられる。

(5) **訴えの提起**

裁判所に民事上の請求の当否について判断を求める制度である（第4章参照）。

Ⅵ 本件の弁護士相談と資料（証拠）の収集について

甲野太郎弁護士は、●●4年3月7日、藤田浩から相談を受けた。相談の趣旨は、「建物賃借人が家賃を5か月分滞納したため建物賃貸借契約を解除したが、賃借人が建物を明け渡さないので、明渡しをしてもらうにはどうしたらよいか」というものである。賃料不払い事件では、相談者が自ら賃貸借契約を解除した後に相談に来ることは比較的少なく、弁護士相談では、賃料の滞納が続いているがどうしたらよいかという相談から始まることが多い。その場合には、はじめに弁護士が代理人として未払賃料を催告する内容証明郵便を発信することからスタートし、その後の手続を履践するのが通例である。

本事案は、既に藤田浩が自ら建物賃貸借契約を解除した後に弁護士のところに相談に来たところに特殊性があるが、この点を除けば世情よくみられる建物明渡事件である。

藤田浩の話によれば、●●2年4月、亡父藤田清が久保太一との間で、本件建物賃貸借契約を締結したが、●●3年の10月分から家賃の支払がなく、支払の催告に対して久保太一は支払猶予を求めるばかりというのである。そこで、甲野太郎弁護士は、藤田浩が持参した建物賃貸借契約書から、いつ、誰と誰が、どの建物[32]について、どのような内容の契約を締結したのかを確認する。家賃の支払状況は不払を証明する通帳で確認する。また、藤田浩からの事情聴取では、亡父清を相続したのは藤田浩のみであるとのことであるが、甲野太郎弁護士は、貸主の地位を承継した事実を確認するため亡藤田清の相続人を除籍謄本などで調査することになろう。

藤田浩が自ら行った賃貸借契約の解除について、甲野太郎弁護士は解除

---

32) 契約書に記載された建物と現実に明渡しを求める建物との同一性は、住宅地図などでその所在を確認し、また建物登記事項証明書記載の所在、家屋番号、床面積等により正確に行うことが必要である。同一性が認められなければ、勝訴判決を得ても強制執行できない事態に陥る。

の意思表示が有効にされているかどうか，とりわけ物件が特定されているか，催告金額は正確か，支払催告は相当期間かなどを吟味する必要がある。契約解除の意思表示に疑義がある場合には，代理人として改めて正確な内容証明郵便を発信することが適当である。

　甲野太郎弁護士は，●●4年3月9日付けで久保太一宛に内容証明郵便を発信しているが，既になされた賃貸借契約解除の意思表示を再確認し，代理人である弁護士が付いて法律上の手続を進める強固な意思を表明するとともに，久保太一の任意の明渡しを期待する意図によるものである。

　甲野太郎弁護士は，亡藤田清が久保太一から絵画を購入した事実を聞き出している。本件建物賃貸借契約を含む多くの事実は相続発生前のもので，藤田浩の知らない事柄である。このような場合，甲野太郎弁護士としては，将来どのように進展するか分からないが，藤田浩から，久保太一について知っていることがあれば何でもよいから話すように促すことが有益である。

　本件は，藤田浩が久保太一に対し建物明渡しを訴求することが想定できる事案である。そこで，甲野太郎弁護士としては，訴えの提起に先立って，後に述べる占有移転禁止の仮処分（第3章Ⅳ41頁以下）を申し立てることを考慮し，その必要性について，藤田浩から事情を聴取している。その結果，久保太一が建物の占有を他に移転するおそれのある事実が表れた。

　このように，相談者からの事情聴取に当たっては，請求権を理由付ける事実とともに，この権利を被保全権利とする民事保全を想定し，それを申し立てる必要性があるかどうかにかかわる事実をも，聴取の対象とすることを忘れてはならない。

第3章

民事保全

■この章で学んでほしいこと

【民事保全の存在理由と特質】
【民事保全の種類】
　　＊仮差押え
　　＊仮処分（係争物に関する仮処分・仮の地位を定める仮処分）
【民事保全手続の構造──裁判＋執行】
　　＊保全命令（民事訴訟手続に対応）と保全執行（民事執行手続に対応）の両手続からなる
　　＊保全すべき権利・権利関係（被保全権利）とは？
　　＊保全の必要性とは？
【民事保全の審理──民事訴訟法からの変容】
　　＊決定手続原則，書面審理が中心
　　＊担保──その性質と機能
【民事保全の執行（保全執行）──民事執行法からの変容】
　　＊どのような特色があるか
　　＊執行機関・管轄
　　＊執行の効力
【民事保全における救済の概要】

I　民事保全の制度（概説）

　藤田浩は，本件建物について，その明渡請求権を保全するため，●●4年3月14日，本案訴訟の提起に先立ち，民事保全の一つである占有移転禁止の仮処分を申し立てた。翌15日，仮処分命令を得ると，同日直ちに，その執行を申し立て，同月22日，執行を終えることができた（記録**6**頁〜**22**頁）。そこで，ここでは，民事保全を概観した後，本件での民事保全

（占有移転禁止の仮処分）を中心に概説する。

1　民事保全の存在理由

　民事訴訟は，訴え提起から判決の確定までの間に数多くの手続を要するものであるため，その間に訴訟の目的である権利または権利関係に変動が生じ，たとえ勝訴判決を得ても強制執行ができないなど，訴訟手続が無意味となりかねない場合がある。そこで，債権者が債務者に対し民事訴訟法の規定に基づく訴訟（本案訴訟）によってその存否を確定できるような権利または権利関係（被保全権利）を有し，かつ，その存否確定までの間の暫定的な保全措置の必要（保全の必要）がある場合に，債権者が裁判所にその暫定措置のための命令（保全命令）を求め，これを執行する手続が必要となる。これが民事保全である。

2　民事保全の特質

　民事保全の手続は，保全命令の申立ての当否を判断する裁判（保全命令）に関する手続[1]（民事訴訟手続に対応[2]）と，発令された保全命令の正本を債務名義としてその内容を実現する民事保全の執行（保全執行）に関する手続[3]（民事執行手続に対応[4]）の二つに分かれるが（後記Ⅲ32頁），上述した民事保全の存在理由から，その手続や効力は，通常の民事訴訟手続や民事執行手続にはない，次のような特質を有する。

(1) 緊急性（迅速性）

　民事保全は，速やかに命令を得て執行を終えられなければ，その目的を達することができない。緊急性（迅速性）は，①口頭弁論が任意的とされ（民保3条），保全手続に関する裁判が判決ではなく「決定」で行われること[5]（決定手続原則。後記Ⅲ3⑴35頁），②被保全権利の存在及び保全の必要性は証明することを要せず疎明で足りるとされていること（同13条2項），③その執行に当たっても，執行文が原則不要とされていること（同43条1

---

[1]　民事保全法第2章「保全命令に関する手続」。
[2]　特別の定めがある場合を除いて，民事保全の手続には民事訴訟法の規定が準用されている（民保7条）。
[3]　民事保全法第3章「保全執行に関する手続」。
[4]　民事執行法の「総則」と「強制執行総則」の規定の多くが準用されている（民保46条）。
[5]　民事保全法でいう「命令」は，裁判の内容を指して用いられたもので，裁判の形式としての命令を意味するものではない（民保2条1項，3条。新堂654頁）。

項本文），④執行期間が明定されていること（債権者への送達から2週間。同条2項），⑤命令が債務者へ送達される前であっても執行ができること（同条3項）等の規定に現れている（民事執行の原則については第13章参照）。なお，民事保全実務では，仮の地位を定める仮処分（後記Ⅱ3 31頁）等を除くほとんどの事件が書面と債権者の審尋を中心に審理されている（後記Ⅲ3 35頁）。

(2) **暫定性**（仮定性）

保全命令は，権利または権利関係（被保全権利）の終局的実現に至るまで暫定的にその保全を図るための処分であり，暫定性（仮定性）はその基本的な特質の一つである。

(3) **付随性**

保全手続は，暫定的な仮の裁判により救済を図る手続であるから，権利または権利関係の存否を確定する本案訴訟を予定し，これに付随する。付随性は，①本案訴訟の起訴命令[6]があったにもかかわらず債権者が本案訴訟を提起しなかった場合（民保37条3項）や，本案訴訟において被保全権利の不存在が確定した場合（同38条）に保全命令が取り消されること，②保全命令申立ての管轄の一つとして本案訴訟の管轄裁判所が規定されていること（同12条1項）等の規定に現れている。

(4) **密行性**

保全手続は，債務者による財産の散逸や現状の変更による本執行の困難に備えるためのものであるから，その性質上，債務者に手続の進行を知らせることのないまま発令されるのが原則である（密行性。例えば，命令送達前であっても保全執行を認める民保43条3項，事件記録の閲覧等の時期的限界に関する民保5条但書等）。しかし，密行性は，緊急性（迅速性）を裏付ける理由の一つであり，また，仮の地位を定める仮処分（後記Ⅱ3 31頁）のように債務者審尋等を要するものもあることから（同23条4項本文。なお

---

[6] 保全命令の発令によって，債務者は，未確定な債権者の権利保全のため重大な苦痛を被ることになる。そこで，債務者は，①被保全権利である権利または権利関係の存否の確定を求め，債権者に対して一定の期間内に本案訴訟を提起するとともに，これを証する書面の提出を命ずるよう申し立て（起訴命令の申立て。民保37条1項，2項），②命令に反し債権者から同書面が提出されなかった場合，保全命令の取消しを申し立てることができる（同条3項）。

但書も参照。後記Ⅲ3(5)36頁)，これを民事保全一般の特質として挙げることに消極的な見解もある。

Ⅱ 民事保全の種類

　民事保全の主要な法源は，民事保全法と民事保全規則である。民事保全には，①仮差押え，②係争物に関する仮処分，及び③仮の地位を定める仮処分の3種類がある（民保1条）。本件で藤田浩が久保太一に対して申し立てた民事保全は，係争物に関する仮処分の一つである不動産占有移転禁止仮処分命令である（記録**6**頁）。

　なお，保全処分には民事保全法の適用のないものもあり，「民事保全」と区別して「特殊保全処分」と呼ばれる[7]。

1 仮差押え

　債権者が債務者に対し金銭の支払を目的とする債権（金銭債権。例えば，賃料支払請求権[8]）を有し，かつ，債務者の現在の財産状態が変わることにより将来の強制執行が不可能または著しく困難になるおそれがある場合に，債務者の責任財産のうちの適当なものを暫定的に差し押さえる手続である（民保20条）。すなわち，仮差押えの被保全権利は，金銭債権でなければならない。

　仮差押えには，目的物となる財産の種類に応じて，不動産仮差押え，船舶仮差押え，動産仮差押え，債権等仮差押えがあり，目的物に応じてその執行手続も異なる（同47条～50条）。なお，仮差押命令は，目的物を特定して申し立てる必要があるが（同21条本文），目的物を動産とする場合は，特定しないで申し立てることもできる（同条但書）。

2 係争物に関する仮処分

　債権者が債務者に対し特定物についての給付請求権（例えば，建物明渡

---

[7] 特殊保全処分には，各種倒産手続上の保全処分（破28条，民再30条，会更28条等），会社法上の保全処分，家事事件手続法上の保全処分，民事執行法上の保全処分（民執55条，55条の2，68条の2，77条，187条）等がある（瀬木27頁以下参照）。

[8] 本件では申し立てられていないが，藤田浩は久保太一に対し，金銭債権（未払賃料支払請求権）を被保全権利として，久保太一所有の財産に対して仮差押命令を申し立てることが可能であった。

請求権）を有し，かつ，対象物の現在の物理的または法律的状態の変更により将来における権利実行が不可能または著しく困難になるおそれがある場合に，対象物の現状を維持するのに必要な暫定措置をとる手続である（民保23条1項）。すなわち，係争物に関する仮処分の被保全権利は，金銭以外の物（係争物）の給付を目的とする請求権でなければならない。主なものとしては，特定物についての権利状態の現状維持を目的とするいわゆる「処分禁止仮処分」や，特定物の占有状態の現状維持を目的とするいわゆる「占有移転禁止仮処分」などがある。

　本件で藤田浩が久保太一に対して申し立てた民事保全は，被保全権利を本件建物の明渡請求権とする，不動産占有移転禁止仮処分命令である（記録**6**頁「不動産占有移転禁止仮処分命令申立書」の表題部と「仮処分により保全すべき権利　建物明渡請求権」，**12**頁「仮処分決定」）。

3　仮の地位を定める仮処分

　債権者と債務者との間の権利関係について争いがあるため，債権者に現在における著しい損害または急迫の危険が生じるおそれがある場合に，これを避けるのに必要な暫定措置をとる手続である[9]（民保23条2項）。

　具体的な類型は，対象となる権利関係に応じて多種多様である[10]。また，債務者へ与える影響が大きいため，その保全の必要性（現在における著し

9）　必要的債務者審尋の規定が置かれたこと（民保23条4項）や決定手続原則による迅速化とこれに伴う手続保障規定の整備により，民事保全手続内で実質的な審理が十分になされた紛争などでは，かなりの場合民事保全手続内で決着がつき，本案訴訟が提起されることは稀ともいえる状況にあり，一種の非定型的で迅速な訴訟手続という性格を備えているとみることができるとする（仮の地位を定める仮処分の本案代替化現象。瀬木291頁）。

10）　明文のある，法人の代表者の職務執行停止・代行者選任の仮処分（民保56条）のほか，裁判例に現れた主なものは以下のとおり（原井＝河合・保全法84頁以下）。
　①土地・建物の明渡しを命ずる断行の仮処分,②株式の帰属・発行・株主総会・役員の違法行為の差止め等の会社法関係の仮処分,③地位保全・賃金仮払・配転命令の効力停止・団交応諾等の労働事件関係の仮処分,④知的財産権に基づく差止仮処分,⑤出版差止めの仮処分,⑥抵当権実行禁止仮処分,⑦通行妨害禁止仮処分,⑧日照・騒音その他相隣関係に関する仮処分,⑨金員仮払の仮処分,⑩地位保全の仮処分,⑪手形に関する仮処分,⑫抵当権に基づく仮処分,⑬作為を命ずる仮処分,⑭不作為を命ずる仮処分,⑮意思表示を命ずる仮処分,⑯業務妨害禁止を命ずる仮処分等。
　近時⑰インターネット関係仮処分（投稿した人〔発信者〕を特定するための発信者情報開示仮処分や発信者情報消去禁止仮処分，投稿記事削除仮処分など）が東京地裁を中心に急増している。

い損害または急迫の危険が生じるおそれ）は厳格に判断されなければならないとされる。

Ⅲ 民事保全の概説

1 民事保全の手続の構造——裁判と執行

前述したように，民事保全の手続は，保全命令に関する手続（民保第2章「保全命令に関する手続」）と，発令された保全命令の執行（保全執行）に関する手続（同第3章「保全執行に関する手続」）の二つに分かれる。

2 民事保全の申立て

保全命令手続は，債権者が裁判所に書面で（民保規1条1号）申し立てることによって開始する（民保2条1項）。

(1) 民事保全の管轄

民事保全の管轄は，全て専属である（民保6条）。保全命令の申立ては，①本案訴訟の管轄裁判所，②仮に差し押さえるべき物の所在地を管轄する地方裁判所，及び③係争物の所在地を管轄する地方裁判所が管轄するものとされる（同12条1項。例外として，特許権等に関する訴え。同条2項）。

(ア) 本案訴訟の管轄裁判所

判決手続等，権利または権利関係の存否を確定する訴訟を管轄する裁判所である。①本案訴訟が係属中の場合[11]は，同事件係属中の裁判所が，②未係属の場合は，裁判所法，民事訴訟法等によって土地及び事物の管轄を有すべき第一審裁判所が，本条の定める本案の管轄裁判所となる（民保12条3項）。

本件で藤田浩は，本案訴訟の提起（●●4年3月28日）に先立って民事保全の申立てをしており，本案訴訟が未係属の場合であるので，土地及び事物の管轄を有すべき第一審裁判所となる〇〇地方裁判所（第5章Ⅶ3 95頁参照）に民事保全の申立てをした（記録**6**頁）。

(イ) 仮に差し押さえるべき物・係争物の所在地

仮に差し押さえるべき物・係争物が動産・不動産の場合は物理的に存在する場所であり，債権の場合は第三債務者の普通裁判籍の所在地にあるも

---

11) 民事保全の申立ての時期について，本案訴訟提起後であっても，保全の必要性が認められる限り，申し立てることができる。

のとみなされる（民保12条4項）。

本件では，本件建物が存在する○○市が係争物の所在地となるので，同市を管轄する地方裁判所にも，民事保全の管轄があることになる。

(2) 保全命令の申立ては，①申立ての趣旨，②保全すべき権利・権利関係（被保全権利），及び③保全の必要性を明らかにしてしなければならない（民保13条1項）。

(ア) 申立ての趣旨

いかなる種類・態様の仮差押え・仮処分を求めるかの結論の表示をいい[12]，本案訴訟における請求の趣旨に相当する。

本件では，不動産占有移転禁止の仮処分命令が申し立てられている（記録**6**頁。後記Ⅳ1 41頁参照）。

(イ) 保全すべき権利・権利関係（被保全権利[13]）

民事訴訟法の規定に基づく訴訟によってその存否を確定できるような権利または権利関係である。保全の必要性（後記(ウ)34頁）と並ぶ保全命令の実体的要件の一つである。①仮差押えの場合は金銭債権（民保20条），②係争物に関する仮処分の場合は，特定物について引渡し，登記手続等の特定の給付を求める権利であり（同23条1項），③仮の地位を定める仮処分の場合は特に限定はなく，債権者・債務者間の権利関係でありそれについて争いがあればよい（同条2項。前記Ⅱ30頁）。

本件の場合，本件建物の明渡請求権が被保全権利となる（記録**6**頁「仮処分により保全すべき権利　建物明渡請求権」）。

---

[12] 主な場合の具体的な申立ての趣旨は，教材民事保全の「主文例」等を参照。
[13] なお，被保全権利と本案の訴訟物との間にどの程度の同一性があればよいかについて，起訴命令（前掲注6）参照）にもかかわらず本案訴訟が提起されなかった場合の保全命令の取消し（民保37条）に関して議論がある。そのほか，同一性が問題となる場面は，①本案の権利の実現の際に民事保全の効力を援用しようとする場合（例えば，占有移転禁止仮処分で仮処分執行後の占有者に対して本案の債務名義に基づいて強制執行を行おうとする場合。後記Ⅳ41頁），②債権者敗訴の本案判決の確定等を事情変更事由とする保全命令の取消し（同38条），③担保取消しにおける担保事由消滅としての本案での債権者勝訴判決の確定（同4条，民訴79条。後記4(5)38頁）がある。

いわゆる旧訴訟物理論を前提としてこれを厳格に解する説もあったが，厳格に解すると債権者の保護に欠ける。判例・多数説は，請求の基礎（民訴143条〔訴えの変更〕1項）を同一にする関係があればよいとする。瀬木387頁以下参照。

(ウ) 保全の必要性

保全の必要性とは，被保全権利の存否が確定されるまでの間の暫定的な保全措置が必要であることをいう[14]。被保全権利と並ぶ実体的要件の一つである。①仮差押えの場合は，強制執行が不可能または著しく困難になるおそれのあることを（民保20条1項），②係争物に関する仮処分の場合は，対象物の現状の変更により将来における権利実行が不可能または著しく困難になるおそれのあることを（同23条1項），③仮の地位を定める仮処分の場合は，権利関係について争いがあることにより債権者に著しい損害または急迫の危険が生じるおそれがあり，そのために暫定的措置が必要であることを，いう（同条2項）。

(エ) 疎明

保全すべき権利・権利関係及び保全の必要性は，民事保全の暫定性，緊急性（迅速性）から，証明を要せず，疎明で足りる（民保13条2項）。

(3) 保全命令の申立書

(ア) 申立書の記載事項（記録**6**頁〜**10**頁）

保全命令の申立書には，申立ての趣旨及び理由（被保全権利及び保全の必要性）のほか，当事者の氏名または名称及び住所，代理人（民保7条による民訴31条，54条等の準用）がある場合はその氏名及び住所をも記載しなければならない（民保規13条1項）。実務上は，この当事者の表示の後に請求債権（仮差押えの場合）・仮処分により保全すべき権利（仮処分の場合）を表示している。

申立ての理由（被保全権利及び保全の必要性）は，具体的に記載し，かつ，立証を要する事由ごとに証拠を記載しなければならない（同条2項）。この場合の証拠には「甲1」「甲2」などの番号を付している。

(イ) 申立手数料の納付

民事訴訟費用等に関する法律（昭和46年法律第40号）の定める手数料（2000円。同法3条1項，別表第1第11の2項ロ）を，申立書に同額の収入印紙を貼るという方法（同法8条）により納付する。

(ウ) 申立書の添付書類

書証の写し（民保規14条2項）のほか，不動産の登記事項証明書，価額

---

[14] 原井＝河合・保全法44頁。

を証する書面（固定資産評価証明書等）等一定の書類を添付すべきものとされている（同20条，23条）。代理人によって申立てをする場合の委任状（民保7条，民訴54条，民訴規23条1項），当事者が法人等である場合の登記事項証明書等の資格証明書（民保7条，民訴37条，34条，民訴規18条，15条等）等の添付を要すべきことはもちろんである。

3 民事保全の審理

(1) 決定手続原則

民事保全法は，適正手続を確保しつつ緊急性（迅速性）を図るため，その手続について口頭弁論を開くことを要しないものとし（民保3条，同7条の準用する民訴87条1項但書），口頭弁論を開いた場合でも全て「決定」によって裁判を行うものとした（任意的口頭弁論）。こうして，民事保全の制度は，書面審理を基本的な審理方式としつつ，任意的口頭弁論と当事者の審尋（民保7条の準用する民訴87条2項）とを適宜組み合わせることによって，柔軟に審理を行うことが可能となっている[15]。

(2) 書面審理

裁判所は，当事者から提出された書面（申立書，疎明書類等の添付書類等）に基づいて主張及び立証の審理を行う。決定手続では，口頭弁論・当事者の審尋のいずれも必要的とされていないため，書面審理が基本的な審理方式となっている。

(3) 審尋による審理

決定手続の審理方式の一つであり，書面審理を補充するものとして，当事者に陳述の機会を与えるという審尋がある（民保7条の準用する民訴87条2項）。手続内容について法律上規定がなく，裁判所が自由な形で行うことができる。なお，債権者またはその代理人に対する面接が行われることがあり（債権者面接。東京・大阪両地方裁判所では全件で実施），債権者審尋の性質を持つものとされている。

(4) 任意的口頭弁論による審理

書面審理を補充するものとして，裁判所の裁量により口頭弁論による審理を行うことも可能である。

---

[15] 加藤新太郎「民事保全の審理方式」民事保全講座(2)1頁，原井＝河合・保全法123頁以下。

(5) **審理の保障**

以上に対し，①仮の地位を定める仮処分，②保全異議申立て（民保26条），③保全取消申立て（同37条～39条），④保全抗告（同41条。以上について後記8 41頁）等については，いずれも口頭弁論，または債務者（①）・当事者双方（②～④）が立ち会うことができる審尋期日を経なければ決定をなし得ないものとして，一定の手続保障を与えている（同23条4項本文[16]，29条，40条1項，41条4項）。①の仮の地位を定める仮処分については，密行性・緊急性の要請よりも債務者に与える影響への配慮が必要であることから，また，②～④の不服申立てについては，保全命令が密行性・緊急性の要請から債務者が手続に関与することなく発令されるのが通常であることから，いずれも債務者の手続保障が必要となることによる。

(6) 係争物の仮処分である本件の審理は，債務者審尋を行わず，口頭弁論も開かれず，書面審理によって（裁判所によっては債権者審尋を行って）進められた。

4 民事保全の担保

(1) **保全命令の担保**

保全命令は，①担保を立てさせて，もしくは②相当と認める一定の期間内に担保を立てることを保全執行の実施の条件として，または③担保を立てさせないで，発することができる（民保14条1項）。立担保が発令の要件となる①が実務の原則的な方法である。

本件でも，裁判所は，藤田浩に現金50万円の担保を立てさせて，●●4年3月15日，仮処分命令を発令した（記録***12***頁）。

(2) **担保の性質**

民事保全の担保は，保全命令が債権者の一方的な主張・立証によって発令される場合が多く，しかも立証は疎明で足りるので，結果として違法とされることがあり得るため[17]，この場合に債務者の被る可能性のある損害

---

[16] ただし，審尋期日を経ることにより仮の地位を定める仮処分の目的を達することができない事情があるときは，この限りでない（民保23条4項但書）。

[17] 結果的に，被保全権利または保全の必要性がないのに保全命令が発令・執行された場合，債権者は債務者に対して不法行為を理由とする損害賠償義務を負う場合がある（原井＝河合・保全法531頁）ので，申立てには事案に応じた慎重さも求められている。

を担保する性質を有する（民保4条2項，民訴77条）。

(3) 担保の額

裁判所の裁量により決定される。その際，債務者の被る可能性のある損害が予測され勘案されることになる。算定にあたっての一般的な考慮事項としては，①発令される保全命令の類型，②被保全権利の性格，③目的物の価格またはこれと請求債権（被保全債権）額との関係，④目的物の性格，⑤疎明の程度などがあり，個別的な事案の考慮事項としては，債務者の職業，財産・信用状況，営業の状況等が挙げられている[18]。

担保の額について，本件では50万円と決定されたが（記録**11**頁，**12**頁），考慮事情としては，建物の占有移転禁止仮処分命令の申立てであって，本件建物が店舗であること，久保に使用を許すこと，賃料が月額20万円であること，従前の賃料滞納状況等があったと考えられる[19]。

(4) 担保の提供方法・場所

①金銭または裁判所が相当と認める有価証券を供託する方法，②裁判所の許可を得て銀行等との間で「支払保証委託契約」を締結する方法（「ボンド」と呼ばれる）によって，担保を立てる[20]（民保4条1項，民保規2条）。供託場所は，原則として，担保を立てることを命じた裁判所または保全執行裁判所の所在地を管轄する「地方裁判所」の管轄区域内の供託所（法務局。供託1条）である（民保4条1項。例外につき，同14条2項）。担保を立てた債権者は，供託の方法による場合であれば，供託書正本を裁判所に提示してその写しを提出することになる。

---

18) 瀬木94頁以下。具体的な考察について，教材民事保全25頁以下。担保の額を一律に確定することは，事案ごとに個性があるため不当というべきであるが，かといって申立てをしてみないと担保の額の見込みすら立たないというのでは，債権者としては，保全命令の申立てをするか否かを判断することさえできないおそれがある。同種の事案であるのに担保の額に極端な差異が生じることも適当とはいえない。そこで，実務上は，「目的物の価額」または「被保全権利の額」に，被保全権利の種類や保全命令の類型によって定まる一定の率を乗じる方法等の基準があるものとされ，このような基準を一応の目安としつつ事案ごとの個性に応じた担保の額が定められる扱いが知られている（教材民事保全29頁以下に掲記の各「担保基準」を参照）。

19) 教材民事保全31頁参照。

20) 金銭供託が一般的である。債権者以外の第三者（例えば，代理人）が担保を立てることもできる。

担保について，甲野太郎弁護士は，藤田浩の代理人として，●●4年3月14日，担保決定された50万円を，○○地方裁判所の管轄区域内の供託所である○○地方法務局に現金で供託した（記録**11**頁）。

(5) 担保の取消し[21]

上記のような担保は，①担保の事由が消滅したこと（例えば，債権者勝訴の本案判決の確定）を証明したとき，または②担保権利者が担保の取消しに同意したことを証明したときに，取消しが認められる。訴訟の完結（保全事件・本案訴訟の終了）後，担保権利者に対し一定の期間内にその権利を行使すべき旨を催告したのに（権利行使催告）担保権利者がその行使をしないときは，同意があったものとみなされる（民保4条2項，民訴79条1項〜3項）。

本件では，甲野太郎弁護士は，本案訴訟が全部勝訴で確定した後，同事実を証明して○○地方裁判所において担保取消決定を得た（記録**143**頁〜**145**頁）。この後，藤田浩は，供託所に対し，供託原因の消滅を理由として供託金の払渡（取戻）手続をとることになる。

5　民事保全の裁判（決定）[22]

債権者に担保を立てさせて保全命令が発令される場合，裁判所は，立担保を確認して保全命令を発する。この場合，原則として決定書が作成される（同9条）。

本件では，○○地方裁判所の○○○○裁判官は，藤田浩が担保を立てたことを確認して，●●4年3月15日，本件仮処分命令を発令した（記録**12**頁〜**15**頁）。

---

21) 本文で述べた「担保取消」のほか，「担保の取戻」と呼ばれる，担保の簡易な取戻手続もある（民保規17条1項）。

22) 目録の提出，郵便料・登録免許税の予納
　　実務上は，民事保全の緊急性（迅速性）も踏まえ，申立書の記載事項である当事者，物件等について，債権者が「別紙目録」の形で作成し，申立書で引用するとともに（記録9頁「当事者目録」，**10**頁「物件目録」），決定書や法務局への登記嘱託書用として，発令に先立ち裁判所に必要部数を提出する扱いである（記録**13**頁「当事者目録」，**14**頁「物件目録」。教材民事保全18頁参照）。また，債権者は，送達に要する郵便料を郵便切手または現金で予納する。そのほか，保全執行を登記をする方法により行う場合（民保47条，53条等）には，登録免許税の納付が必要となり，収入印紙で予納する（登録免許税法2条別表第1第1号(5)）。

6　民事保全の執行（保全執行）[23]

(1)　保全執行の特色

　民事保全の特質を反映し，民事執行法上の通則と異なって，①執行文が原則不要とされていること（民保43条1項），②執行期間が明定されていること（債権者への送達から2週間。同条2項）[24]，③命令が債務者へ送達される前であっても執行ができること（同条3項）等の特色を有する（民事執行法の原則については，民執25条，29条等〔第13章〕を参照）。

(2)　保全執行の機関

　仮差押執行・仮処分執行の各態様に応じて，裁判所または執行官が執行機関となる（民保2条2項。強制執行の場合と基本的に一致する。第13章Ⅰ5 270頁参照）。保全執行に関する手続について，民事保全規則は原則として民事執行規則の規定を準用している（同31条）。本件では，藤田浩は，本件建物の所在地を管轄する〇〇地方裁判所の執行官に対し，命令を得たその日（●●4年3月15日）のうちに仮処分の執行を申し立てた（記録**16**頁）。本書では，本件に現れた執行官による執行の概略について触れるにとどめる（後記Ⅳ3 43頁）。

(3)　保全執行の効力

　(ア)　仮差押えの効力[25]

　その効力の中心は，債務者による処分行為の禁止の効力である。仮差押命令に違反する債務者の処分行為は，私法上は有効であるが，仮差押債権者が本案で勝訴した場合は，債務者はこれに対抗できない。絶対的に無効とされるのではなく，本執行との関係で相対的にその効力が否定されるにすぎない（いわゆる相対的無効）。仮差押債権者が本案の債務名義を得て強制執行を行うと，仮差押えは本執行へ移行する。効力の具体的な内容は，仮差押えの対象物や執行の方法等に応じて異なることになる。

---

23)　決定手続とは別に執行手続があることを失念してはならない。申立てが必要な執行手続については，必ず期間内に保全執行を申し立てなければならない。
24)　執行期間内に執行に着手しなければならない。執行期間の経過後は，理由のいかんを問わず執行を行うことはできない（新たに保全命令の申立てをするしかない）。瀬木445頁以下。故に，保全命令を得た債権者は，直ちに執行に着手しなければならない。
25)　瀬木469頁以下。

(イ) 仮処分の効力[26]

　係争物に関する仮処分の効力は，上述した仮差押えの効力と基本的に同様である。本書では，本件に現れた占有移転禁止仮処分の効力（当事者恒定効）について説明する（後記Ⅳ41頁参照）。

　仮の地位を定める仮処分は，その各類型に応じた暫定的な効力を生ずる[27]。

　なお，民事保全法は，①係争物に関する仮処分のうち，不動産の登記請求権を保全するための処分禁止の仮処分（民保53条，58条等），不動産に関する権利以外の権利についての登記または登録請求権を保全するための処分禁止の仮処分（同54条，61条），建物収去土地明渡請求権を保全するための建物の処分禁止の仮処分（同55条，64条）の執行手続・効力について，また，②仮の地位を定める仮処分のうち，法人役員の職務執行停止・代行者選任の仮処分の登記（同56条）について，明文を置いている[28]。

7　仮差押解放金・仮処分解放金

(1)　債務者は，裁判所が保全命令で定めた仮差押解放金（民保22条1項）を供託することによって，仮差押えの執行の停止または既になされた執行の取消しを求めることができる（民保51条1項）。債務者は，仮差押えの執行の停止・取消しの結果，執行の目的物を自由に処分することが可能となる。他方，債権者としては，仮差押解放金が供託されると，仮差押えの効力が債務者の有する供託金取戻請求権の上に移行し，後日，本案訴訟の債務名義をもって債権執行手続をとることにより満足を図ることができるから，実質的な不利益はない。仮差押解放金は，執行の目的物に対する拘束を解くことを認める（債務者保護）とともに，債務者の財産に対する債権者の保全権能を実質的に維持しようとする制度である[29]。以上は，仮差押えの被保全権利は金銭債権であり，仮差押えの対象についても，換価可能

---

26)　瀬木473頁以下。
27)　仮の地位を定める仮処分は，保全といっても，直接的には現在の権利関係を保全するものであり，その効力は基本的には本執行のそれと変わらない。瀬木473頁。例えば，建物明渡しを命ずる断行仮処分であれば，債権者は当該建物の完全な直接占有を得ることになる。
28)　民事保全法は，明文のない仮処分を認めない趣旨ではない。前掲注10)参照。
29)　瀬木282頁。

であればよく，当該目的物でなければならない必然性がないとの考えに基づく。

(2) 解放金の額は，仮差押命令では，必ず定めなければならない（民保22条1項）。これに対し，仮処分命令では，被保全権利が金銭の支払を受けることでその行使の目的を達することができるものであるときに限って，仮処分解放金を定めることができる[30]（同25条1項，57条1項）。本件でも，仮処分解放金は定められていない（記録**12**頁）。

8　民事保全における救済

なお，本件では格別問題となっていないが，①債務者のための救済方法として，㋐保全命令に不服のある債務者がその命令を発した裁判所に申し立てる「保全異議」（民保26条以下），㋑本案の不提起（同37条），事情変更（同38条），特別事情（同39条）がある場合の「保全取消し」（同37条以下），②債権者のための救済方法として，保全命令の申立て却下の裁判に対して申し立てる「即時抗告」（同19条1項），③債務者・債権者に共通の救済方法として保全異議または保全取消しの申立てについての裁判に対する「保全抗告」（同41条）等がある。

Ⅳ　本件でとられた民事保全——占有移転禁止仮処分

藤田浩は，本件建物明渡請求権を保全するため，占有者である久保太一を債務者として，本件建物について〇〇地方裁判所に民事保全の一つである不動産占有移転禁止仮処分命令の申立てをして決定を得，その後，その執行を〇〇地方裁判所執行官に申し立て，執行を終えた。一般的な民事保全については既にその概略を述べたので，ここでは，占有移転禁止仮処分に固有の点を中心に説明する。

1　占有移転禁止仮処分の申立て

(1) 本件では，藤田浩から相談を受けた甲野太郎弁護士は，事情聴取の結果（記録**3**頁～**5**頁「事情聴取書」等。第2章参照），本案訴訟の提起に先立って民事保全の申立てをする必要があると判断し，藤田浩作成の報告書（甲6。記録**8**頁では省略）のほか必要な疎明資料の原本，固定資産評価証

---

30) 瀬木327頁。

明書等を収集して，●●4年3月14日，本件建物の占有者である久保太一を債務者とし，同人の普通裁判籍（住所）があり（民訴4条1項，2項）また本件建物の存在する〇〇市を管轄する〇〇地方裁判所に対し藤田浩を代理して不動産の占有移転禁止仮処分命令（民保62条）の申立てをした（記録**6**頁〜**10**頁「不動産占有移転禁止仮処分命令申立書」）。

(2)　占有移転禁止の仮処分は，①債務者に対し，目的物の占有移転を禁止するものであること，②債務者に対し，目的物の占有を解いて執行官に引き渡すことを命ずるものであること，③執行官に目的物を保管させるものであること，並びに④執行官に対し，債務者が目的物の占有移転を禁止されていること及び執行官が目的物を保管していることを公示させるものであることを要する（民保25条の2第1項1号，2号）。

　③の執行官保管の形態については，ⓐ執行官が自ら保管するもの（執行官保管型），ⓑ債権者に保管させるもの（債権者保管型）もあるが，実務上はⓒ債務者の使用を認めるもの（債務者使用型）が基本とされている[31]。

　なお，占有移転禁止の仮処分の対象となる債務者は，直接占有者に限られる。間接占有者に対する申立ては認められない[32]。

　そのほか，不動産の占有移転禁止仮処分について，占有者が次々に入れ替わる方法等による執行妨害に対処するため，その執行前に債務者の特定を困難とする特別の事情がある場合に，債務者を特定しないで命令を発することが認められている（民保25条の2，54条の2）。

(3)　本件では，甲野太郎弁護士は，久保太一に本件建物の使用を認める形態の占有移転禁止仮処分命令の発令を求めた（記録**6**頁「不動産占有移転禁止仮処分命令申立書」の「申立ての趣旨」参照）。また，不動産占有移転禁止仮処分の被保全権利として，甲野太郎弁護士は，賃貸借契約の終了に基づく目的物返還請求権としての建物明渡請求権を選択した（記録**6**頁「不動産占有移転禁止仮処分命令申立書」中の「4　被保全権利のまとめ」）。なお，本案訴訟における法律構成について，第4章Ⅲ1（51頁）参照。

---

31)　原井＝河合・保全法363頁。
32)　執行官が把握することのできる占有は事実としての占有に限られ，間接占有（抽象的な占有）は執行の対象とすることができない。占有移転禁止仮処分の執行方法について，執行官による具体的な占有の把握という方法を採用したことに伴う内在的な制約である。以上について，瀬木568頁以下。

2　占有移転禁止仮処分の審理・担保・決定・担保取消し
(1)　担保・決定
　本件では，裁判所は，保全すべき権利・権利関係及び保全の必要性について疎明資料に基づく書面によって（裁判所によっては債権者である藤田浩本人の審尋も行って）審理し，債務者に対する影響が比較的軽微な占有移転禁止仮処分（債務者使用型）であること等を総合的に勘案し，これらを認めた上で，藤田浩に対し，仮処分発令の要件として現金50万円の担保の提供を命じる決定（担保決定）をした（なお，同決定は本件では省略されている）。なお，担保の額を50万円とした事情について，前記Ⅲ4(3)（37頁）参照。

　そこで，甲野太郎弁護士は，●●4年3月14日，藤田浩を代理して，○○地方裁判所の管轄区域内の供託所である○○地方法務局に現金50万円を供託し，その供託書正本（記録**11**頁「供託書正本」）を裁判所担当書記官に提示し，写しを提出した。

　○○地方裁判所の○○○○裁判官は，供託書正本の提示によって藤田浩の立担保を確認し，●●4年3月15日，不動産占有移転禁止仮処分命令を発令した（記録**12**頁「仮処分決定」）。

(2)　担保取消し
　その後，甲野太郎弁護士は，●●4年10月6日，本案事件（●●4年(ワ)第254号）の判決が控訴が提起されることなく確定し（記録**144**頁「判決確定証明書」）担保の事由が消滅したことを証明して担保取消決定の申立てをし（記録**143**頁「担保取消申立書」），決定を得るとともに，これにより供託原因が消滅したことの証明書（供託原因消滅証明書）を得た。藤田浩は，供託をした○○地方法務局に対し，供託原因消滅を理由とし，供託原因消滅証明書（記録**144**頁）を添付して（記録**145**頁「供託原因消滅証明書」），供託金の払渡（取戻）手続をとることになる。なお，供託金には利息が付される（供託3条）。

3　占有移転禁止仮処分の執行——不動産の場合
(1)　不動産の占有移転禁止仮処分命令の場合，その執行は執行官が行う（民保52条，民執168条）。

　執行官は，原則としてその所属する地方裁判所の管轄区域内においての

み職務を行うことができるとされているので（執行官4条），執行官に対する申立ては，職務行為が実施されるべき地を管轄する地方裁判所の執行官に対して行うことになる。なお，債権者またはその代理人が執行の場所に出頭することを要する（民執168条3項）。執行官は不動産等に立ち入り，閉鎖した扉を開くために必要な処分をすることができる（同条4項）。債務者の不在による施錠時の執行に備え，債権者は，解錠技術者を同行させておくのが一般である。なお，執行官が人の住居に立ち入って職務を執行する際，住居主等に出会わない場合に証人を立ち会わせなければならないので（同7条），実務では，債権者が立会人を同行させている。

　執行官は，国から俸給を支給されず，職務の執行について手数料を受けている（裁判所62条4項，執行官7条，8条）。手数料の額は，最高裁判所規則（執行官の手数料及び費用に関する規則）によって定められており（執行官9条1項），申立人は申立てに当たってその概算額を執行官の所属する地方裁判所に予納する（同15条）。

(2)　本件では，甲野太郎弁護士は，目的物である本件建物の所在地である〇〇市を管轄する〇〇地方裁判所の執行官に対し，●●4年3月15日，不動産の占有移転禁止仮処分命令の執行の申立てをし（記録**16**頁～**17**頁「仮処分執行申立書」），予納金を納付し，予め担当執行官と日時を打ち合わせた上で，同月22日，立会人及び解錠技術者を同行させて，その執行を終えた（記録**18**頁～**22**頁「仮処分執行調書」）。

4　占有移転禁止仮処分の執行による効力（当事者恒定効）

(1)　①本案訴訟における被告の恒定及び②本案訴訟の債務名義の効力の占有取得者への拡張という効力（当事者恒定効）が生じている（民保62条)[33]。

　(ア)　占有移転禁止の仮処分は，目的物に対する債務者の占有という事実状態の変更を禁止して，将来の不動産の明渡しや動産の引渡しの履行を確保しようとするものである。すなわち，本案訴訟の口頭弁論終結前に目的物の占有が第三者に移転してしまうと，民事訴訟法が当事者恒定主義を採用せず，訴訟承継主義を採用しているため，当初の占有者に対する本案の債務名義ではその第三者に対して執行できない。このため，原告としては，その第三者に訴訟を引き受けさせるか（民訴50条），その第三者を被告と

---

[33]　原井＝河合・保全法379頁以下。

して再度訴訟を提起しなければならないこととなり，不都合である（口頭弁論終結後の承継人〔同115条1項3号〕に対しては，承継執行文〔民執27条2項〕の付与を受けることにより，執行が可能である）。

　これに対し，占有移転禁止の仮処分の執行後であれば，本案訴訟の口頭弁論終結前に第三者に目的物の占有が移転しても，第三者へのその後の占有移転を顧慮することなく，当初の占有者に対して目的物の引渡・明渡訴訟を提起・追行し，当初の占有者に対する本案の債務名義によって，原則としてその第三者に対しても引渡し・明渡しの強制執行が可能となる（当事者恒定効。民保62条1項）。

　(ｲ)　この本案の債務名義に基づいて強制執行ができる者の範囲について，民事保全法は，①仮処分の執行後に債務者から目的物の占有を承継した者（承継者。仮処分の執行がなされたことについて，善意悪意を問わない）と，②仮処分の執行後に債務者からの占有の移転によらないで目的物の占有を取得した者（非承継者）のうち，仮処分の執行がされたことについて悪意の者に効力が及ぶものと定めた（民保62条1項）。善意の非承継者及び正当な権原を有する者（同63条）には仮処分の効力が及ばないとされるものの，仮処分執行後に目的物の占有を取得した者について，民事保全法は悪意を推定しているから（同62条2項），本案の勝訴判決を得た債権者は，現在の占有者の占有が占有移転禁止仮処分執行後に開始されたものであることを証明しさえすれば[34]，いわゆる承継執行文の付与（民執27条2項。第13章Ⅰ3(3)268頁参照）を受けて強制執行することができる。

(2)　本件では，結局，久保太一以外の第三者が本件建物の占有を取得することがなかったため（記録**127**頁「強制執行調書」中の**130**頁「占有関係等調査表」），占有移転禁止仮処分の執行の効力は，その本体的な効力を発揮することなく本執行へ移行した。

---

34)　①仮処分の執行がなされたこと，②現在の占有者が仮処分執行時に目的物の占有者でなかったことは，仮処分命令の決定正本及び仮処分執行調書等の文書によって，③その者が現も目的物を占有していることは，本案の債務名義に基づいて行った仮処分債務者に対する本執行の不能調書，仮処分の点検調書，占有状況を示す写真等を添付した債権者の報告書等によって，それぞれ証明することになる（八木一洋・関述之編著「民事保全の実務〔第3版増補版〕(下)」（きんざい・2015）342頁）。

第4章

民事訴訟の提起

■この章で学んでほしいこと

【訴状には何が記載されるべきか】
＊訴状の記載事項の根拠はどこに規定されているか？

I　はじめに

　民事訴訟の第一審手続は，訴えの提起によって開始され，訴えの提起は，原則として，訴状を裁判所に提出して行う（民訴133条1項，例外として民訴271条，275条2項，395条）。

　訴訟代理人は，訴状を裁判所に提出する前段階として，依頼者から聴取した事情に基づき事実関係を調査するとともに証拠を収集し，事実と証拠に基づき，その紛争を解決するには誰を被告として訴えるのが最も有効適切か，どのような法律構成[1]をとったら勝訴できるか，目的物は特定されているのか，どの裁判所に訴えを提起するのが原告に最も有利かなどを検討し，その上で訴状を作成することになる[2]。

II　訴状の作成

　訴状は，いつ，どの裁判所に，誰が，誰に対し，何の根拠に基づき，ど

---

1) 本案の訴訟物は，民事保全の申立てにおいて検討した被保全権利を前提とすることが基本である。
2) なお，訴え提起と不法行為との関係について最判昭和63年1月26日民集42巻1号1頁〔百選36事件〕参照。

のような申立てをするのかを明らかにした書面である。民事訴訟法及び規則には訴状に記載しなければならない事項が定められている（必要的記載事項）。なお，訴状の作成に当たっては，定められた事項を記載することは当然として，記録の訴状（**40**頁）のように，日付，訴状作成者名，裁判所，当事者，事件名，訴訟物の価額，貼用印紙額，請求の趣旨，請求の原因，証拠方法，附属書類の順で記載する実務慣行（項目の記載順序が定型化されていることは事務処理の効率化に役立つ）にも留意したい。

1 必要的記載事項

民事訴訟は，原告と被告との間で争われている原告の権利主張の当否を審理判断することを目的としている。したがって，訴状では，訴訟の主体である当事者と審理判断の対象である請求を特定しなければならない。「当事者及び法定代理人」と「請求の趣旨及び原因」が訴状の必要的記載事項である（民訴133条2項）。

(1) 当事者の特定と表示方法

当事者は，通常，住所と氏名の記載によって特定される（民訴規2条1項1号）。当事者の特定には氏名だけでも足りるが，その特定により正確を期するとともに，訴状及びその後の裁判書類を送達するときの便宜のために，住所を併せて記載するのが通例である。住所がないとき，または分からないときは居所を記載し，居所がないとき，または分からないときは「住居所不明」と記載するとともに最後の住所を記載する。

当事者が通称，屋号，芸名などを使用しているときは，戸籍上の氏名に通称，屋号，芸名などを併記する。仮に，久保太一が久保画廊の屋号で建物賃貸借契約を締結していた場合には，被告の表示は

「　　　　　　　　　久保画廊こと
　　　　被　告　　久　保　太　一　」

と記載する。

法定代理人や法人の代表者の記載も訴状の必要的記載事項とされている（法人につき民訴37条）。しかし，これは当事者の特定のために必要とされているものではなく，当事者が訴訟無能力者や法人等の団体である場合には，現実の訴訟追行者を明確にするためである。

法人その他の団体が当事者となる場合には，その商号または名称と本店

または事務所の所在地を記載する。仮に，久保太一が代表取締役を務める株式会社久保画廊が賃貸借契約の借主であるとした場合，被告の表示は
「　　　　　被　　　　　告　　　　　株式会社久保画廊
　　　　　上記代表者代表取締役　　　久　保　太　一　」
と記載する。なお，法人の場合は代表者の交代があり得るので，最新の登記事項証明書に基づき記載するよう心がけなければいけない。

　原告に訴訟代理人が付いている場合，実務では，原告訴訟代理人の住所と氏名も訴状に記載される。訴訟代理人を表示することは訴状の必要的記載事項ではないが，訴訟の追行者を明確にし，また送達を容易にするため，その事務所所在地と弁護士名を明記することが求められている（民訴規2条1項1号）。また，訴状には，郵便番号，電話番号[3]，ファクシミリ番号（ファクシミリ番号の記載は，書面の提出や書類の送付に必要である）を記載しなければならない（民訴規53条4項）。また，送達場所は受訴裁判所に書面で届け出なければならないとされており（民訴104条1項，民訴規41条1項），原告訴訟代理人の住所の横に「（送達場所）」と記載するのが通例である（民訴規41条2項参照）。

(2) 請求の特定

(ア) 請求の趣旨

　請求の趣旨は，訴状の結論に相当するものであるから，原告がどのような権利または法律関係について，どのような範囲で，どのような形式（給付，確認，形成）の判決を求めているかを簡潔に記載する[4]。請求の趣旨の記載は，求める判決主文と同一の文言を使用するのが通例である。訴えの類型からみた請求の趣旨を概観すると，次のようになる。

(a) 給付訴訟の場合

　例えば，貸金請求事件では，請求の趣旨は「被告は，原告に対し，○○

---

[3] 電話番号の記載は，事務連絡のほか，電話会議の方法を利用した弁論準備手続（民訴170条3項，民訴規88条2項）などに必要である。
[4] 請求の趣旨の中に多くの記載事項あるいは多数の目的物を表示する必要のあるときは，実務では，別紙の目録に当該事項を記載してこれを訴状に添付し，請求の趣旨の中でその目録を引用することで，記載の簡明化を図っている。また，土地や建物の一部の権利関係に関する訴えでは，別紙となる図面を添付してその箇所を区分特定するのが通例である。

円を支払え」と記載する。原告の請求の内容が明確になるよう，一定額の金銭の支払だけを簡潔・抽象的に表示する。「被告は，原告に対し，貸金〇〇円を支払え」というように，給付の法律上の性格や理由を記載しない。一定額の金銭がどのような法的性質の給付請求権であるかを特定するのは，請求の原因の役割になる。

　(b)　確認訴訟の場合

　例えば，債務不存在確認請求事件では，請求の趣旨として，「原被告間の●●〇年〇月〇日の消費貸借契約に基づく原告の被告に対する元金〇〇円の返還債務が存在しないことを確認する」というように表示される。「～を確認せよ」，「～を確認しなければならない」との記載は，給付訴訟であるかのようにみられるので，そのような記載はしない。

　(c)　形成訴訟の場合

　例えば，離婚請求事件では，請求の趣旨として，「原告と被告とを離婚する」と表示し，離婚原因までは表示しないのが通例である。この場合に訴訟物を特定するのは，請求原因の役割になる。

　(イ)　特定方法としての請求原因（請求を特定するのに必要な事実）

　請求原因は，請求の趣旨とともに請求を特定するために，訴状の必要的記載事項とされている（民訴133条2項2号，民訴規53条1項）。例えば，原告が被告に対し売買代金請求権と貸金返還請求権を持っていたとしよう。訴状の請求の趣旨には「被告は，原告に対し，金〇〇円を支払え」と記載されるだけであるから，原告が売買代金と貸金のいずれを訴求しているのか分からない。そこで，請求原因において原被告間の契約内容を具体的に記載して請求を特定する必要がある。また，原告と被告との間に複数回の売買契約があった場合には，他と区分できるように，日付，目的物，数量，金額等を具体的に記載して請求を特定する[5]。

2　実質的記載事項

(1)　攻撃防御方法としての請求原因（請求を理由付ける事実）

　訴状には，請求を理由付ける事実を具体的に記載しなければならない

---

[5]　物権は，同一物の上に，同一内容の2個以上の物権は同時に存在しない。したがって，物権を特定するにはその主体と内容を記載すれば足りる。なお，第5章V 1(4)73頁以下参照。

(民訴規53条1項)。民事訴訟では，請求を理由付ける事実の存否が当事者の攻防の中心であり，早期の充実した審理を実現するために，原告は権利の発生要件にあたる要件事実を訴状に漏れなく記載する必要がある（要件事実の意義につき，第5章Ⅳ64頁以下参照）。

(2) **重要な間接事実**

民事訴訟事件では，争われている要件事実の存否が直接的な証拠によって証明されることは少ない。多くの場合，争点となった要件事実の存在・不存在を推認させる間接事実の存否が攻防の焦点になる。例えば，何がきっかけで争いが生じたのか，なぜ預金があるのにお金を借りることになったのかなど，紛争に至った経緯や背景事情，争点となっている要件事実の存否を推認させる間接事実を訴状に記載することは，裁判所に早期に事案を的確に把握してもらうために極めて有意義である[6]。

民訴規則53条2項は，請求を理由付ける事実と重要な間接事実とをできる限り区別して記載するように規定している。具体的には，「請求の原因」の項目と「関連事実」の項目を別個に設けて記載する例が多い。ただし，事案によっては，区別して記載することによって却って事案を分かりにくくすることがあるので，事案に応じた記載方法が工夫されるべきである。

3 請求原因の記載上の留意点

請求原因を構成する上で留意すべきであるのは，次の点である。

①数個の攻撃防御方法が法律構成上考えられるとき，得られる効果の大小，証明の難易などの観点から，記載の可否や順序も十分考える。

②弁護士間で内容証明郵便などのやり取りなどが既に行われ，争点や被告の抗弁が予想できる場合には，事案の早期把握と審理の促進に有益であるから，積極否認となる事実や再抗弁事実を訴状に記載することが適当である。しかし，被告の主張が的確に想定できない場合には，被告の答弁を待って対応すべきであり，むやみに被告の主張を予想して，先回りして積極否認となる事実や再抗弁事実を訴状に記載することは控えた方がよい。無意味な争いを増やし，訴訟の進行に混乱を引き起こすことがあり得るからである。

---

[6] 重要な間接事実の記載は，裁判上の和解を検討する上でも必要・有益な情報である。

③請求原因事実の記載は，裁判所に事案を理解してもらうとともに，被告の認否の対象でもあるから，正確かつ簡潔に記載[7]するとともに，被告が認否しやすいように項目分けをし，小見出しを付し内容が一目で分かるように工夫する。

④訴状の作成に当たっては，裁判所に早期かつ的確に事案を把握してもらうため，請求原因事実とこれを裏付ける証拠（物証）をセットで記載すべきである（民訴規53条1項）。

⑤請求原因の最後の項で「よって書き」を記載するのが実務の通例である。「よって書き」は，原告がどのような権利関係または法律関係に基づいてどのような請求をするのかを示す結論部分であり，この記載により，請求の趣旨と請求の原因とが有機的に関連付けられることになる。したがって，その記載に当たっては請求の趣旨と請求の原因との記載が矛盾したり，不整合な記載がないように注意しなければならない（なお，第5章Ⅴ1(2)72頁注24）参照）[8]。

Ⅲ 本件の訴状作成について

1 本件の法律構成

藤田浩は，藤田清から本件建物を相続し，かつ久保太一に対する建物賃貸人としての地位を承継した。藤田浩は，久保太一に対し，どのような権利に基づいて建物の明渡しを求めることが適当であろうか。

考えられる構成の一つは，①藤田浩が亡藤田清から本件建物の所有権を相続したことを根拠に，所有権に基づいて本件建物の明渡しを求めるものである[9]。

もう一つの構成は，②久保太一の賃料不払による債務不履行を理由に，

[7) 「いつ，誰と誰が，どこで，何を，どのように，なぜしたのか。」（5W1H）を明記する文章作法を心がけたい。

[8) 請求の趣旨記載の金額とよって書きの金額が異なっていたり，請求の原因では所有権に基づく土地の明渡しを求めながら，よって書きでは賃貸借終了に基づく土地の明渡しを表示している例が見られる。

[9) この場合の訴訟物は，建物所有権に基づく返還請求権としての建物明渡請求権である。なお，第5章Ⅴ2 74頁参照。

藤田浩が本件建物賃貸借契約を解除し，本件建物の明渡しを求めるというものである[10]。

両者は，本件建物の明渡しを求める点において目的は同一であるが，訴訟物を異にする。

本件建物の所有権が藤田浩に帰属していることは，建物の全部事項証明書の記載からほぼ争いのないところである。それでは，①の構成をとるべきであろうか。仮に①の構成をとった場合，久保太一は，占有権原を示す事実として亡藤田清との間に本件建物賃貸借契約が締結されたことを，抗弁として当然に主張するであろう。これに対し，藤田浩はこれを認めた上で，再抗弁として②の主張，すなわち久保太一の賃料不払による債務不履行に基づき本件賃貸借契約は解除されていると主張することになる。結局，争いのポイントは，藤田浩からの債務不履行による契約解除の主張が認められるかという点にある。

賃貸借契約書の存在から建物賃貸借契約が容易に認められる本事案では，賃貸借契約終了に基づき建物の明渡しを求める②の法律構成が適当である。所有権に基づいて建物の明渡しを求めることは迂遠な法律構成である。

2 請求の趣旨について

(1) 1項は，本件訴訟の柱である本件建物の明渡しを求める請求である。別紙に記載された物件目録を引用して物件を特定し簡潔に表現する。

(2) 2項は，未払賃料と本件明渡しまでの遅延損害金の請求である。

(3) 3項は，被告に訴訟費用の負担を求める「付随的申立て」といわれる請求である。訴訟物についての請求ではない。訴訟費用の裁判は，私法上の給付請求権である訴訟費用賠償請求権についての裁判であるが，原告の申立てがなくても，裁判所は職権でその負担の裁判をしなければならない（民訴67条1項）。その意味で，原告の申立ては，裁判所の職権発動を促す意味を有するにすぎない。しかし，原告は請求の趣旨の一部として必ず「訴訟費用は被告の負担とする」と記載すべきである。

(4) 上記の請求のほか，仮執行の宣言（民訴259条）の申立てが記載されている。仮執行の宣言は，財産権上の請求に関する未確定の判決に対し債務

---

10) この場合の訴訟物は，建物賃貸借契約終了に基づく目的物返還請求権としての建物明渡請求権である。なお，第5章Ⅴ1(4)73頁参照。

名義としての効力を付与する裁判である（同259条，民執22条2号）。この申立ても「付随的申立て」の一つである。仮執行の宣言は，出された判決を尊重し，上訴を認めることによって生ずる訴訟遅延から勝訴原告を保護する制度である。訴訟目的の早期実現を望む原告としては，訴えの性質上仮執行の宣言を付けられない場合[11]を除き，必ず申立てをすべきである。

3　請求の原因について（本件訴訟の要件事実については第5章V 3 75頁以下を参照）

　訴状を一読すれば，どのような事案であるのか分かるような記載をすべきである。本件では，請求の趣旨記載のとおり，原告は建物の明渡し，未払賃料，遅延損害金をそれぞれ求めている。訴訟物は3個である。要件事実は訴訟物ごとにそれぞれ考えなければならない。しかし，3個の請求を立てたからといって，●●2年4月3日付け亡藤田清と久保太一との間の賃貸借契約締結の事実を3回記載することは無用である。請求原因の記載では，訴訟物ごとに要件事実を分けて記載することはしない。実務では，本件記録の訴状のように，小見出しを付け，時系列に従い要件事実を記載することが比較的多い。

　本件訴状では，紛争の背景事情や原告と被告との交渉経過が「関連事実」として記載されていない。「関連事実」を記載するかどうかは事案によって異なる。本件では，本件紛争が家賃の不払による契約解除を理由とする建物明渡請求というよく見受けられる分かりやすい事案であり，また原告からの事情聴取では原告は亡父より賃貸人の地位を相続により承継しただけで，被告との賃貸借契約締結の経過や絵画の売買契約締結の内容を知らず，被告から家賃の支払猶予を求められていただけで予想される抗弁を想定できないため，「関連事実」の記載を要しないとされたものである。

4　その他の記載事項について

(1)　証拠方法の表示（民訴規53条1項）

　本件記録の訴状のように，請求原因で示した書証があれば，その写しを訴状の附属書類として提出することになる。その場合，訴状には「証拠方法」と記載し，甲号証の番号を表示した上，書証の題名を記載する。同じ題名の書証が複数あるときは，作成年月日などを記載して特定する。

---

[11] 確認訴訟，形成訴訟，意思表示を命ずる訴訟（例えば，登記手続の請求）などがある。

(2) **附属書類の表示**（民訴規2条1項3号）[12]
　㈦　訴状副本
　訴状は，訴訟記録に編綴され裁判所で保管される原本のほか，被告への送達のため，副本が必要である（民訴138条1項，民訴規58条1項）。訴状は，原告が原本（実務では正本という）と副本を提出し，副本は被告への送達に使用される。
　㈭　書証及びその写し（民訴規55条2項）
　甲第1号証の建物全部事項証明書は原本を正本として裁判所に，その写しを副本として被告への送達用として，区分して記載してある。その他の書証はいずれも写しを提出するものであるから各書証の写しの合計を記載してある。
　㈱　証拠説明書（民訴規137条1項）
　書証の申出をするときは，文書の標目，作成者，立証趣旨などを記載した証拠説明書を提出する。
　㈨　添付書類（民訴規55条1項）
　不動産に関する事件は訴状に登記事項証明書を添付しなければならない（同項1号）。本件では，書証として建物の全部事項証明書が添付される。
　他に，例えば，手形・小切手に関する事件では手形・小切手の写し（同項2号）を，人事訴訟事件では戸籍謄本等の必要な書類（人訴規13条）を添付しなければならないことに留意しなければならない。これらの書類は訴状の誤記を見過ごさないようにするためである。
　㈺　固定資産評価証明書
　目的物の引渡し（明渡）請求権の訴額（訴え提起の手数料）は，目的物の価格を算定基準とし，不動産の価格は，固定資産評価額を基準とする。建物の明渡しを求める本件では，訴え提起の手数料となる貼用印紙の額を算出する資料として，本件建物の固定資産評価証明書を添付しなければならない。
　㈻　訴訟委任状（民訴規23条）
　㈼　その他

---

[12]　附属書類の記載には通数を記載するのが実務であるが，その通数は裁判所の受付に提出する通数を記載するのが便利である。

本件では不要であるが，当事者が会社その他の法人である場合には，代表者の資格証明書（法人の登記事項証明書など）の添付が必要である。
(3) **年月日**（民訴規2条1項4号）
　訴状には年月日を記載する。裁判所に提出する日を記載するのが適当である。
(4) **裁判所の表示**（民訴規2条1項5号）
　訴状を提出する裁判所を表示する。
(5) **訴訟代理人の資格及び氏名**
　原告訴訟代理人である旨，弁護士の資格表示及び氏名を記載し，押印する（民訴規2条1項柱書）。
(6) **事件の表示**（民訴規2条1項2号）
　訴状には事件の表示を記載する。事件を特定し，また表示する上で便宜だからである。通例は，事件名を簡潔に記載している。本件では「建物明渡請求事件」である。一つの訴訟で数個の請求をする場合，例えば売買代金と請負代金を一つの訴訟で請求する場合の事件名は「売買代金等請求事件」と記載する。なお，主たる請求と附帯請求（果実や遅延賠償金など）の併合にすぎない場合には「等」を記載しないのが通例である。
(7) **訴訟物の価額及び貼用印紙額の表示**
　訴訟物の価額とともに民事訴訟費用等に関する法律に基づき算出した額を記載する。貼用印紙[13][14]は，通常，訴状中の上部余白に貼るが，訴額が大きく印紙が多いときは訴状に表紙を付けて，その裏に訴訟物の価額と貼用印紙額を記載し，その場所に印紙を貼付する。貼付した印紙は裁判所の事件受付係で消印するので，当事者や訴訟代理人は消印してはならない。

Ⅳ　証拠の提出

　訴状には，立証を要する事由につき，証拠となるべき文書の写し（書証の写し）で重要なものを添付しなければならない（民訴規55条2項）。この

---

13) 訴訟物の価額に関する研究として，裁判所書記官研修所編『訴額算定に関する書記官事務の研究〔改訂版〕』（法曹会・2002）がある。
14) 訴額が分からない場合には，印紙を持参し受付窓口で確認した上で実際に印紙を貼付するのが実務的である。

添付書類は，書証の申出の際に必要とされる写しの提出（同137条1項）とは別のものであるが，訴状に添付する際に，当該書類に「甲第〇号証」と表示することにより，証拠の申出を兼ねることができる[15]。

写しは被告の数に裁判所用の1通を加えた通数を提出する。

---

15) 司法研修所編『8訂　民事弁護の手引』（日本弁護士連合会・2017）114頁。

第5章

民事訴訟の開始

■この章で学んでほしいこと

【訴状には何が記載されるべきか？——要件事実の基本的な考え方など】
　　＊要件事実とは何か？
　　＊法律要件分類説による主張証明責任の分配
　　＊要件事実の役割と機能
【原告による訴えの提起（訴状の提出）と受付】……民訴133条
　↓　＊訴状の受付段階で行われる手続
　　　＊訴状の必要的記載事項の確認
　　　＊訴状の形式的記載事項と実質的記載事項の区別
　　　＊参考事項の聴取（民訴規61条1項）
【訴状審査】……民訴137条
　↓　＊請求の趣旨と請求原因の記載の在り方
　　　＊記載事項の不備等がある場合の手続→補正の促し・補正命令
　　　＊補正に応じない場合→訴状却下命令
【訴訟要件の審査】……民訴140条
　↓　＊訴訟要件の調査の在り方……職権調査事項，職権探知事項
　　　＊管轄権の有無の調査
　　　＊不適法で補正できないことが明らかな場合の手続→訴え却下判決
【第1回口頭弁論期日の指定・呼出し】……民訴139条
　↓　＊第1回口頭弁論期日の機能……事件の振分けのための期日
　　　＊期日指定についての考え方
【訴状の送達】……民訴138条
　↓　＊訴状の送達不能・送達費用の不納付がある場合の手続→補正命令
　　　＊補正に応じない場合→訴状却下命令
第6章・第7章へ

I　訴状の受付

1　受付

　原告（訴訟代理人）から裁判所に訴状が提出されると，通常は，裁判所の事件係（「受付係」ともいう）が訴状の受付事務を行う[1]。まず，事件係において，これに受付日付印を押し，記録表紙を付けて綴じることにより，基本となる記録を作成する。この記録に，その後の訴訟手続で当事者から提出された書面や証拠，裁判所書記官が作成した口頭弁論調書などが綴られていくことになる。

　なお，訴状の受付（「事件の受付」ともいう）手続については，「事件の受付及び配分に関する事務の取扱いについて」（平成4年8月21日付け最高裁総三第26号事務総長通達）に定められている。

2　事件係における訴状の受付手続

　事件係の裁判所書記官（事件係書記官）は，提出された訴状について，訴状の記載事項（民訴133条2項，民訴規53条，54条），作成名義人の表示，押印，落丁の有無等のほか，管轄（民訴4条〜7条等），作成名義人の資格，所定の手数料等の納付・郵券の予納（民訴費3条，11条〜13条），訴状に添付すべき附属書類（民訴規55条）の有無等を調査し，その不備や誤りがないかを確認する[2]。

　そして，不備や誤りがあれば，原告（訴訟代理人）に連絡して任意の補正・追完を求める。事件係書記官は，原告（訴訟代理人）が任意の補正・追完に応じず，あくまでも訴状の受付を求める場合には，これを拒否する

---

[1]　なお，訴訟代理人の代理権の範囲について最判昭和38年2月21日民集17巻1号182頁〔百選19事件〕，弁護士による代理（弁護士法25条違反）について最大判昭和38年10月30日民集17巻9号1266頁〔百選20事件〕，訴えの提起と不法行為との関係について最判昭和63年1月26日民集42巻1号1頁〔百選36事件〕参照。

[2]　なお，請求の特定について名古屋高判昭和60年4月12日判タ558号326頁〔百選32事件〕，当事者の確定に関する判例として，氏名冒用訴訟について大判昭和10年10月28日民集14巻1785頁〔百選5事件〕，死者を当事者とする訴訟について大判昭和11年3月11日民集15巻977頁〔百選6事件〕，法人格の同一性について最判昭和48年10月26日民集27巻9号1240頁〔百選7事件〕参照。また，松原弘信「当事者の確定」争点56頁参照。

ことはできないが，そのような事態はほとんどないのが実情である。なお，訴状の実質的記載事項（民訴規53条）の不備や誤りについては，事案ごとに判断する必要があるので，主として事件の配てんを受ける裁判官において審査されることになる。

事件係書記官は，気付いた不備や誤りの箇所に付せんを付けたり，「訴状審査表」（記録**29**頁参照）を用いたりして，その後の措置を事件の配てんを受ける裁判官に委ねることになる。

実務的には，この段階で，第１回口頭弁論期日前の参考事項の聴取（民訴規61条１項）の一つの方法として，事件係において「訴訟進行に関する照会書」（記録**105**頁参照）を訴状の提出者（原告）に配付する取扱いが多い。

3　事件番号及び事件名

本件記録の表紙（記録**27**頁）に記載された「●●４年㈦第254号」という記載は，事件番号といわれる。民事事件記録符号規程（昭和22年最高裁規程８号）によって，各審級の裁判所ごとに事件の種類を表す符号が定められている。例えば，地方裁判所の民事通常事件は㈦，簡易裁判所の判決に対する控訴事件は㈸，簡易裁判所の民事通常事件は㈵，高等裁判所の控訴事件は㈺である。この符号と，毎年１月からその提起された順序に従って事件の種類ごとに付けられる一連の番号とを組み合わせて事件番号とする。

記録の「事件の標目」の欄の記載は，事件名といわれる[3]。事件名は，原告（訴訟代理人）が訴状に記載している事件名がそのまま用いられることが多い（長すぎるなど不適切な場合には，短縮・変更されることがある）。

事件番号及び事件名は，その事件の特定のために利用されるものであるから，訴訟の途中で訴えが変更され，変更後の訴えの内容等と事件名が適合していない状態となっても，それらが変更されることはない。

4　保存期間

記録表紙にある「保存始期」，「保存終期」という欄には，後に当該記録

---

[3]　事件名は，「貸金請求事件」，「建物明渡請求事件」，「賃借権確認請求事件」などといったように「～請求事件」と表示されるが，請求異議，第三者異議などの事件に限っては，「請求異議事件」，「第三者異議事件」などと表示されるのが通例である。

の保存期間が記載される。記録の保存期間については，事件記録等保存規程（昭和39年最高裁規程8号）によって，通常訴訟事件の記録は，判決原本（保存期間は50年間）や和解調書等（保存期間は30年間）を除き，事件完結の日から5年間保存し，その後廃棄するものと定められている。

II　事務分配

1　事件の配てん

　事件を受け付けた裁判所に複数の裁判官がいる場合に，どの裁判官がその事件を担当するかというのが事務分配（「事件の配てん」ともいう）の問題であり，事務分配は，下級裁判所事務処理規則（昭和23年最高裁規則16号）6条において定められている。

　裁判所では，事件処理の公正を保持するため，予め事務分配（事件の配てん）の順序を定め，訴え（事件）が提起されると，その順序に従って自動的に担当裁判官が定まることとされている[4]。

2　単独体での審理と合議体での審理

　地方裁判所では，原則として単独制の裁判官（単独裁判官）によって審理されるが，事件によっては，3人の裁判官の合議体で審理・裁判（審判）することができるとされている（裁判所26条）。民事通常事件は，単独裁判官に配てんされるのが通例であり，合議体で審判される事件は，合議体が審理及び裁判を合議体ですると決定（「合議決定」という）したもの（同条2項1号。合議決定は，複雑困難な事件，社会的な注目を集める事件，訴額が特に大きな事件などについてされることが多い）に限られる。また，いったん単独裁判官に配てんされた事件がその後に合議体の担当に移されることもあり，稀ではあるが，いったん合議決定のあった事件がその後に合議体から単独裁判官の担当に移されることもある。なお，法律で合議体で審理・裁判をすべきものと定めている事件を法定合議事件というが，地方裁判所における法定合議事件としては，簡易裁判所の判決に対する控訴事

---

[4]　なお，藪口康夫「裁判官の除斥と忌避」争点48頁，忌避事由について最判昭和30年1月28日民集9巻1号83頁〔百選4事件〕，除斥事由について最判昭和39年10月13日民集18巻8号1619頁参照。

件と簡易裁判所の決定及び命令に対する抗告事件がある（裁判所26条2項3号）。

3　大規模訴訟の特則

　地方裁判所の合議体は3人構成が原則である。例外として，当事者が著しく多数で，かつ，尋問すべき証人または当事者本人が著しく多数である訴訟（大規模訴訟）については，合議体の継続性と慎重な審理を確保しつつ機動的な尋問を実施することにより，その審理の効率化・適正化を図る趣旨から，5人の裁判官の合議体で審理・裁判をする旨の決定をすることができるとされている（民訴269条1項）。また，特許権，実用新案権，回路配置利用権又はプログラムの著作物についての著作者の権利に関する訴え（特許権等に関する訴え）に係る事件についても，東京地方裁判所及び大阪地方裁判所においては，5人の裁判官の合議体で審理・裁判をする旨の決定をすることができる（民訴269条の2第1項）。

Ⅲ　訴状審査

1　担当裁判部における訴状審査

　事件（訴訟記録）の配てんを受けた単独裁判官，合議体の裁判長は，まず訴状審査をする。訴状審査には，①訴状に不備がある場合に補正命令（民訴137条1項）を発する前提としての側面と，②効率的で円滑な訴訟運営のための事前準備としての側面がある。①は，訴状に必要的記載事項（同133条2項）が記載されているか，民事訴訟費用等に関する法律3条所定の手数料相当額の印紙の貼付がされているかなどの形式的事項について行われるものである。これに対し，②は，攻撃方法としての請求原因，重要な間接事実及び証拠の記載や添付書類等（民訴規53条～55条）の実質的な事項について事前に吟味するために行われるものである。

　なお，簡易裁判所の管轄に属する民事訴訟事件の訴訟の目的の価額の上限は140万円であり（裁判所33条1項1号），訴訟の目的の価額を算定することができないときまたは極めて困難であるときは，その価額は140万円を超えるものとみなされる（民訴8条2項）。また，手数料の納付方法について，最高裁判所規則で定める一定の場合には，現金をもって納付するこ

とができる（民訴費8条）。

2　裁判官と裁判所書記官との協働

　民事訴訟の審理を適正かつ迅速に運営するためには，裁判所書記官が裁判官の訴状審査等についてこれを補助することが望ましい。このような観点から，裁判長（官）は，訴状の記載について必要な補正を促す場合には，裁判所書記官に命じてこれを行わせることができるとされている（民訴規56条）[5]。

　この裁判所書記官の事務は，裁判長（官）の訴状審査権（民訴137条1項）に基づくものであるから，裁判長（官）からの具体的あるいは一般的な指示に従い，訴状を点検し，不備等があった場合にその補正を促すものである。実務的には，裁判所書記官は，その点検結果や問題点等を前記の「訴状審査表」や適宜の形式の連絡メモ等に記載して，裁判長（官）に報告し，その指示を受ける取扱いが多い。

　また，裁判所が早期に適切な審理計画（第7章コラム：**計画審理**〔149頁〕参照）を立て，第1回口頭弁論期日から事件の性質や内容等に応じた審理を行うためには，当事者から早期に訴訟の進行に関する意見その他訴訟の進行について参考とすべき事項の聴取（民訴規61条1項）を十分に実施しておくことが必要である。第1回口頭弁論期日前におけるこの参考事項の聴取については，裁判官が行うより，期日の準備等を含めて当事者と折衝する機会の多い裁判所書記官に行わせた方が適当な場合も多いことから，裁判所書記官に行わせることができるとされている（同条2項）。参考事項の聴取は，前記の「訴訟進行に関する照会書」を回収することのほか，当事者（特に被告の場合が多い）が期日の連絡や準備等のために裁判所に電話をかけた際にこれを受けた裁判所書記官において，併せて参考事項を聴取するという方法で行われることも少なくない。

3　補正命令，訴状却下

　訴状審査の結果，訴状の必要的記載事項の記載，民事訴訟費用等に関する法律3条所定の手数料相当額の印紙の貼付等に不備がある場合，裁判長

---

[5]　関口剛弘「裁判所書記官の権限と役割」争点50頁参照。より一般的な裁判官と裁判所書記官の協働のあり方については，加藤新太郎「裁判所書記官役割論の基礎」判例タイムズ1006号27頁（1999），同「裁判所書記官役割論の形成」判例タイムズ1097号12頁（2002）参照。

は，原告に対し必要な補正を促し，あるいは相当の期間を定めて補正を命ずる（民訴137条1項）[6]。

補正命令に従って手数料の納付等がされたときは，訴状は，訴え提起のときに遡って有効となる（最判昭和24年5月21日民集3巻6号209頁[7]，最判平成27年12月17日判時2291号52頁[8]）。これに対し，補正命令に定められた期間内に訴状が補正されないときは，裁判長が命令で訴状を却下する（同条2項）。この訴状却下命令に対しては，原告は1週間以内に即時抗告することができる（同条3項，332条）。

訴状に不備がある場合であっても，被告に訴状が送達された後は，訴状却下命令をすることができなくなるから，この場合には，口頭弁論を経ないで，訴え却下の判決（終局判決）をするほかはない（同140条）。

4 訴状の補正の促し

裁判官は，審理を開始する前に，後記の請求原因の要件事実を念頭に置いて，訴状の記載を検討し，それが不明確である場合には，訴状の補正として，原告にその主張を訂正補充等することによりこれを明確にするよう促すべきである。この場合，裁判長は裁判所書記官に命じてこの補正の促しをさせることができる（民訴規56条）。第1回口頭弁論期日から無駄のない実質的な審理を行うためには，訴状審査の段階から訴状の実質的記載事項についても十分に吟味検討し，必要な訴状の補正を促しておくことが重要である。

なお，実務上は，弁護士が原告訴訟代理人となっている場合には，訴状の必要的記載事項の記載，手数料相当額の印紙の貼付等に不備があるときであっても，補正命令を発するまでのことはなく，任意の補正の促しにより対応するのが通例である。補正の促しの対象は，補正命令と異なり，訴

---

6) 訴額の算定について最判昭和49年2月5日民集28巻1号27頁〔百選A1事件〕，佐藤裕義「訴訟物の価額の算定」争点44頁参照。
7) 要旨：控訴状に貼付すべき印紙が不足していたとしても，その後その不足額の印紙が追加貼付されて補正された場合には，補正前にされた弁論期日，判決言渡期日の各指定及びその告知はすべて有効である。
8) 要旨：抗告提起の手数料の納付を命ずる裁判長の補正命令を受けた者が，同命令に定める期間内に納付しなかった場合でも，不納付を理由とする抗告状却下命令の確定前にこれを納付すれば，不納付の瑕疵は補正され，抗告状は当初に遡って有効となる。

状の必要的記載事項（民訴133条2項）以外の記載事項（民訴規53条）や添付書類（同55条）にも及ぶことに注意する必要がある。

本件訴状については，裁判官による補正の促しは行われていない。

Ⅳ 要件事実の基礎

1 要件事実の意義
(1) 権利の認識手段としての法律要件

民事訴訟において，裁判所は，口頭弁論の終結時を基準として，原告が訴訟物[9]として主張する一定の権利または法律関係の存否についての判断をしなければならない[10]。しかし，権利あるいは法律関係は観念的なものであり，これを直接に認識することは不可能である。そこで，問題となっている権利や法律関係があったか否かの判断は，その権利の発生原因となる要件（事実）があったか，その発生を障害する原因となる要件（事実）があったか，その後その権利が消滅する原因となる要件（事実）があったか，あるいは，その消滅の効果の発生を妨げる原因となる要件（事実）があったかなど（権利の発生根拠事実，権利発生の障害・権利の消滅，権利行使阻止の効果が生ずる事実）を検討することによって，これを導くほかはない。

---

[9] 訴訟物は，請求の趣旨及び原因により特定されるが，訴訟物を特定することにより，原告の請求が特定され，被告が請求を認諾することが可能になるとともに，重複する訴え提起の禁止（民訴142条），訴え変更（同143条）の要否，請求の併合（同136条）の可否，既判力の客観的範囲（同114条）等の判断の基準となると解されている。したがって，訴訟物は，訴訟法上重要な意義を有する基本概念であるが，訴訟物をどのように理解すべきかについては，いわゆる新訴訟物理論と旧訴訟物理論が対立している。現在の実務は，実体法上の請求権の個数に着目して訴訟物を考える旧訴訟物理論の立場で運用されていることから，本書でも旧訴訟物理論によることとする。なお，山本弘「二重訴訟の範囲と効果」争点92頁，引受承継人の範囲と訴訟物理論との関係について最判昭和41年3月22日民集20巻3号484頁〔百選109事件〕参照。また，訴訟物の概念，旧訴訟物理論と新訴訟物理論との対立については，高橋(上)25頁，LQ48頁，山本克己「訴訟物論争」争点108頁，出口雅久「訴訟物概念の機能」争点112頁参照。

[10] なお，訴えの提起とその効果に関する判例として，重複する訴え（債務不存在確認請求と手形訴訟との関係）について大阪高判昭和62年7月16日判タ664号232頁〔百選37事件〕，重複する訴え（相殺の抗弁と重複提起との関係）について最判平成3年12月17日民集45巻9号1435頁〔百選38①事件〕，最判平成10年6月30日民集52巻4号1225頁〔百選38②事件〕参照。

(2) 要件事実の捉え方

　契約に基づいて権利が発生する根拠（契約の拘束力の根拠）については，民法学説上争いがあるが，権利が発生する根拠は当事者の合意（契約）ではなく，合意の成立（契約の締結）に権利の発生という法的効果を付与する法があるからであるとする，いわゆる「法規説」が通説的見解である[11]。そして，このような法規説の立場からは，基本的に，契約に基づく請求をするための要件事実は何かという問題については，民法の各種典型契約（贈与，売買等の民法第3編第2章に定める各種契約）に関する冒頭の規定（例えば，民549条，555条等）に定められた契約の要件（法律要件要素）が各契約の要件事実であると解する，いわゆる「冒頭規定説」が採用されることになる[12]。

　法規説・冒頭規定説の立場では，民法，商法等の実体法の多くは，権利の発生・権利の発生障害・権利の消滅・権利行使の阻止という法律効果が発生する要件を規定したものということになる。そして，このような法律の規定を法律要件（あるいは構成要件）と呼んでいる。法律要件の多くは，ある事実が存在するときはある権利が発生する（あるいは消滅する）という形で規定されている（ただし，過失，正当事由等のように事実ではなく，法的〔規範的〕評価を要件とする規定もある）。そうすると，権利が発生するかどうかは，権利の発生要件として規定された法律要件たる事実があるかどうかということになる。そして，実際に権利が発生し・権利の発生が障害され・権利が消滅し・権利行使が阻止されるという法律効果が認められ

---

11) 我妻榮『新訂民法総則』（岩波書店・1965）32頁以下，242頁以下，倉田卓次監修『要件事実の証明責任（契約法上巻）』（西神田編集室・1993）28頁以下，加藤新太郎＝細野敦『要件事実の考え方と実務〔第3版〕』（民事法研究会・2014）21頁以下参照。

12) このような「法規説・冒頭規定説」の立場とは異なる考え方として，権利の発生根拠は当事者の合意（契約）であるとする「合意説」の立場を基本とし，合意・契約中の必要な合意部分のみを取り出して主張すれば足りるとする「個別合意説（返還約束説）」と，条件・期限もその対象となる法律行為の成立要件と不可分であるから，条件・期限を含むすべての契約内容を主張する必要があるとする「全体合意説」とがあるが，実務ではいずれも採用されていない。大村敦志『典型契約と性質決定』（有斐閣・1997）39頁以下，吉川慎一「要件事実論序説」司法研修所論集110号129頁以下（2003），後藤巻則「要件事実論の民法学への示唆(2)—契約法と要件事実論」大塚直＝後藤巻則＝山野目章夫『要件事実論と民法学との対話』（商事法務・2005）44頁以下参照。

るかどうかは，当該法律要件に該当する具体的事実が認められるか否かによって判断される。すなわち，ある権利の発生要件に該当する事実の存在が認められた場合（例えば，売買契約が締結された場合）にはその権利（例えば，代金支払請求権）が発生したものと認め，その権利の消滅要件に該当する事実（例えば，弁済，解除等に該当する事実）が認められない限り，その後も権利が存続しているもの（権利がある）として扱うが，権利の消滅要件に該当する事実の存在が認められたときは，その権利が消滅したものとして扱うのである（いったん発生したと認められる権利は，消滅原因となる事実が認められない限り，その後も存続するものとして扱うことになるから，このことを「権利には継続性がある。」あるいは「権利の継続性」などということもある。これに対し，一般に「事実には継続性はない。」〔時点ごとに事実の有無が問題となる〕と考えられている）。

そこで，このような一定の法律効果（権利の発生・障害・消滅・阻止の効果）を発生させる法律要件に該当する具体的事実を一般に「要件事実」と呼んでいる。このように要件事実の概念を理解すると，それは講学上の主要事実と間接事実の区別にいう「主要事実」と同義ということになる[13]。

2 証明責任と主張責任
(1) 証明責任
権利の発生・障害・消滅等の法律効果の発生が認められるためには，法律要件に規定された要件事実が全て認められる必要がある。そして，訴訟においてその存在が争われるときは，これを全て証明しなければならず，これを証明できなかったときは当該法律効果の発生が認められないこととなる。したがって，ある要件事実の存在が真偽不明に終わった場合には，当該法律効果の発生は認められないということになる。この訴訟の一方当

---

13) これに対し，要件事実と主要事実とを別個の概念として理解すべきであるとする立場もある。すなわち，要件事実とは各実体法の条文（法律要件，構成要件）に示された類型的事実をいい，それは法的概念であるのに対し，主要事実とは要件事実に当てはまると評価された具体的事実をいい，これは事実的・経験的概念であるとして，これらを区別する見解である（高橋(上)425頁）。しかし，法的概念と事実的・経験的概念とを截然と区別して表現することは困難な場合があり，実務上も截然と区別しないで用いられる場合が少なくないこと等を理由として，実務では，「要件事実」と「主要事実」とを同義で用いることが多い。本書でも便宜これによる。なお，村田渉「主要事実と間接事実の区別」争点158頁参照。

事者が受ける不利益または危険が「証明責任」(「挙証責任」あるいは「立証責任」)である[14]。

(2) 主張責任

　民事訴訟においては、弁論主義が採られており、法律効果の有無の判断に必要な要件事実は当事者が口頭弁論で主張したものに限られ、その主張がなければ、裁判所がその事実を認定することは許されない。そうすると、ある法律効果の要件事実が弁論に現れない場合は、裁判所がその要件事実の存在を認定することは許されず、その結果、当該法律効果の発生が認められないということになる。この訴訟の一方当事者が受ける不利益または危険が「主張責任」である。

(3) 証明責任と主張責任の関係

　証明責任と主張責任の関係については、ある実体法の法律効果の発生によって利益を受ける当事者が一定している以上、この当事者に法律効果発生の要件事実についての証明責任と主張責任が帰属すること(証明責任と主張責任は同一当事者に帰属し、両責任の所在は必ず一致するということ)は、前述の証明責任と主張責任の意義から導き出される論理的帰結であると説明されるのが通例である[15]。

3　法律要件分類説による主張証明責任の分配

　主張証明責任が当事者間でどのように配分されるべきかについては学説上争いがあるが[16]、現在の実務においては、いわゆる法律要件分類説(通

---

14)　なお、松本博之「証明責任の意義と作用」争点180頁参照。

15)　30講80頁、154頁、民裁要件事実(1)21頁参照。これに対して、訴えの十分性・有理性の要請(原告の主張のみで訴えに理由があることが十分に基礎づけられている必要があること)から主張責任と証明責任の不一致が生ずることがあるとする見解もみられる。例えば、民法415条1項の履行遅滞に基づく損害賠償請求については、履行期に履行がないことを主張しないと原告が履行遅滞に基づく損害賠償請求権を有するとはいえないから、履行期に履行がないことについては債権者が主張責任を負い、これに対し、債務者が履行があったことについて証明責任を負うとする。

16)　証明責任の分配に関する学説の詳細については、新堂609頁、高橋(上)539頁、笠井正俊「要件事実論と民事訴訟」争点160頁、宇野聡「証明責任の分配」争点184頁参照。なお、笠井正俊「証明責任の分配」民事訴訟法の争点〔旧第3版〕208頁は、「証明責任の分配に関する学説の差異は、条文の表現形式を重視する程度及び証拠との距離等の証拠法的要素を考慮する程度に表れる」とした上で、法律要件分類説を支持すべき理由として、「一般に私法の立法における条文の配列や本文・但書等の書き分けは原則として証明責任の所在に対する立法関与者の認識を反映するもの

説的見解であるとされる）を基本として主張証明責任を分配することにより，要件事実を定めている。

　法律要件分類説とは，基本的に，各個の法律における構成要件（法律要件）の定めに従って主張証明責任の分配を考える立場である。しかし，現在の実務が採用する法律要件分類説は，法律効果の発生要件を実体法の本文・但書あるいは1項・2項等の条文の形式及び文言だけで定めようとした初期の法律要件分類説（あるいは規範説）とは異なるとされる。現在の法律要件分類説（修正された法律要件分類説ともいう）は，ある法律効果の発生要件が何かという問題は実体法規の解釈によって決められるべき事柄であり，この解釈は証明責任の公平な分配という視点に立ったものであることが必要であると考える立場である。そして，この立場からは，実体法規の解釈に当たり，各実体法規の文言，形式を基礎として考えると同時に，証明責任の分配の公平性・妥当性の確保を常に意識し，法の目的，類似する法規，関連する法規との体系的整合性，要件の一般性と特別性，原則性と例外性，更には要件によって要証事実となるべきものの事実的態様とその証明の難易等を総合的に考慮して，証明責任の分配を考えることになる。

　そして，この立場では，通常，次のように説明される[17]。

① ある契約から生ずる権利の発生を主張しようとする者は，当該法条（権利根拠規定——例えば，民555条）に定められた契約成立の要件事実（例えば，売買契約の締結では，売主がある物の権利を買主に移転することを約し，買主が売主にその代金を払うことを約したとの事実）について主張証明責任を負担する。

② その契約に通謀虚偽表示（民94条1項）等があるとき契約は無効であるとの法条は，①の法条に基づく権利の発生を障害する規定（権利障害規定）であって，これを主張しようとする者が，通謀虚偽表示等の要件事実（例えば，通謀虚偽表示では，買主と売主は，売買契約の際，いずれも売買契約を締結する意思がないのに，その意思があるもののように

であるから，条文の表現は分配基準の基礎とするに足りるものであること，規定の構造や表現は明文規定のある法律要件の全般について基準となり，明確性や思考経済の面で優れているし，その分配の結果は民法及びその他の特別法について多くの場合適切なものと評価できること」を挙げている。

17）　30講14頁，一審解説9頁，民裁要件事実(1)10頁参照。

仮装することを合意したとの事実）について主張証明責任を負担する。
③弁済（民473条），代物弁済（民482条），解除（民541条）等によって一度発生した権利の消滅を主張しようとする者は，これらの権利消滅事由を規定した法条（権利消滅規定）に定めるそれぞれの要件事実（例えば，弁済では，買主が売主に対し，売買代金を弁済したとの事実）について主張証明責任を負担する。
④留置権（民295条1項），同時履行の抗弁権（民533条），催告・検索の抗弁権等の実体法上の抗弁権（民452条，453条）を行使し，あるいは履行期（民412条）の未到来を理由として，相手方の権利行使を一時的に阻止しようとする者は，これらの権利阻止事由を規定した法条（権利阻止規定）の要件事実（例えば，同時履行の抗弁権では，買主が，売主が売買の目的物を引き渡すまで売買代金の支払を拒絶する旨の権利行使をしたとの事実）について主張証明責任を負担する。

要するに，権利の発生の点については，権利の存在を主張しようとする者の主張証明責任とし，権利の発生障害，消滅，権利行使の阻止の点については，権利の存在を否定しまたは，その行使を阻止しようとする者の主張証明責任とするのである。そして，ある権利の発生について要件事実が主張証明され，その権利がいったん発生したと認められた場合には，前記のとおり，その消滅等の点について主張証明がない限り，その権利は存続しているものとして扱われるのである[18]。

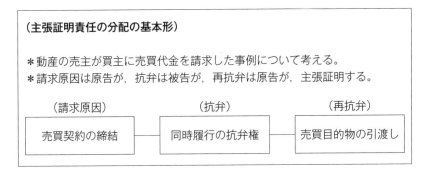

（主張証明責任の分配の基本形）

＊動産の売主が買主に売買代金を請求した事例について考える。
＊請求原因は原告が，抗弁は被告が，再抗弁は原告が，主張証明する。

（請求原因）　　　　　（抗弁）　　　　　（再抗弁）
売買契約の締結 — 同時履行の抗弁権 — 売買目的物の引渡し

---

18) 加藤新太郎「要件事実論の再生」ジュリスト1288号50頁（2005），村田渉「法律実務家養成教育としての要件事実の考え方について」ジュリスト1288号58頁（2005），同「要件事実論の課題」ジュリスト1290号38頁（2005）参照。

4 要件事実の役割・機能

　民事訴訟において，要件事実は適正な審理を実現するために極めて重要な意義を有している。例えば，当事者が要件事実を必要かつ十分に主張しない場合には，その請求は証明をまつまでもなく排斥される（このような場合を「主張自体失当である。」という）。また，訴状において要件事実が全て主張されている場合，被告が第1回口頭弁論期日に答弁書等を提出しないで欠席したときは，原告の主張事実について自白が成立したものとみなされ（民訴159条1項，3項），請求認容の勝訴判決（いわゆる欠席判決）を得られるが，訴状の要件事実が不備である場合には，被告の欠席による擬制自白（民訴159条1項，3項）の対象となるべき事実が必要かつ十分に主張されていないことになるから，欠席判決を得ることができない。

　また，訴訟における攻撃防御方法の提出（当事者のする法律上及び事実上の陳述並びに証拠の申出をいう）は，要件事実を念頭に置いて行われることになる。したがって，当事者（訴訟代理人）がこれを十分に理解していない場合には，何が要件事実（主要事実）であり，何が間接事実であるかを認識することも，当該事実について「本証[19]」を行う必要があるのか，あるいは「反証[20]」で足りるのかを正確に判断することもできず，有効な攻撃防御方法を主張することができないことになりかねない。また，相手方が主張証明すべき要件事実を認めた場合には自白となるから原則としてその事実主張を撤回することができないのに対し，自己の側が主張証明すべき要件事実であれば，自白ではなく，攻撃防御方法の提出にすぎないから，原則としてその事実主張を撤回することができる。このような判断をする際にも，要件事実が用いられるのである。

　裁判所にとっても，適正な裁判を実現するためだけでなく，的確に釈明権や訴訟指揮権を行使して迅速かつ適切な訴訟運営を行うためにも，裁判官が要件事実について十分な理解を有していることが不可欠である[21][22]。

---

19) 本証は，自分が証明責任を負う事実についての証拠ないし立証活動で，その事実の存在について裁判官をして真実であるとの確信を抱かせる程度の立証状態に至ってはじめてその目的が達成される。
20) 反証は，相手方が証明責任を負う事実についての証拠ないし立証活動で，その事実について裁判官の心証を存在するとも存在しないとも分からない真偽不明の状態にすれば足りる。

V 訴状の実質的記載事項の審査

1 本件の訴訟物
(1) 原告の主張と処分権主義の適用

　民事訴訟における審判の対象である訴訟物は，旧訴訟物理論の立場からは，実体法上の個別具体的な請求権の主張であり，請求権の法的性質を明らかにすることによって特定される。したがって，裁判所が訴訟物を把握するためには，実体法上の解釈論を踏まえた上で，原告の請求とこれに関する主張（例えば，売買契約に基づく売買代金請求権とこれを基礎づける売買契約の締結に関する事実の主張など）を十分に吟味し理解することが必要である。

　訴訟物の選択は，原告がこれを行う権能を有し，原告が審判の対象とその範囲を決定すると，裁判所はそれに拘束される（処分権主義。民訴246条）[23]。そして，給付訴訟では請求の趣旨は，例えば，「被告は原告に対し

---

21) なお，現在の実務・司法研修所における「要件事実論」は，①旧訴訟物理論を前提とすること，②修正された法律要件分類説を採用していること，③主張責任と立証責任は必ず一致するものであること，④原則として不存在の事実（消極的事実——特に弁済がないこと）の主張立証責任はないこと（また，無権代理であるとの主張は有権代理の主張の否認にすぎず，代理権がないことが要件事実となることはないこと），⑤条件・期限は附款（非本質的要素）であり，条件・期限は抗弁となること（抗弁説）を原則としているといわれている。大江忠「要件事実論と弁護士業務」自由と正義47巻1号67頁（1996），永石一郎「要件事実のすすめ（上）」自由と正義50巻4号83頁（1999）参照。

22) 証明責任に関する判例として，虚偽表示における第三者の善意の証明責任について最判昭和35年2月2日民集14巻1号36頁〔百選63事件〕，賃貸借契約における背信行為と認めるに足りない特段の事情の証明責任について最判昭和41年1月27日民集20巻1号136頁〔百選64事件〕，証明妨害について東京高判平成3年1月30日判時1381号49頁〔百選61事件〕，相手方の主張立証の必要（伊方原発事件）について最判平成4年10月29日民集46巻7号1174頁〔百選62事件〕参照。

23) なお，下村眞美「申立事項と判決事項」争点116頁，引換給付判決と申立事項との関係について最判昭和46年11月25日民集25巻8号1343頁〔百選75事件〕，消極的確認の訴えにおける申立事項について最判昭和40年9月17日民集19巻6号1533頁〔百選76事件〕参照。また，原告が土地賃借権を有することの確認のみを求めたのに対し，地代額の確認までを求めていない場合に，判決主文において地代額を確認したこと（最判平成24年1月31日集民239号659頁），当事者が和解無効を主張して続行期日の指定を求めたにすぎず，和解無効の確認までは求めていないにもかかわ

500万円を支払え。」などと抽象的に表示されるにすぎないのが通常であるから，どのような法的性質の給付請求権であるかは，訴状請求原因の記載で特定されることになる。

(2) **本件での訴訟物の把握**

そこで，本件において，原告が本件訴状（記録**40**頁）「第1 請求の趣旨」第1項で求めている建物明渡請求及び同第2項で求めている金銭支払請求の訴訟物は何かについて，検討する。

本件において，訴訟物は，訴状「第2 請求の原因」第5項記載のいわゆる「よって書き[24]」から，①賃貸借契約の終了に基づく目的物返還請求権としての建物明渡請求権1個，②「賃貸借契約に基づく賃料支払請求権」1個，③「建物明渡債務の履行遅滞に基づく損害賠償請求権」1個の合計3個（併合態様は単純併合[25]）であることが分かる。このほか，これらの訴訟物に基づく請求をするために主張証明すべき事実関係について，訴状請求原因の第1項で本件賃貸借契約の締結と同契約に基づく建物引渡しの事実を，第2項で原告による賃貸人たる地位の承継の事実を，第3項で本件賃貸借契約の解除の事実を，第4項で相当賃料額に関する事実をそれぞれ主張していることからも，原告が訴訟物として上記のような訴訟物（請求権）を選択していることは明らかである。

(3) **主たる請求と附帯請求**

主たる請求と同一の訴えで，主たる請求と同じ事実関係から生じた「果

らず，判決主文において和解無効を確認したこと（最判平成27年11月30日民集69巻7号2154頁）は，いずれも原告が申し立てていない事項についての判決に当たり，民訴法246条に違反するとされている。

24) 実務上，訴状請求原因の末尾には，原告の主張を締めくくり，原告の主張と請求の趣旨とを結び付け，訴訟物である請求の法的性質を明らかにするために，主張の要約を記載するのが通例である。この主張の要約が「よって書き」と呼ばれる（第4章Ⅱ3 51頁参照）。「よって書き」の記載によって，はじめて原告の請求及び主張を裁判所が明確に理解することができる場合も少なくないから，訴状の作成に当たっては，この記載を忘れないようにすべきである（「よって書き」は，このように原告の請求や主張を理解する上で重要な機能を有することから，実務家の中には，「酔っても忘れないよって書き」などと言いその重要性を強調する者もいる）。なお，「よって書き」は，事実の主張ではなく，原告の法的主張であるのが通例であるが，時に遅延損害金請求権等の附帯請求の発生要件事実が含まれていることもある。

25) なお，田村陽子「請求の客観的併合」争点128頁参照。

実，損害賠償，違約金又は費用」を附帯して請求した場合には，主たる請求のみによって訴額を算定し，附帯請求の価額は訴額に算入しないこととされている（民訴9条2項）。例えば，本件のように，前記①の請求（訴訟物）とともに前記②，③の各請求をする場合，②の請求は「果実」たる賃料支払請求であり（民訴9条2項の「果実」は天然果実及び法定果実をいい〔民88条〕，利息，賃料等がこれに含まれる），③の請求は①の債務の不履行に基づく「損害賠償」請求であるから，いずれも附帯請求となる。附帯請求も主たる請求と並ぶ独立の訴訟物であるから，その発生原因事実の記載を忘れないようにする必要がある。

(4) 訴訟物の特定とその記載方法

　訴訟物（原告の請求）はどのように特定すべきか。物権は，絶対的，排他的権利であり，一物一権主義の下，同一人に帰属する同一内容の物権は他に存在しないから，物権は権利の主体と権利の内容によって特定することができる。これに対し，債権は，相対的，非排他的権利であり，主体及び内容が同一であっても，発生原因が異なれば別個の権利となるのであるから，債権は，権利義務の主体，権利の内容，発生原因によってはじめて特定することができることになる。そうすると，例えば，本件の主たる請求は，賃貸借契約の終了に基づく建物明渡請求権であるから，その訴訟物は，「原告（権利者）の被告（義務者）に対する，藤田清と被告とが●●2年4月3日に締結した，別紙物件目録記載の建物の賃貸借契約の終了（権利の発生原因――権利の種類）に基づく目的物返還請求権（権利の抽象的性質）としての建物明渡請求権（権利の具体的内容）」などと記載するのが正確であることになる。しかし，これらの訴訟物の特定要素をどこまで具体的に表示・記載しなければならないかは，当該事案に即して他の訴訟物と誤認混同を生じさせる可能性があるか否かという相対的な問題である。本件においては，訴訟当事者は原告と被告のみであるから「原告の被告に対する」との記載は不要であり，本件で問題となっている賃貸借契約が「藤田清と被告とが●●2年4月3日に締結した別紙物件目録記載の建物の賃貸借契約」であることも明らかであるから，「賃貸借契約」といえば十分であろう。

　したがって，本件の訴訟物は，「賃貸借契約の終了に基づく目的物返還

請求権としての建物明渡請求権」といえば足りる。

（訴訟物の一般的な特定方法）

「賃貸借契約の終了に基づく目的物返還請求権としての建物明渡請求権」1個
　① 「賃貸借契約の終了」に基づく……権利の発生原因——権利の種類
　② 「目的物返還請求権」としての……権利の抽象的性質
　③ 「建物明渡請求権」　　　　　　……権利の具体的内容
　④ 「1個」　　　　　　　　　　　……訴訟物の個数

2　主たる請求の訴訟物についての検討

(1)　賃貸借契約の終了に基づく目的物返還請求の訴訟物

賃貸借契約の終了原因と訴訟物の個数との関係は問題である[26]。この点に関しては，学説上，次の見解の対立がある。

①多元説[27]

　　賃貸借契約の終了原因ごとに訴訟物が異なるとし，あるいは，債務不履行による解除，合意解約・期間満了等による契約の終了，正当事由ある場合の解約の申入れのように類別された終了原因ごとに訴訟物が異なるとする見解である（後者は「三分説」あるいは「三元説」ともいわれる）。

②一元説[28]

　　1個の賃貸借契約の終了に基づく明渡請求である限り，終了原因のいかんにかかわらず，訴訟物は常に1個であり，個々の終了原因は原告の攻撃防御方法にすぎないとする見解である。

賃貸借契約の終了に基づく明渡請求権は，賃貸借契約の効果として発生する賃借物返還義務（引渡しを受けた物を契約が終了したときに返還すること）に基礎を置くものであり，解除，解約の申入れ等の終了原因自体の効果と

---

[26]　宮川種一郎＝賀集唱『民事実務ノート（第1巻）』（判例タイムズ社・1968）130頁〔賀集唱〕参照。
[27]　岩松三郎＝兼子一編『法律実務講座　民事訴訟編（第2巻）』（有斐閣・1958）104頁〔村松俊夫〕等参照。
[28]　山木戸克己「訴訟上の請求について」『民事訴訟理論の基礎的研究』（有斐閣・1961）130頁参照。

して発生するものではないことを考えると，一元説が妥当であるように思われ，同説が実務の大勢である。この見解によれば，賃貸借契約の終了に基づく不動産明渡請求訴訟の訴訟物は，賃貸借契約の「終了に基づく」目的物返還請求権としての不動産明渡請求権となる[29]。

(2) **他に考えられる訴訟物**

本件のように不動産の賃貸人がその不動産の所有者でもある場合，賃貸借契約の終了に基づく目的物返還請求権としての明渡請求権のほか，所有権に基づく返還請求権としての明渡請求権をも訴訟物とすることができる（第4章Ⅲ1 51頁，52頁参照）。このような場合には，前記のとおり，処分権主義の観点から，訴状の記載や釈明権の行使によって明確にされた当事者の意思に従うべきである（言い換えると，原告には，訴状において自らが選択した訴訟物を明示すべき義務があるということである）。

本件においても，訴状請求原因第2項で，原告が本件建物の所有者であることが現れているから（被告が本件建物を占有していることは訴状で明確に主張されていないものの，そのことについては争いがないようである），所有権に基づく返還請求権としての建物明渡請求権が訴訟物であると解することも可能なようであるが，訴状の記載（特に「よって書き」の記載）から，原告が訴訟物として同請求権を選択していないことは明らかである。

(3) **訴訟物の個数**

一般に，契約に基づく請求権は，契約ごとに発生するものと考えられるから（前記の一元説の立場からもそのように解すべきである），契約に基づく請求の訴訟物の個数は契約の個数によって決まることとなる[30]。本件では，賃貸借契約は1個であるから，その契約終了に基づく目的物返還請求権の個数は1個であり，訴訟物の個数も1個である。

3 主たる請求の請求原因事実

(1) **賃貸借契約の終了に基づく建物明渡請求の請求原因**

---

[29] 30講248頁，類型別90頁，民裁要件事実(2)10頁参照。

[30] これに対し，所有権等の物権に基づく物権的請求権が問題となる場合の訴訟物の個数は，物権の個数と侵害の個数との相関関係（例えば，物権が1個で，侵害の個数が2個であれば，この場合の物権的請求権の訴訟物は2個となる）によって決まると考えられている。なお，損害賠償請求訴訟における訴訟物について最判昭和48年4月5日民集27巻3号419頁〔百選74事件〕参照。

> **（賃貸借契約終了に基づく明渡請求の一般的な請求原因事実）**[31]
>
> ① 賃貸人（甲）が賃借人（乙）との間で賃貸借契約を締結したこと
> ② 甲が乙に対し，①の契約に基づいて目的物を引き渡したこと
> ③ ①の契約の終了原因事実

　賃貸借契約の終了に基づく明渡請求の請求原因事実は，どのような事案でも，上記の①ないし③の類型的事実にまとめることができる。実際の事件では，これらの類型的事実を念頭に置いて，この事実に該当する具体的な事実（要件事実，主要事実）を取り上げることになる。

　なお，給付訴訟における「請求原因の要件事実」には，請求権（訴訟物たる権利）の発生のための要件（発生要件）事実と，その請求権を行使するための要件（行使要件）事実の二つが含まれることに注意する必要がある。すなわち，権利の確認訴訟における請求原因はその権利の発生のための要件事実で足りるが，給付訴訟における請求原因では，権利の発生のための要件事実のみならず，行使のための要件事実をも主張しなければならないのである。

(2) **賃貸借契約の締結**（①の事実）**と建物の引渡し**（②の事実）

　本件では，原告は，藤田清と被告との間で賃貸借契約が締結され，藤田清の死亡及び相続により，原告が本件建物の賃貸人たる地位を承継したと主張している。そこで，まず，藤田清と被告との賃貸借契約の締結，同契約に基づく建物の引渡しの各事実について検討する。

(ア) 藤田清と被告との賃貸借契約の締結

　本件で問題となっているのは，賃貸借契約の終了に基づく請求権であるから，まず，賃貸借契約が締結されていることが必要である。賃貸借契約は，賃貸人と賃借人が，賃貸人が目的物を一定期間賃借人に使用収益させ，賃借人がこれに対する対価として賃料を賃貸人に支払う旨合意することによって成立する有償・双務の諾成契約である（民601条）。

　(a) 返還時期（賃貸期間）の合意（約定）

　消費貸借契約，使用貸借契約及び賃貸借契約等の貸借型の契約は，財貨

---

31) 30講250頁，民裁要件事実(2)168頁，同(1)261頁参照。

ないし価値を，一定期間，相手方に移転して利用させることを特色とする契約（「貸借型の契約」といわれる）である。賃貸借契約の冒頭規定（契約の成立要件・有効要件を定める規定）である民法601条では，賃貸借は，①当事者の一方（賃貸人）がある物の使用及び収益を相手方（賃借人）にさせることを約し，②相手方がこれに対してその賃料を支払うこと及び引渡しを受けた物を契約が終了したときに返還することを約することで効力を生ずると規定している。その規定ぶりからすると，返還時期（賃貸期間）の合意（約定）は，賃貸借契約の成立要件・有効要件（契約の要素）ではないように思われ，そのように解する立場[32]もある。しかし，次のように解する立場[33]も，従来から有力に主張され，実務において広く採用されているところであり，本書では，これを採用し，この立場から論ずることとする。すなわち，賃貸借のような貸借型の契約は，一定の価値をある期間借主に利用させることに特色があり，契約の目的物を受け取るや否や直ちに返還すべき契約はおよそ無意味であるから，このような貸借型の契約では，貸主が一定の時期まで返還を請求し得ないというのは，売買代金の支払に期限が付けられた場合などとは異なり，契約に内在する本質的な拘束といえる。したがって，賃貸借契約では，賃貸期間の定めは契約に不可欠な要素である。この立場からは，賃貸借契約の成立を主張する者は，常にその合意の内容として返還時期の合意[34]をも主張証明すべきであるという

---

[32] 例えば，大審院判例（大判大正2年2月19日民録19輯87頁，大判大正3年3月18日民録20輯191頁，大判昭和5年6月4日民集9巻597頁等）は，賃貸借契約と同様，貸借型の契約である消費貸借契約について，契約の成立と同時に借主の返還債務は発生するが，その履行は合意された期限の到来又は催告まで猶予されているとし，借主が期限の未到来又は催告がなかったことにつき証明責任を負うとしている。他に，返還期間の合意は契約の要素ではないが，期間満了等の契約の終了原因を主張する必要がある場合には，これを主張しなければならないとする立場もある（山本Ⅳ-1・380頁，30講152頁，215頁，新問研39頁，46頁，123頁参照）。

[33] この立場では，例えば，消費貸借契約は継続的契約関係と解すべきであり，貸主の返還請求権は期限の到来又は告知による契約の終了を要件とするから，期限の到来又は相当の期限を定めて催告したことについての証明責任は返還請求をする貸主にあるとする（我妻・債権各論(中)353頁，373頁，30講152頁，215頁，類型別27頁，民裁要件事実(1)275頁以下等）。

[34] 消費貸借契約（民587条）のような要物契約では目的物の引渡しを受けて，はじめて契約が成立するが，諾成契約である賃貸借契約の場合には，賃貸借契約は合意のみによって成立し，目的物の返還義務は契約に基づいて目的物の引渡しを受けてはじめて発生するのであるから，賃貸借契約の場合には「賃貸借期間」（始期と終

ことになる。このような考え方は，「貸借型理論」と呼ばれる[35]。

　(b)　賃料額

　賃料は，有償契約である賃貸借契約と，無償契約である使用貸借とを区別する要素であるから，具体的な金額（本件では1か月20万円）を主張することが必要である。

　(c)　賃貸人による建物所有は不要であること

　賃貸借契約は債権契約であるから，他人物についての賃貸借契約も有効に成立する（民561条，559条）。したがって，契約当時，賃貸人が目的物を所有していたことは賃貸借契約の成立要件ではないから，請求原因事実とはならない。

　(d)　賃料支払時期の特約（前払特約）

　原告は，本件賃貸借契約には賃料の前払特約があったと主張している。賃料支払時期に関する特約は賃貸借契約の本質的内容をなすもの（賃貸借契約の要素）ではないから，賃貸借契約の成立をいうために，この前払特約の点を主張証明する必要はない（賃料支払時期については，建物賃貸借契約の成立を主張することによって当然に民法614条が適用されることになる）。

　しかし，本件では，原告は被告に対し，●●4年2月15日，前払特約を前提にして，民法614条では未だ支払時期が経過[36]しておらず，遅滞に陥っていない●●4年2月分の賃料を含む未払賃料の支払を催告（請求）するとともに，本件賃貸借契約を解除するとの意思表示をしたと主張している。原告が●●4年2月分の賃料の支払を催告（請求）するためには，賃料支払時期の特約（前払特約）が必要であり，この点から，前払特約が請求原因事実となる。

　(イ)　賃貸借契約に基づく建物の引渡し

　賃貸借契約の終了に基づいて目的物の返還を請求する以上，その前提と

　　　期がある）と考えるのが妥当であろう。
35)　30講151頁，類型別27頁，92頁，民裁要件事実(2)4頁以下，同(1)275頁以下参照。
36)　「（期限の）経過」とは，例えば4月10日を期限（弁済期）とする場合，同日の午後12時（24時）が過ぎることをいい，「（期間の）経過」とは，4月10日から10月9日までを期間（使用期間）とする場合，期間の末日である10月9日午後12時が過ぎることをいう。これに対し，「（期限の）到来」とは，4月10日を期限とする場合，同日午前0時となることをいう。ただし，民法484条2項に注意すること。なお，30講22頁以下参照。

して，既に賃借人に対し同契約に基づいて目的物が引き渡されていることの主張が必要である[37]。

　　＊また，本件では，原告は賃料不払による賃貸借契約の解除を主張しているのであるから，その前提として賃料債務の発生を基礎付ける事実を主張する必要があり，この点からも，目的物の引渡しの事実が必要である[38]。なお，「契約に基づく引渡し」という表現は，契約上の義務の履行として引渡しが行われたということを表すためなどに用いられる（なお，講学上，「基づく引渡し」と略称されることがある）。

(3) 相続の要件事実

　権利義務の包括承継の効果を発生させる法律要件の一つである「相続」（民896条）という概念は，法的な効果あるいは法的評価であり，具体的な事実ではないから，相続の要件事実は何か，すなわち，相続の効果を生じさせる具体的な事実は何かを考えなければならない。

（「相続」の効果を発生させる具体的事実〔要件事実〕）

ⅰ　被相続人の死亡
ⅱ　原告が被相続人の相続人であること

　ⅱの要件について，相続人全員を示し，相続人はそれのみであって，他に相続人はいないことまで，相続による権利の承継を主張する側が主張証明しなければならないとする説（「のみ説」といわれる）と，主張する権利義務関係に応じて必要な範囲の相続人を示せば足り，他に相続人がいることは，相手方の抗弁[39]となるとする説（「非のみ説」といわれる）の対立が

---

37) 30講251頁，民裁要件事実(2) 9頁，107頁参照。
38) 30講252頁，民裁要件事実(2) 6頁，100頁参照。
39) 「抗弁」とは，①被告に主張証明責任があり（被告の主張証明責任），②請求原因から生ずる法律効果を覆すことのできる（請求原因の効果の阻害），③請求原因と事実レベルで両立する（両立性）事実である。これに対し，請求原因と両立しない事実は，「理由付き否認」あるいは「積極否認」の主張（民訴規79条3項参照）ということになる。さらに，①原告に主張証明責任があり（原告の主張証明責任），②抗弁から生ずる法律効果を覆し（抗弁の効果の阻害），③請求原因の法律効果を復活させる（請求原因の効果の復活），④抗弁と事実レベルで両立する（両立性）事実が「再抗弁」である。特に，「再抗弁」については，当該事実が③の請求原因の法律効果を復活させる機能を有するかどうかを十分に検討する必要がある。抗弁

ある。

＊主張する権利義務関係に応じて必要な範囲の相続人を示せばその事実のみで権利の承継を基礎付けることができること，主張証明責任の公平な分担という観点からすると，他に相続人がいないという不存在（消極的事実）の証明は一般に困難な場合が多いこと，戸籍制度が完備されているからといって戸籍の記載が必ずしも身分関係の全てを示すものとはいえない場合があることから，非のみ説が相当であると解される（ただし，実務上は，必要な範囲の相続人のみならず，共同相続人全員が記載されることも少なくない）。

(4) **賃貸借契約の終了原因事実**（③の事実）

賃貸借契約は，目的物を一定期間賃借人の使用収益に委ねることを本質とする契約であって，賃貸人は，契約が終了してはじめて目的物の返還を請求することができる。したがって，契約の終了原因事実も賃貸人が請求原因事実として主張証明すべきである。

(ア) 賃料不払解除の要件事実

原告は，賃貸借契約の終了原因として，賃料不払による解除を主張している。賃貸人が，賃借人の一定期間分の賃料支払債務の履行遅滞を理由として賃貸借契約の解除を主張する場合，その一般的な要件事実は，次のとおりである[40]。

（賃料不払解除の一般的な要件事実）

i 一定期間が経過したこと
ii 民法614条所定の支払時期が経過したこと
iii 原告が被告に対し，その一定期間分の賃料の支払を催告したこと
iv 催告後相当期間が経過したこと
v 原告が被告に対し，ivの経過後，賃貸借契約を解除するとの意思表示をしたこと

から生ずる法律効果は覆すものの，請求原因の法律効果を完全に復活させる機能を持たず，別の法的観点から訴訟物である権利の発生を基礎付ける事実は，「再抗弁」ではなく，「別個の請求原因」となり得るからである。なお，「のみ説」と「非のみ説」については30講485頁参照。

40) 30講252頁，類型別102頁，民裁要件事実(1)258頁，同(2)101頁，168頁参照。

法定解除権発生の根拠条文は，民法541条であるから，まず，実体法上の要件として，当事者の一方が債務を負っていること（ⅰ），その債務が履行遅滞に陥ること（ⅱ）が必要であり，次に同条の手続要件である催告（ⅲ）とその後の相当期間の経過（ⅳ）によって解除権が発生し，解除の意思表示の到達（ⅴ）によって解除の効果が発生することになる。なお，同条ただし書の事情（債務の不履行が軽微であることの評価根拠事実）があることは，解除の効果を争う被告が主張証明すべきこととなる。

(イ)　賃料債務の発生

　賃料不払を理由に解除するためには，賃料債務が発生していることが必要である。一般的な賃料債務（賃料債権）の発生のための要件事実は，次のとおりである。

（賃料債権発生の一般的な要件事実）

ⅰ　甲と乙が賃貸借契約を締結したこと
ⅱ　甲が乙に対し，ⅰに基づいて目的物を引き渡したこと
ⅲ　一定期間が経過（到来）したこと

　ⅱ及びⅲを必要とするのは，賃料が目的物を一定期間賃借人の使用収益が可能な状態に置いたことに対する対価として発生する（目的物を一定期間使用収益が可能な状態に置いたことが先履行の関係にある）からである（最判昭和36年7月21日民集15巻7号1952頁[41]）。

(ウ)　履行遅滞

　(a)　履行遅滞の要件についての検討

　改正前の民法541条による解除について，履行期の定めのある場合（民412条1項）における履行遅滞の要件は，講学上，次のように説かれていた[42]。

ⅰ　履行が可能なこと
ⅱ　履行期の定めがあること

---

[41]　要旨：土地賃貸借契約において賃貸人が土地を使用できる状態におかなかった場合には，賃借人には賃料支払義務がない。
[42]　30講168頁以下，民裁要件事実(1)21頁参照。

iii　履行期が経過したこと
　iv　履行期に履行がないこと
　v　履行しないことが債務者の責めに帰すべき事由によること
　vi　履行しないことが違法であること

　しかし，改正後の債務不履行解除（催告による解除〔民541条〕および催告によらない解除〔民542条〕）では，債務者の責めに帰すべき事由の存否を考慮しないこととされ，改正法下では，vは要件とならないから，iからiv，viが要件として検討されることとなる。しかし，iについては，債務は履行が可能であることが常態であり，原則であるから，iは履行遅滞の要件ではない。ivも，本来，履行すなわち弁済が債務消滅原因であること，履行がないということは消極的事実であり，その証明は容易でないことがあることから，履行遅滞の発生要件とすべきではなく，ivの反対事実（ただし，弁済ではなく，弁済の提供で足りる。民492条参照）を債務者の抗弁とみるべきである。viは，反対事実（不可抗力によること，同時履行の抗弁権や留置権などの違法性阻却事由があること）が抗弁と考えられる。

　以上によると，履行遅滞の発生による利益を受ける当事者が主張証明責任を負うのは，上記のiiとiiiに該当する具体的事実ということになる。

（履行遅滞の一般的な要件事実）

　i　履行期の定めがあること
　ii　履行期が経過したこと

　(b)　履行期の定め

　賃料の支払時期は，目的物に応じて民法614条（賃料後払の原則）で法定されている。本件のように目的物が建物の場合は，毎月末払いが原則である。もっとも，民法614条は任意規定であるから，特約で変更することができ，本件においても，原告は，本件賃貸借契約の賃料は「毎月末日までに翌月分の賃料を支払う」との前払特約があったことを主張証明することができる。さらに，本件において，原告は被告に対し，この前払特約を前提に，●●4年2月15日に被告に配達された内容証明郵便で，同年2月分の賃料をも含めた未払賃料の支払を請求するとともに，その支払をしない

ときは本件賃貸借契約を解除するとの意思表示をしているのであるから，原告は前払特約を主張証明する必要がある。

　(c)　履行期の経過

　原告は，●●3年10月分から●●4年2月分までの5か月分の賃料の履行遅滞を主張しているので，賃料の各支払時期を経過したことを主張するために，●●3年9月から●●4年1月までの各月の末日が経過したことを主張する必要がある[43]。

　(エ)　催告とその後の相当期間の経過

　　(a)　建物賃貸借契約の解除と改正前の民法541条の適用の有無

　賃貸借契約の解除に関し，民法541条の適用があるか否かについては，学説上，適用否定説と適用肯定説の争いがあったが，適用肯定説が判例・通説であり，以下では，民法541条の適用があるものとして解説する。

　　＊改正前の民法541条の適用の有無について，ⅰ適用否定説[44]は，継続的債権関係としての性質を有する賃貸借契約には，継続的契約である雇用，寄託，組合等の契約に関する規定の趣旨を類推して「やむを得ない事由」（民628条，663条2項，683条）がある場合，すなわち「信頼関係の破壊があった場合」に限り告知（解除）を認める見解である。これに対し，ⅱ適用肯定説[45]は，改正前の民法541条の適用を肯定しつつ，未だ賃貸人と賃借人との間の信頼関係が破壊されたと認められない場合には解除権の行使は認められず，逆に信頼関係が完全に破壊されたと解される場合には催告を要せず解除が可能であるとして，修正を加える見解である。判例・通説は，ⅱ説に立つと考えられていた（最判昭和35年6月28日民集14巻8号1547頁[46]）。ⅱ説からすると，債務不履行（賃料不払）を理由として賃貸借契約を解除するためには，原則として催告が必要であることになる。

---

43)　期間の経過は，裁判所に顕著な事実であるから証明は不要である（相手方の認否も不要である）が，要件事実としては必要な事実である。ただし，実務上は，明示的な主張がなくても当然に主張されているものとして扱われるのが通例である。
44)　広中俊雄『債権各論講義〔第6版〕』（有斐閣・1994）174頁参照。
45)　我妻・債権各論㊥450頁，471頁，696頁参照。
46)　要旨：家屋の賃貸借において，賃借人が，11か月分の賃料を支払わず，また，それ以前にもしばしば賃料の支払を遅滞したことがあっても，改正前の民法541条により賃貸借契約を解除するには，他に特段の事情の存しない限り，同条所定の催告を必要とする。

(b) 催告

　民法541条適用肯定説によれば，履行遅滞を理由として契約を解除するためには，催告が必要である[47]。

　この催告に期間を定めなかった場合でも，催告から相当の期間を経過すれば解除の効力を生じ（最判昭和29年12月21日民集8巻12号2211頁[48]），催告から相当の期間を経過した後にした解除の意思表示は，催告した期間が相当であったかどうかにかかわりなく有効である（最判昭和31年12月6日民集10巻12号1527頁[49]）から，催告に相当な期間を定めたことは要件事実とはならない。

　　＊なお，本件において，原告は，本件賃貸借契約締結の際に，被告との間で，特約条項として無催告解除特約を締結したとの主張（訴状の請求原因第1項の(4)）をしているが，訴状の請求原因第3項（記録**41**頁）の記載からすると，原告の主張はこの無催告解除特約を前提とする主張ではなく，いわゆる催告解除の主張をしているものと考えられる。したがって，本件では，無催告解除特約の締結という事実は請求原因事実（要件事実）とならない[50]。

(c) 相当期間の経過

　解除の意思表示は，催告後相当期間経過後にされる必要がある。「相当期間」とは，債務者が債務を履行するために要する期間であって，債務の内容その他客観的事情によって定まると解されている。本件における5か月分の賃料合計100万円の賃料支払債務の履行のために要する期間をどの程度とみるべきかは一つの問題である。本件において，原告は相当期間として1週間を定めているが，催告にかかる賃料額が100万円であることなどからすると，1週間程度の期間をもって相当期間と解してよいであろう。

---

47) 催告とは，債務者に対して債務の履行を促す債権者の「意思の通知」と解されている（我妻・債権各論(上)158頁参照）。

48) 要旨：債務者が延滞に陥った場合は，債権者が期間を定めずに催告したときでも，催告の時から相当の期間を経過すれば，契約を解除できるのと解すべきである。

49) 要旨：賃借人が遅滞に陥った場合は，賃貸人が期間を定めず履行を催告したときであっても，その催告の時から相当の期間（当該事例では10日間）を経過してもお債務を履行しないときは契約を解除できる。

50) 無催告解除特約一般については，30講54頁，109頁，114頁，254頁，類型別19頁以下を，不動産賃貸借において無催告解除特約が締結されたことを前提とする明渡請求の要件事実については，30講254頁，類型別100頁以下をそれぞれ参照のこと。

(オ) 解除（停止期限付解除）の意思表示，催告期間の経過

　不動産の賃貸人が賃借人に対し，相当期間を定めて未払賃料の支払を催告するのと同時に，賃借人がその期間内に未払賃料を支払わない場合は，賃貸借契約を解除する旨の意思表示をする事例は，実務上しばしばみられる。解除の意思表示は，本来，催告後相当期間が経過した後にされるのが原則であるが，催告と同時に，催告期間内に適法な履行のないことを「停止条件」として解除の意思表示をすることも認められており，本件でも，催告と同時にそのような解除の意思表示がされている。このような契約解除の意思表示は，講学上，「停止条件付解除の意思表示」と呼ばれている。すなわち，契約解除の意思表示に「賃借人が催告期間内に催告金額を支払わないこと」との停止条件が付されていると考えるのである[51]。

　＊しかし，この意思表示が停止条件付解除の意思表示であるとすると，賃貸人が契約解除の効果の発生を主張するには，解除の意思表示に停止条件が付されていることのみならず，停止条件の成就として「賃借人が催告期間内に催告金額を支払わなかったこと」をも主張証明しなければならないはずである。しかし，そうすると，この場合に限って，債権者である賃貸人に賃料「債務の不履行」について主張証明責任を負わせることとなり，通常の催告解除の場合と対比して権衡を失することになるし，当事者間の証明の負担の公平という観点からも相当ではない。したがって，この場合にも，債権者である賃貸人が「債務の不履行」について主張証明責任を負うものではなく，原則どおり，賃借人が「債務の履行」の事実を主張証明すべきものと考えるべきである。催告期間内に催告金額の支払がなかったことが解除権の発生事由ではなく，支払があったことが解除権の発生障害事由と考えるのである。

　　このような契約解除の意思表示について，賃貸人の意思を合理的に解釈するならば，この契約解除の意思表示は「催告期間が経過したときに賃貸借契約を解除する。ただし，賃借人が同期間内に催告金額を支払ったときはこの限りでない。」とする趣旨のものと解することになる。このうちただし書の部分は，期間内の弁済があれば解除権の発生が妨げられるという法律上当然の効果をいうものにすぎず，要件事実的には無意味であるといってよいから，結局，合理的に解釈された契約解除の意思表示の内容は，

---

51) 我妻・債権各論(上)184頁参照。

「催告期間が経過したときに賃貸借契約を解除する。」との一種の「停止期限付解除」の意思表示であると解するのが相当である。また，この契約解除の意思表示は，賃料の催告と同時にされたものであることが賃貸人の主張自体から明らかであるため，停止期限付でない場合には，催告後相当期間経過前の意思表示であり，無効ということになる。そこで，賃貸人としては，この契約解除の意思表示が有効であることを基礎付けるために，本来は賃借人側に主張証明責任があるはずの停止期限をも主張証明しておかなければならないことになるのである[52]。

なお，実務上は，この種の契約解除の意思表示について，「賃借人が催告期間内に延滞賃料を支払わないときは賃貸借契約を解除する旨の意思表示をした。」と記載することが多いが，一般に「賃借人が催告期間内に催告金額を弁済（弁済の提供）したこと」が抗弁となると考えられているから，実務の大勢も基本的には，同様の立場に立っているものと考えてよいであろう。

そこで，本件において，原告は，
ⅰ　原告が被告に対し，未払賃料の支払の催告とともに，催告期間が経過したときに賃貸借契約を解除するとの意思表示をしたこと
ⅱ　催告期間が経過したこと

を主張証明すればよく，原告において「被告が催告期間内に賃料債務を弁済しなかったこと」まで主張証明する必要はない。これに対し，被告は，抗弁として，「催告期間内に賃料債務の弁済の提供をしたこと」を主張証明することができる。

＊なお，理論的には，解除原因を明示することなしにした解除の意思表示も有効であるから，原告は，解除原因を明示したことを主張証明する必要はない（最判昭和48年7月19日民集27巻7号845頁[53]）が，実務上は，解除原因を記載する例も少なくない[54]。

---

52)　30講174頁，民裁要件事実(1)259頁以下，類型別19頁以下参照。
53)　要旨：賃貸借の解除・解約の申入れは，以後賃貸借をやめるというだけの意思表示で足り，その意思表示にあたりいかなる理由によってやめるかを明らかにする必要はないから，無断転貸により解除する旨の意思表示がなされても，その当時，借家法1条の2（現在の借地借家法28条）の正当事由が存在しているときには，その意思表示は同時に同法条による解約申入れとしての効力をも生じているというべきである。

4　附帯請求の請求原因事実

本件における，賃貸借契約に基づく賃料支払請求と建物明渡債務の履行遅滞に基づく損害賠償請求の2個の附帯請求について，その請求原因事実（要件事実）を検討する。

(1)　賃貸借契約に基づく賃料支払請求

> **（賃貸借契約に基づく賃料請求の請求原因）**
>
> ⅰ　甲と乙が賃貸借契約を締結したこと
> ⅱ　甲が乙に対し，ⅰの契約に基づいて目的物を引き渡したこと
> ⅲ　一定期間が経過したこと
> ⅳ　①民法614条所定の支払時期が到来したこと
> 　　または
> 　　②-1　甲と乙が賃料前払特約を締結したこと
> 　　②-2　同特約の支払期限が到来したこと

ⅱ及びⅲを必要とするのは，前記のとおり，賃料請求のためには，その性質上，目的物を一定期間賃借人の使用収益が可能な状態に置いたことが先履行の関係にあるからである。なお，賃料前払特約がある場合にも，目的物の引渡しが先履行の関係にあるから，賃貸人は，原則として，前払賃料の約定支払期日以前に目的物を引き渡したことを主張証明する必要があ

---

54)　本件では，原告は，解除原因として●●3年10月分から●●4年2月分までの賃料支払の遅滞を主張しているが，債務不履行の個数が複数ある場合の解除原因をどのように考えるかについては議論があり得るところである。この点については，最判昭和56年6月16日民集35巻4号763頁が，解除権の消滅時効に関してではあるが，「本件では，上告人の契約解除理由は，昭和32年8月以降昭和43年1月までの地代支払債務の不履行を理由とするものであるところ，被上告人の右長期間の地代支払債務の不履行は，ほぼ同一事情の下において時間的に連続してされたという関係にあり，上告人は，これを一括して1個の解除原因に当たるものとして解除権を行使していると解するのが相当である」と判示し，解除権の消滅時効は最終支払期日が経過した時から進行するものとして，解除原因は解除権者が自由に選択，決定し得るものであることを前提とした判示をしていることが参考となろう。これに対し，民裁要件事実(1)266頁は，「例えば，『1回でも支払を怠ったときは無催告で解除することができる。』との特約がある場合において，6回支払を怠ったことを前提に，そのうち5回分の不払で背信性が基礎づけられ，最後の1回分の履行遅滞が解除原因であるとして無催告解除を主張するときは，その最後の1回分の弁済期の経過だけを主張すれば足りる。」とする。

る[55]。

(2) 建物明渡債務の履行遅滞に基づく損害賠償請求

（建物明渡債務の履行遅滞に基づく損害賠償請求の請求原因）[56]

ⅰ　建物明渡債務の発生原因事実（主たる請求の請求原因事実と同じ）
ⅱ　ⅰの債務の履行期が経過したこと
ⅲ　損害の発生とその数額

　賃貸借契約の終了による建物明渡債務の履行遅滞に基づく損害賠償請求は，賃借人の建物明渡義務の存在を前提とするから，ⅰが必要となる。また，履行遅滞に基づく損害賠償請求権は債務者の債務の履行遅滞に基づいて発生するものであるから，ⅱが必要となる。

　　＊本件の場合は，本件賃貸借契約の締結により，賃貸借契約が終了したときに目的物たる建物を明け渡す旨の合意があるということができるから，不確定期限の合意がある場合といえる。したがって，その期限の到来した後に履行の請求をしたこと，または，その期限の到来と債務者がこれを知ったこと（民412条2項）が必要となるが，これはⅰの事実に現れている。ⅲについて，金銭債務の不履行の場合には，法定利率または約定利率によって損害賠償の額が定められ，特約がなくとも，当然に法定利率年3パーセント（同404条）の割合による遅延損害金を請求することができる（同419条1項本文）。しかし，本件では，賃借人の建物明渡債務の不履行が問題となっていることから，具体的な損害の数額（賃料相当損害金額）を主張証明することが必要である（訴状請求原因第4項の事実がこれに当たる）。履行遅滞に基づく損害賠償請求権の生ずる期間は，建物明渡しをすべき日の翌日から建物明渡しがされた日までであり，原則として，その始期から終期までの時の経過が要件事実となる。しかし，訴訟提起の段階で建物明渡義務が履行されていない場合，終期は不明であることから記載することを要しない（未経過分の損害賠償請求については民訴法135条の将来の給付の訴えとなる[57]）。

---

55)　30講252頁，民裁要件事実(2)7頁参照。
56)　30講255頁，類型別31頁参照。
57)　新堂268頁以下，秋山幹男「将来給付の訴え」争点106頁参照。なお，実務上は，賃貸借契約の成立の主張に関連して，具体的な賃料額が主張され，これと同額の賃

5 本件訴状の記載についての検討
(1) 本件訴状における請求原因の記載

本件では，前記のとおり，訴状の請求原因第1項で藤田清と被告との間の本件賃貸借契約の締結，同契約に基づく建物の引渡し，賃料支払時期の特約（前払特約）の締結の各事実，第2項で原告の相続による賃貸人たる地位の承継の事実，第3項で賃料支払催告，本件賃貸借契約の停止期限付解除の意思表示の各事実，第4項で相当賃料額に関する事実をそれぞれ主張している。

> ＊賃料の発生要件である一定期間の経過と賃料支払時期の経過を示す●●3年9月から●●4年1月までの各末日の経過，催告期間の経過を示す●●4年2月22日の経過，賃料相当損害金の始期から終期までの時の経過は，明示的には主張されていないが，本件訴えが提起されたのは●●4年3月28日であるから，当然にこれらの主張があると理解して差し支えない。

したがって，本件訴状の請求原因については，一応整った主張がされているものといってよい。

(2) 重要な間接事実及び証拠

本件訴状には記載されていないが，訴状には，要件事実（主要事実）以外に，間接事実，補助事実，そのいずれにも当たらない事実（例えば，当事者間の交渉によって紛争が解決できず訴訟に至った経緯等）が記載されていることが少なくない。これらの主要事実以外の事実を「事情」という[58]。

> ＊「間接事実」とは，主要事実の存否を推認させる事実である。「補助事実」とは，証拠の証明力（書証の成立，証拠の信用性等）に影響を与える事実であり，例えば，ある証人が，当事者の一方と利害関係があるというような事実である。これらの「事情」は，実際にはその紛争の全体像を理解するのに重要な役割を果たすことが多い。請求原因事実（要件事実）は，請求を理由付けるために必要な事実であるが，民事紛争の背景には，これら請求原因事実の他にも種々の社会的事実が複雑に絡み合って存在するから，民事紛争のより良い解決を目指すためには，法的に構成された請求原因事

料相当損害金を請求する場合には，賃料相当損害金額（相当賃料額）の主張を独立して記載せず，よって書きの中で，例えば，「相当賃料額1か月20万円の割合」というように記載する例も少なくない。

58) 実務上は，要件事実以外の事実のうち，間接事実及び補助事実を除いたその他の事実が「事情」と呼ばれることもある。

実のみにとらわれないようにする必要がある。紛争の全体像を理解するのに役立つ「事情」を審理の早い段階から明らかにしていくことは，事件の振り分け（後記Ⅷ1 95頁参照）をしたり，進行の見通しをつけることなど訴訟運営等に有益であることが多い。

　現実の訴訟では，主要事実レベルでの争点をさらに整理することにより，間接事実，補助事実レベルでの事実等が争点となっていくことが少なくない[59]。間接事実，補助事実の主張を十分に展開することは，的確な争点等の整理及び立証活動に不可欠である。これに加えて，原告が審理の早い段階で主張事実と証拠との対応関係を明らかにすることは，被告による適切な応答を可能にし，争点の拡散化を防ぎ，争点の絞込みと深化のために非常に有益である。

　したがって，早期に争点及び証拠の整理を行って証明すべき事実を明確にし，争点についての集中証拠調べを実施することにより，充実した審理を実現するためには，当事者双方が，間接事実，補助事実等を含めた事実の主張や申出予定の証拠等を訴訟のできるだけ早い段階で提示することが必要である。

　訴えの提起に当たって，第1回口頭弁論期日の空転を防ぎ，早期に被告が適切な準備を行って，実質的な審理に入ることができるようにするためには，原告が，訴状に請求を理由付ける事実を具体的に記載することはもとより，立証を要する事由（争点となって立証を要することになると予想される事由）ごとに，請求を理由付ける事実に関連する事実で重要なもの（重要な間接事実等）及び証拠を記載すべきである（民訴規53条1項）。本件においても，訴状の請求原因第1項で「賃貸し（以下「本件賃貸借契約」という。甲第2号証）」，第3項で「本件賃貸借契約を解除するとの意思表示をした（甲第3号証の1・2）。」（記録**41**頁）と記載されるなど，主張事実と証拠との対応関係が明示されている。

　理論的には，事情には主張証明責任の観念はないが，前記のような機能があることから，それを十分に意識して主張を展開することが必要である。ただし，あまりに関連性が薄く，不必要な事情を雑多に主張すると，却って，争点を曖昧にし，証明対象を不明確にするおそれがある。そこで，裁

---

59) LQ209頁参照。

判所としても，場合によっては，事情の陳述を制限し，または事情であることを明らかにした上で陳述を許すなどの適切な訴訟指揮をすることが必要である。

本件訴状の請求原因第3項には，「被告は，本件賃貸借契約締結の直後から賃料の支払が遅れがちであったが，●●3年10月分から●●4年2月分までの賃料100万円を支払わなかった。」，「被告は，同月22日までに前記未払賃料を支払わなかった。」との記載がある。これは，請求原因事実（要件事実）となる事実ではなく，事情であるが，その後に主張される弁済（相殺）の抗弁等に対する先行否認として意味のある事実である。

VI 訴状の送達

1 訴状送達の意義

訴状審査が終わると，裁判所書記官は訴状を送達する（民訴138条1項，98条）。送達とは，当事者その他の訴訟関係人に対し，訴訟関係書類の内容を了知させるために，法定の方式に従って書類を交付し，または交付を受ける機会を与える裁判所の訴訟行為である[60]。

送達に伴う法律効果としては，訴訟係属の発生あるいは不変期間の進行などがある。

訴状の送達は，民事訴訟法が採用する双方審尋主義（第7章II 2(2)115頁参照）の前提要件として重要なものである。訴状の適法な送達は，訴訟要件の一つであり，訴状の送達をすることができないとき（原告が訴状の送達に必要な費用を予納しないときを含む）は，裁判長が命令で訴状を却下する（同138条2項）。

2 送達手続

送達は，原則として，職権によって行われ，その事務は裁判所書記官がこれを行う（民訴98条）。送達については，送達報告書が作成され，裁判所に提出される。

本件においても，訴状が被告に送達された旨の郵便送達報告書が作成されている（同109条）。この報告書により，送達実施機関が郵便の業務に従

---

60) 岡崎克彦「送達制度の争点」争点168頁参照。

事する者であること（同99条2項），送達の場所（同103条）及び方法（同101条，106条）を知ることができる。この種類の送達は，「特別送達」といわれ，郵便法49条等に規定されている送達方法である。

なお，送達は，送達を受けるべき者に交付する方法で実施するのが原則である（同101条）が，例外として，就業場所送達（同103条2項），出会送達（同105条），補充送達（同106条1項前段，2項），差置送達（同条3項），裁判所書記官送達（同100条）のほか，書留郵便に付する送達（付郵便送達，同107条1項），公示送達（同110条，111条）がある[61)62)]。

VII 訴訟要件の審査

1 訴訟要件

訴訟要件とは，裁判所が本案判決の言渡しをするための要件である[63)]。

訴訟要件は，本案判決の要件であることから，口頭弁論終結時において具備される必要があり，かつそれで足りると解される。しかし，実務上は，被告の応訴の負担等を考慮して，訴訟要件が不備である場合には，直ちに，補正を命じ，応じなければ判決をもって訴えを却下すべきであると考えられている。訴訟要件を具備しているかどうかは，訴えが提起された当初の段階においてまず審査され，その後も随時審査される。なお，訴訟要件の不備を補正することができないときは，口頭弁論を経ないで，訴えを却下することになる（民訴140条）。

　＊訴訟要件は多様であるが，次のようなものがある[64)]。

---

61) 被告の住所が判明していない場合にはどうするか，被告の住所への送達手続が功を奏さなかった場合にはどうするか，就業場所送達（民訴103条2項），付郵便送達（同107条1項），公示送達（同110条1項）はどのように使い分けるべきかなどについては，最高裁判所事務総局民事局監修『新しい民事訴訟の実務―事例に則した解説を中心として』（法曹会・1997）53頁の表が参考になる。
62) 郵便に付する送達について最判平成10年9月10日判タ990号138頁〔百選39①②事件〕，補充送達の効力について最決平成19年3月20日民集61巻2号586頁〔百選40事件〕参照。
63) 高橋(下)1頁以下，畑瑞穂「訴訟要件の審理・診断」争点98頁参照。
64) なお，民事訴訟の対象に関する特例として，法律上の争訟について最判昭和55年1月11日民集34巻1号1頁〔百選1事件〕，訴訟と非訟（夫婦同居の審判）について最大決昭和40年6月30日民集19巻4号1089頁〔百選2事件〕参照。

(1)裁判所に関するもの
　①事件についてわが国に国際裁判管轄権があること[65]
　②当事者が日本の裁判権に服すること
　③受訴裁判所が事件について管轄権を有すること
(2)当事者に関するもの
　①当事者が実在すること
　②当事者が当事者能力を有すること[66]
　③当事者が当事者適格を有すること[67]
(3)訴えまたは請求に関するもの
　①訴え提起及び訴状送達が有効にされていること
　②訴えの利益があること[68]
　③重複する訴え提起の禁止（民訴142条），再訴の禁止（同262条 2 項）など，法律上その訴えが禁止されていないこと
　④仲裁合意（仲裁法13条 1 項，14条 1 項），不起訴の合意などの当事者の

---

[65] 道垣内正人「国際民事訴訟の争点」争点22頁参照。

[66] 中島弘雅「当事者能力」争点58頁。なお，当事者能力に関する判例として，法人でない社団の当事者能力について最判昭和42年10月19日民集21巻 8 号2078頁〔百選 8 事件〕，民法上の組合の当事者能力について最判昭和37年12月18日民集16巻12号2422頁〔百選 9 事件〕，法人でない社団による登記請求について最判平成26年 2 月27日民集68巻 2 号192頁参照〔百選10事件〕参照。

[67] なお，当事者適格に関する判例として，入会団体の当事者適格について最判平成 6 年 5 月31日民集48巻 4 号1065頁〔百選11事件〕，法定訴訟担当（遺言執行者）について最判昭和51年 7 月19日民集30巻 7 号706頁〔百選12事件〕，任意的訴訟担当（業務執行組合員）について最大判昭和45年11月11日民集24巻12号1854頁〔百選13事件〕，法人の内部紛争と原告適格について最判平成 7 年 2 月21日民集49巻 2 号231頁〔百選14事件〕，法人の内部紛争と被告適格について最判昭和44年 7 月10日民集23巻 8 号1423頁〔百選15事件〕，また，八田卓也「任意的訴訟担当」争点60頁，青木哲「選定当事者」争点62頁参照。

[68] なお，給付の訴えの利益に関する判例として，登記請求訴訟における訴えの利益について最判昭和41年 3 月18日民集20巻 3 号464頁〔百選21事件〕，将来給付の訴え（大阪国際空港事件）について最大判昭和56年12月16日民集35巻10号1369頁〔百選22事件〕，確認の利益に関する判例として，遺言無効確認の利益について最判昭和47年 2 月15日民集26巻 1 号30頁〔百選23事件〕，遺産確認の利益について最判昭和61年 3 月13日民集40巻 2 号389頁〔百選24事件〕，具体的相続分確認の利益について最判平成12年 2 月24日民集54巻 2 号523頁〔百選25事件〕，遺言者生存中に提起された遺言無効確認の訴えの利益について最判平成11年 6 月11日判タ1009号95頁〔百選26事件〕，条件付法律関係の確認（敷金返還請求権の確認）の利益について最判平成11年 1 月21日民集53巻 1 号 1 頁〔百選27事件〕，将来の法律関係の確認（雇用者たる地位の確認）の利益について東京地判平成19年 3 月26日判タ1238号130頁〔百選28事件〕，債務不存在確認訴訟の訴えの利益について最判平成16年 3 月25日民

合意によりその訴えが禁止されていないこと[69]

2 訴訟要件の調査

訴訟要件は，公益的要請に基づくものが多いから，職権で調査するのが原則である（職権調査事項）。もっとも，訴訟要件の中には，当事者の利益のために訴訟要件とされ，公益との関係が薄いことから，被告からの申立て（抗弁）を待って調査を開始すれば足りるものもある。すなわち，この場合には，職権調査の対象とされず，弁論主義に服することになる。仲裁合意の抗弁（最判昭和57年2月23日民集36巻2号183頁[70]），不起訴合意の抗弁，訴訟費用についての担保提供の抗弁（民訴75条，78条）などがこれに当たる。

また，訴訟要件には，公益性が強く，その判断資料の収集をも職権でなすべきとされているものがある（職権探知事項）。当事者の実在，裁判権，専属管轄あるいは訴訟能力などがこれに当たると解されている[71]。この場合には，当事者間に自白があっても，裁判所がそれに拘束されることはない。訴えの利益，応訴管轄（民訴12条）の認められる任意管轄，当事者適格などは，職権調査事項ではあるものの，職権探知の対象とはならず，その判断資料の収集の責任は当事者にあり，自白の拘束力も認められる（弁

集58巻3号753頁〔百選29事件〕，形成の訴えの利益に関する判例として，株主総会決議取消しの訴え（決議の瑕疵を争う訴え）について最判昭和45年4月2日民集24巻4号223頁〔百選30事件〕，訴えと請求に関する判例として，訴えの交換的変更について最判昭和32年2月28日民集11巻2号374頁〔百選33事件〕，占有の訴えと本件の訴えについて最判昭和40年3月4日民集19巻2号197頁〔百選34事件〕，境界確定の訴えについて最判昭和43年2月22日民集22巻2号270頁〔百選35事件〕，訴権の濫用に関する判例として最判昭和53年7月10日民集32巻5号888頁〔百選31事件〕，給付の訴えについては，自ら訴訟物である給付請求権を有すると主張する者に原告適格があるとする最判平成23年2月15日判タ1345号129頁参照。また，高橋宏志「審判権の限界」争点18頁参照。

69) なお，出井直樹「仲裁の争点」争点38頁参照。
70) 要旨：農業協同組合の建物更生共済約款の仲裁条項のとおり仲裁契約が成立しているとして，共済契約者の契約解約にともなう返戻金等の支払請求の訴えを不適法であると判断した原審判決が正当であるとされた事例。
71) なお，梅本吉彦「訴訟能力・法定代理・職務上の当事者」争点64頁参照。また，訴訟能力に関する判例として，当事者の意思能力について最判昭和29年6月11日民集8巻6号1055頁〔百選16事件〕，離婚訴訟と特別代理人について最判昭和33年7月25日民集12巻12号1823頁〔百選17事件〕，法人の代表に関する判例として，代表権と表見法理について最判昭和45年12月15日民集24巻13号2072頁〔百選18事件〕参照。

＊訴訟要件の存否については争いの有無にかかわらず，裁判所は職権で調査
　　した上，その具備を認めれば本件判決をする。また，不備があれば，補正
　　を命じ，補正できない場合は，それ以上本案について審理をせずに，訴え
　　却下の終局判決をすることになる（ただし，民訴16条）。訴訟要件不備のま
　　まされた本案判決は違法であるが，当然無効ではない。原則として，上訴
　　により争うことができる（例外として同299条）。ただし，その判決が確定
　　した場合には再審事由（同338条）に該当しない限り，これを争うことが
　　できない。

3　管轄権

　管轄権の存在も訴訟要件である。しかし，管轄違いの場合，裁判所は，申立てによりまたは職権で事件を移送すべきである（民訴16条）[72]。もっとも，専属管轄を除き，応訴管轄が生じる場合があることから（同12条），第 1 回口頭弁論期日は指定することが多い。

　本件についてみると，事物管轄の点は裁判所法24条 1 号，33条 1 項 1 号により地方裁判所となり，土地管轄の点は民訴法 4 条， 5 条12号等によって定まることとなる[73]。

Ⅷ　期日の指定

1　期日指定についての考え方

　裁判長は，訴状審査等の終了後，速やかに（特別の事由がある場合を除き，訴えが提起された日から30日以内に）第 1 回口頭弁論期日（最初にすべき口頭弁論期日）を指定し，当事者を呼び出さなければならない（民訴139条，民訴規60条）。ただし，争点整理を要することが明らかであり，当事者が遠隔地に居住していて裁判所及び当事者双方が音声の送受信により同時に通話することができる方法（電話会議システム）により争点整理手続を実施するのが適当と認められる場合には，最初の口頭弁論期日の指定の前に，

---

72)　なお，中山幸二「管轄の争点」争点42頁参照。
73)　なお，花村良一「移送制度の問題」争点46頁，地方裁判所から簡易裁判所への裁量移送の要件について最決平成20年 7 月18日民集62巻 7 号2013頁〔百選 3 事件〕参照。

事件を弁論準備手続や書面による準備手続に付することもできる。もっとも，最初の口頭弁論期日の指定前に，事件を弁論準備手続に付するについては，当事者に異議がない場合に限られる（民訴規60条1項但書）。

　＊第1回口頭弁論期日では，実質的に争いのない事件（被告が原告の主張事実を自白し，何らの防御方法を提出しない事件，被告が欠席したことにより原告の主張事実を自白したものとみなされる事件，被告が公示送達による呼出しを受けたにもかかわらず，期日に出頭しない場合）とそうでない事件との振り分けをし，できる限り無駄のない実質的な審理を行うことができるようにしておくことが重要である。そのためには，当事者において期日に向けて十分な事前準備をしておくことが必要不可欠である。

　　実質的に争いのない事件について，原告の請求を認容する場合，裁判所は，調書判決の方法により（民訴254条），直ちに判決書の原本に基づかないで判決の言渡しをすることができる（ただし，被告が公示送達による呼出しを受けた事件については，自白の擬制はされないから，証拠調べを要することに注意する必要がある。同159条1項，3項参照）。実質的に争いのある事件については，争点整理を進めるため，口頭弁論を続行することが適当な事件を除き，事件の性質，内容等を考慮し，適切な争点整理手続を選択することになる。

　第1回口頭弁論期日の指定やその進行を適正に行うために，裁判所が当事者から早期に訴訟の進行に関する意見その他訴訟の進行について参考とすべき事項の聴取をすることができること（民訴規61条1項）は，前記のとおりである。

2　「特別の事由がある場合」についての考え方

　第1回口頭弁論期日において事件の振り分けを行い，訴訟の早期の段階から実質的な審理を行うためには，当事者が事前準備を十分に行うことが重要であるが，事件の性質，内容等によっては答弁書や準備書面の記載事項を充実したものとするために相当期間を要する場合もあることから，「特別の事由」がある場合には，30日以内という期間を超えて第1回口頭弁論期日を指定することができるとされている（民訴規60条2項）。

　「特別の事由」とは，「やむを得ない事由」（旧民訴規15条2項）より広い概念である。事件の内容等が極めて複雑困難であるため，被告において答弁書の作成のために特に相当の準備期間を要する場合，被告の住所地が通

信及び連絡の極めて不便な地である場合等がこれに当たると解される[74]。ただし，答弁書について，やむを得ない事由がある場合には，所定の事項を記載せず，または所定の書証を添付せずに，後にそれらを補充する準備書面や書証等を提出することも認められていること（民訴規80条1項，2項の各後段）からすると，一般的に充実した答弁書を作成するために時間を要するというだけでは，特別の事由があるとはいえないであろう。

また，第1回口頭弁論期日がかなり先になるような場合には，第1回口頭弁論期日前に答弁書及びこれに対する反論が記載された原告の準備書面（民訴規80条，81条）の提出を求めることにより，期日において充実した審理を行うことができるようにすることなども考慮されるべきである。

3 本件における期日の指定と呼出し

訴訟要件に不備のない事件の場合，裁判長は，口頭弁論期日を指定した上，訴状とともに，第1回口頭弁論期日の呼出状を被告に送達することになる（民訴139条，93条，94条）。本件では，訴状審査の結果，訴訟要件の不備はなく，訴状の実質的記載事項についても補正の促しをすべき点はないと認められたことから，口頭弁論期日を開くこととし，その期日が本件訴え提起の30日以内である●●4年4月25日午前10時と指定された（記録**28**頁）。その上で，被告に対し，訴状とともに，口頭弁論期日呼出状，答弁書催告書（民訴162条）が送達された。これらの事項は，郵便送達報告書（記録**104**頁）によって知ることができる。

---

74) 条解民訴規則133頁参照。

第6章

被告の応訴

■この章で学んでほしいこと

【答弁書の作成と提出の効果】
　　＊答弁書に記載しなければならない事項は何か？
　　＊被告の争い方にはどのようなものがあるか？
　　＊原告主張の事実を認否をするに当たり留意する点は何か？
　　＊答弁書を提出した場合としない場合とで効果に違いはあるか？

I 被告からの事情聴取

1 弁護士の始動

　弁護士の応訴の活動は，訴状副本の送達を受けた被告からの相談依頼からはじまる。相談依頼の連絡を受けた弁護士は，第1回口頭弁論期日の日時を聞いて打合せの日時を決め，来所に際し，裁判所から送達された書類一式及び被告保有の事件関係資料を持参するように指示する。なお，被告に対し送達された訴状副本のコピーをファクシミリなどで直ちに弁護士宛に送るよう指示しておくとよい[1]。

2 事情聴取と被告への説明

(1) 訴状の検討

　被告の事情聴取の方法は，第2章で述べたものと原則的に変わりはない。異なる点は，原告の立場ではどのような法律構成（訴訟物の選択）をとることが適切かを検討するための事情聴取であるのに対し，被告の立場では

1） 弁護士は，送られてきたコピーから，どのような内容の訴えか，訴状の記載内容から考えられる被告の主張を想定しながら，事情聴取の概要をイメージして，被告との打合せに備える。

所与の法律構成（請求）に対しどのように応戦するかを検討するためのそれである。比喩的にいえば，前者は土俵を設定するための事情聴取，後者は設定された土俵の上でどのように戦うかを決めるための事情聴取である。そのため，弁護士は，被告から，訴状の「請求の原因」に記載された事実の一つ一つについて，被告の認識と同じかどうかを個別に確認する。訴状記載の事実と被告の認識とが異なる場合には，どのように異なるのか，なぜ異なるのかを聴取する（民訴規79条3項参照）。

次に，被告から聴取した事実から，被告の主張を検討する。被告の述べる事実は積極否認に当たる事実か，抗弁事実か，その事実を裏付ける間接事実や証拠はあるか，被告から反訴として原告に対し新たな請求をするかなどを多面的に考え，応訴の基本姿勢を構想する。

(2) 被告への説明と受任

事情聴取を終えた後，被告に対し，大まかな事件の見通しと方針，証拠の収集，今後の訴訟手続の概略を説明する[2]。その上で，弁護士費用を説明し，事件を受任する。

事件を受任したときは，弁護士は，委任事項を記入した訴訟委任状に被告から署名押印をしてもらう（報酬契約を締結することは，原告の訴訟代理人のときと同様である）。

Ⅱ　答弁の準備

被告の事情聴取を踏まえ，訴状を分析検討する。訴訟要件は具備されているか，訴訟物は何か，訴状記載の事実は請求原因事実，先行的積極否認，再抗弁事実，事情のどれに該当するのかを分析する。

次に，被告は，原告の主張事実を他の事実と証拠をもって否認するのか，あるいは抗弁事実を主張しその事実を証明することに重点を置くのか，争う基本姿勢を決める。

証拠の収集と選択は，否認する場合でも抗弁を主張する場合でも重要で

---

2) 被告は期日ごとに裁判所に必ず行かなければならないのかなどの疑問を持つものである。訴訟手続がどのように進行するのか，その概略を説明することは訴えを起こされた者の不安と精神的負担を軽減する上で重要である。

ある。そのためには，被告に対し，他に関連する資料がないかを再確認し，被告に資料の収集について注意を喚起することが適当である。

Ⅲ 答弁書の作成

1 答弁書

答弁書は，訴状に記載された原告の請求の趣旨に対する答弁などを記載した，被告の作成する最初の準備書面である。答弁書には，請求の趣旨に対する答弁のほか，訴状に記載された事実に対する認否や抗弁事実を具体的に記載し，かつ，立証を要する事由ごとに，その事実に関連する事実で重要なもの及び証拠を記載する（民訴規80条1項）。答弁書は，原告の請求に理由のないことを主張する被告の最初の防御方法であるから，被告の初期段階における応訴活動の中核と位置付けられる。訴状とこれに対応する答弁書が陳述されることにより，原告と被告の主張の相違点が明確になる。

2 本案前の答弁

(1) 管轄違いによる移送の申立て

被告は，管轄権の有無を検討し，原告が管轄権のない第一審裁判所に訴えを提起したときは，移送の申立てができる（民訴16条1項）。被告が管轄違いの抗弁を提出しないで弁論をし，または弁論準備手続で申述したときは，原則として応訴管轄が生ずる（同12条）ので注意しなければならない。

なお，管轄違いではないが，遅滞を避けまたは衡平を図るため必要な場合（民訴17条），簡易裁判所の事件であっても地方裁判所で審理した方が適当な場合（同18条）には，被告に有利な管轄裁判所に移送することを申し立てるべきである。

(2) 訴え却下の申立て

訴えに訴訟要件が欠けている場合には，訴え却下の判決を求めるべきである。

3 請求の趣旨に対する答弁

(1) 本案の答弁

原告の請求が理由のないときは，「原告の請求を棄却する」との判決を求める。原告が同一の被告に対し数個の請求を併合して求めたときは，

「原告の請求をいずれも棄却する[3]」との判決を求める。なお，主たる請求と附帯請求が併合されているにすぎないときは，単に「原告の請求を棄却する」と記載すれば足りる。

(2) **付随的申立て**

(ア) 訴訟費用の申立て

裁判所は，被告の申立ての有無にかかわらず訴訟費用の裁判をしなければならないが（民訴67条），被告は職権発動を促す意味で，請求の趣旨の答弁において「訴訟費用は原告の負担とする」と記載するのが実務の慣例である。

(イ) 仮執行免脱の宣言の申立て

訴状に記載される仮執行の宣言（第4章Ⅲ2(4)52頁参照）は，上訴を認めることによって生ずる訴訟遅延から勝訴原告の利益を保護する制度であるが，この仮執行の宣言がなされることにより被告に大きな不利益を与えることがある。そこで，民訴法259条3項は，裁判所が仮執行宣言を付す場合，被告の申立てまたは職権により，被告が担保を供して仮執行を免れることができるものとした。ただし，答弁書において仮執行免脱の宣言の申立てをすることは，被告自ら敗訴判決を予想しているかのような印象を与えることを考慮し，実務ではこの申立てをすることは多くない。

4 請求の原因に対する認否

(1) **認否の態様**

請求の原因に対する認否には次の態様がある[4]。

(ア) 認める

被告が原告の主張する事実を認めることである。その事実が主要事実であるときは拘束力のある自白となり，裁判所はこれに反する認定は許されない（民訴179条）。

(イ) 否認する

---

3) 同一訴訟の複数の被告から受任して1通の答弁書で答弁する場合も同様である。
4) 認否の態様には，本文記載のほかに「沈黙」がある。相手方の主張した事実について争うことを明らかにしないときは，弁論の全趣旨からその事実を争ったものと認められる場合を除き，その事実を自白したものとみなされる（擬制自白。民訴159条1項）。訴訟代理人となった弁護士は，擬制自白の効果が生じることのないよう漏れなく認否しなければならない。

否認は，相手方の主張事実が真実でない，または存在しないとの陳述である。否認する場合には，相手方の主張する事実と両立しない別個の事実を主張する（積極否認，理由付き否認）などして否認の理由を記載しなければならない（民訴規79条3項）。

(ウ) 不知

不知は，相手方の主張した事実の存否を知らないとの陳述である。不知の陳述は，相手方の主張事実を争ったものと推定される（民訴159条2項）。

(エ) 争う

請求の原因の記載に法律上の主張が入っていることがある。法律上の主張を認めない場合には「争う」と記載する。

(2) 認否の記載方法

認否は事実の存否を明確にし，訴訟の争点を早期に明らかにするためにされるものであるから，できるだけ認否対象の事実を細分し，個別に分かりやすく記載しなければならない。例えば，「請求の原因第1項は認める。同第2項中……の事実は認め，その余は否認する。同第3項は不知。」と項ごとに認否し，項の中で認否が分かれる場合には，認める事実を個別に掲げ，否認する事実は「その余」として一括して認否する。一部の事実を否認し，その余は認めるという認否の仕方は，認めるべきではない事実までも認めてしまうおそれがあり避けるべきである。また，「……の部分を除き，認める（否認する）。」との認否の仕方は，除いた部分の認否を忘れることが多く避けるべきである。さらに，認否の対象範囲を前段・中段・後段で指称することは特定として不十分であるから避けるべきである。

(3) 認否に関する注意点

認否をする際に注意すべき点は，次のとおりである。

(ア) 認否は，主要事実だけでなく，間接事実や補助事実についてもしなければならない。

(イ) 認否は慎重にすべきである。主要事実を認めると自白が成立し（民訴179条），これを撤回するには相手方の同意または自白が真実に反し，かつ錯誤に基づいてなされたものであることを証明した場合（大判大正4年9月29日民録21輯1520頁〔百選56事件〕，最判昭和25年7月11日民集4巻7号316頁）でなければ許されない[5]。間接事実については自白の

撤回は問題にならないが（最判昭和41年9月22日民集20巻7号1392頁〔百選54事件〕），認否の変更は弁論の全趣旨として不利に働くおそれがあるから，認否は慎重にすべきである。また自白になることをおそれ，客観的事実と矛盾する認否を行うことは，効率的な訴訟運営を妨げ，訴訟代理人としての見識を疑われ裁判所からの信用を失うことにもなりかねない。

(ウ) 原告の主張が訴状の記載から明確でないときは，被告は認否を留保して釈明を求め，その事実が明らかになってから認否すべきである。

5 被告の主張

答弁書には，上記の「請求の趣旨に対する答弁」及び「請求の原因に対する認否」のほか，原告の請求を妨げる事実上及び法律上の主張を記載する。原告の請求を妨げる事実上の主張には，①原告の主張事実と両立しない事実の主張（積極否認），②原告の主張事実が存在することを前提にその主張を排斥する事実の主張（抗弁），③原告の主張する法律要件の存在を否定するに足りる特段の事情に該当する事実（間接反証），がある。これらの主張を記載するときは，「第3　被告の主張」，「第3　○○の抗弁」などの項目を付して，「第1　請求の趣旨に対する答弁」「第2　請求の原因に対する認否」と区分するのが適当である。

抗弁を主張するときは，当該抗弁の要件事実に当たる具体的事実を記載しなければならない。

訴状の請求原因の中に，例えば「被告はこれまで一度も弁済したことがない」と述べ，被告の抗弁事実を先行的に否認する記載がされていることがある。そして，被告がこの事実を否認しても，被告が抗弁を主張したことにはならず，被告は「●●○年○月○日，被告は原告に対し金○円を弁済した。」というように，具体的事実を記載しなければならない。

積極否認に属する事実について，それが重要な争点であれば，抗弁事実の記載と同様，被告の主張の中で具体的に述べるべきである。

被告の主張を記載するに当たっては，立証を要する事由ごとに関係証拠の番号や証拠の標目を引用し，主張と証拠との対応関係を明示する（民訴規80条1項）。

---

5) 伊藤361頁。

6　証拠方法と附属書類

答弁書には，立証を要する事由につき，重要な書証の写しを添付しなければならない（民訴規80条2項）。答弁書の末尾に「証拠方法」と題を記載し，答弁書とともに提出する予定の書証の証拠番号と標目を表示する。符号は「乙」とする。また，答弁書の末尾に「附属書類」と題を記載し，答弁書に添付して提出する書類の標目とその数[6]を表示する。

7　答弁書の提出時期と方法

期日呼出状に記載された答弁書の提出期限までに答弁書を提出する。答弁書は，裁判所に提出するほか，原告が複数の場合，各原告に1通ずつを直送するのが原則である（民訴規79条1項，83条1項）。

8　答弁書提出の効果

(1)　陳述の擬制

最初にすべき口頭弁論期日に被告が出頭しない場合でも，被告が答弁書を提出しておけば，そこに記載された事項は陳述したものとみなされ（民訴158条），弁論が進行する。なお，簡易裁判所では続行期日にも陳述の擬制がなされる（民訴277条）。

訴訟を受任した弁護士が，先に約束をした他の事件のため，最初にすべき口頭弁論期日に出頭できないことはあり得る。その場合，弁護士は答弁書及び附属書類を提出期限までに裁判所に提出しつつ，指定された最初の口頭弁論期日に欠席することを裁判所書記官に告げるとともに，出頭可能な次回期日の候補日を連絡するのが実務である。

(2)　擬制自白からの解放

被告が答弁書を提出せずに口頭弁論に出頭しない場合には，原告の主張を自白したものとみなされる（民訴159条3項，1項）。したがって，被告が答弁書を提出しておけば，原告の主張を自白したと擬制されることはない。

(3)　主張の制約からの解放

答弁書に記載しない事項は，相手方が在廷しない口頭弁論期日において主張することができない（民訴161条3項）。したがって，被告が答弁書を

---

6)　答弁書と書証が原告に直送される場合には，その通数は裁判所に提出する数だけ記載すれば足りる。

提出して出頭すれば，仮に原告が口頭弁論期日に欠席しても，答弁書記載の事実を主張することができる。

Ⅳ 本件の答弁書について

1 訴状の分析検討

訴状によれば，原告は，賃料不払による債務不履行に基づいて建物の明渡し，未払家賃と遅延損害金の各支払を求めている。請求原因として記載された事実から，亡藤田清と被告との間で建物賃貸借契約があること，亡藤田清が死亡したこと，被告が家賃100万円を支払っていないこと，法定の解除手続により契約を解除したことが分かる。そして，被告の事情聴取から，原告の主張は被告の認識と大筋において違いはなく，法定の解除手続も履践されている。原告の請求原因は成り立つことになり，どのような抗弁が立てられるかが勝敗のポイントになる。

2 答弁の法律構成と問題点

(1) 被告の言い分

被告によれば，●●3年6月29日，亡藤田清に「大雪山」と「湖水」をそれぞれ代金100万円，合計200万円で売り，うち100万円は当日受領し，残金100万円は2か月後払いとの約束で，「大雪山」は亡藤田清に引き渡し，「湖水」は亡藤田清指定の場所に送付した，残金100万円の支払を受けられないので残金相当額の家賃を支払わなくてもよいと考えていたところ，家賃を督促され，相殺の意思表示を口頭でしたが，建物賃貸借契約を解除された，というものである。

(2) 法律構成と問題点

上記の言い分から，被告は売買債権と家賃債権とを相殺するとの抗弁が考えられる。しかし，この主張には「湖水」の売買契約を証明できるか，相殺の意思表示をしたことを証明できるか，そして，被告の置かれた状況が信頼関係を破壊するに足りない特段の事情といえるか，という点に問題があり，乙野次郎弁護士としては，以上の問題点を指摘した上で受任することになる。

3　本件答弁書の作成

(1)　答弁書の形式

　事件番号，事件名，当事者名をはじめに記載する。続いて，文書名，提出年月日，裁判所名，訴訟代理人の住所，電話番号，ファクシミリ番号，送達場所の表示，訴訟代理人の氏名と弁護士資格の表示を記載し，答弁書の末尾には証拠方法と附属書類を記載することは訴状のときと同様である（民訴規2条1項）。

(2)　答弁書の内容

　請求の趣旨に対する答弁では，本件の主たる請求は建物の明渡請求であり，未払賃料と賃料相当損害金はいずれも附帯請求であるから，「原告の請求を棄却する」と記載する。

　請求の原因に対する認否では，項別に各事実を漏らさず丁寧に認否する。

　被告の主張では相殺の抗弁を要件事実のみ簡潔に記載している。被告の主張を答弁書でどこまで詳細に述べるかは一概にはいえない。実務上，事案に応じた記載をしている。本件では相殺の抗弁を主張することで，今後の訴訟の方向と争点を示そうとしたものといえる。

4　証拠の提出

　被告は，乙第1号証として絵画の荷送り状を書証とし，証拠説明書（民訴規137条）とともにその写し1通を裁判所に提出し（記録**106**頁），もう1通を答弁書とともに原告訴訟代理人に直送した（記録**107**頁）。

第7章

第1回口頭弁論期日

■この章で学んでほしいこと

【民事裁判における審理はどのように行われるか？】
＊当事者主義・職権主義とは何か？
＊職権進行主義の機能
＊訴訟指揮権の役割と裁判所の裁量
＊訴訟の進行に関する当事者の地位と役割
＊当事者の責問権の意義と機能

【訴訟審理の方式に関する原則──処分権主義と弁論主義の機能】
＊訴訟審理の方式に関する原則にはどのようなものがあるか？
＊処分権主義の意義と機能
＊弁論主義の意義と機能

【第1回口頭弁論期日】……民訴148条，民訴規60条
＊第1回口頭弁論期日はどのように行われるか？
＊第1回口頭弁論期日の役割と位置付け
＊第1回口頭弁論期日に当事者が欠席した場合の取扱い
＊訴状・答弁書・準備書面の陳述……民訴161条
＊証拠の申出と証証（証拠調べ）……民訴180条，民訴規88条
＊書証の形式的証拠力・実質的証拠力とは何か？
＊処分文書と報告文書との違いは何か？
＊証拠説明書の機能と役割……民訴規137条1項
＊書証の成立とは何か？
＊書証の成立が推定される場合……民訴228条2項，4項
＊二段の推定とはどのようなものか？
＊準文書の証拠調べ……民訴231条，民訴規147条
＊文書提出命令・文書送付嘱託・調査嘱託・書面尋問とは何か？

第8章へ

I 訴訟審理（概説）

1 意義

訴訟の審理（訴訟手続）とは，訴訟係属（原告が訴状を裁判所に提出し，訴状副本が被告に送達されることによって生ずる裁判所と原告及び被告間に生ずる訴訟上の法律関係）の発生を前提として，原告の訴えが適法なものであるかどうか，原告の請求に理由があるかどうかについて，裁判所の判断資料を収集・形成するために当事者及び裁判所が行う行為の総体を意味する概念であるとされる[1]。

訴訟の審理は，具体的には，当事者が法律上の主張，事実の主張及びこれに関する証拠の提出を行い，裁判所が当事者の主張を整理し，提出された証拠について証拠調べを行うことを中心に進められる。これらの当事者及び裁判所の行為は，それぞれが密接に関連しており，相互に他の行為を前提に積み重ねられていくものである。

2 審理の構造──当事者主義と職権主義

訴訟の審理（訴訟手続）は，当事者と裁判所の協働作業として展開するものである。この訴訟手続という協働作業において，当事者と裁判所のどちらにどれだけの役割と権能を分担させるか，どちらを手続の主体とするかは，民事訴訟法の基本的な問題であり，理念的には，当事者に訴訟手続上の権能の多くを与える「当事者主義」と，裁判所に多くを与える「職権主義」との対立がある。

しかし，民事訴訟は，私人間の私的紛争を，国民の負担において運営される裁判所の審判により公権的に解決する制度であるから，その訴訟手続の構造については，極端な当事者主義も職権主義も採用することはできない。したがって，通常は，行為の性質に応じ，当事者主義と職権主義とが組み合わされた形で用いられることになる[2]。この二つの原則は，当事者の裁判を受ける権利を実質的に保障しつつ，適正迅速な裁判という民事訴

---

[1] 伊藤239頁参照。
[2] 立法例において，当事者主義と職権主義のどちらを重視するかについては，時代背景等による変遷があり，現在では，手続の進行については職権主義を強化するというのが一般的傾向であるといわれる（新堂451頁）。

訟の目的を実現するために適切に組み合わされるべきものである[3]。

3 審理手続の進行と裁判所の訴訟指揮権
(1) 職権進行主義と訴訟指揮権

訴訟手続上の行為には，①原告の訴えの適否と請求の当否についての判断資料を収集するための行為（実体的行為）と，②その目的を実現するために手続の円滑な進行を図るための行為（手続的行為）がある。民事訴訟法は，①は当事者の役割とし，②は裁判所の役割としている（職権進行主義）。このような職権進行主義の下では，裁判所に「訴訟指揮権」と呼ばれる権能が付与される[4]。

訴訟指揮権は，訴訟手続を主宰する権能であり，訴訟の審理を迅速，公平にして，かつ充実したものにするために，裁判所に認められるものである。裁判所が訴訟指揮権を適切に行使することによって，審理が適正かつ迅速に運営され，審理対象が真の争点に整理され，その結果として，適切に紛争を解決することができることになる[5]。したがって，訴訟指揮権がどのように行使されるかが，個々の紛争事件の解決の巧拙に影響することになり，ひいては訴訟制度全般についての国民の満足度をも左右することになる。

(2) 訴訟指揮権の主体

訴訟指揮権は，原則として受訴裁判所に帰属する（民訴151条〜155条，157条）。ただし，受訴裁判所が合議体の場合には，主として裁判長がこれを行使する（民訴148条，149条，203条，民訴規118条〜122条等）。なお，受命裁判官や受託裁判官についても，その授権された事項を処理するために必要な範囲内で訴訟指揮権が認められる（民訴206条，民訴規35条等）。

(3) 訴訟指揮権の内容

訴訟指揮権は，審理の全般にわたり広範囲に及ぶが，主要なものとして，

---

3) なお，河野正憲「裁判所と当事者の役割分担」争点130頁参照。
4) 職権（進行）主義の下においても，当事者の意見を聴取することが許されないものではなく，また当事者の合意や意見が合理的なものであれば，裁判所としてもこれを最大限に尊重すべきはもちろんである。
5) 伊藤240頁注(2)は，訴訟指揮権の行使が審理における裁判官の職務の中心となるものであり，裁判官としては，適正に訴訟指揮権を行使し，かつ，それについて当事者の納得を得ることを目標としなければならないとする。

次のようなものがある。

(ア) 審理の進行に関する行為
① 期日の指定及び変更（民訴93条）
② 期間の伸縮（民訴96条）
③ 中断した手続の続行（民訴129条）

(イ) 審理の整理に関する行為
① 弁論の制限・分離・併合（民訴152条）
② 弁論の再開（民訴153条）[6]
③ 裁量移送（民訴17条，18条）
④ 時機に後れた攻撃防御方法[7]の却下（民訴157条）

(ウ) 当事者の訴訟行為[8]の整理に関する行為
裁判長による口頭弁論の指揮（民訴148条等）

(エ) 訴訟関係を明瞭にするための行為
① 期日における釈明権（民訴149条）[9]
② 釈明処分（民訴151条）

(4) **訴訟指揮権の行使方法**

　訴訟指揮権の行使は，弁論や証拠調べの際の指揮のように，事実行為として行われる場合や，出頭・提出命令や弁論の併合等のように裁判の形式で行われる場合もある。裁判の場合には，裁判所が行うときは決定で，その他の場合は命令の形で行われる。もっとも，決定または命令の形で訴訟指揮権が行使されても，手続の進行や審理方法に関する訴訟指揮権の行使

---

6) 口頭弁論の再開について最判昭和56年9月24日民集35巻6号1088頁〔百選41事件〕参照。

7) 攻撃防御方法は，訴訟の進行状況に応じ適切な時期に提出しなければならない（適時提出主義。民訴156条）。なお，適時提出主義について石渡哲「適時提出主義」争点144頁，時機に後れた攻撃防御方法の提出について最判昭和46年4月23日判時631号55頁〔百選45事件〕参照。

8) なお，栂善夫「民事訴訟における信義誠実の原則」争点16頁，名津井吉裕「訴訟行為」争点148頁，攻撃防御方法の提出と信義則について最判昭和51年3月23日判時816号48頁〔百選42事件〕，和解による訴訟の終了と建物買取請求権の帰趨について東京地判昭和45年10月31日判タ259号255頁〔百選43事件〕参照。

9) 裁判所の釈明権については最判昭和45年6月11日民集24巻6号516頁〔百選52事件〕，裁判所の釈明義務については最判昭和39年6月26日民集18巻5号954頁〔百選53事件〕参照。

には弾力性を持たせる必要があり、また一定の事項についての確定的判断を示すものでもないから、それが不必要または不適当と認められる場合には、いつでも自ら取り消すことができる（民訴120条、54条2項、60条2項、152条1項）。

4 手続の進行、審理の整理に関する当事者の地位

手続の進行は、原則として裁判所の権能であるが、民事訴訟法は、様々な形で当事者の意思を裁判所の訴訟進行に反映させるための手段を置いている[10]。

(1) 当事者に申立権を認める場合

当事者に裁判所に対し訴訟指揮権の行使を求める申立権を認めている場合がある。訴訟の移送（民訴17条、18条）、求問権（同149条3項）、時機に後れた攻撃防御方法の却下（同157条）、期日の指定（同93条1項）、中断手続の受継（同126条）[11]などである。

本来、裁判所の職権事項については当事者が申立てをしても、職権の発動を促す事実上の陳述にすぎないから応答義務はないとされているが、上記のように当事者に申立権が法律上認められている事項について当事者の申立てがあったときは、裁判所は必ずその許否の判断をしなければならない。

(2) 裁判所が当事者の意思に拘束される場合

審理方法や審理手続の選択が当事者の利害と深く関わり、その選択を当事者の意思に委ねるのが合理的と認められる場合には、裁判所が当事者の一方または双方の意思に拘束されることがある。管轄の合意（民訴11条）、応訴管轄（同12条）、管轄簡易裁判所からその地を管轄する地方裁判所への事件の移送（同19条2項）、最初の期日の変更（同93条3項但書）、弁論準備手続に付する裁判の取消し（同172条但書）、弁論更新における証人の再尋問（同249条3項）、不控訴の合意（同281条1項但書）などである。また、裁判所が相当と認め、当事者の同意があるか、異議がない場合にできる措置として、証人尋問に代わる書面の提出（同205条）、証人尋問等の速記原本の引用添付（民訴規73条）などがある。さらに、訴訟手続の選択を一方

---

10) 新堂453頁参照。
11) なお、田頭章一「訴訟手続の中断・受継」争点170頁参照。

当事者の意思にかかわらせる例として，原告による手形訴訟から通常訴訟への移行申述（民訴353条1項），被告による少額訴訟から通常訴訟への移行申述（同373条1項，2項）がある。

(3) 当事者の意見聴取が必要とされる場合

裁判所が訴訟指揮権を行使するに当たって，当事者の意見を聴取することが義務付けられている場合がある。これには，弁論準備手続の実施（民訴168条），電話会議による弁論準備手続の実施（同170条3項），書面による準備手続の実施（同175条），証人の尋問順序の変更（同202条2項），当事者尋問を証人尋問に先立って行う場合（同207条2項），裁量移送についての意見（民訴規8条1項），電話会議の方法による進行協議期日の実施（同96条1項），テレビ会議の方法による証人尋問の実施（同123条1項），証人尋問の際の傍聴人の退廷（同121条），専門委員の関与（民訴92条の2第1項，2項）などがある。これらは，民事訴訟法あるいは民事訴訟規則が本来予定する原則的な手続とは異なるいわば例外的な手続であり，また当事者の意向を無視した形では円滑な手続の進行が期待できないことから，当事者の意思を尊重することとし，当事者の意見聴取を法的義務として明定したものである。なお，裁判所に当事者の意見を聴取する義務はないが，当事者に意見を述べる機会を認めたものとして，調書の記載に代わる録音テープ等の引用をする場合がある（民訴規68条1項）。

(4) 訴訟上の合意が問題となる場合

管轄の合意（民訴11条）や不控訴の合意（同281条1項但書）のほか，不起訴の合意，訴え取下げの合意，一定の事実を認め，争わないことを合意する自白契約（例えば，売買契約の成立を争わない合意），事実の確定を第三者の判定に委ねる仲裁合意（例えば，瑕疵の有無を第三者に判定してもらう合意），証明責任を定める合意を内容とする契約（例えば，債務発生の除外事由がないことを債権者が証明した場合に限り保険金を支払う旨の合意），立証方法を制限する証拠制限契約（例えば，一定の事実の証明は書証だけに限るとの合意）等の訴訟手続に関する両当事者の合意については，その性質及び効果に関し，学説上，私法契約説と訴訟契約説との対立があるが，当事者が任意に処分できる権利関係に関する合意である場合や，裁判所固有の権限を侵害したり，訴訟手続の安定性を害するものでない場合には，一般

にその有効性が認められている[12]。

5 当事者の責問権

当事者には，相手方や裁判所の訴訟手続に関する規定違反の行為について異議を述べ，その効力を争う権能が与えられている。この当事者の権能を「責問権」という（条文上は「訴訟手続に関する異議権」という用語が用いられている）。反面，訴訟手続に関する任意規定違反がある場合に，これを知りまたは知ることができたにもかかわらず，遅滞なく異議を述べないときは，責問権を喪失することとなり，その手続違反の瑕疵は治癒され，手続の安定が図られる（民訴90条）。したがって，例えば，当事者の訴訟行為の方式違反，裁判所の呼出し・送達・証拠調べの方式違反等については，裁判所は，当事者から異議が述べられた場合にだけ，その違反を問題にすれば足りる[13]。

6 裁判官の職権行使における裁量についての考え方

裁判官による訴訟指揮等の職権行使における裁量のあり方については，どのように考えるべきか。これは，職権進行主義を前提に，「裁判所・裁判官が，裁判における適正・迅速・公平・廉価という諸要請を満足させるために無駄を省いた効率的な審理を目標として，一方において，事案の性質・争点の内容・証拠との関連性等を念頭に置きつつ，他方において，手続の進行状況，当事者の意向，審理の便宜等を考慮し，当事者の手続保障にも配慮した上で，当該場面に最も相応しい合目的的かつ合理的な措置を講ずる際に発揮されるべき」裁量（これを「手続裁量」と呼ぶ）を訴訟運営の基本に置くことになる。手続裁量は，状況適合的であることを要するが，その考慮要素としての「ガイドラインないし行為規範（スタンダード）」が明らかにされることが求められる（「手続裁量論[14]」）。

---

12) 最判昭和44年10月17日民集23巻10号1825頁〔百選92事件〕は，裁判外で訴え取下げの合意が成立した場合は，権利保護の利益を喪失したものとして訴えを却下すべきであると判示したが，これは私法契約説を前提とするものと理解されている（訴訟契約説では，被告が合意の事実を主張証明すれば，裁判所は訴訟係属が消滅したものとして訴訟終了宣言をなすことになるものと思われる）。

13) なお，責問権の放棄・喪失について最判昭和50年1月17日判時769号45頁〔百選A13事件〕参照。

14) 加藤・裁量論63頁，同「協働的訴訟運営とマネジメント」原井龍一郎先生古稀祝賀『改革期の民事手続法』（法律文化社・2000）148頁，同「民事訴訟の運営にお

これに対し，当事者の合意または当事者と裁判所の三者合意により裁判所の手続裁量を抑制すべきであり，「民事訴訟手続の審理に関して，訴訟法上形成の余地の認められている事項について，裁判所と両当事者（訴訟代理人）との間でなされる拘束力のある合意（審理契約）」を調達して訴訟運営をしていくべきであり，このような意見の合致がない場合には裁判所の裁量判断に移ることになるが，それは考慮すべき要因等を列挙した規範である「要因規範」による規範的統制を受けることとなるとする見解（「審理契約論[15]」）もみられる。裁判官の裁量に対する規律方式に関する考え方は異なるが，その発現形態にはそれほど大きな差異はない。今後は，さらに問題となる場面に応じた考慮要素・制限要素を分析し，訴訟手続を構築していくことが必要である[16]。

II　審理の方式

1　口頭弁論の意義

口頭弁論とは，公開の法廷で，所定の人数の裁判官及び裁判所書記官が出席して，直接，当事者双方の口頭による弁論を聴く手続である[17]。民事訴訟法では，訴訟は，原則として，裁判の中で最も厳格で慎重な形式である（終局）判決をもって完結することが要求され，そのための審理は，原則として必要的口頭弁論によることとされている（民訴87条1項）。

2　訴訟審理の方式に関する原則

口頭弁論の手続については，その審理方式に関する原則として，公開主

　　　ける手続裁量」新堂古稀(上)195頁，同「手続裁量」争点152頁参照。
15)　山本和彦『民事訴訟審理構造論』（信山社・1995）335頁，同「審理契約再論―合意に基づく訴訟運営の可能性を求めて」法曹時報53巻5号1頁（2001），同「民事訴訟における裁判所の行為統制―『要因規範』による手続裁量の規制に向けて」新堂古稀(上)341頁参照。
16)　裁量と規律3頁〜13頁〔加藤新太郎〕，15頁〜28頁〔山本和彦〕参照。
17)　新堂504頁では，口頭弁論は，「狭義では，受訴裁判所のそのための期日（口頭弁論期日）に，当事者双方が対立した形で，口頭で，本案の申立および攻撃防御方法の提出その他の陳述をすることを指す」が，「広義には，これと結合してなされる裁判所の訴訟指揮，証拠調べおよび裁判の言渡しをも含めた，審理の方式ないし手続を意味する」と説明されている。なお，春日偉知郎「口頭弁論の意義と必要性」争点156頁参照。

義，双方審尋主義，口頭主義，直接主義の要請が満たされなければならない[18]。

（民事裁判の審理に関する原則）

Ⅰ　訴訟審理の方式に関する原則
　(1)　公開主義
　(2)　双方審尋主義
　(3)　口頭主義
　(4)　直接主義

Ⅱ　訴訟審理の内容に関する原則
　(1)　処分権主義
　(2)　弁論主義

---

(1)　**公開主義**

　訴訟の審理（口頭弁論，法廷で行われる証拠調べ）及び判決の言渡しは，国民が傍聴することのできる公開の法廷において行わなければならないとする原則であり，憲法82条の要請するところである[19][20]。

　　＊公開主義の趣旨からすると，訴訟記録についても公開が要請される（民訴91条1項）。しかし，訴訟記録については，いわゆるプライバシーや知的財産権保護の観点から，私生活についての重大な秘密や営業秘密が侵害される場合，当事者が閲覧制限の申立てをすることができる。これが認められると，当事者以外の第三者はこの秘密が記載された部分の閲覧等をすることができない[21]（同92条，民訴規34条）。

(2)　**双方審尋主義**

　訴訟の審理において，当事者双方に対し，その主張を述べる機会を平等

---

18)　なお，山本和彦「民事訴訟における手続保障」争点54頁参照。
19)　公開主義の原則に対し，当事者のみに審理への立会等を認める「当事者公開主義」，訴訟関係人のみに審理への立会等を認める「関係者公開主義」，審理を非公開とする「訴訟密行主義」がある。
20)　訴訟事件と非訟事件との区別（夫婦同居の審判）について最大決昭和40年6月30日民集19巻4号1089頁〔百選2事件〕，高田裕成「訴訟と非訟」争点12頁，福永有利「民事訴訟における憲法的保障」争点8頁参照。
21)　訴訟記録について閲覧制限決定がされたにもかかわらず，相手方当事者が正当な理由なく制限にかかる秘密を洩らした場合の責任については，加藤新太郎「民事訴訟における秘密保護の手続」理論と実務(上)367頁，384頁，森脇純夫「秘密保護のための訴訟記録の閲覧等の制限」新民訴大系(1)253頁，272頁参照。なお，弁論の公開と特許法105条の4第1項の秘密保持命令との関係について最決平成21年1月27日民集63巻1号271頁〔百選A14事件〕参照。

に与えなければならないとする原則である。当事者対等の原則，武器対等の原則とも呼ばれることがある。裁判の基本原則であり，訴訟事件については憲法上の要請でもある（憲法82条）。口頭弁論は，常に同一期日に当事者双方を呼び出して両者の主張を聴取する方法で行われるのであり，双方審尋を徹底させた審理方式といえる。

(3) 口頭主義

弁論及び証拠調べを口頭で行う原則をいう。これに対し，弁論等を書面で行う原則を書面（審理）主義と呼ぶ。民事訴訟法は，必要的口頭弁論の制度を採用しており，原則的に口頭主義を採っている（民訴87条1項）。しかし，口頭主義には，口頭の陳述だけでは，複雑な事実関係等を正確に陳述し，これを正確に理解・記憶することができない短所があることから，この短所を補うため，補充的に書面主義が採用されている（同133条，161条等）。

(4) 直接主義

弁論の聴取や証拠調べを受訴裁判所の裁判官が自ら行うとする原則である。他の者が聴取等した結果を基礎に裁判する間接（審理）主義に対する原則である。民事訴訟法は，口頭弁論に関与した裁判官が判決をなすべきことを要求し，原則として直接主義によることを明らかにしている（民訴249条1項）。

3 訴訟審理の内容に関する原則——処分権主義と弁論主義

(1) 処分権主義

(ア) 原告の申立事項

原告が提起した訴えについて訴訟要件の具備が確認されると，裁判所は，原告が訴えによって求める裁判の内容（申立事項）について本案判決をしなければならず，この申立事項を超えて，あるいはそれ以外の内容の本案判決をすることは許されない（民訴246条）。したがって，裁判所による審理・判断の対象は，原告の申立事項に限定されることになる。

(イ) 処分権主義

訴訟物となる一定の権利または法律関係は，実体法上は，私的自治の原則から当事者の自由な処分に委ねられている。このことからすると，訴訟法上も，いかなる権利または法律関係について，いかなる形式の審判を求

めるかは，当事者の権能であり，その判断に委ねられる。すなわち，訴訟物の選択は原告の権能に属し，原告が審判の対象とその範囲を決定し，裁判所はこれに拘束されるということになる。これが訴訟物についての「処分権主義」であり，民訴法246条がこれを定めている。

> ＊なお，処分権主義には，この他に，訴え・上訴の取下げ，請求の放棄・認諾，訴訟上の和解等にみられるように，当事者がその意思に基づいて判決によらずに訴訟を終了させることができる機能もある。また，上訴審における不利益変更・利益変更禁止の原則（民訴304条，313条）の基礎にも処分権主義がある。また，処分権主義は，私的自治の原則に基づいて認められるものであることから，人事訴訟や境界確定訴訟等，私的自治が制限される法律関係が問題となる分野では，処分権主義が制限されることがある。

(2) **弁論主義**

(ア) 意義

弁論主義とは，判決の基礎をなす事実の確定に必要な資料（訴訟資料）の提出（主要事実の主張と必要な証拠の申出）を当事者の権能と責任とする原則である。民訴法159条（自白の擬制），179条（証明することを要しない事実）などは，民事訴訟の一般原則としての弁論主義を前提としたものである[22]。

(イ) 内容

弁論主義の内容は，通常，次の三つに区別して説明される[23]。

（弁論主義の内容——三つのテーゼ）

① 法律効果の発生・消滅等に直接必要な事実（主要事実）は，当事者の弁論に現れない限り，裁判所はこれを判決の基礎とすることができない（「弁論主義の第1テーゼ」）[24]。

---

22) 民事訴訟の基本原則として弁論主義が採用される根拠については学説の対立があり，本質説，手段説，法主体探索説，多元説，手続保障説等が唱えられている。その議論の詳細については，新堂471頁，高橋(上)409頁，上野泰男「弁論主義」争点132頁参照。
23) 高橋(上)404頁，伊藤309頁参照。
24) 所有権喪失事由に関する当事者からの主張の要否について最判昭和55年2月7日民集34巻2号123頁〔百選46事件〕，代理人による契約締結に関する当事者からの主張の要否について最判昭和33年7月8日民集12巻11号1740頁〔百選47事件〕，公

② 裁判所は，当事者間に争いのない主要事実については，当然に判決の基礎としなければならず，当事者の自白は裁判所に対する拘束力を有する（「弁論主義の第2テーゼ」)[25]。
③ 裁判所が調べることのできる証拠は，当事者が申し出たものに限定され，いわゆる職権証拠調べは，原則として禁止される（「弁論主義の第3テーゼ」）。

＊なお，この③の職権証拠調べの禁止（弁論主義の第3テーゼ）については，民事訴訟法が186条，218条1項，228条3項等で職権証拠調べを部分的ながら認めていることから，他の二つほど絶対的なものではないといえる。

(ウ) 処分権主義との関係

弁論主義も処分権主義も，基本的には，私的自治を理論的基礎ないし背景とする点において共通する面がある（両者を合わせて「広義の弁論主義」ということがある）。しかし，処分権主義が，訴訟物の範囲の確定，訴えの取下げ[26]，請求の放棄・認諾等の審判対象の設定・処分にかかわるものであるのに対し，弁論主義は訴訟の存在を前提としてその基礎となる事実及び証拠の提出にかかわるものであるから，その適用場面は異なる[27]。

Ⅲ 第1回口頭弁論期日における手続

1 事件の呼上げ等

口頭弁論期日は，事件の呼上げをもって開始する（民訴規62条）。

最初の口頭弁論期日に被告が欠席した場合には，被告がそれまでに提出していた答弁書その他の準備書面に記載した事項は，被告が期日にこれを陳述したものとみなされる（民訴158条)[28]。被告が答弁書等を提出せずに

序良俗違反に関する当事者からの主張の要否について最判昭和36年4月27日民集15巻4号901頁〔百選48事件〕，所有を推認させる事実に関する当事者からの主張の要否について大判大正5年12月23日民録22輯2480頁〔百選49事件〕参照。
25) 佐藤鉄男「裁判上の自白」争点162頁，間接事実の自白について最判昭和41年9月22日民集20巻7号1392頁〔百選54事件〕参照。
26) 松村和徳「訴えの取下げと請求の放棄・認諾」争点246頁参照。なお，刑事上処罰されるべき他人の行為による訴えの取下げについて最判昭和46年6月25日民集25巻4号640頁〔百選91事件〕，訴え取下げと再訴の禁止について最判昭和52年7月19日民集31巻4号693頁〔百選A29事件〕参照。
27) 新堂472頁，伊藤304頁，高橋(上)412頁参照。

欠席したときは，民訴法159条3項が適用され，いわゆる欠席判決をすることができることは，前記のとおりである。本件では，●●4平成23年4月25日午前10時，当事者双方の訴訟代理人が出席して第1回口頭弁論期日が開かれた（記録**30**頁）。

 ＊なお，本件とは異なり，当事者双方が期日に出頭せず，あるいは出頭はしたものの，事件の弁論をしないで退廷した場合，裁判所は，新たな口頭弁論期日を指定することもできるが，期日指定をしないまま口頭弁論期日を終了することもできる。期日指定をせず，口頭弁論期日を終了した場合，当事者が期日指定の申立てをしないまま1か月が経過したときは，当事者に訴訟を維持追行する意思がないものとして訴えの取下げがあったとみなされ訴訟係属が消滅すること（民訴263条）に注意する必要がある。このような当事者が不熱心な訴訟の取扱いは，当事者双方が，連続して2回，口頭弁論期日や弁論準備手続期日に出頭せず，又は弁論をしないで退廷した場合も同様である。

2 訴状の陳述

原告（訴訟代理人）は，訴状に基づいて請求の趣旨及び請求原因を陳述した。実際の法廷では，原告代理人が「訴状のとおり陳述します。」あるいは，裁判所からの「訴状を陳述されますね。」との問い掛けに対し，原告代理人が「陳述します。」とだけ述べることが多い。実際の事件では，大規模訴訟事件を除き，訴状記載の請求の趣旨及び請求原因について具体的に述べたり，説明を加えたりすることは，稀である。

3 答弁書の陳述

被告（訴訟代理人）は，第1回口頭弁論期日前に答弁書を提出した。答弁書の陳述についても同様に，被告代理人が「答弁書のとおり陳述します。」とだけ述べることが多い。

答弁書には，請求の趣旨に対する答弁とともに，訴状に記載された事実に対する認否等が記載されている。答弁書は，最初の準備書面というべきものであり，その記載事項については，民訴法161条2項，民訴規則79条2項〜4項の適用がある。

 ＊裁判官は，答弁書の記載によって，被告の主張を理解し，事案の内容と当

---

28) 北村賢哲「当事者の欠席」争点146頁参照。

初の段階における争点を把握することができるようになる。したがって，答弁書についても，できる限り裁判官が事案の実体を把握しやすいように工夫するとともに，裁判所が争点を早期に確定できるように被告側の訴訟資料等を早期に提出する必要がある。そのような趣旨から，答弁書には，請求の趣旨に対する答弁，訴状に記載された事実に対する認否及び抗弁事実を具体的に記載し，かつ，立証を要する事由ごとに重要な間接事実及び証拠を記載しなければならないとされている（民訴規80条1項）。また，答弁書には，訴状の場合と同様に，立証を要する事由ごとに重要な書証の写しを添付しなければならない（同条2項）。もっとも，答弁書については，期日の直前に被告が訴訟代理人を選任したときのように，第1回口頭弁論期日までの準備期間が短く，十分に準備できないこともあり，やむを得ない事由により所定の記載や重要な書証の写しを添付することができない場合がある。このような場合には，答弁書の提出後速やかに，これらを記載した準備書面や重要な書証の写しを提出しなければならないこととされている（同条1項後段，2項後段）。

　本件の答弁書は，予め原告にファクシミリを利用して直送されている（「直送」とは，当事者の相手方に対する直接の交付をいう。民訴規47条1項，83条。記録**107**頁）。準備書面の直送を受けた相手方は，当該準備書面を受領した旨を記載した書面を相手方当事者に直送するとともに，裁判所に提出しなければならない（民訴規83条2項）。原告訴訟代理人は，●●4年4月18日付け受領書を，被告訴訟代理人に直送するとともに，裁判所に提出した（記録**106**頁，**107**頁）。

4　請求の趣旨に対する答弁（民訴規80条1項）

　請求の趣旨に対する被告の答弁とは，「①訴訟要件の不備を主張して本案前の答弁として訴え却下を求める，②請求を理由なしとして請求棄却を求める，あるいは③原告の請求をそのまま正当として請求を認諾する」ことである。このうち，被告が原告の請求を認諾すれば，その旨調書に記載され，これにより訴訟は終了する（民訴266条，267条）。被告が請求を認諾する旨記載した書面を提出したときは，被告が口頭弁論期日に出頭しなくとも，その旨の陳述をしたものとみなすことができる（同266条2項）。ただし，被告に訴訟代理人がいない被告本人訴訟の場合には，被告の提出した書面の記載が原告の請求を認諾する趣旨であるかどうかについて慎重に

吟味する必要がある。

本件における被告の答弁は，「1　原告の請求を棄却する　2　訴訟費用は原告の負担とするとの判決を求める。」となっている。もっとも，裁判所としては，被告がこのような答弁をしない場合であっても，被告が請求を認諾しない以上，原告の請求に理由があるかどうかを判断しなければならず，請求に理由がなければ，被告が請求棄却の申立てをしていなくとも，請求を棄却しなければならない。なお，訴訟費用に関する申立てについては必ずしも必要でないが（民訴67条1項），被告が訴訟費用に関する申立てをする場合には，上記のように答弁することが多い[29]。

5　請求原因に対する認否
(1)　認否の必要性

被告は，原告が主張した請求原因事実のうち，どの事実を認め，どの事実を争うかの認否を明確にする必要がある。

認否は，原則として，主要事実及びこれに関連する間接事実等，原告の主張する全ての事実に対してされるものであり，法律効果に対してされるものではない。したがって，例えば，「原告が被告に対し，300万円の貸金債権を有していることを認める。」とするのではなく，「原告が被告に対し，300万円を貸し付けたことは認める。」とすべきである。ただし，実務では，所有権については例外的に「権利自白」が認められている。例えば，所有権に基づく動産・不動産の返還請求訴訟において，所有権が原告にあることを認める旨の被告の陳述がこれに当たる。この場合には，「……が原告の所有であることは認める。」などと認否することになる[30]。

なお，理論的には，顕著な事実（民訴179条）やよって書きに対する認否は不要である。しかし，実務上は，顕著な事実については「認める。」と，よって書きについては原告の法律上の主張を争うという趣旨で「争う。」と認否されることも少なくない。

また，答弁書には，前記のとおり，原告主張の要件事実に対する認否の

---

29)　訴訟費用と弁護士費用との関係について，最判昭和44年2月27日民集23巻2号441頁，最判昭和48年10月11日判時723号44頁，最判平成24年2月24日判時2144号89頁参照。

30)　権利自白の取扱いとその効果については，新堂589頁以下，伊藤355頁以下，最判昭和30年7月5日民集9巻9号985頁〔百選55事件〕参照。

ほか，間接事実等を含め，訴状に記載された全ての事実に対する認否を記載しなければならないが（民訴規80条1項），答弁書を提出する際には，まず当該訴訟における請求原因（主要事実）がどうなっているか，これに対する認否はどうすべきかを十分に吟味することが大切である。

(2) **認否の種類**

原告の主張する事実に対する被告の認否は，「認める。」（自白），「否認する。」（否認），「知らない。」（不知），沈黙のいずれかである。

　＊被告が原告主張の請求原因事実を認めると陳述（自白）した場合には，裁判上の自白として当該事実を証明することを要しない（民訴179条）だけでなく，裁判所がこれに反する事実を認定することも許されない（弁論主義）。また，自白は，相手方に訴訟上の利益を与えるものであり，これを自白者だけの意思で失わせるのは妥当でないから，相手方の同意がある場合，真実に反する自白で，それが錯誤によるものである場合（最判昭和25年7月11日民集4巻7号316頁），第三者の刑事上罰すべき行為によって自白した場合（詐欺について最判昭和33年3月7日民集12巻3号469頁）を除き，これを撤回することができない[31]。なお，このような自白の拘束力が生じるのは，主要事実の自白だけであり，間接事実及び補助事実についての自白には拘束力が生じないことに注意する必要がある（間接事実について自白があった場合，実務上は，それが証拠等によって認められる事実に反するような特段の事情のない限り，当事者間に争いのない事実として確定されることが多い）。

被告が原告主張の事実を否認する場合，単に否認するというだけではなく，その理由を記載しなければならない（民訴規79条3項）。これは，単に「否認する。」と述べるだけの単純否認に対し，「積極否認」または「理由付き否認」と呼ばれる。被告が原告の主張事実を否認する場合には，原告の主張と両立しない事実があるなど，何らかの理由があるのが通常であり，その理由を明らかにすることによって，争点やその位置付け等をより明確にすることができる。

被告が原告主張の事実を否認したときは，その事実はそれが顕著な事実である場合を除き，これを認定するには証拠による証明が必要である。

---

31) 自白の撤回の要件について大判大正4年9月29日民録21輯1520頁〔百選56事件〕参照。

原告主張の事実について不知と認否する場合は，民訴法159条2項により，その事実を争ったものと推定されるから，これを認定する場合にも証明を必要とする。

被告が原告主張の事実に対して何も認否せず沈黙している場合（争うことを明らかにしない場合）は，弁論の全趣旨からその事実を争っていると認めるべきときを除き，これを自白したものとみなされる（擬制自白。民訴159条1項）。

(3) **本件における請求原因の認否**

被告は，答弁書（記録**44**頁）において，訴状第2の請求原因のうち，「原告の父である藤田清が被告に対し本件建物を賃貸し，これを引き渡したこと，清が●●3年8月25日に死亡したこと，原告が被告に対し，未払賃料の支払を催告するとともに，本件賃貸借契約について停止期限付解除の意思表示をしたこと，催告期間中に催告にかかる未払賃料を支払わなかったこと」は認めている。そして，「原告が清の長男で唯一の相続人であり，原告が本件建物の所有権を取得し，同年9月9日に本件建物について，その敷地とともに原告名義の所有権移転登記手続をしたこと，これにより原告は本件建物の賃貸人としての地位を承継したこと」はいずれも知らないと述べ，「本件賃貸借契約締結の直後から賃料の支払が遅れがちであったこと，本件建物の相当賃料額が1か月20万円を下らないこと」は否認している。さらに，「本件賃貸借契約が債務不履行解除によって終了した。」との原告の法律上の主張についてはこれを争うと述べている。

　　＊なお，本件では，「本件建物の●●3年10月分から●●4年2月分までの賃料100万円が支払われていないこと」は争いがないが，この事実は，本来原告が主張証明しなければならない事実でないことに注意しなければならない。仮に被告がこの事実を否認する（すなわち，被告が賃料を弁済した事実があると主張する）のであれば，被告側において賃料100万円を支払ったことについて具体的に主張証明すべきである（賃料債務の弁済は債務者が主張証明すべき抗弁事由である）ことは，前述のとおりである。本件賃貸借契約が債務不履行解除によって終了したことを主張する原告は，賃料の弁済期の経過，停止期限付解除の意思表示後の（停止）期限の経過をも主張証明しなければならないが（実務上は明示的に主張されないのが通常であることは前記のとおりである），これらの事実はいずれも顕著な事実である。

本件では，被告は，「原告が清の長男で唯一の相続人であり，原告が本件建物の所有権を取得し，同年9月9日に本件建物について，その敷地とともに原告名義の所有権移転登記手続をしたこと，これにより原告は本件建物の賃貸人としての地位を承継したこと」はいずれも知らないと述べている（記録**44**頁「答弁書第2の2」）。しかし，本件訴状の請求原因に関する前記の検討結果，すなわち，相続に関する「非のみ説」の立場（第5章V3(3)79頁参照）からすると，原告が清の子であることについて被告の自白が成立し，その点について争いのない本件では，原告が清の長男で唯一の相続人であること，原告が本件建物について，その敷地とともに原告名義の所有権移転登記手続をしたことはいずれも主要事実（要件事実）ではないことになる。また，原告が本件建物の所有権を取得したこと，原告が本件建物の賃貸人としての地位を承継したことは，事実ではなく，法的評価にすぎないから，主張証明の対象とはならない。さらに，「本件賃貸借契約締結の直後から賃料の支払が遅れがちであった」との事実は否認されているが，この事実は原告の請求を基礎付ける請求原因事実（要件事実）ではなく，事情にすぎないことから，原告の請求が認められるために，原告が必ず主張証明しなければならない事実ではない。

したがって，本件における請求原因事実のうち原告において証明を要する事実は，債務不履行に基づく遅延損害金請求権の発生を基礎付ける事実である本件建物の賃料相当損害金額のみということになる[32]。

6 被告の主張（抗弁）

(1) 相殺の抗弁

被告は，答弁書において，「本件賃貸借契約解除の効果が発生する前に，被告が清に売った絵画の売買残代金をもって原告主張の賃料債権と相殺した」との主張をしている。この主張は，請求原因と両立し，かつ，請求を排斥する効果を発生させる事実であって，被告が主張証明責任を負うべき性質のものであるから，抗弁として位置付けられる[33]。抗弁には，請求原因から発生する効果の全部を排斥する機能を持つ「全部抗弁」とその一部

---

[32] 原告の主張する賃料相当損害金は本件賃貸借契約における賃料と同額であるから，被告による反証がない限り，賃料相当損害金は賃料と同額と認定することになるであろう。

[33] 抗弁と否認の区別については，新堂466頁，伊藤336頁参照。

を排斥するにすぎない「一部抗弁」とがあるが，本件における相殺の主張は全部抗弁である（被告の主張に全部抗弁と一部抗弁がある場合には，判決書の事実摘示においては，全部抗弁を先に，一部抗弁を後に記載するのが通例である）。

相殺により，双方の債権は相殺適状時に遡って対当額で消滅するから（民505条1項，506条2項），解除の意思表示前に相殺をしたとの主張は，解除原因となった履行遅滞にかかる賃料債権を消滅させ，解除の効果を覆すもの（賃料請求については賃料債権自体の消滅原因ともなる）として抗弁になる。

＊抗弁は，請求原因を否認しながらそれが認められる場合に備えて主張されたり（このような抗弁は「仮定的抗弁」と呼ばれることがある），本件のように請求原因事実はほぼ認めながら主張されたりすることもあるが，その機能に変わりはない。また，主位的に弁済を，予備的に消滅時効を主張するなどというように複数の抗弁に順位を付けて主張される場合もあるが（このような主張は「仮定的主張」と呼ばれることがある），裁判所は当事者が攻撃防御方法に付けた順位には拘束されないから，いずれの抗弁から判断してもよい[34]。ただし，例外的に，相殺の抗弁に関しては，請求の当否を判断するについて反対債権（自働債権）の存否を実質的に判断した場合には，反対債権の不存在ないし消滅について既判力が生ずるので，最後に判断しなければならない（民訴114条2項）[35]。

(2) 相殺の要件事実

抗弁についても，請求原因と同様に，要件事実があり，被告は，その要件事実を主張証明しなければならない。本件において被告が主張した相殺の要件事実は，次のとおりである[36]。

---

34) 新堂463頁，伊藤337頁参照。法律上は，攻撃防御方法たる事実についての判断は判決理由中の判断であり，既判力が生じないから，裁判所は当事者が付した主張の順序に拘束されるものではないが，実務上は，まず本来的主張について判断し，それが認められないときに仮定的主張について判断するのが通常である。

35) 相殺に対する反対相殺について最判平成10年4月30日民集52巻3号930頁〔百選44事件〕参照。なお，最判平成18年4月14日民集60巻4号1497頁〔百選A11事件〕は，本訴および反訴が係属中に，反訴請求債権を自働債権とし，本訴請求債権を受働債権として相殺することは許されると，最判平成27年12月14日民集69巻8号2295頁は，本訴の訴訟物である債権が時効消滅したと判断されることを条件として，反訴において，その債権を自働債権として相殺の抗弁を主張することは許されるとする。

36) 30講447頁，類型別32頁，民裁要件事実(1)125頁参照。

> （相殺の一般的要件事実）
>
> ① 自働債権の発生原因事実
> ② 受働債権（請求債権）につき，被告が原告に対し，相殺の意思表示をしたこと

　民法505条1項本文は，①及び②のほかに，「対立する債権が同種の目的を有すること」及び「双方の債務が弁済期にあること」が必要であると規定している。

　「対立する債権が同種の目的を有すること」に関しては，通常は，①の自働債権の発生原因事実を主張証明することにより明らかとなるから，それ以上に特段の主張証明を要しない。

　「双方の債務が弁済期にあること」に関しては，①の自働債権の発生原因が本件のように売買である場合は，契約が締結されると即時に債務を履行すべき状態にあるのが原則であるから，被告は①の事実だけを主張証明すれば足り，弁済期の合意が再抗弁となる。これに対し，①の自働債権の発生原因が消費貸借契約（民587条）のように一定期間経過後の債務の履行が原則である，いわゆる「貸借型の契約」の場合は，①の事実を主張証明することにより，弁済期の合意の事実が現れることになるので，被告は①の事実に加えて弁済期の到来をも主張証明しなければならない。

> ＊また，自働債権に同時履行の抗弁権が付着している場合，抗弁権の存在効果として相殺が許されないとするのが判例・通説であるから，①の自働債権の発生原因事実の主張自体からその債権に抗弁権が付着していることが明らかとなる場合（本件における売買もこれに該当する）には，その抗弁権の発生障害または消滅原因となる事実をも併せて主張しなければならないことに注意すべきである[37)38)]。さらに，民法505条1項但書により「債務

---

37) 相殺の自働債権についてまとめると，自働債権の発生原因が貸借型の契約である場合には「弁済期の到来」の事実が，売買型の契約である場合には「同時履行の抗弁権の発生障害又は消滅原因」となる事実が，必ず必要になるということである。

38) 相殺は，これを実質的にみると，一方当事者の意思表示により債務の履行（弁済）を強制するのと同様の効果を有するものである。このことから，例えば，自働債権が譲受債権である場合には，債権譲渡について債務者対抗要件（民467条1項）を具備していることが必要である（相殺適状が生じるのも，譲渡について対抗要件を備えた時以後である）ことになる。この点については，判例（大判昭和15年9月

の性質が相殺を許さないものでないこと」が要件とされているようにもみえるが，民法505条1項但書の規定の体裁のほか，債権は相殺が許されるのが原則であることからして，反対事実である「債務の性質が相殺を許さないものであること」が相殺の抗弁に対する再抗弁になると考えられる。

　相殺は，当事者の一方から相手方に対する意思表示で効力を生じることから（民506条1項），②の相殺の意思表示が必要である。

　相殺の効力は，相殺適状時に遡る（民506条2項）。しかし，賃貸借契約が賃料不払のため適法に解除された以上，たとえその後，賃借人の意思表示により賃料債務が遡って消滅しても解除の効力に影響はないとするのが判例（最判昭和32年3月8日民集11巻3号513頁[39]）・通説である。したがって，本件賃貸借契約の終了に基づく建物明渡請求との関係では，②の相殺の意思表示は契約解除の効果が生ずる前にされたことが必要である。

(3) **自働債権の発生原因事実**（売買の要件事実）

　(ｱ) 被告主張の意味

　本件における被告の主張をみると，被告は自働債権として被告所有の絵画2点の売買契約に基づく売買残代金債権を主張しているようにみえる。しかし，被告の主張する売買では，「大雪山」と「湖水」の絵画2点それぞれが代金100万円と合意され，しかも「大雪山」の売買代金100万円の支払は受けたというのであるから，同じ機会に絵画2点の売買契約が締結さ

28日民集19巻1744頁）も，「債務者に対する対抗要件を具備する以前においては，双方の債権は対立せず，相殺の要件を完備しないから，譲渡債権につき譲渡の対抗要件が備わったときにおいてはじめて相殺できる。」とする。また，自働債権が譲受債権である場合には，自働債権の発生原因事実（債権譲受の事実）の主張自体からその債権に「対抗要件の抗弁権」（同時履行の抗弁と同様，「権利抗弁〔権利の発生・消滅の主要事実が弁論に出ていてもそれだけでは抗弁とはならず，当該訴訟において，権利者による権利行使の意思表明があってはじめて抗弁として判決の基礎とすることができるものを「権利抗弁」という。これに対し，事実の主張だけで抗弁となるものを「事実抗弁」ということがある］」）である）が付着していることが明らかであるから，その抗弁権の消滅原因となる債務者対抗要件具備の事実をも主張しておかなければならないと説明することもできる。なお，権利抗弁（留置権）については最判昭和27年11月27日民集6巻10号1062頁〔百選51事件〕参照。

39）要旨：賃貸借契約が，賃料不払のため適法に解除された以上，たとえその後，賃借人の相殺の意思表示により賃料債務が遡って消滅しても，解除の効力に影響はなく，このことは解除の当時，賃借人において自己が反対債権を有する事実を知らなかったため，相殺の時機を失した場合であっても，異なることはない。

れてはいても，売買契約は売買の対象となった「大雪山」と「湖水」のそれぞれについて成立した（したがって，契約の個数は2個である）と考えるのが相当であろう。そうすると，本件で被告が自働債権として主張しているのは，「湖水」の100万円の売買代金債権であるということになる[40]。

 ＊これに対し，例えば，絵画2点についてそれぞれの価額が定められず，合計200万円で売買されたような場合は，原則として，契約の個数は1個と考えるべきであろう。

(イ) 売買の要件事実

売買契約の成立によって代金債権は直ちに発生するから，被告は，自働債権の発生原因事実として，被告が藤田清に対し売買の申込みをし，藤田清は被告に対し申込みの承諾をしたことを主張証明すれば足りる。

 (a) 目的物及び代金額

売買契約は，財産権を移転すること及びその対価を支払うことの合意によって成立する（民555条）。売買契約が成立するためには，目的物が確定していることのほか，代金額または代金額の決定方法が確定していることが必要であり，売買契約の締結を主張する場合には，代金額等の合意を主張しなければならない。

 (b) 代金支払時期

売買契約は，代金債務の履行期限を契約の本質的要素（要件）とするものではないから，売買代金債務の履行についての期限の合意は，売買契約の「附款」（「附款」という用語は，契約の本質的な要素でなく，非本質的で付属的な約定という意味で用いられる）であり，売買契約の成立を主張する者において期限の合意及びその期限の到来を主張証明する必要はない。

 ＊なお，附款をめぐる主張証明責任の分配については，附款の存否はその対象となる法律行為の成立要件と不可分なものであり，附款部分のみを独立の攻撃防御方法とすることはできないとする否認説もある。しかし，附款は法律行為の成立要件ではないから，附款の主張証明責任はこれによって利益を受ける当事者に帰属すると解すべきであるとする抗弁説が妥当であ

---

40) 歴史的あるいは社会的にみて一個の機会に発生した一連の事実といえるものであっても，その全部が要件事実となる場合は少なく，要件事実でない事実が介在するのがむしろ通常である。歴史的・社会的には一個一連の事実であっても，法律効果の発生要件に当たらない事実についての主張証明責任はない。

り，実務上もそのように解されている[41)42)]。

　(c)　目的物の引渡し，所有

　目的物を引き渡したことも，売買代金請求権の発生要件ではないから，売買契約の成立を主張する者においてこれを主張証明する必要はなく，相手方から同時履行の抗弁が主張された場合に主張すれば足りる（ただし，本件では，被告は相殺を主張していることから，相殺の要件事実として目的物の引渡しを要することは前述のとおりである）。

　また，他人の財産権を目的とした売買契約（他人物売買）も有効である（民法561条）から，売買契約締結当時，目的物が被告の所有であったことを主張証明する必要はない。

(4) 本件における被告の主張

　本件では，被告は，答弁書第3において，被告が●●3年6月29日に藤田清に対し絵画2点をそれぞれ代金100万円，合計200万円で売り（100万円は弁済済みである），同日，これを引き渡したこと，被告は，原告による契約解除の効果が生ずる前である●●4年2月21日に売買残代金債権をもって原告の賃料債権と相殺の意思表示をしたと主張している。

　しかし，答弁書第3の事実の主張だけでは，被告の主張する絵画2点の売買契約が締結された具体的な経緯等が明確でないこと，第1回口頭弁論

---

41)　本件における被告の主張をみると，被告は「湖水」の売買代金100万円は●●3年8月31日までに支払う約定（期限の合意）であったことを自認するが，原告はこの事実を否認している。要件事実は弁論に現れている限り，この事実を主張した者が主張証明責任を負う当事者であるかどうかは問わないから，この事実は，「原告の援用しない被告の自己に不利益な事実の陳述」（単に「不利益陳述」とも呼ばれる）として再抗弁となり（30講75頁，民裁要件事実(1)12頁，18頁参照），さらに，この期限の到来が再々抗弁となるようにも思われる。しかし，本件では，被告が相殺の意思表示をしたと主張する時点（●●4年2月21日）では，上記期限が既に経過（到来）していることは明らかであるから，当事者の合理的意思という観点からも，このような主張をあえて取り上げる必要はないであろう。

42)　最近の実務では，当事者の事実の主張について弁論主義を形式的・機械的に適用するのは妥当でなく，原則として，当事者が意識的・明示的に裁判所に判断を求めた主張のみを取り上げて判断すれば足りるとの考えも有力に主張されている。しかし，いわゆる「不利益陳述」が弁論に現れた場合には，当事者がこれに気付いていない場合も少なくないから，これを放置することなく，その事実について主張証明責任を負担する相手方に対し，これを援用するかどうか，主張として取り上げる意思があるかどうかを釈明すべきであろう。なお，相手方の援用しない自己に不利益な事実の陳述について最判平成9年7月17日判タ950号113頁〔百選50事件〕参照。

期日において，原告が被告の相殺の主張は争う予定であると述べたことから，裁判所は，被告（訴訟代理人）に対し，絵画2点の売買契約締結の経緯等についてさらに具体的に記載した準備書面を提出するよう指示した。

　この程度の裁判所と当事者とのやりとりであれば，実務上，弁論調書にその旨記載されないことが多いと思われるが，口頭弁論期日における裁判所及び当事者双方の訴訟行為はできる限り調書に記載しておくのが手続の明確化を図る意味で望ましいと考える裁判官も少なくない。そこで，民訴規則67条3項では，「口頭弁論の調書〔同規則88条4項によって弁論準備手続の調書に準用されている。〕には，弁論の要領のほか，当事者による攻撃又は防御の方法の提出の予定その他訴訟手続の進行に関する事項を記載することができる。」とされている。

＊なお，被告の主張や事実の認否が陳述されたときは，裁判所は，その用語や言葉遣いのみにとらわれることなく，被告が真に意図するところを正確に把握するよう努めることが大切である。また，認否の対象となる主張が曖昧なときには，裁判所としては，まずその主張について釈明を求め（民訴149条1項），その趣旨を明確にしてから，個々の要件事実ごとに具体的に相手方の認否を求めるべきである。当事者の曖昧な主張を放置したまま相手方に認否させることは，いたずらに争点を拡大させたり，真の争点を不明確にすることになり，当事者双方による適切な攻撃防御方法の提出を遅らせることになるから，妥当ではない。

Ⅳ　書証の提出

1　証明の対象

　当事者間に争いのある事実（当事者が自白した事実及び顕著な事実以外の事実であり，相手方が否認または不知と認否した事実である）は，証明を要する（民訴179条参照）。主要事実に争いがある場合には，主要事実の存否を推認させる事実（間接事実）も，主要事実を証明するための手段として証明の対象となる。また，証拠の証明力が問題となる場合には，証拠の証明力を明らかにするための事実（補助事実）も証明の対象となる。

　この証明は，その事実の存在について証明責任を負う当事者がするのが

通常である。ある事実について裁判所が心証を形成することができないときは，その事実は不存在とされ，その当事者が不利益を受けることになるからである。

　　＊証拠調べの結果については，証拠共通の原則が適用されることに注意する必要がある。この原則により，相手方の申請にかかる証拠調べの結果を自己にとって有利に事実認定に利用する場合でも，その結果を援用するとの当事者の行為は不要であり，そのような行為が行われたとしても，裁判所の注意を喚起する意味を有するにすぎない（最判昭和28年5月14日民集7巻5号565頁[43]）。

　ここで問題となっている「証明」の概念について，判例は，「訴訟上の因果関係の立証は，一点の疑義も許されない自然科学的証明ではなく，経験則に照らして全証拠を総合検討し，特定の事実が特定の結果発生を招来した関係を是認しうる高度の蓋然性を証明することであり，その判定は，通常人が疑を差し挟まない程度に真実性の確信を持ちうるものであることを必要とし，かつ，それで足りるものである。」と判示し（最判昭和50年10月24日民集29巻9号1417頁〔いわゆるルンバール事件判決，百選57事件〕。なお，最判平成12年7月18日判タ1041号141頁〔長崎原爆訴訟上告審判決〕も同趣旨の判示をしている），通説的見解もこれを支持している。

　　＊上記判例の理解としては，①判例は証明ありというためには「高度の蓋然性」及び「主観的確信」の2要件を必要としているとの理解と，②判例は必ずしも証明には高度の蓋然性と主観的確信の2要件が必要というのではなく，客観的な「高度の蓋然性」の判定基準として「主観的確信」を位置付けているという理解がある。また，近時，このような判例・通説とは異なり，優越的蓋然性（証拠の優越）をもって民事訴訟における証明度とすべきであるという見解も有力に主張されており，裁判実務の現場では，必ずしも常に高度の蓋然性の判断基準に従って裁判がされているとはいえず，

---

43) 要旨：証拠調べの結果が証拠として適法に弁論に顕出された以上，証拠共通の原則に従い，裁判所は自由な心証によってこれを事実認定の資料となすことができるのであって，必ずしもその証拠調べの申出をなし，もしくはその証拠調べの結果を援用する旨を陳述した当事者の利益にのみこれを利用しなければならないものではない。当事者の一定の証拠を自己の利益に援用する旨の陳述は，裁判所が職責としてなす証拠判断につき，その注意を喚起するほどの意義を有するに過ぎないのであって，裁判所はかかる陳述の有無を問わず，適法に提出されたすべての証拠について，当事者双方のために共通してその価値判断をなさなければならない。

しばしば優越的蓋然性を用いた判断が行われているとの指摘もある[44)45)]。

2 書証

(1) 書証の申出

書証とは，文字その他の記号によって表現される文書に記載された特定人の思想内容（意思，認識，報告，感情等）を証拠資料とする証拠調べをいう。書証は，申出によって始まるが，その方法には，次の3種類がある。

（書証申出の方法）

① 挙証者が自ら文書を所持する場合
　　──文書の提出（民訴219条，民訴規137条）
② 文書の提出義務を負う相手方または第三者が文書を所持する場合
　　──文書提出命令の申立て（民訴219条，221条，民訴規140条）
③ 文書の所持者に提出義務はないが，提出される見込みがある場合
　　──文書送付の嘱託の申立て（民訴226条本文）

なお，実務上は，証拠方法としての文書自体をも「書証」と呼ぶことがある。なお，民訴規則55条2項は，「証拠となるべき文書の写し（以下「書証の写し」という。）」としている。

(2) 書証の種類・形式的証拠力

書証は，通常，処分文書（例えば，手形・遺言書などのように，それによって証明しようとする法律上の行為がその文書によってされたもの）と報告文書（例えば，日記，手紙，商業帳簿などのように，作成者の意見等を記載したもの）に分けられる。書証の実質的証拠力（信用性）は，処分文書において最も強いが，報告文書についても，証言に比べて優れている面（報告文書は，証言に比してその信用性の判断が難しく，その証明力は弱い場合が多い

---

44) 伊藤眞「証明，証明度及び証明責任」法学教室254号33頁（2001），伊藤眞＝加藤新太郎ほか「座談会　民事訴訟における証明度」判例タイムズ1086号4頁（2002），加藤・裁量論128頁。加藤・民事事実認定論55頁以下，中西正「自由心証主義」争点172頁参照。
45) なお，証明論に関する判例として，過失の概括的認定について最判昭和39年7月28日民集18巻6号1241頁〔百選59事件〕，過失の一応の推定について最判昭和43年12月24日民集22巻13号3428頁〔百選60事件〕，損害賠償額の算定について東京高判平成21年5月28日判時2060号65頁〔百選58事件〕，岡田幸宏「損害額の認定」争点176頁参照。

が，その作成時期が確定すると，その作成者が当該書証の作成当時に一定の認識等を有していたと認められるという面）もある[46]。

　書証の内容に合致した事実があるということを証明するためには，その書証に「形式的証拠力」があることが必要である[47]。書証に形式的証拠力が認められるためには，その成立が真正であること（文書とは，人の思想内容が文字その他の読むことのできる符号によって記載されているものと定義されるから，その記載内容が外形的・客観的に書証の作成者の思想・認識等の表現であると認められることが必要である。この点に関し，当該文書の真正な作成〔作成名義人が作成したとの事実〕は認めながら，作成者には記載内容のような認識・意思はなかった，あるいは内容を良く読まないまま署名押印したなどと主張されることがあるが，これらの陳述は，形式的証拠力を問題とするものではなく，実質的証拠力〔信用性〕の有無に関するものと考えるべきであり，実務上，「趣旨否認」と呼ばれることがある）を要するから，書証を証拠として用いる場合には，まずこの点に留意すべきである。

　(ｱ)　処分文書の場合

　例えば，形式的証拠力のある「原告と被告との間の売買契約書」があれば，原則として，その契約書によって，直接に原告と被告との間に売買契約が成立したことが認められることになる（この売買契約書記載の意思表示が虚偽表示であるか否かなどは，契約の効力の問題として別に考えるべき問題である）。処分文書は，このように，当該契約書自体が契約締結という法律行為を表示しているところに，基本的な特徴がある[48]。

　(ｲ)　報告文書の場合

　報告文書の実質的証拠力は，処分文書と比べると劣る。報告文書の実質的証拠力は，その文書の作成者，作成時期，文書の性質などによっても大きく異なることに注意する必要がある[49]。例えば，平成29年5月1日にお

---

46)　事例で考える20頁以下，40頁参照。
47)　民事裁判において証拠能力は基本的に問題とならないが，違法収集証拠との関係では，これが問題となることがある。なお，間渕清史「証拠能力」争点188頁，窃取された文書の証拠能力について神戸地判昭和59年5月18日判時1135号140頁〔百選66事件〕参照。
48)　事例で考える36頁。
49)　事例で考える37頁。

ける売買代金の支払の有無が争点となっているケースで，いずれも形式的証拠力がある文書であっても，①同日付けの売主名義の代金の領収書と②●●4年5月1日に作成された買主名義の代金を支払った旨の陳述書とでは，その実質的証拠力は全く異なる。①は，その時期に，代金を受領した者によって作成された代金の領収書（作成名義人にとって不利益な事実を記載した書面と考えられる）であり，特段の事情のない限り（例えば，第三者に見せる特別の必要があって虚偽の内容の領収書を作成したなど），実質的証拠力は高い。これに反し，②は，5年も後に，しかも，その代金を支払ったとする者によって作成された陳述書（作成名義人に有利な事実を記載した書面と考えられる）であり，実質的証拠力は低い。

　　＊報告文書のうち，一般的に実質的証拠力が高いと考えられるものとしては，公証人による確定日付，官公署の受付印，いわゆる内容証明郵便についてされた郵便認証司作成の証明文書，郵便事業株式会社作成の配達証明，配達担当者作成の郵便送達報告書，業務の通常の過程において作成された商業帳簿，当該行為のあった当時作成された領収書・受領書・納品書，当該日付の日の日記作成者の行動や作成者が直接見聞した事項を当時記載した日記・手帳などがある。ただし，私人が作成した商業帳簿・日記・手帳などについては，その全体または一部が真に当時作成されたか否かが強く争われる場合も少なくない[50]。

(3) 証拠説明書

　第1回口頭弁論期日において，原告は甲第1号証，第2号証，第3号証の1，2，第4号証の1，2を，被告は乙第1号証をそれぞれ提出した。実務上，書証を提出する場合には，原告が提出する書証には「甲」，被告が提出する書証には「乙」という符号を記載し，提出する順に，例えば甲第1号証，甲第2号証等とするのが通例である。書証を提出する際には，その書証によって証明しようとする事実，すなわち「立証趣旨」を明らかにしなければならず（民訴180条，民訴規99条1項），その申出をするときまでに，その写しを提出するとともに，文書の記載から明らかな場合（例えば，登記簿謄本や戸籍謄本を提出する場合等が考えられる）を除き，文書の標目（表題），作成者及び立証趣旨を明らかにした「証拠説明書」を提出し

---

[50] 事例で考える37頁参照。

なければならない（民訴規137条1項）。書証の写しとこの証拠説明書によって，裁判所と相手方当事者は，期日に提出される書証の内容を事前に吟味・検討して，立証趣旨との関連性，取調べの必要性等を判断することができることになり，その結果，期日に取り調べるべき書証の整理が可能となるのである。実務では，この証拠説明書における立証趣旨等の記載は比較的簡単であることが多いが，争いの態様等との関係で，書証の作成経過等についても記載されていると，争点等の整理のためにも有効な手段となることがある。

　本件では，乙第1号証に関する証拠説明書（記録**62**頁）は，同号証の写しとともに提出されているが，甲第1号証等に関する証拠説明書は，若干遅れて第1回弁論準備手続期日前に提出されている。実務上は，証拠説明書が提出されるまで書証の提出・取調べが留保される場合もある。しかし，本件では，甲第1号証，第2号証，第3号証の1，2，第4号証の1，2は，いずれも文書の標目及びその記載内容からその立証趣旨等が明らかであるため，証拠説明書の提出を待つことなく，提出・取調べがされている。

(4) 証拠決定

　証拠の申出があれば，裁判所は証拠の採否を決定する。当事者が取調べを求めた証拠であっても，要証事実との関係で，関連性や必要性がないと判断された場合には，これを取り調べる必要はない（民訴181条1項）。

> ＊なお，判例は，証拠決定（証拠の申出を容認する証拠調べの決定及びこれを排斥する却下決定）という特別の形式は必要ではないとしている（最判昭和26年3月29日民集5巻5号177頁[51]，最判昭和45年12月4日判時618号35頁）。実務上は，証人については原則として採否の決定をしているが，書証を採用するについては明示の決定をしないことも多く，これらの場合でも，観念的には黙示の証拠決定があったものと解されている。しかし，証拠の申出が不適法あるいはその取調べが不要であるとして，これを排斥する場合には，当事者の立証活動に指針を与える意味もあることから，なるべく早期に却下の決定をすべきであろう[52]。

---

51) 要旨：当事者の申し出た証拠を裁判所が不必要と認めたときは，特に却下決定をしないで，証拠を取り調べないこともできる。
52) 新堂624頁参照。証拠の採否（証拠決定）については，ＬＱ287頁以下，裁量と

(5) 書証の成立

　書証の成立の真否は，書証の形式的証拠力の問題である。すなわち，書証は，「特定人の思想を文書の記載を通じて証拠資料とするもの」であるから，作成者とされる者の意思に基づいて作成されたものであることが前提となる。したがって，挙証者は，書証の提出に際して，まず証拠説明書などによって必ず作成者が誰であるかを明らかにしなければならない（ただし，書面上に作成者の氏名が表れていて，挙証者も，相手方も特に反対の主張をしていなければ，その名義人の作成した文書として提出しているものとして手続が進められる）。そして，文書が，挙証者によって作成者と主張されている者の意思に基づいて作成されたものであるとき，これを「真正に成立した文書」あるいは「その文書は真正に成立している。」などという。

　このように，書証の記載内容を事実認定の資料とするには，その文書が真正に成立したものでなければならず，私文書の成立について争いがあるときは，その真正が証明されなければならない（民訴228条1項）。書証の申出があった場合，相手方は書証の成立について認否を述べることになるが[53]，相手方が書証の成立を否認しようとするときは，その理由を明らかにしなければならないとされている（民訴規145条）。書証の成立を否認する理由とは，「その文書は偽造された」であるとか，「印鑑が盗用された」など具体的な間接事実または補助事実として争点となるような陳述をいう。したがって，書証の成立に関する認否についても，前述の証拠説明書と同様，必要に応じて，その書証の認否とその理由を記載した書証認否書の活用を考慮すべきである[54]。

　　＊例えば，当事者本人の作成名義のある契約書等について，相手方が単に「否認する」というだけで何ら具体的な理由を述べない場合には，裁判所

規律161頁〜184頁〔三角比呂・山本和彦〕参照。

53) ただし，当事者は，特にその成立を争う特定の書証についてだけ，その理由を明示して否認の陳述をすれば足り，成立を争わない書証については，必ずしも認否をする必要はない。

54) このような書証認否書に書証の作成経過等の実質的な事項が記載されていれば，争点等の整理のためにも有益である。なお，偽造文書が書証か，検証物かについて，実務では，検証物としても提出できるが，書証として証拠調べの対象となるとも解されており，その場合は「偽造文書として提出」することを明示する必要があるとされている。

としては，いわば「弱い争い方」であるとして，相対的に文書の成立の立証が容易なものとして取り扱うことになる。また，単なる「不知」あるいは「知らない」との陳述も，文書の成立についての争い方としては弱いものというべきであるから，特に相手方がその点に関する立証を求めるなどと積極的かつ具体的に述べない限り，弁論の全趣旨によって成立の真正が認められることが多い。このように，理由を明らかにしない否認や単なる不知との認否は，特段の立証を待たず，書証の成立が認められる場合も少なくないから，書証の成立の判断にさほど大きな影響を及ぼすものでないことに特に注意する必要がある。

なお，相手方が書証の成立の真正を争わない場合であっても，このような書証の成立に関する自白は裁判所を拘束しないから（最判昭和52年4月15日民集31巻3号371頁[55]），裁判所は，他の証拠によりその成立の真正を否定することができる。なお，公務員が職務上作成したものと外観上認められる文書は，真正な公文書と推定される（民訴228条2項）。

(6) **文書の成立に関する「二段の推定」**

文書の成立について争いがある場合，民訴法228条4項は，「私文書は，本人又はその代理人の署名又は押印があるときは，真正に成立したものと推定する。」として，成立の立証を容易にしている。しかし，この推定が働くためには，署名または捺印が本人の意思に基づいてされたことが証明される必要がある。したがって，「押捺されている印影が作成者とされている者の印章によって顕出されたことは認めるが，捺印が本人の意思に基づくことは否認する」として争われた場合，民訴法228条4項の推定はこのままでは働かないことになる。

そこで，このような場合，判例は，「私文書の作成名義人の印影が当該名義人の印章によって顕出されたものであるときは，反証のないかぎり，該印影は本人の意思に基づいて顕出されたものと事実上推定する」として，もう一段の推定を働かせる（最判昭和39年5月12日民集18巻4号597頁〔百選70事件〕[56]）。この結果，印影が名義人の印章（印鑑）によって顕出されれ

---

55) 要旨：書証の成立の真正についての自白は裁判所を拘束しない。
56) 要旨：私文書の作成名義人の印影が当該名義人の印章によって顕出されたものであるときは，反証のない限り，該印影は本人の意思に基づいて顕出されたものと事実上推定するのを相当とするから，民訴法326条（現行民訴法228条4項）により，該文書が真正に作成されたものと推定すべきである。

ば，名義人の意思に基づいて印章を押捺したと推定され，さらに民訴法228条4項により，文書全体が真正に成立したと推定されることになる。これを「二段の推定」といい，実務上，私文書の成立が問題となる場合には，この推定が用いられることが多い。「二段の推定」が問題となるケースの多くは，印影が名義人の意思に基づいて顕出されたものかどうかという第一段目の推定に関する部分に争いがあるケースである。この推定は経験則に基づく事実上の推定であって，内在的に多くの例外を含むものであるから，それほど強く確実な推定であるとは考えられていない。また，実務感覚としては，印章の盗用や冒用の可能性等を審理することは，契約成立に必要な間接事実について審理することになり，二段の推定を用いるまでもなく，間接事実から主要事実である契約の成否を判断することができる場合が少なくないから，裁判官の多くは，事実認定の手法として「二段の推定」をそれほど重視していないとの指摘もある。いずれにせよ，実務的には，「二段の推定」に過大な期待をかけないこと，間接事実（補助事実）を積み重ねて地道な事実認定をするよう心掛けることが大切である[57]。

　本件で提出されている甲第1号証は○○地方法務局登記官の作成名義，第2号証は藤田清・被告・前沢聡の共同作成名義である。第3号証の1は，1個の書証中に複数の作成名義人の文書がある場合であって，本文は原告作成名義，末尾の証明文は郵便事業株式会社作成名義であり，同号証の2は郵便事業株式会社○○支店作成名義である，第4号証の1も同様に，本文は原告代理人甲野太郎弁護士作成名義，末尾の証明文は郵便事業株式会社作成名義であり，同号証の2は第3号証の2と同様である[58]。また，乙第1号証は，○○運送株式会社の作成名義である。甲乙各号証の書証目録

---

57) 加藤・民事事実認定論95頁以下，信濃孝一「印影と私文書の真正の推定」判例時報1242号13頁（1987），須藤典明「文書成立の真正の推定」伊藤眞＝加藤新太郎『［判例から学ぶ］民事事実認定』（有斐閣・2006）56頁，森宏司「私文書の申請の推定とその動揺」判タ563号26頁，森鍵一「私文書の真正の推定」判タ1385号51頁，高島義行「二段の推定とその動揺」判タ1421号5頁参照。なお，二段の推定の推定力をどの程度のものと考えるか，すなわち，推定を覆すためにどの程度の反証を必要とするかについては，間接反証（本証）であるとする見解と，反証で足りるとする見解に分かれる。実務的には後者が多数である。

58) 1個の書証中に複数の作成名義人の文書がある場合には，各作成名義部分ごとに正確な認否をすることが必要である。

（記録**55**頁～**57**頁）の「陳述」欄が空白であることから，これらの各書証の成立には特段の争いがないことが分かる。

(7) **証拠調べ**

書証の証拠調べは，裁判官が，当事者から提出された文書の原本を法廷で閲読することによって行われる。書証は，文書に記載された意味内容を証拠とするものであるが，要証事実との関係で，文書の紙質，印影，筆跡等をも同時に検査することが少なくない。厳密にいえば，このような検査の性質は検証であるが，実務上は，文書の意味内容を証拠とするときは，このような検証的な部分をも含めて書証として取り扱われる。

なお，実務では，書証の証拠調べが終了すれば，裁判所は，訴訟記録にその写し（民訴規137条）を綴じて，その文書の原本は所持者に返還する。しかし，他の証拠調べとの関係等から必要がある場合には，裁判所は，文書の原本を返還しないで留め置くことができる（民訴227条）。

3 書証に関する留意事項

(1) **原本がない文書の証拠調べの方法**

文書の証拠調べをするには，文書の原本，正本，認証ある謄本を提出等することが必要である（民訴規143条1項）[59]。この文書の提出を写しの提出によって行うことはできないが，原本がない場合もあることから，一定の条件の下で文書の写しを提出して書証の申出・証拠調べを行うことが認められている。

① 原本に代えて写しを提出する場合　例えば，契約書等の原本の存在と成立に争いがなく，相手方が写しをもって原本の代用とすることに異議を述べない場合には，大審院以来の判例によって，契約書等の原本の提出に代えて写しを提出することができると解されている。

② 写しを原本として提出する場合　相手方の異議等によって①の原

---

59)「原本」とは作成された文書そのものである。「謄本」とは文書の写し・コピーであり，このうち権限のある公務員が職務上の権限に基づいて作成し謄本である旨認証したものを「認証ある謄本」という。「正本」及び「副本」とは，ともに謄本（写し・コピー）の一種で，原本と同一内容，同一の効力を有するものとして作成されたものであるが，正本とは，公証権限のある公務員等が特に正本として作成した原本の写しであり，副本とは正本とは別に控えとして作成された原本の写しである。「抄本」とは原本の内容の一部の写しであり，権限のある公務員が作成し抄本である旨認証したものを認証ある抄本という。

本に代えて写しを提出する方法を用いることができない場合などに，写しを手続上の原本として書証の申出をする場合である。実務的には，原本がない場合には，こちらの方法が用いられることが多い。この場合には，契約書等の写しそのものが証拠調べの対象となり，契約書等の原本の存在及びその成立について争いがないか，それらが証明されたときは，その写しが原本と同じ証明力を有することになる。

(2) 準文書の証拠調べ

図面，写真，録音テープ，ビデオテープその他の情報を表すために作成された物件で文書でないものも，その申出に関する手続や証拠調べは文書に準じて行われる（民訴231条，民訴規147条）[60]。特に，写真については，挙証者において，その証拠説明書において，被写体，撮影時期，撮影者などを明らかにし（民訴規148条），相手方がこれらを争う場合にはその旨認否する必要があることに注意する必要がある。

録音テープ等については，その複製物（複製テープ）を裁判所に提出し，相手方に交付するとともに（民訴規147条，137条），立証趣旨のほか，録音・録画等の対象，その日時・場所を明らかにした証拠説明書を提出しなければならない（民訴規148条）。また，裁判所又は相手方の求めがあるときは，提出者は，録音テープ等の内容を説明した書面を提出しなければならない（民訴規149条）。この説明書面は，録音テープ等の内容を理解するための補助的手段であって，それ自体が書証となるものではない。

これに対し，録音テープ等の証拠調べではなく，録音テープ等を反訳した文書（反訳文書）を提出して書証の申出をする場合があるが，この場合には，相手方がその録音テープ等の複製テープの交付を求めたときは，相手方にその複製テープを交付しなければならない（民訴規144条）。この場合には，証拠となるのは反訳文書であり，複製テープは，反訳文書の内容を確認するための補助的手段として交付されるにすぎない。実務的には，後者の反訳文書を提出して書証の申出をする場合が多いようであるが，録音テープ等を証拠とするか，録音テープ等の反訳文書を証拠とするかによって，証拠調べの手続等が異なることになる（録音テープ等を証拠とする場

---

[60] 無断（秘密）録音テープ（違法収集証拠）の証拠能力については東京高判昭和52年7月15日判時867号6頁参照。

合には，準文書として法廷での証拠調べ〔再生・映写等〕が必要となる）から，その違いを明確にしておくことが必要である。

4 その他の証拠調べ手続の概要

ここで，その他の証拠調べ手続についても，若干の解説をしておくこととする（ただし，人証調べ〔証人尋問及び当事者尋問〕は第9章Ⅲ2(2)(3)195頁以下を参照のこと）[61]。

(1) **文書提出命令・文書送付嘱託**

書証の申出には，文書の提出による方法の他にも，文書提出命令の申立てによる方法（民訴219条，221条，民訴規140条），文書送付嘱託の申立てによる方法（民訴226条本文）がある。

(ｱ) **文書提出命令**

文書提出命令の申立ては，その前提として，申立ての相手方が民訴法220条に規定されている文書提出義務を有するか否かについてまず検討する必要がある。同条1号から3号までは，当事者と文書との間に特殊な関係がある場合の個別的な義務としての提出義務に関する規定であり，4号はそのような特別の関係等を問題にせず，むしろ文書一般について提出義務を認めたうえで，4号イからホに掲げる除外事由がある場合にその義務を解除することとしたものである。通常の民事事件において，文書提出命令が申し立てられ，裁判所が文書提出命令を発することはさほど多くはない。以下では，実務的に特に注意しておくべき点についてのみ触れておくこととする[62][63]。

文書提出命令の申立てがされた場合に，実務上問題となることが多かっ

---

[61] なお，佐上善和「証拠収集方法の拡充」争点178頁参照。
[62] 文書提出命令及び文書提出義務一般については，山本和彦ほか編『文書提出命令の理論と実務』（民事法研究会・2016），山本和彦「文書提出義務をめぐる最近の動向について」法曹時報58巻8号1頁（2006），伊藤眞「文書提出義務をめぐる判例法理の形成と展開」判例タイムズ1277号13頁（2008），杉山悦子「文書提出命令と判例理論」ジュリスト1317号93頁（2006）参照。
[63] なお，長谷部由起子「文書提出義務(1)—自己利用文書」争点194頁，町村泰貴「文書提出義務(2)—秘密性」争点198頁，萩澤達彦「文書提出命令の手続・効果」争点202頁，伊藤眞「民事訴訟における秘密保護」争点136頁，文書提出命令と職業の秘密について最決平成20年11月25日民集62巻10号2507頁〔百選68事件〕，「証明すべき事実」の特定性（模索的証明）について大阪地決昭和61年5月28日判時1209号16頁①事件〔百選71事件〕参照。

たのは，申立てにかかる文書が民訴法220条4号ニの「専ら文書の所持者の利用に供するための文書」（「自己利用文書」といわれる）に該当するのか否かである（4号ニのかっこ書は，「国又は地方公共団体が所持する文書にあっては，公務員が組織的に用いるものを除く。」としているが，これは，公務員が組織的に用いるものとして保有している文書は本来行政情報公開法による開示の対象となる文書であり〔行政情報公開法2条2号〕，自己利用性を根拠に開示の拒絶を認めることは相当でないとされたことによるものである）。この点について，判例（最決平成11年11月12日民集53巻8号1787頁〔百選69事件〕）は，ある文書が，(a)その作成目的，記載内容，これを現在の所持者が所持するに至るまでの経緯，その他の事情から判断して，専ら内部の者の利用に供する目的で作成され，外部の者に開示することが予定されていない文書であって，(b)開示されると個人のプライバシーが侵害されたり個人ないし団体の自由な意思形成が阻害されたりするなど，開示によって所持者の側に看過し難い不利益が生ずるおそれがあると認められる場合には，特段の事情がない限り，当該文書は民訴法220条4号所定の「専ら文書の所持者の利用に供するための文書」に当たるとして（したがって，自己利用文書性の要件は，①内部文書性〔内部利用目的・外部非開示性〕，②不利益性〔看過し難い不利益の存在〕，③特段の事情の不存在ということになる），その判断基準を示した上，銀行において支店長等の決裁限度を超える規模，内容の融資条件について本部の決裁を求めるために作成され，融資の内容に加えて，銀行にとっての収益の見込み，融資の相手方の信用状況，融資の相手方に対する評価，融資についての担当者の意見，審査を行った決裁権者が表明した意見などが記載される文書である「貸出稟議書」は，特段の事情がない限り，民訴法220条4号の「専ら文書の所持者の利用に供するための文書」に当たると判示した。同判決は，従来から議論のあった貸出稟議書が自己利用文書に当たるとしたものである[64]。

---

64) その後の実務では，この判断基準に依拠して判断されているが（ただし，実質的には，多少の座標軸の移動ないし揺らぎが生じているとする見解〔高橋(下)177頁〕もある），①銀行の貸出稟議書については，自己利用文書に当たるとされた事例（最決平成12年12月14日民集54巻9号2709頁）と，自己利用文書に当たらないされた事例（最決平成13年12月7日民集55巻7号1411頁），②保険業法に基づいて設置された調査委員会の作成した調査報告書について自己利用文書に当たらないとされ

そして，文書の提出を命ずる裁判に対しては，提出を命ぜられた相手方当事者又は第三者から（なお，最決平成12年12月14日民集54巻9号2743頁[65]），申立てを却下する裁判に対しては，申立人から即時抗告をすることができる（民訴223条7項）。しかし，民訴223条7項は，文書提出命令が文書の所持者に特別の義務を課し，これに従わない所持者が不利益（民訴224条）を受け，あるいは過料の制裁を受けることがある（同225条）ことを理由とするものであり，文書提出義務の有無に限って，特に即時抗告を認めたものと解されるから，証拠調べの必要性がないことを理由とする文書提出命令の申立ての却下決定に対しては，独立の不服申立てをすることはできない（最決平成12年3月10日民集54巻3号1073頁[66]）こと（証拠採否の決定は受訴裁判所の専権に属する事項であるから独立の不服申立てをすることができないこと）に注意すべきである。

(イ) 文書送付嘱託

文書送付嘱託の申立ては，当事者が当該文書を所持していない場合の書証申出方法の一つである。当事者が裁判所に対し，裁判所から文書の所持者に申立てに係る文書を裁判所へ送付するよう嘱託することを求めるものである（ただし，登記事項の全部事項証明書のように，当事者が法令により文

た事例（最決平成16年11月26日民集58巻8号2393頁），③市の議会の会派に所属する議員が政務調査費を用いてした調査研究の内容及び経費の内訳を記載して当該会派に提出した調査研究報告書及びその添付書類について自己利用文書に当たるとされた事例（最決平成17年11月10日民集59巻9号2503頁。最決平成22年4月12日判時2078号3頁も同旨），④銀行の本部の担当部署から各営業店長等にあてて発出されたいわゆる社内通達文書であって一般的な業務遂行上の指針等が記載されたものが自己利用文書に当たらないとされた事例（最決平成18年2月17日民集60巻2号496頁），⑤介護サービス事業者が作成した審査支払機関に伝送する情報を利用者の個人情報を除いて一覧表にまとめた文書が自己利用文書に当たらないとされた事例（最決平成19年8月23日判タ1252号163頁），銀行が法令により義務付けられた資産査定の前提として債務者区分を行うために作成・保存している文書について自己利用文書に当たらないとされた事例（最決平成19年11月30日民集61巻8号3186頁，その差戻し後の再上告審決定である最決平成20年11月25日民集62巻10号2507頁〔百選68事件〕）などがある。なお，文書提出命令における法律関係文書と自己利用文書との関係について最決平成12年3月10日判時1711号55頁参照。

65) 要旨：文書提出命令の申立てについての決定に対しては，文書の提出を命じられた所持者及び申立てを却下された申立人以外の者は抗告の利益を有しない。

66) 要旨：証拠調べの必要性を欠くことを理由として文書提出命令の申立てを却下する決定に対しては，その必要性があることを理由として独立に不服の申立てをすることはできない。

書の正本又は謄本を求めることができる場合は，その対象から除かれる）。文書送付嘱託は，文書提出義務（民訴220条）を前提とするものではないから，文書の所持者が嘱託に応じなくとも制裁はない。実務では，不動産登記関係訴訟において，登記申請書及びその添付書類の送付嘱託等，法務局や公証役場に対して嘱託することが多いが，嘱託先は官公署に限られず，団体であるか，個人であるかを問わない（なお，実務では，受訴裁判所が属する〔国法上の〕裁判所に保管中の訴訟記録について書証の申出をすることを「記録提示の申出」といい，その手続を送付嘱託と区別して「記録の提示」あるいは「記録の取寄せ」と呼んでいる。同一の裁判所内にある記録であるから送付嘱託の必要はないが，その実質は送付嘱託と同じである。これに対し，別の裁判所が保管する訴訟記録について書証の申出をするときは，送付嘱託の申立ての方法による必要がある）。文書送付嘱託の申立てが行われる事件は少なくない。

(ウ) 文書提出命令，文書送付嘱託，記録提示の申出は，いずれも書証の申出の方法であるから，民訴法上は，それらの書面の所持者から裁判所に提出された（裁判所に到着した）時点で証拠調べが可能な状態となり，当事者から改めての書証の申出は必要としないようにも思われる。しかし，民事訴訟の実務では，裁判所に提出された段階でそのまま書証となるのではなく，裁判所が，口頭弁論等において，到着している文書を「提示」（これを「弁論提示」[67]という）した上，挙証者（多くの場合は申立人であるが，相手方の場合もある）において，裁判所に保管中の文書の中から提出すべき文書を選別し，これを改めて文書の提出の方法により書証の申出をすることとしている。このように，文書提出命令，文書送付嘱託，記録提示による書証の申出は，いずれも後日当事者が改めて正式に行う書証の申出の準備段階にすぎないとする取扱いが確立している。このような取扱いの理由は，当事者が提出等を求める書面の内容について知らない場合が多いため，提出等を受けた文書の中から必要な文書を選択して改めて書証の申出をさせることによって，不必要な文書の書証申出を防ぐということにあるとされている。

---

[67] 裁判所が当事者に対して裁判所に提出等されている文書があることを告知し，当事者に示す行為である。

(2) 調査嘱託

　裁判所は，申立て又は職権により，事実あるいは経験則に関し，必要な調査を官公署，外国の官公署，学校，商工会議所，取引所その他の団体（個人には嘱託できないことに注意）に嘱託することができる（民訴186条）。嘱託先が有する資料で容易に回答できる場合に用いられる証拠調べの方法である。調査嘱託は，事実の報告を求める場合は証人尋問に近いが，専門的知識・経験則に関する報告を求める場合は鑑定に近いといえる。調査嘱託がこのような性質を有するものでありながら，その結果をそのまま証拠資料にすることができるのは，報告者が公正であり，報告作成過程における確実性が期待できることによるものである。したがって，調査嘱託は，報告者が主観を混入させるおそれがない客観的事項であって，報告者が有する資料によって容易に回答できる事項に限られるべきである。調査嘱託によって得られた回答書等調査の結果を証拠とするには，裁判所がこれを口頭弁論等に「顕出」[68]して当事者に意見陳述の機会を与えれば足り，当事者の援用を要しない（最判昭和45年3月26日民集24巻3号165頁）。

(3) 検証

　検証は，裁判官が自己の五感の作用によって直接に人体及び事物の形状・性質等を検査認識し，自己の判断能力をもって事実判断を行う証拠調べである。人証や書証が人の思想や認識を証拠とするものであるのに対し，検証は，裁判官が五感の作用によって知覚したものを直接に証拠とする点に特徴がある。したがって，文書であってもその記載内容ではなく，その存在，紙質，筆跡，印影の同一性等を調べるときは，書証ではなく，検証である。検証によって得られた事実判断を「検証の結果」という。検証は，直接目的物に対して行われるものであるから，検証の目的物に関する当事者の指示説明などは，裁判所の事実判断を補助するものにすぎず，それが証拠資料となるものではない。

　検証も証拠調べの一種であり，当事者の申出によって行われる。裁判所の釈明処分としての検証（民訴151条1項5号）は，職権によって行うこと

---

[68] 裁判所が口頭弁論等において裁判所に到着した回答書等を示し，当事者に意見陳述の機会を与える行為であり，これにより回答書等を証拠資料とすることができる。

ができる。釈明処分としての検証は、当事者の主張を明確にして争点を明瞭にするために行われるものであるから、証拠調べとしての検証とは異なる。

検証の目的物を挙証者が所持する場合には、検証の申出をした当事者がこれを裁判所に提示する（民訴232条1項、219条）。これに対し、挙証者が目的物を所持していない場合には、検証の申出をする当事者において、その申出と併せて、文書提出命令の申立てに準じ、その提示又は検証受忍（検証協力義務ともいわれる。この義務は証人義務と同様に我が国の裁判権に服する者の一般的義務であると解される）を命ずる旨の申立てをするか（民訴232条1項、219条）、文書送付嘱託の申立てに準じ、目的物の送付を嘱託すべき旨の申立てをすることになる（民訴232条1項、219条）。

口頭弁論期日外・裁判所外で検証が実施された場合、当事者は、口頭弁論等においてその結果を陳述（これを「結果陳述」[69]という）しなければならない。なお、証拠調べの結果は、一体のものであるから、当事者が自己に不利益な部分を除外して有利な部分のみを「結果陳述」することはできない。

(4) 鑑定、鑑定の嘱託

(ア) 鑑定

鑑定は、特別の学識経験を有する第三者に、その専門知識又はその知識を適用して得た判断を報告させて、裁判官の判断能力の補助とするための証拠調べである[70]。鑑定の対象となる事項には、①裁判所がその知見を有していない特殊な分野における経験則・学識等（ある社会における慣習の存否、病気の発生メカニズムなど）と、②特殊な分野における経験則等を適用して得られる具体的な判断（印影・筆跡の同一性、血液型・遺伝子等から推定される親子関係の存否、不動産その他の財産の価値、医療過誤訴訟における

---

[69] 口頭弁論期日外で証拠調べが実施された場合（所在尋問、現場検証、受命又は受託裁判官による証拠調べ等）にその証拠調べの結果を口頭弁論等に上程する方法である。この結果陳述がなければ、直接主義・口頭主義に反することになり、当該証拠調べの結果を証拠資料とすることはできない。この陳述は、当事者の行う「報告的陳述」であると解されている。

[70] 審理判断等に当たって専門的知見を要する場合には、専門委員に訴訟手続への関与を求め、当該委員から説明を聴く方法（民訴92条の2以下）もある。

因果関係の存否など）の2つがある[71]。

＊裁判長は，鑑定人に対し，書面又は口頭で，その鑑定意見を述べさせることができる（民訴215条1項）。書面による場合，鑑定人に意見を聴いたうえで，その提出期間を決めることができる（民訴規132条2項）。鑑定意見の陳述を書面によって行わせるか，口頭によって行わせるかは，鑑定事項の内容等に応じて裁判長がその裁量によって定めることになる。実務上は，意見の陳述は書面（鑑定書）によって行われることが多く，更に必要があるときに限り，これを補充するために，口頭での意見の陳述が行われるのが一般的である。したがって，手続的には，(i)鑑定の申出，(ii)申出の採用（鑑定事項の確定〔民訴規129条4項〕，鑑定人の指定〔民訴213条〕），(iii)鑑定人からの宣誓書の提出（書面宣誓，民訴規131条2項），(iv)鑑定書の提出という順序で進行し，更に補充が必要な場合には，(v)鑑定人に更に意見を求める申立て（民訴215条2項），(vi)申立ての採用と鑑定人質問期日の指定，(vii)鑑定人質問期日の実施（鑑定人の口頭での意見陳述と鑑定人に対する質問の実施）が行われることになる（ただし，実務的には，補充の必要がある場合であっても，鑑定人質問期日を実施せず，再度鑑定人に書面〔鑑定補充書などと呼称される〕をもって報告させることが多い）。受訴裁判所に鑑定書として直接報告された鑑定意見については，口頭弁論等において，裁判所が「顕出」して当事者に対し意見陳述の機会を与えれば足りる。ただし，当事者が口頭弁論等において「結果陳述」をする取扱いもあるようである。これによって，鑑定書は，「鑑定の結果」として証拠資料となる。

(イ)　鑑定の嘱託

　裁判所は，鑑定事項によっては，鑑定を行うのではなく，専門的知見を獲得するため，内外の官公署又は相当の設備のある法人（法人格のない団体又は研究所も含まれるものと解される）に鑑定を依頼することもできる。これが鑑定の嘱託である（民訴218条1項）。鑑定に関する規定は，宣誓の手続を除いて，鑑定の嘱託に準用されている（民訴218条1項，民訴規136条）。なお，当事者が鑑定嘱託の申立てをする場合もある。この場合には，鑑定の申出に準じて，鑑定を求める事項を記載した書面を提出しなければならない（民訴規136条，129条）。

---

71)　福岡右武「鑑定」争点210頁参照。

＊鑑定の受託機関から鑑定書が提出された場合，鑑定人から裁判所に提出される鑑定書と同様に，口頭弁論等に「顕出」して当事者に意見陳述の機会を与える。この場合には，鑑定嘱託の結果自体が証拠資料となるのであって，鑑定書が書証となるのではない。鑑定受託機関から鑑定書の提出を受けた裁判所は，必要があると認めるときは，その受託機関が指定した者に鑑定書の説明をさせることができる（民訴218条2項）。この受託機関が指定した者は，鑑定人でも，証人でもなく，「説明者」という特別の資格によるものである。この説明は，鑑定書を補充するものであり，鑑定書とともに証拠資料となる。なお，説明者は説明をするに当たって宣誓する必要はない。なお，説明者の説明も，説明書の提出を求める方法によることができる。

(5) **書面尋問**

　裁判所は，相当と認める場合で，当事者に異議がないときは，審理を迅速化するために，証人尋問に代えて，書面（尋問事項に対する回答書）の提出を求めることができる（民訴205条）。これが書面尋問である。地方裁判所の訴訟手続で，書面尋問の方法によることができるのは証人尋問のみであり，当事者本人尋問及び鑑定人質問にはこれを用いることができない（これに対し，簡易裁判所の訴訟手続では，証人，当事者本人及び鑑定人の意見陳述についても書面尋問を実施することができる〔民訴278条〕）。

　書面尋問は，証人が遠隔地に居住しているなど，裁判所に出頭することが困難であることのほか，尋問すべき事項が比較的簡明で，書面の提出を期待することができ，証人が中立的な立場であることが明らかで，反対尋問・補充尋問を実施しなくとも信用することができる，中立的で客観的な供述を得られる見込みがある場合などに限って実施されている。書面尋問は，争点整理手続の段階で，争点整理の前提となる事実を確定する必要があるなどにも用いられることがある。

　証人から書面（回答書）が裁判所に送付された場合，裁判所は，口頭弁論等において，回答書を「顕出」し，当事者に意見陳述の機会を与えることになる。この顕出があれば，当事者が援用しなくとも，回答書を証拠資料とすることができる。

コラム：計画審理

　争点が多岐にわたる複雑な事件等の適正迅速な処理のためには予め審理のスケジュールを立て，審理の計画的な進行を図ることを目的として，計画審理を推進するための規定が設けられている（裁量と規律53頁～74頁〔三角比呂・山田文〕，菅野雅之「計画審理」争点138頁参照）。裁判所及び当事者は，その責務として，適正かつ迅速な審理の実現のため，訴訟手続の計画的な進行を図らなければならない（民訴147条の2）。裁判所は，審理すべき事項が多数であり又は錯綜しているなど事件が複雑であることその他の事情によりその適正かつ迅速な審理を行うため必要があると認められるときは，当事者双方と協議をし，その結果を踏まえて審理の計画を定めなければならず（同147条の3第1項），一定の事件について審理計画の策定が裁判所に義務付けられており，具体的には，大規模な公害訴訟や，争点が複雑で困難な医療過誤訴訟，建築関係訴訟等が典型的なものとして想定されている。そして，裁判所が審理計画を定める場合には，その内容として，①争点及び証拠の整理を行う期間，②証人及び当事者本人の尋問を行う期間，③口頭弁論の終結及び判決の言渡しの予定時期を定めなければならない（同条2項）が，審理の現状及び当事者の訴訟追行の状況その他の事情を考慮して必要があると認めるときは，当事者双方と協議をし，その結果を踏まえて，それまでの審理計画を変更できる（同条4項）。

　また，審理計画の実効性を確保するため，裁判所（民訴147条の3第3項）又は裁判長（同156条の2）が特定の事項についての攻撃防御方法を提出すべき期間を定めた場合において，①当該期間経過後に提出することにより，審理計画に従った訴訟手続の進行に著しい支障を生じるおそれがあり，かつ，②当事者がその期間内にその攻撃防御方法を提出することができなかったことについて相当な理由があることを疎明することができなかったときは，裁判所は，申立てにより又は職権でこれを却下することができる（同157条の2）として，民訴法157条よりも厳格な制限を課している。

　なお，裁判の迅速化に関する法律では，第一審の訴訟手続については2年以内のできるだけ短い期間内にこれを終結させ，その他の裁判所における手続についてもそれぞれの手続に応じてできるだけ短い期間内にこれを終結させることを目標として掲げ（裁判迅速化法2条1項），裁判所は，充実した手続を実施することにより可能な限りこの目標を実現するよう努め（同6条），当事者，弁護士等も，可能な限りこの目標を実現するよう，手続上の権利は，誠実に行使しなければならない（同7条）と定める。

第8章

弁論準備手続期日

■この章で学んでほしいこと

【争点整理手続の意義と内容】
　　＊争点とは何か？
　　＊争点整理とは何か？どのように行われるか？
　　＊争点整理手続の種類
　　＊釈明処分の機能と役割……民訴151条
　　＊準備書面陳述の意義……民訴170条，民訴規88条
　　＊証拠の申出と書証（文書の証拠調べ）……民訴180条等（第7章参照）
　　＊人証申請と証拠（人証）決定……民訴180条等
　　＊争点整理手続の終了とその効果……民訴165条，170条，177条等
　　＊専門訴訟への対応はどのようにされるのか？……民訴92条の2～7

【第1回弁論準備手続期日】
　　【争点整理手続の開始】……民訴164条，168条，175条
　　＊争点整理手続の選択
　　　　　準備的口頭弁論……民訴164条～167条，民訴規86条，87条
　　　　　弁論準備手続……民訴168条～174条，民訴規88条～90条
　　　　　書面による準備手続……民訴175条～178条，民訴規91条～94条
　　＊進行協議期日の在り方……民訴規95条～98条
　　　（争点整理手続ではないことに注意）

【第2回弁論準備手続期日】
　　【争点整理手続の終了】……民訴165条，170条
　　＊人証申請と証拠（人証）決定……民訴180条等
　　＊争点整理の結果を要約した書面の提出……民訴165条，170条，176条
　　＊準備的口頭弁論の終了・弁論準備手続の終結（要証事実の確認）
　　　　……民訴165条，170条
　　＊争点整理手続の終了前に攻撃防御方法を提出できなかった場合の理由
　　　の説明……民訴167条，174条，178条，民訴規87条
　　＊時機に後れた攻撃防御方法の却下……民訴157条
　　＊和解勧試の方法……民訴89条

第9章へ

I　争点整理手続（概説）

1　争点及び争点整理の意義

　民事訴訟において，争点とは，一般に「事実主張の面では，主要事実及びこれを推認させ，あるいは推認を妨げる間接事実，証拠の証明力に関する補助事実についての主張の不一致であり，法律論の面では，法律効果の発生要件についての法律解釈などに関する争いや経験則に関する争いをいう」と解されている。

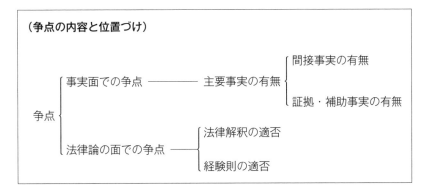

（争点の内容と位置づけ）

　そして，争点整理とは，民訴法164条，168条，175条にいう「争点及び証拠の整理」ということであり，争点整理の内容は，一般に，「訴訟物について必要十分な主要事実が主張されているか，相手方が争う主要事実と争わない主要事実は何か，主要事実を推認させる間接事実，推認を妨げる間接事実としてはいかなる事実があるか，相手方が争う間接事実と争わない間接事実は何かという観点から当事者の主張する事実についての検討を行い，次に，争いのある事実を証明する証拠方法は何か，証拠の信頼性等に関する補助事実の争いは何か，書証によってその事実は証明できているかなどの証拠方法の検討を行い，さらには，法律上の争いに関して，自己が主張する法的解釈の根拠となる判例・学説を明らかにし，経験則を証明できる証拠を提出することなどを通して，争点の絞込みとその深化を行い，その結果，訴訟における真の争点を確定し，最後に人証調べ等の証拠調

の対象を限定する作業である」と考えられている[1]。

> **(争点整理の具体的内容)**
>
> 　争点整理とは，争点の絞込みと深化を行い，証拠調べの対象を限定する裁判所と当事者との協働作業であり，その具体的内容は次のとおりである。
> 　1　当事者の主張に関する争点整理
> 　　　・法律効果の発生に必要十分な事実の主張があるか
> 　　　・争いのない主要事実と争いのある主要事実は何か
> 　　　・積極認定方向の間接事実と消極認定方向の間接事実は何か
> 　　　・争いのない間接事実と争いのある間接事実は何か
> 　2　証拠に関する争点整理
> 　　　・争いのある事実を証明する証拠方法は何か
> 　　　・証拠の信用性に関する補助事実は何か，争いはあるか
> 　　　・書証のみによって証明できる事実はあるか
> 　3　法律上の争いに関する争点整理
> 　　　・法的解釈の根拠となる判例・学説はあるか，その問題点は何か
> 　　　・経験則に関する証拠はあるか，その問題点は何か

＊争点整理及び争点の概念については，上記のような考え方に加えて，①和解などに役立つ背景事情あるいは周辺事情についての認識の不一致を争点であると捉える見解[2]のほか，近時，実務家の立場から，②当該事件の背後にある社会的事実，当該訴訟の前提となる社会的紛争実態が何であるかという点をも視野に入れた争点整理をすべきであるとの見解[3]（ただし，争点の拡散化をもたらすとの批判がある），③紛争の全体像または紛争の経過を把握していわば訴訟の質に着目して手続をどのように運営していくか，例えば，和解の方向に誘導するか，裁断的解決（判決による解決）に赴くかなどを考えるとする「手続運営論的思考」をも考慮に入れるべきであるとして，一次的には，規範適用において意味のある事実を対象とする（原則型）が，二次的に背景事情をも対象とすることを許容してよい（応用型）

---

1)　加藤新太郎「争点整理手続の整備」理論と実務(上)213頁，前田順司「弁論準備手続の在り方―裁判所の立場から見ての問題点と改善への期待」上谷＝加藤・総括と展望137頁，福井章代「争点整理」争点140頁参照。
2)　伊藤眞「民事訴訟における争点整理手続」法曹時報43巻9号4頁（1991）。
3)　篠原勝美ほか「民事訴訟の新しい審理方法に関する研究」司法研修報告書48輯1号68頁（1996）。

とする見解[4]も有力に提唱されているところである。

2 争点整理の必要性

本件では，第1回口頭弁論期日において，訴状，答弁書が陳述された。第1回口頭弁論期日の段階では，請求原因事実には大きな争点はないが，原告の請求や主張の内容等からすると，被告が主張する相殺の抗弁の成否が強く争われることになるものと予想された。また，書証として甲第1号証，第2号証，第3号証の1，2，第4号証の1，2，乙第1号証がそれぞれ提出されたが，紛争の実体と真の争点が十分に明らかとはいえない状況であった。

争点整理手続では，主要事実だけではなく，間接事実についても，当該事件の紛争の実体を解明するのに役立つ事実をできる限り明らかにすることによって，早期に争点を整理し，裁判所と当事者双方が争点についての共通の認識を持ち，その後の証拠調べによって証明すべき事実（「要証事実」という。実務上，これを「争点」と呼ぶこともある）を明確にするとともに，これを証明するために必要かつ適切な証拠を整理した上で，集中的かつ効率的な証拠調べを実施して，適正かつ迅速な審理を実現することが求められている（民訴182条，民訴規101条）。

3 争点整理手続[5]

(1) 準備的口頭弁論（民訴164条以下，民訴規86条以下）

準備的口頭弁論は，争点整理を目的とする口頭弁論であり，争点整理後に人証調べ等が行われる口頭弁論とは段階的に区別される。準備的口頭弁論は，社会の耳目をひく事件や，当事者や関係者が多数に上る事件など，公開法廷における争点整理を相当とする事件類型に適する手続として位置付けられる。

準備的口頭弁論は，口頭弁論であるから公開の法廷（ラウンドテーブル

---

4) 加藤新太郎「民事訴訟における争点整理」同編『民事訴訟審理』（判例タイムズ社・2000）148頁，同・Ｌコミュニケーション152頁以下参照。そこでは，応用型の争点整理をすべきであるのは，「①和解的解決が適切な，または和解的解決を図ろうとするケース，②認定した事実（認定すべき事実）の意味合いについて認識（評価）が必要なケース，③争点が紛争全体の一部であり，全体の構図を押さえることにより事件のスジを見通しやすくなるケース」であるとされている。

5) 争点整理手続については，裁量と規律97頁〜122頁以下〔村田渉・笠井正俊〕参照。

法廷を含む)で行われ,裁判所は,争点整理に関係がある限り,証拠調べを含め,あらゆる行為をすることができる。

準備的口頭弁論を終了するに当たり,裁判所は,その後の証拠調べにより証明すべき事実(要証事実)を当事者との間で確認することになるが(民訴165条1項),相当と認めるときは,当事者に争点整理の結果を要約した書面を提出させることができる(同条2項,民訴規86条2項)。また,裁判所は,相当と認めるときは,裁判所書記官に要証事実を準備的口頭弁論調書に記載させなければならない(同条1項)。

準備的口頭弁論終了後に攻撃防御方法を提出した当事者は,相手方の求めがあるときは,相手方に対し,準備的口頭弁論の終了前にこれを提出できなかった理由を説明しなければならない(民訴167条)。この説明は,期日に口頭でする場合を除き,書面ですることを要し,期日に口頭でした場合,相手方は説明内容を記載した書面の交付を求めることができる(民訴規87条)。

(2) **弁論準備手続**(民訴168条以下,民訴規88条以下)

弁論準備手続は,一般に法廷外の準備手続室あるいはラウンドテーブル法廷などにおいて争点等の整理を行う手続である。準備的口頭弁論と異なり,なし得る訴訟行為の範囲に一定の制約はあるが,当事者が遠隔地に居住している場合には当事者の一方が期日に出頭していれば電話会議の方法による争点整理をすることもできる(民訴170条3項,民訴規88条2項)など,準備的口頭弁論ではなし得ない柔軟かつ機動的な方法で争点等の整理を行うことができる点に特徴がある[6]。

弁論準備手続は必ずしも公開することは必要でないが,裁判所は相当と認める者の傍聴を許すことができ,当事者が申し出た者については,手続を行うのに支障を生ずるおそれがある場合を除き,その傍聴を許さなければならない(民訴169条)。なお,実務上,争点整理手続としては,この弁論準備手続が用いられることが多く,ラウンドテーブル法廷,法廷外の準備手続室等を利用することによって,裁判所と当事者が膝を交えて率直に争点等に関する意見を交換することが可能となり,争点等の整理をより実質的かつ効率的に行うことができるといわれている。

---

[6] なお,福井・前掲注1)140頁参照。

弁論準備手続における審理については，民訴法170条5項で口頭弁論や準備的口頭弁論に関する諸規定，すなわち，裁判長の訴訟指揮権（民訴148条），釈明権等（同149条），訴訟指揮等に対する異議（同150条），釈明処分（同151条），口頭弁論の併合等（同152条1項）のほか，訴状等の陳述の擬制（同158条），自白の擬制（同159条），証明すべき事実の確認等（同165条）が弁論準備手続に準用されている。
　このほか，弁論準備手続においてなし得る訴訟行為については個別的に規定が設けられている。裁判所は，当事者に準備書面を提出させ（同170条1項），これをこの手続において陳述させることができるほか，証拠申出に関する裁判その他口頭弁論期日外においてすることができる裁判（同条2項）や文書の証拠調べ（同項）をすることができる。なお，受命裁判官がこの手続を主宰する場合にも，文書の申出（文書提出命令の申立てを除く）について裁判を行い，文書の取調べをすることができる。
　また，裁判所は，前記のとおり，当事者が遠隔地に居住しているときその他相当と認めるときは，当事者の意見を聴いて，電話会議の方法によって期日を実施することができる（民訴170条3項，民訴規88条2項，3項）。電話会議の方法により弁論準備手続期日が行われた場合には，裁判所に出頭せずにその手続に関与した当事者（訴訟代理人）はその期日に出頭したものとみなされるから，原則として，期日に出頭した当事者と同様の訴訟行為を行うことができる（民訴170条4項）。また，電話会議の方法による弁論準備手続期日において，当該期日に出頭していない当事者も訴えの取下げ，和解，請求の放棄・認諾をすることができる。ただし，書面による準備手続の場合（同176条3項）と異なり，当事者の一方が弁論準備手続期日に出頭している場合に限られること（同170条3項但書）に注意する必要がある。
　弁論準備手続を終結するときは，裁判所は，要証事実を当事者との間で確認する（民訴170条5項，165条1項）。裁判所が相当と認めるときは裁判所書記官に要証事実を弁論準備手続調書に記載させなければならない（民訴規90条，86条1項）。裁判長は，相当と認めるときは，当事者に争点整理の結果を要約した書面（要約書面）を提出させることができる（民訴170条5項，165条2項）。

弁論準備手続終結後の攻撃防御方法の提出については準備的口頭弁論と同様の規律となる（民訴174条，167条）。

(3) **書面による準備手続**（民訴175条以下，民訴規91条以下）

　書面による準備手続は，当事者が遠隔地に居住している場合などに，当事者の裁判所への出頭の負担を軽減しつつ，争点整理を可能にするため，ファクシミリ等による準備書面・書証の交換や電話会議の方法を利用した協議などによって争点整理をする手続である。なお，この手続の主宰者は，裁判長に限定されている（ただし，高等裁判所においては受命裁判官に行わせることができる。民訴176条1項）。

　書面による準備手続では，期日が開かれないため，手続の進行段階が明確でなく，争点整理が的確に行われない危険性もあるため，裁判長等は，準備書面等を提出すべき期間を定めなければならないとされている（民訴176条2項）。

　書面による準備手続を終結するに当たり，裁判長等は，相当と認めるときは，当事者に争点整理の結果を要約した書面を提出させることができる（民訴176条4項，165条2項，民訴規92条，86条2項）。

　この手続では，裁判所は，手続終結後の最初の口頭弁論期日において，訴訟資料の上程（攻撃防御方法の一括上程）を行うとともに，要証事実を当事者との間で確認（民訴177条）した上で，集中証拠調べを行うことになる（同182条，民訴規101条）。

　書面による準備手続では，口頭弁論において要約書面（民訴176条4項，165条2項）が陳述され，または要証事実が確認された（同177条）後に攻撃防御方法を提出した者は，相手方の求めにより，要約書面の陳述または要証事実の確認前に提出できなかった理由を説明しなければならない（同178条）。

4　進行協議期日

　前記3種類の争点整理手続のほか，民事訴訟規則では，争点整理手続を円滑に進めるための制度として，整理された争点と証拠調べとの関係を確認するなど訴訟進行に関して必要な事項を打ち合わせるための期日として進行協議期日（民訴規95条以下）が設けられている。この期日は，口頭弁論の期日外（期日間）において，口頭弁論における審理を充実させること

を目的として，争点と証拠調べの関係の確認等のほか，証拠調べの時期等についての審理計画を策定したり，医療過誤事件，建築紛争事件等の専門的知見を要する事件について専門家を交えた議論を行ったりすることにも用いられている。なお，裁判所が相当と認めるときは，この期日を裁判所外で行うこともできる（同97条）。

この期日では，新たな訴訟資料（主張書面・書証等）を提出することは予定されていない。事実上，主張書面・書証等が提出されることはあるが，それがそのまま訴訟資料となることはなく，その後に行われる弁論準備手続期日等において陳述（主張書面）あるいは証拠調べ（書証等）することが必要である。なお，この期日では，和解を成立させることはできないと解されているが，訴えの取下げ，請求放棄，認諾はすることができる（民訴規95条2項）。

5 争点整理手続の選択

争点整理手続としては，上記のとおり，3種類の手続が設けられている（進行協議期日は争点整理手続ではない）が，本件の審理を担当していた裁判官は，本件の場合には，法廷以外の場所で率直に意見を交換し，充実した争点整理を実施することが適切と考え，両当事者の意見を聴いた上（民訴168条），次回は弁論準備手続を行うこととし，期日を指定した（同93条1項）。この場合，裁判所は，必ずしも当事者の意見に拘束されるものではないが，当事者が反対しているのに弁論準備手続に付してみても争点等の整理の目的を達成することは困難であるから，当事者が反対する理由やその真意を把握するよう努めるとともに，当事者の理解が得られるよう努力すべきである。それでも，当事者の理解が得られない場合には弁論準備手続以外の手続で争点等の整理を行うのが妥当なことが多いであろう。

II 弁論準備手続における争点整理

民事訴訟における訴訟手続は，おおよそ次の順序で進行する。
① 当事者双方が主張すべき要件事実（主要事実）とその認否の確定
② ①の事実の存否に影響する重要な間接事実とその認否の確定
③ そのうち，争いのない事実（自白された事実及び顕著な事実）と，争

いのある事実（相手方の認否が不知，否認である事実であり，「広義の争点」と呼ばれる）の確定

④　提出された書証等では確定することができず，証拠調べ（特に人証調べ）をする必要のある，争いのある事実（「実質的争点」あるいは「真の争点」と呼ばれる。これに対し，人証調べをするまでもなく，提出された書証等によって確定することのできる争いのある事実は「形式的争点」と呼ばれる）の確定

⑤　証拠の整理

⑥　必要な人証等の証拠調べ

このうち，①から⑤までが争点整理で行われる。当事者が訴状や答弁書や準備書面で主張している事実を整理するだけで争点は一応明らかになるようにみえる。しかし，併せて書証や書証として提出予定の文書のほか，文書送付嘱託や調査嘱託の要否などを検討し，当事者本人や準当事者（会社の場合は直接の担当者など）の説明を受ける（民訴170条5項，151条1項2号）と，それまでの当事者の主張が全く根拠のないものであったり，あるいは誤解に基づくものであったり，さらには全く争いのない事実であったりして，争点であると思われていたものがそうではなく，真の争点は全く別のところにあることが明らかになる場合もある。このようにして，真の争点が明らかになれば，これを証明し判断するのに必要かつ適切な書証や人証も自ずから定まり，取り調べられるべき証拠も整理され，限定されたものとなる。したがって，実効性のある争点整理を実現するためには，証拠を十分に吟味することが大切である。紛争の実体を的確に把握することによって，真の争点（実務では，争点は主要事実の存否にとどまるものではなく，間接事実や補助事実が真の争点になることも少なくない）が洗い出され，その証明に必要な証拠が整理され，充実した証拠調べが可能となるのである。法律実務家にとって，争点整理とは，争点を確認するための手続ではなく，争いのない事実を増やし，争いのある事実を減らすことによって，争点の絞込みと深化を行う手続であると認識されているといってよい。

また，効率的な争点整理を実現するためには，裁判官が，必要に応じて認識している争点を指摘し，法律解釈や証明責任の所在，書証等によって認定できる事実等に関する意見を述べることが適切な場合も少なくない。

これによって，裁判所と当事者双方の争点に対する認識がより一層深まり，争点整理が円滑に進むからである。

> **（争点整理の内容——争点の絞込みのための手続）**
>
> ① 当事者が主張証明すべき要件事実（主要事実）とその認否の確定
> ② ①の事実の存否に影響する重要な間接事実とその認否の確定
> ③ 争いのない事実と，争いのある事実（広義の争点）の確定
> ④ 人証調べをする必要のある実質的争点（真の争点）の確定
> ⑤ 証拠の整理（要証事実と証拠との関係の確認）

　＊なお，争点整理（及び証拠調べ）に当たっては，原告の主張と被告の主張（各主張に対する認否及びこれに関係する証拠等）を時系列順に記載した時系列表（284頁参照。なお，この時系列表には，本書の利用者の便宜を考え，裁判所に提出された主張や証拠等には記載されていない事項も記載されている）や，当事者から提出された各陳述書の項目（あるいは争点）ごとに各当事者の陳述内容を対比した陳述書対比表等の図表を作成するなどして，当事者の主張及び証拠関係を多角的かつ有機的に検討することが有益である。

III 釈明

1　争点整理と釈明

　裁判所は，充実した争点整理を実施するため，適切に釈明権を行使する必要がある（民訴149条1項）。当事者の申立てや主張に矛盾や不正確あるいは不十分な点がある場合に，申立ての内容や事実関係・法律関係を明らかにするため，事実上，法律上の事項について質問し，または証拠の提出を促して，事案の解明を図りつつ適正な訴訟運営を実現するための裁判所の権能を「釈明権」，その義務を「釈明義務」という[7]。

　「釈明権」は，当事者が適切な弁論を尽くすことができるよう，弁論主

---

[7]　釈明権については，新堂491頁，伊藤319頁，川畑正文「釈明権および釈明処分」争点164頁参照。なお，裁判所の釈明権について最判昭和45年6月11日民集24巻6号516頁〔百選52事件〕，裁判所の釈明義務について最判昭和39年6月26日民集18巻5号954頁〔百選53事件〕，最判平成8年2月22日判時1559号46頁参照。

義を補完するものとして位置付けられる。なお，「釈明」という用語は，正しくは，裁判所がするのが「求釈明」で，求釈明に応じて当事者がするのが「釈明」であるが，実務上は，「釈明」は裁判所による求釈明の意味で用いられることが多い。一般に，釈明権能の範囲が広いのに対し，釈明義務の範囲はそれよりも狭いと解されることから，裁判所が釈明権を行使しなかったとしても，それがすべて釈明義務違反として違法となるものではない。釈明義務の範囲について，判例によれば，その訴訟の経過や訴訟に現れた訴訟資料・証拠資料からみて，事案を適切妥当な解決に導くためには，既に提出された主張または証拠では不十分で，別の主張または証拠の提出が必要であるという場合，裁判所には，釈明権を行使して当事者に主張または証拠の提出を促すべき義務があり，これを怠るときは，適切な釈明権の行使を怠り，ひいては審理不尽の違法[8]があるとされ，その釈明の範囲は別の訴訟物の提出に及ぶべき場合もある（最判昭和44年6月24日民集23巻7号1156頁[9]，最判昭和45年6月11日民集24巻6号516頁〔百選52事件〕[10]等）。

---

8) 当事者のなした不明瞭な申立てや主張等を問い質すべきであるにもかかわらずこれをしなかったという場合の釈明義務違背である「消極的釈明義務の違背」が釈明義務違反となることは学説上もほぼ異論がないところであろうが，当事者が適切な申立て・主張等をしていない場合に裁判所が示唆・指摘してこれをさせるべきであったとする場合の釈明義務違背である「積極的釈明義務の違背」に関しては，学説上，その権能の過度の行使は事案の真相を曲げ，当事者の公平を害するおそれが予想されるとして，どのような範囲で積極的釈明をなすべきであるかについて議論がある（新堂496頁，中野貞一郎「弁論主義の動向と釈明権」『過失の推認〔増補版〕』〔弘文堂・1987〕215頁以下）。なお，裁量と規律123頁〔加藤新太郎〕参照。

9) 要旨：当事者の主張が法律構成において欠けるところがある場合においても，その主張事実を合理的に解釈するならば，正当な主張として構成することができ，当事者の提出した資料のうちにもこれを裏付けるものがあるときは，当事者にその主張の趣旨を明らかにさせた上，これに対する当事者双方の主張証明を尽くさせるべきであり，これをすることなく，請求を排斥することは，釈明権の行使について違法がある。

10) 要旨：請求原因として主張された事実関係とこれに基づく法律構成とがそれ自体正当ではあるが，証拠資料により認定される事実関係との間に食い違いがあってその申立てを認容することができないと判断される場合においても，その訴訟の経過や訴訟資料，証拠資料からみて別個の法律構成に基づく事実関係が主張されるならば原告の申立てを認容することができ，当事者間における紛争の根本的解決が期待できるにもかかわらず，原告においてそのような主張をせず，かつ，そのような主張をしないことが明らかに原告の誤解または不注意に基づくものと認められるようなときは，事実審裁判所は，その釈明の内容が別個の請求原因にわたる結果とな

2　期日外釈明

　期日において充実した審理を実現するためには，当事者が充実した準備をすることが不可欠の前提であるから，裁判官が記録を調査して当事者の主張証明に不明確な点があると認めたときには，次の期日を待つまでもなく，期日外において，必要な釈明を求めるべきである。

　そこで，裁判所は，期日外においても釈明権を行使することができるものとされている（民訴149条1項，2項）。しかし，「期日外釈明」（「期日間釈明」といわれることもある）は，裁判官自らが行うよりも，当事者と折衝する機会が多く，いわば裁判所の対外的窓口としての機能を果たしている裁判所書記官に行わせた方がよい場合も少なくないと考えられるから，裁判官は，期日外釈明をする場合には，書記官に命じて行わせることができることとされている（民訴規63条1項）。

　なお，裁判官が，期日外において，攻撃または防御の方法に重要な変更を生じ得る事項について，釈明のための措置をしたときは，その内容を相手方に通知しなければならず（民訴149条4項），また，その内容を訴訟記録上明らかにしなければならない（民訴規63条2項）。これらは，相手方に準備する機会を与え，その手続保障に配慮したものである。実務上は，釈明事項等をファクシミリ送信の方法で両当事者に送付し，これを記録に綴っておく例が多い。

コラム：専門訴訟への対応

　民事事件の中には，類型的に，事件の内容を正確に把握し，これを適切に解決するために，裁判官，弁護士等が通常有していないような専門的な知識（専門的知見）が必要となる事件があり，このような事件は専門訴訟と呼ばれる。専門訴訟の典型は，医事関係訴訟，建築関係訴訟，知的財産権関係訴訟等であり，これらは，長期化する要因を内在する訴訟類型であるといわれている。そこで，民事訴訟法は，専門訴訟への対応を強化し，専門訴訟の審理を充実したものとし，かつ迅速化するため，争点整理あるいは進行協議期日，

る場合でも，その権能として，原告に対しその主張の趣旨とするところを釈明し，場合によっては発問の形式によって具体的な法律構成を示唆して真意を確かめることも許されるものと解すべきである。

> 証拠調べ又は和解の各手続において，機動的に専門家である「専門委員」（専門的な知見に基づく説明をするために必要な知識経験を有する者の中から最高裁判所が任命する非常勤の公務員）の関与を求め，当事者が提出した主張，証拠等についてその説明を聴くことができることを内容とする専門委員制度を創設している（第1編第5章第2節「専門委員」〔92条の2から92条の7まで〕）。
> なお，専門委員制度については，加藤・民事事実認定論286頁，裁量と規律201頁～229頁〔村田渉・山田文〕，笹本哲朗「専門委員」争点166頁参照。

Ⅳ 第1回弁論準備手続期日における手続

1 弁論準備手続（民訴168条以下）の実施

　弁論準備手続は，当事者双方が立ち会うことのできる期日において行うものであり，当事者双方に立会いの機会が保障されている（民訴169条1項）。

　弁論準備手続期日において争点整理を円滑に進行させるためには，期日指定に際し，裁判所が当事者双方に対し，その期日においてどのような内容の争点整理を行う予定であるかを具体的に明らかにし，これを受けて，当事者双方が十分な準備をした上で期日に臨むことが肝要である。

　本件において，裁判所は，当事者双方から準備に必要な期間等を聴取した上で，まず被告において絵画2点の売買契約締結の経緯等について記載した準備書面を●●4年5月9日までに提出し，原告において同準備書面に対する認否及び反論等を記載した準備書面を同月16日までに提出するよう指示し（民訴170条5項，162条），第1回口頭弁論期日から約1か月後に弁論準備手続の期日を指定した（記録**30**頁）。

2 弁論準備手続において行うことができる訴訟行為

　裁判所は，争点整理のため，弁論準備手続において，
① 当事者に準備書面を提出させること
② 証拠の申出に関する裁判——証拠調べをする決定，証拠調べの申出を却下する決定，文書提出命令，文書送付嘱託や調査嘱託の決定など
③ その他の口頭弁論期日外においてすることができる裁判——訴えの

変更の許否の裁判，補助参加の許否の裁判[11]など

④ 文書（民訴231条に規定する準文書を含む）の証拠調べ
をすることができる（民訴170条1項，2項）。また，弁論準備手続で提出
された準備書面は弁論準備手続内において陳述することができることはも
ちろんである[12]。

弁論準備手続では，文書の証拠調べが可能であることから，早期に紛争
の実体に立ち入って実質的かつ効率的に争点等を整理することができるよ
うになっている。

3 第1回弁論準備手続期日における争点整理の内容

本件では，被告訴訟代理人は，●●4年5月9日，ファクシミリ送信の
方法で，絵画2点の売買契約締結の経緯等について記載した準備書面（同
日付け）を原告訴訟代理人に送付するとともに（民訴規47条1項の「直送」），
裁判所に送付した（記録**109**頁）。

これに対し，原告訴訟代理人は，同書面を受領した旨の受領書を被告訴
訟代理人と裁判所に対し，ファクシミリ送信の方法で送付した（記録
109頁）。

また，原告訴訟代理人は，同準備書面に対する認否及び反論等を記載し

---

11) なお，松下淳一「補助参加の利益」争点80頁，野村秀敏「補助参加人の地位」
争点82頁，佐野裕志「補助参加と訴訟告知の効力」争点84頁，加藤哲夫「共同訴訟
人独立の原則」争点74頁参照。また，通常共同訴訟人独立の原則（当然には補助参
加の効力が生じないこと）について最判昭和43年9月12日民集22巻9号1896頁〔百
選95事件〕，主観的追加的併合について最判昭和62年7月17日民集41巻5号1402頁
〔百選96事件〕，補助参加の利益について東京高決平成20年4月30日判タ1301号302
頁〔百選102事件〕，補助参加人に対する判決の効力について最判昭和45年10月22日
民集24巻11号1583頁〔百選103事件〕，訴訟告知と参加的効力について最判平成14年
1月22日判タ1085号194頁〔百選104事件〕参照。
12) 準備書面に，「準備書面をもって契約解除の意思表示をする。」，「準備書面をも
って相殺の意思表示をする。」等の記載がある場合，その実体法上の効果は，準備
書面の相手方への送達等によって生ずるのが原則である。しかし，準備書面に記載
された意思表示等については，準備書面は訴訟の場での陳述を前提として主張を準
備するものであるから，期間遵守の必要があるなどの特段の事由のない限り，当事
者の合理的な意思解釈として，弁論準備手続期日等においてそれが陳述されたとき
にはじめて意思表示等の効果が生ずるものと解することもできる。なお，その後に
行われるべき口頭弁論期日において弁論準備手続の結果の陳述があったときにはじ
めて弁論準備手続期日において提出（陳述）された準備書面に記載された意思表示
等の効果が生ずるものではないことはいうまでもない。

た準備書面（同月16日付け），甲第5号証，第6号証の写し，甲第1号証から第6号証までについての証拠説明書（同日付け）をいずれもファクシミリ送信の方法で被告訴訟代理人と裁判所に送付し，被告訴訟代理人はその受領書を原告訴訟代理人と裁判所に対し送付した（民訴規47条1項，83条2項，3項。記録**108**頁）。

本件の第1回弁論準備手続期日では，原告（訴訟代理人）と被告（訴訟代理人）とが上記各準備書面（記録46頁，**48**頁）を陳述するとともに，被告が原告の準備書面第3の各事実のうち，1は否認し，2及び3はいずれも認めると述べたこと，原告が甲第5号証，第6号証とともに，甲第1号証から第6号証までに関する証拠説明書を提出したことを，同期日調書（記録**31**頁），書証目録（記録**56**頁）及び原告提出にかかる前記証拠説明書（記録**61**頁）によって知ることができる。

第1回弁論準備手続期日において，これ以外にどのような手続が実施されたのかは，調書上明らかではないが，弁論準備手続期日では，通常，それまでに裁判所に提出された準備書面，証拠等を基にして，紛争の実体を明確にし，真の争点を発見するため，裁判所及び当事者双方の間で十分な討議が行われ，争点及び証拠の整理が行われるのであり，本件においても，次のように手続が実施されたものと推測される。

裁判官：「被告は，●●4年5月9日付けの準備書面を陳述しますね。」
被告訴訟代理人：「はい。陳述します。」
裁判官：「原告は，●●4年5月16日付けの準備書面を陳述しますね。」
原告訴訟代理人：「はい。陳述します。」
裁判官：「甲第5号証，第6号証について書証の取調べをします。いずれも原本ですね。原本を提出してください。」
原告訴訟代理人：「はい。こちらにあります。」
裁判官：「はい。結構です。被告代理人もよろしいですか。」
被告訴訟代理人：「はい。」
裁判官：「被告代理人に尋ねますが，被告の準備書面の3の(1)で主張されている事実のうち，●●4年4月，5月に賃料を支払っているとの事実は，原告による本件賃貸借契約の解除後の事実のようです

から，信頼関係を破壊すると認めるに足りない特段の事情，すなわち信頼関係不破壊の評価根拠事実の主張ではなく，いわゆる事情として主張されていると解することでよいですね。」

被告訴訟代理人：「はい。結構です。」

裁判官：「また，原告の準備書面第3の原告の主張（信頼関係不破壊の評価障害事実の存在）の各事実の認否はどのようになりますか。」

被告訴訟代理人：「原告の準備書面第3の各事実のうち，1は否認します。2，3はいずれも認めます。」

裁判官：「そうすると，本件における争点は，相殺の抗弁のうち，第1に，清が被告から『湖水』と題する絵画を購入し，その引渡しを受けたどうか，第2に，被告が原告に対し，●●4年2月21日に相殺の意思表示をしたかどうかということですね。また，信頼関係不破壊の評価根拠事実については，被告が本件賃貸借締結時から●●3年9月分まで約定の賃料支払時期に賃料を支払っていたかどうかということになりますね。」

双方訴訟代理人：「そのような整理で結構です。」

裁判官：「いずれも被告側において証明すべき事実となりますが，これらについての立証予定はどのようになりますか。」

被告訴訟代理人：「『湖水』の売買とその引渡しの事実に関しては，既に提出済みの乙第1号証の荷送り状控えのほか，被告本人の陳述書を提出する予定です。また，相殺の意思表示の事実，信頼関係不破壊の評価根拠事実に関しても，被告本人の陳述書において被告の記憶しているところを明らかにします。さらに，人証としては被告本人尋問を申請する予定です。」

裁判官：「原告代理人の反証の予定はどうなりますか。」

原告訴訟代理人：「原告としては，原告本人の陳述書を提出するとともに，人証として原告本人尋問を申請する予定にしています。」

裁判官：「被告が●●4年4月及び5月に賃料相当額を支払ったとの事実は当事者間に争いがないようです。原告は，その準備書面において，受領した金員を3月以降の賃料相当損害金に充当する予定ということですが，次回には，この関係の主張を明確にしてくださ

い。また、原告、被告とも、ご本人の記憶しているところをそれぞれ陳述書にまとめて書証として提出するとともに、尋問事項を含む人証申請書を次回期日の1週間前までに提出してください。」
双方訴訟代理人：「了解しました。」

＊なお、実際の弁論準備手続において裁判官と双方当事者（訴訟代理人）間で具体的にどのような内容の「やりとり」が行われるかに関しては、加藤・Lコミュニケーション145頁以下（Ⅲ　弁論準備手続におけるコミュニケーション）の具体例が参考になる（**コラム：弁論準備手続における対話**〔本章181頁〕参照）。

(1) **被告の主張の整理**
　(ア) 相殺の抗弁

被告は、答弁書において、「●●3年6月29日、清に対し、『大雪山』及び『湖水』を売り、同日、これらを清に引き渡した。そして、原告に対し、●●4年2月21日、絵画2点の残代金100万円の債権をもって原告の賃料債権とその対当額において相殺した。」と主張していたが、●●4年5月9日付けの準備書面（記録**46**頁）において、この絵画2点の売買契約締結の経緯、引渡しの状況、相殺の経過等についてさらに具体的に主張するに至った。

＊本件において被告が主張証明すべき相殺の抗弁の要件事実は、①自働債権の発生原因事実、②受働債権につき被告が原告に対し相殺の意思表示をしたことである。被告は、上記準備書面においても、藤田清に対し「大雪山」及び「湖水」の絵画2点を売ったと主張しているが、「大雪山」の売買契約と「湖水」の売買契約は別個の契約として成立したものと考えるのが妥当であることは前記のとおりである。

被告は、「大雪山」及び「湖水」絵画2点の「売買残代金債権をもって原告の賃料債権とその対当額において相殺する旨意思表示をした。」と主張しているが、「大雪山」の売買代金が既に支払済みであることは被告自身が答弁書及び準備書面において認めているところであり、被告の主張する相殺の自働債権は「湖水」の売買代金債権ということになるから、「大雪山」についての売買契約締結の有無、同絵画の引渡しの有無、代金支払の有無は、被告が主張すべき相殺の抗弁の要件事実とは関係のない事実であり、単なる「事情」である。

被告の上記主張の趣旨は,「湖水」の売買代金をもって原告の賃料債権と対当額で相殺する旨の意思表示をしたという点にあると考えられる。そこで,被告は,「自働債権の発生原因事実」として,被告と藤田清との間の「湖水」の売買契約締結の事実を主張証明することになる。その具体的な要件事実は,「被告は,藤田清に対し,●●3年6月29日,松本元太郎作の絵画『湖水』を代金100万円で売った」ことである[13]。
　　＊被告は,「湖水」の代金100万円は●●3年8月31日までに支払うとの約定であったとして代金支払時期の合意があったことや,被告が「湖水」を所有していたことも主張しているが,これらが売買契約の成立を主張するための要件事実とならないことは,前記のとおりである。
　次に,このように売買契約締結の事実を主張すると,自働債権である売買代金債権に同時履行の抗弁権が付着していることが明らかとなるため,前記のとおり,その抗弁権の存在効果を消滅させるために,被告において,目的物の引渡しの事実（厳密にいえば「提供」で足りる）を主張しなければならない。したがって,具体的には,「被告は,藤田清に対し,●●3年7月9日,本件売買契約に基づき,△△市○○町×丁目×番×号所在の株式会社三谷総業に本件絵画（『湖水』）を搬送（送付）して引き渡した」ことを要件事実として主張証明することとなる。

---

[13] 要件事実は,現実に発生した社会的な事実であり,その事実を他の類似の事実から識別できるように具体的に特定して主張しなければならない。そして,要件事実を特定するのは,その事実が発生した時点を日付によって,さらに必要があれば時刻によって示すのが通常である。このような要件事実特定のための日時は「時的因子」と呼ばれる。これと異なり,要件事実相互間の時間的前後関係が問題となる場合,例えば,有権代理の主張の場合には,代理行為に先立って代理権授与の事実がなければならず,代理行為は代理権授与の後にされることが有権代理の要件事実の要素となっている（代理行為に後れて代理権が授与された場合には,その代理行為は無権代理であり,その後の代理権授与については追認が問題となるだけである）。このことを,代理権授与は代理行為に先立つことが要件事実の「時的要素」となっているということがある。「時的因子」と「時的要素」は区別されなければならないが,通常は要件事実の特定のために時的因子を主張すると,要件事実間の前後関係も明らかになり,時的要素の主張としてもこれで足りることになる。
　　また,ある要件事実をどこまで正確に特定し,どの程度まで詳細かつ精密に具体化しなければならないかは,元来,その訴訟において当該要件事実が果たす役割を考慮して,個別具体的に決められるべき問題であり,相手方の防御活動が実質的に損なわれないことを基準にして,どの程度具体的に特定すべきかが決定されることになる点にも注意を要する（30講15頁,16頁,民裁要件事実(1)52頁以下参照）。

＊なお，被告は，本件絵画の引渡債務を現実に履行した（すなわち，債権者である原告が任意に弁済を受領した）と主張していることから，本件では，債務の履行場所および時間（民484条1項，2項，商516条参照）は問題とならないが，仮に本件絵画の引渡債務が履行の提供（弁済の提供）にとどまる場合には，債務の履行場所（履行場所が民法484条等によって定まる場所と異なるときは，「引渡場所の合意」が要件事実として加わる）に注意する必要がある。また，被告は，「『湖水』の売買代金100万円の支払期限にその支払を受けることができなかった」と主張している。しかし，前記のとおり，売買代金が支払われたかどうかは弁済（民473条）の有無の問題であって，その必要があれば，債務の消滅原因として，原告において反対の事実である弁済の事実を主張証明すべきであるから，被告が上記事実を主張証明する必要はない。

＊本件では，相殺の自働債権が被告の藤田清に対する売買代金債権であることから，被告がこれをもって原告の有する本件建物の賃料債権と相殺するためには，本来，原告が藤田清の上記売買代金債務を相続により承継（負担）したことを主張証明しなければならない。しかし，前記のとおり，原告が藤田清の権利義務を相続により承継したこと（要件事実は，①藤田清が●●3年8月25日に死亡したこと，②原告が藤田清の子であることである）は，既に原告が請求原因事実として主張しているところであり，請求原因は抗弁の前提となる事実であるから，被告がこの事実を抗弁において改めて主張証明する必要はない。

このほか，被告は，藤田清の相続人が藤田清の売買代金債務の存在を当然知っているものと考え，特に藤田清の相続人にその確認を求めることはしなかったこと，被告は，●●4年2月15日，原告より未払賃料（●●3年10月分から●●4年2月分までの本件建物の賃料）の支払催告を受けたこと（この事実は請求原因で主張されている事実である）についても主張しているが，これらは原告の主張事実に対する自白（先行自白）となっている。

また，「受働債権につき被告が原告に対し相殺の意思表示をしたこと」として，「被告は，●●4年2月21日，（原告の自宅において，）原告に対し，本件絵画（『湖水』）の売買代金債権をもって，原告の賃料債権と対当額で相殺する旨の意思表示をした」との事実を主張証明する必要がある。

(イ) 信頼関係不破壊の事情（信頼関係不破壊の評価根拠事実）

(a) 被告の準備書面における主張

被告は，答弁書では，相殺の抗弁だけを主張していたが，上記準備書面において，「原告との賃貸借契約には，信頼関係を破壊すると認めるに足りない特段の事情があり，原告による本件賃貸借契約の解除は効力を有しない」と主張し，その具体的事情として，相殺の抗弁を構成する各事実のほか，「①被告は，本件賃貸借契約締結時から●●3年9月分まで遅滞なく賃料を支払っており，本訴提起後の●●4年4月，5月にも賃料を支払っている。②被告には本件建物以外に居住する不動産はなく，本件賃貸借契約が解除されれば，被告は生活の本拠を失うことになる。③被告は，本件建物において，『久保画廊』の屋号で画商を営んでいるが，画家や画商仲間に『久保画廊』の所在地が知れ渡っており，本件所在地を離れて今後『久保画廊』を営むことは相当困難であり，本件建物を明け渡すことは生活の糧を失うに等しい。」との事実を主張した。

(b) 信頼関係不破壊による解除権行使の制限

判例理論によれば，賃料債務について債務不履行があっても，債務不履行の程度その他の事情を検討し，未だ賃貸人と賃借人との間の信頼関係を破壊するに足りない特段の事情がある場合には，賃貸借契約を解除することができないとされている（最判昭和39年7月28日民集18巻6号1220頁[14]）。したがって，被告は，原告の賃料不払解除の主張に対し，信頼関係を破壊したと認めるに足りない特段の事情（信頼関係不破壊の事情）を抗弁として主張することができる。

(c) 信頼関係不破壊の事情の要件事実

実体法上，過失，重過失あるいは正当理由，正当事由のように，規範的評価（法的評価）に関する一般的・抽象的概念を取り込み，それぞれの規

---

[14] 要旨：家屋の賃貸借において，催告期間内に延滞賃料が弁済されなかった場合であっても，当該催告金額9600円のうち4800円はすでに適法に弁済供託がされており，その残額は，統制額超過部分を除けば，3000円程度にすぎなかったのみならず，賃借人は過去18年間にわたり当該家屋を賃借居住し，上記催告に至るまで，上記延滞を除き，賃料を延滞したことがなく，その間，台風で家屋が破損した際に賃借人の修繕要求にもかかわらず賃貸人側で修繕をしなかったため，賃借人において2万9000円を支出して屋根の葺き替えをしたが，その修繕費については本訴提起に至るまでその償還を求めたことがなかった等の事情があるときは，上記賃料不払を理由とする賃貸借契約の解除は信義則に反し許されないものと解すべきである。

範的評価が成立することを所定の法律効果の発生原因としていることがある。これらは，一般に「規範的要件」と呼ばれるが，法文上，法律効果の発生要件が一般的・抽象的概念を用いて表現されていることから，「一般条項」とも呼ばれることがある。このような要件について，規範的評価ありとするためには，その評価を根拠付ける具体的事実がなければならないが，このような具体的事実は「評価根拠事実」と呼ばれる。

例えば，本件のように，原告と被告との信頼関係が破壊されていないということは規範的評価に関する抽象的概念であり，事実そのものではないから，信頼関係不破壊（の事情）は規範的要件である。このように規範的評価に関する抽象的概念が法律要件となっている規範的要件については，何を主要事実（要件事実）とみるかについて見解が分かれる。

まず，規範的要件の主要事実（要件事実）を過失，正当理由等の規範的評価そのものであると解する見解があり，これは規範的評価を基礎付ける評価根拠事実を間接事実とみるから，「間接事実説」と呼ばれる。この説は，法文上に過失，正当理由等の用語が要件を示すものとして用いられていることがその根拠となる。これに対し，規範的要件の要件事実は規範的評価自体ではなく（規範的評価は法的判断にすぎない），その判断を基礎付ける評価根拠事実が主要事実であると解する「主要事実説」がある[15]。

　＊なお，具体的事実の法律要件への当てはめ（法律要件に該当するかどうかの判断）の点で，規範的要件は通常の法律要件と異なっているとして，評価根拠事実を特に「準主要事実」と呼ぶ立場[16]もあるが，その準主要事実の取扱いは主要事実説における主要事実と異ならず，実質的には主要事実説とほぼ同じ立場といってよいであろう。ただし，一般条項のうち，公序良俗規定（民90条），信義則及び権利濫用規定（同1条3項）の「狭義の一般条項」について，裁判所は，信義則違反等に該当する事実が証拠資料などから現れたときは，それを当事者に釈明し，当事者に事実主張や法的討議を促す義務──いわゆる法的観点指摘義務（法律問題指摘義務）──を負うとする見解も有力に主張されているところ[17]，最判平成22年10月14日判

---

15) 規範的要件の分析については，村田渉「要件事実論の課題」ジュリスト1290号43頁（2005）参照。
16) 倉田卓次『民事実務と証明論』（日本評論社・1987）252頁，山本和彦『民事訴訟法の現代的課題』（有斐閣・2016）261頁，遠藤賢治『民事訴訟にみる手続保護』（成文堂・2004）242頁参照。

タ1337号105頁が，控訴審が釈明権行使によって，原告に信義則違反の点について主張するか否かを明らかにするよう促したり，被告に十分な反論・反証の機会を与えたりせずに，信義則違反があると判断したことについて，訴訟の経過等から予測困難な法的構成を採る場合には，法的構成の当否を含め，被告に十分な反論・反証の機会を与えた上で判断すべきであるとして，釈明権行使の違法があるとしたことは，事例判決とはいえ，実質的に法的観点指摘義務を釈明義務として認めたもの，あるいは準主要事実説を採用したものと評価できることにも注意すべきであろう[18]。

そして，最近では，主要事実説が通説的見解である[19]。この立場から，間接事実説に対する批判として，①元来，主要事実は直接証拠[20]によってその存在を証明できる性質のものであるが，間接事実説がいうように，規範的評価自体が主要事実であるとすると，規範的評価自体を証拠によって直接証明する方法はないこと[21]，②弁論主義の下で，主要事実が果たすべき相手方の防御の機会の保障という面からみても，間接事実説がいうように，規範的評価を主要事実と解するときは，単に「過失がある」，「正当理由がある」などと主張すれば，主張責任は尽くされたことになり，相手方はこのような評価を基礎付けるものとしてどのような評価根拠事実が現れてくるかを知る機会が弁論等では何ら保障されないことになるから，事案によっては不意打ちを防止できないこと等が指摘されている。

　＊しかし，主要事実説についても，主要事実である評価根拠事実は弁論主義の適用を受けることになるから，全て弁論に現れたものに限られ，主張されていない事実はいかに当該評価を根拠付けるために重要な事実であっても，裁判所がこれを考慮することは弁論主義に反し許されないから，当事者の主張責任の負担が重くなりすぎるとの批判がみられる。そこで，実践

---

17) 高橋(上)451頁参照。
18) 髙田昌宏「信義則違反の主張と釈明義務」ジュリスト1420号161頁（2011）参照。
19) 高橋(上)425頁参照。
20) 「直接証拠」とは，直接に主要事実の存否を証明する証拠であるのに対し，「間接証拠」は，間接的に主要事実の存否を認定するのに役立つ証拠，あるいは主要事実の存否を経験則上推認させる徴表（メルクマール）である間接事実（例えば，アリバイ）や直接証拠の証明力に影響を及ぼす補助事実（例えば，ある証人が嘘つきな性格であるという事実）を証明するための証拠をいう。事例で考える11頁以下，新堂566頁参照。
21) 主要事実と間接事実との関係については，村田渉「主要事実と間接事実の区別」争点158頁，高橋(上)423頁以下参照。

的には，①主張内容と証明された事実との食い違いに注意し，場合により
これを是正する機会を設けること，②主張の補充が予定されている事案で
は，現に主張がなく，争点（要証事実）となっていないことを理由とする
証明活動の制限も比較的緩やかに扱うべきこと，③当事者の主張内容を理
解するにはその真意を的確に把握して主張を合理的に解釈すること（この
ような解釈は，実務上，「善解」と呼ばれることがある），④主張の欠落に対し
ては裁判所が釈明権を適切に行使すること，が重要となる。

以下では，主要事実説の立場から規範的要件を考えることとする。主要
事実説を前提とすると，具体的にどのような事実が評価根拠事実，評価障
害事実となるかは，個々の事案ごとの個別的な判断によることになる点に
注意を要する。

―――――――――――――――――――――――――――――――
（規範的要件について主要事実説を採用する場合の留意点）

① 事実を記載し，法的評価を記載しないこと
② 評価根拠事実と評価障害事実とは両立する事実であること
③ 規範的要件では，時的要素に特に留意する必要があること
　（時的要素との関係で，主張自体失当となる可能性があること）
④ 証明された事実と主張内容との同一性（食い違い）に注意すること
　（主張されていない事実があるときは釈明権の行使を要すること）
―――――――――――――――――――――――――――――――

　　(d)　本件における信頼関係不破壊の事情（評価根拠事実）
原告の主張する賃料不払があったとしても，賃借人が反対債権を有して
いる（売買契約を締結し，商品を引き渡した）場合には，賃貸借契約の基礎
となっている賃貸人と賃借人の信頼関係を破壊したと認めるに足りない特
段の事情があると考えることができる。また，賃借人がこの反対債権で相
殺の意思表示をしたとの事実，被告が本件賃貸借契約締結時から●●3年
9月分まで遅滞なく（「遅滞なく」というのは法的評価であり，その具体的な
要件事実は「約定の賃料支払時期までに」ということになる）賃料を支払って
いたとの事実は，いずれも信頼関係不破壊を基礎付ける事実ということが
できるであろう。

　　＊しかし，信頼関係不破壊の事情（信頼関係不破壊の評価根拠事実）は，原告
　　による本件賃貸借契約解除の効力が生じた時点（●●4年2月22日の経過

時）までに存在していたことが時的要素となる。そのため，被告が本訴提起後の●●4年4月，5月にも賃料を支払っているとの事実は，原告による本件賃貸借契約の解除後の事実であるから，評価根拠事実とはなり得ない。また，本件において，原告の主張する解除事由は賃料債務の履行遅滞であるから，「被告には本件建物以外に居住する不動産がなく，本件賃貸借契約が解除されれば被告は生活の本拠を失うことになる。被告は本件建物において『久保画廊』の屋号で画商を営んでいるが，画家や画商仲間に『久保画廊』の所在地が知れ渡っており，本件所在地を離れて今後『久保画廊』を営むことは相当困難であり，本件建物を明け渡すことは生活の糧を失うに等しい。」という事情は，いずれも評価根拠事実とはならないものと解される。

したがって，被告が信頼関係不破壊の評価根拠事実として主張証明すべき事実は，相殺の抗弁を構成する各事実のほか，被告は本件賃貸借契約締結時から●●3年9月分まで約定の賃料支払時期までに賃料を支払っているとの事実のみであるということになる。

この点については，本件の第1回弁論準備手続期日において，前記のとおり，裁判所から当事者双方に説明されているものと推測される。第1回弁論準備手続調書には，この点についての裁判所と当事者とのやりとりは記載されていないが，手続の透明性，明確性を確保するという観点からは，被告において信頼関係不破壊の評価根拠事実として主張証明すべき事実は上記各事実のみであり，その余の主張事実は撤回する旨の陳述をしたことを記載しておくのが望ましいであろう。

(e) 相殺の抗弁との関係

信頼関係不破壊の評価根拠事実の要件事実は，相殺の抗弁の要件事実を内包しており，相殺の抗弁が成立する場合には，それ以上に信頼関係不破壊の評価根拠事実を主張する必要はないといえるから，同事実はいわゆる「過剰主張」のようにもみえる（要件事実は一定の法律効果を発生させる原因となる「必要最小限の事実」をいうものと理解されているから，過剰主張の場合は要件事実として不必要な事実を含む点で問題がある）。しかし，この信頼関係不破壊という規範的評価の成否は，後記のとおり，これを積極（プラス）の方向に基礎付ける評価根拠事実と，これを消極（マイナス）の方向に基礎付ける評価障害事実との総合判断であることから，評価根拠事実の

全てが認められるわけではない場合でも，評価障害事実との関係で，評価根拠事実として機能する場合があり得る。したがって，相殺の要件事実を内包する信頼関係不破壊の評価根拠事実も抗弁として主張する意味があるといえる[22]。

(2) 原告の主張の整理

(ｱ) 相殺の抗弁に対する認否

原告は，準備書面（●●4年5月16日付け。記録**48**頁）において，「藤田清が被告から●●3年6月29日に絵画『大雪山』1枚を代金100万円で買ったこと，同日その売買代金を支払い，同絵画の引渡しを受けた」ことは認めるものの，藤田清が被告から絵画「湖水」を買ったとの事実，被告が藤田清に対し同絵画を株式会社三谷総業に搬送（送付）して引き渡したとの事実，被告が原告に対し●●4年2月21日に相殺の意思表示をしたとの事実はいずれも否認すると述べた。

これにより，相殺の抗弁については，上記各事実がいずれも争点となることが明確となった。

＊なお，被告は，●●3年7月9日に藤田清の指定する株式会社三谷総業宛に「湖水」を送付した書証として乙第1号証の「荷送り状控え」（記録**78**頁）を提出している。しかし，同書証では，被告が同月8日に○○運送株式会社に対し絵画1点を株式会社三谷総業に運送するよう依頼したとの事実が認められるだけであり，同書証が上記各事実に関する決定的な証拠であるとはいえない。

(ｲ) 信頼関係不破壊の評価根拠事実に対する認否

原告は，被告の賃料債務の不履行が原告と被告との信頼関係を破壊するに足りないものとする特段の事情があり，契約解除が効力を有しないとの被告の主張を争った。さらに，被告が●●4年4月11日及び同年5月2日に各20万円合計40万円を藤田清名義の普通預金口座に振り込んでいる事実，被告が本件建物で「久保画廊」の屋号で画商を営んでいるとの事実は認めると述べたが，本件建物の家賃は前家賃（前払の契約）であり，被告が契約どおりに月末までに翌月分を支払ったことはないとして，「被告が本件賃貸借契約締結時から●●3年9月分まで約定の賃料支払時期までに賃料

---

22) 30講117頁，134頁，民裁要件事実(1)284頁以下参照。

を支払っている」ことは否認し,「被告には本件建物以外に居住する不動産はなく,本件賃貸借契約が解除されれば被告は生活の本拠を失うことになる」こと,「画家や画商仲間に『久保画廊』の所在地が知れ渡っており,本件所在地を離れて今後『久保画廊』を営むことは相当困難であり,本件建物を明け渡すことは生活の糧を失うに等しい」ことは知らないと述べた(記録**49**頁)。

　　＊前記のとおり,信頼関係不破壊の評価根拠事実として主張証明すべき事実は,相殺の抗弁を構成する各事実のほか,被告は本件賃貸借契約締結時から●●3年9月分まで約定の賃料支払時期までに賃料を支払っているとの事実であり,信頼関係不破壊の評価根拠事実はいずれも争点となることが明らかとなった。しかし,被告が本件賃貸借契約締結時から●●3年9月分まで約定の賃料支払時期までに賃料を支払っているとの事実については,本件賃貸借契約に賃料の前払特約があったことは争いがなく,甲第5号証の預金通帳(同号証は,その真正な成立が争われておらず,本件訴訟とは無関係の第三者であるプラム銀行が業務の通常の過程で作成したものであるから,その内容の信用性は高いというべきである。記録**72**頁)によれば,被告が前払特約の約定どおりに賃料を支払っていたとは認められないというべきである。したがって,この点については,人証調べをするまでもなく,書証のみによって判断することができる争点(形式的争点)であるから,裁判所は被告に対し,同主張を撤回するよう求めるのが相当であったといえよう。

　(ｳ)　信頼関係不破壊の評価障害事実
　　(a)　原告の主張する事情
　原告は,「①被告は,●●2年4月3日の本件賃貸借契約締結の直後から賃料の支払が遅れがちであった。②本件建物の●●3年10月分から●●4年2月分までの賃料が●●4年1月末までに支払われなかった。③被告は原告に対し絵画『湖水』の売買代金債務の確認等を何もしていない。」との事情があるから,被告の賃料債務の不履行が本件賃貸借契約の信頼関係を破壊するに足りないものとする特段の事情は認められないと主張する(記録**50**頁)。
　　(b)　評価障害事実の観念と位置付け
　評価根拠事実が規範的評価をプラスの方向に基礎付ける事実であるのに対し,この事実と両立はするが,その評価の成立を妨げる事実,すなわち,

その評価をマイナスの方向に基礎付ける事実を観念することができる。このような事実は、「評価障害事実」と呼ばれる。評価根拠事実と評価障害事実とは、相互に事実として両立し、しかも、評価根拠事実による規範的評価の成立に対して、評価障害事実はその評価の成立を妨げる効果を持つから、前記主要事実説の立場に立てば、評価障害事実もまた主要事実であり、規範的評価の成立を争う側の当事者が抗弁（本件では再抗弁）としてその主張証明をすることになる[23]。

 (c) 規範的要件（評価）の判断の特殊性

 規範的評価の成否は、証拠によって認められる評価根拠事実と評価障害事実の両事実を比較衡量・総合考量して決定されるという意味において、評価根拠事実と評価障害事実との総合判断であるといわれる。

  ＊しかし、主張された評価根拠事実だけでその評価の成立を肯定するに足りないときは、その規範的評価成立の主張（評価根拠事実の主張）は主張自体失当であるから（規範的評価は不成立となり）、その事実を証明させる必要はない。これに対し、当事者間に争いがない（あるいは証明された）評価根拠事実だけでその評価を肯定することができる場合に、主張された評価障害事実だけではその規範的評価の成立を覆すことができないときは、その規範的評価不成立の主張（評価障害事実の主張）が主張自体失当となるから（規範的評価は成立し）、その事実を証明させる必要がないことに注意する必要がある。

 (d) 本件における信頼関係不破壊の評価障害事実

 原告が信頼関係不破壊の評価障害事実として主張する上記各事実のうち、(a)①の事実は、被告が評価根拠事実として主張する「被告は本件賃貸借契約締結時から●●3年9月分まで約定の賃料支払時期までに賃料を支払っている」との事実と両立しない事実であるから、この事実は被告の主張する評価根拠事実に対する「積極否認」として位置付けられる。したがって、

---

23) これに対し、評価障害事実は主要事実を推認させる間接事実に対する間接反証に類似した関係にあると考える説（間接反証類推説）もある。しかし、これが規範的評価自体を主要事実として捉えるものであれば、評価根拠事実を主要事実（準主要事実）としながら、その上位概念として規範的評価という主要事実が存在するという特殊な構造を持つ法律要件を認めることになる点に問題があるし、そもそも評価自体を主要事実とする点については前記間接事実説に対するのと同様の批判を免れないとされている。30講94頁、民裁要件事実(1)36頁参照。

原告が信頼関係不破壊の評価障害事実として主張証明すべき事実は、(a)②及び③の事実ということになる。

(3) **信頼関係不破壊の評価障害事実に対する被告の認否**

　原告が主張する信頼関係不破壊の評価障害事実に対する被告の認否については被告の準備書面では述べられていないが、従前の訴訟経過等からして明らかな事実であり、認否が容易であったことのほか、原告の準備書面が事前に被告に送付され、被告においてもその認否について検討する機会があったことから、被告は、口頭で、(a)①の事実は否認し、(a)②及び③の事実は認めると述べた。

　これにより、信頼関係を破壊しない特段の事情が認められるかどうかについては、信頼関係不破壊の評価障害事実は当事者間に争いがなく、評価根拠事実のみが争点であり、特に証拠調べ（人証調べ）を要する事実は、相殺の抗弁に関する争点と同様、本件売買契約があったか、本件絵画の藤田清への引渡しがあったか、●●4年2月21日に被告による相殺の意思表示があったかであることが明らかとなった。

(4) **間接事実等の主張**

　本件では、争点の内容や証拠関係が比較的単純であったことから、間接事実レベルあるいは補助事実レベルまでの争点等の整理は行われていない。しかし、一般には、間接事実、補助事実による信用性の検討なしに直接証拠（例えば、相反する当事者尋問の結果）だけで主要事実を認定できる事案は少なく、訴訟の提起に至るまでの事実の経過や当事者の一連の行動などの間接事実や補助事実を認定し、これに照らして直接証拠の信用性を判断することになる。したがって、争点整理の段階で、間接事実レベルあるいは補助事実レベルの争点まで絞り込んでおくのが望ましいことが多い。

(5) **次回期日までに準備すべき事項の確認**

　本件では、第1回弁論準備手続期日における争点整理によって、争点が明らかとなった。本件では、被告が藤田清に絵画2点を売った際の具体的な状況、藤田清が本件絵画を購入することとなった動機、被告が藤田清の相続人である原告に本件絵画の売買代金債務の確認を求めなかった理由、被告が原告に対し●●4年2月21日に相殺の意思表示をした際の状況等について、より具体的な事実が当事者の陳述書等の形で明らかにされると、

供述の食い違いによる間接事実・補助事実レベルの具体的・実質的争点，人証採否の必要性，尋問順序，尋問時間の見込み等がはっきりし，集中証拠調べの前提となる的確な立証計画を立てるのに役立つことが多い。

そこで，裁判所は，双方代理人に対し，①第1回弁論準備手続における争点整理の結果を踏まえて，原告，被告各本人の記憶しているところをそれぞれ陳述書にまとめて書証として提出するとともに，尋問事項書を含む人証申請書を提出すること，②被告が本訴提起後の●●4年4月，5月にも賃料を支払ったと主張する点に関し，次回期日において当事者双方の主張を明確にするよう要請して，第2回弁論準備手続期日として●●4年6月20日午前11時を指定した（記録**31**頁）。

V　第2回弁論準備手続期日における手続

1　訴え提起後の金員支払に関する主張の整理

被告は，原告に対し，●●4年4月11日及び同年5月2日に各20万円を，同年6月6日に10万円を本件建物の賃料あるいは賃料相当損害金として支払ったと主張した。これに対し，原告は，被告主張の上記支払は認めるが，同金員は本件建物の同年3月分，4月分，5月分（一部）の賃料相当損害金として受領していると述べ，原告と被告それぞれが本件訴え提起後の被告による金員支払に関する主張を明確にした（記録**32**頁）。

2　証拠関係

(1)　書証

原告は甲第7号証として原告の陳述書を，被告は乙第2号証として被告の陳述書を，証拠説明書とともに提出し，証拠調べがされた（記録**33**頁，**56**頁，**57**頁）。

(2)　人証

予定どおり，第2回弁論準備手続期日で，原告は原告本人の，被告は被告本人の各尋問の申出をし（記録**96**頁，**97**頁），裁判所は，原告本人と被告本人を第2回口頭弁論期日に取り調べることを決定した（記録**58**頁，**59**頁）。

(ア)　申出

人証の申出は，証拠申出書を提出して行う。証拠申出書は準備書面の一種と考えられ，その書面に基づき，口頭弁論期日に口頭で証拠の申出をすることとなる。したがって，民訴法161条3項が適用されるが，判例は，証拠の申出については，準備書面にその旨の記載がなくとも相手方が予想できる場合には申出ができるとする（最判昭和27年6月17日民集6巻6号595頁[24]）。また，人証の申出は期日前においてもすることができる（民訴180条2項）。尋問事項書は，できる限り，個別的かつ具体的に記載しなければならないとされているが（民訴規107条2項），人証調べ予定者の陳述書が提出されている場合の尋問事項書は，簡潔なもので足りる。なお，人証の申出は，尋問に要する見込みの時間を明らかにしてしなければならない（同106条）。

(イ) 証拠決定

申出にかかる人証（証人，原告本人，被告本人）のうち，誰を調べるか，取調べの順序をどうするかなどは，裁判所の合理的な訴訟指揮に任されている[25]。

民事訴訟法では，人証の尋問は，できる限り，争点及び証拠の整理が終了した後に集中して行わなければならない（民訴182条）として，集中証拠調べの原則を採用している。したがって，人証の尋問は，事案にもよるが，できる限り，争点整理を終えた後に，集中して行うように努める責務が裁判所及び当事者に課せられている。集中証拠調べを実現するためには，人証について申出の段階から必要と考える証人及び当事者本人の全てを明らかにすることが必要である。そこで，証人及び当事者本人の尋問の申出はできる限り一括してしなければならない（民訴規100条）。また，人証調べは，争点整理手続の終了または終結後における最初の口頭弁論期日において，直ちにできるようにしなければならない（同101条）。

　＊なお，人証の申出が不適式であったり，争点に関係のないものは採用すべきではない（民訴181条1項）。裁判所が既にある争点について心証を得ている場合に，これと同一方向の心証を形成させることを目的とする証拠も

---

[24] 要旨：相手方が予期し得る場合には，写しの送達がなく，準備書面に記載されていなくとも書証の提出ができる。

[25] 証拠の採否については，裁量と規律161頁～200頁〔三角比呂・山本和彦〕参照。

同様に採用すべきではない。また，いったん採用しても，証拠調べ前であれば，その後に尋問の必要性が消滅した場合には，これを取り消すことができる（同120条）。

3 和解の意向の確認

事件によっては，弁論準備手続で争点整理をしているうちに，当事者の互譲による和解の機運が高まることもある。そこで，争点整理の段階で，裁判所から当事者双方に和解をする意向の有無を確認することもあり得る。むしろ，裁判所は訴訟がいかなる程度にあるかを問わず和解を試みることができるのであるから（民訴89条），争点整理によって事件全体の輪郭が明らかになった場合には，紛争の早期解決という観点から，裁判所が当事者双方に対し和解の意向の有無を確認してみることが望ましい運用といえるであろう[26]。

本件では和解の試みがされたことは記録上は窺われない。これは，裁判所が，争点整理を終えた段階で当事者双方に和解の意向の有無を打診したところ，本件紛争の解決策等に関する当事者双方の考えに大きな開きがあったため，次回の集中証拠調べ後に和解を試みることとし，弁論準備手続の段階では正式に和解を試みることをしなかったものと推測される。

4 弁論準備手続の終結と効果

弁論準備手続を終結するに当たり，裁判所は，「その後の証拠調べにより証明すべき事実を当事者との間で確認」し（民訴170条5項による165条1項の準用），相当と認めるときは，当事者に弁論準備手続における「争点及び証拠の整理の結果を要約した書面を提出させる」ことができる（同170条5項による165条2項の準用）。証拠調べを争点に焦点を合わせて集中的かつ効率的に行うためには，裁判所と当事者双方が証拠調べにより証明すべき事実（要証事実，立証テーマ。同165条1項参照）について共通の認識を有しておく必要があることから規定された手続である。

本件では，前記のように，第1回弁論準備手続期日において，一応，要証事実の概要が確認された。その上で，第2回弁論準備手続期日において，

---

[26] 判決型の事件と調整型の事件の振分けについては裁量と規律31頁〜52頁〔山本和彦・村田渉〕，和解勧試の時期方法などについては同書231頁〜243頁〔大江忠・笠井正俊〕参照。

訴え提起後に被告が原告に対して支払った金員に関する主張の整理が行われ，原告と被告の各陳述書（甲第7号証，乙第2号証）が提出され，その証拠調べがされた上で，正式に要証事実の確認が行われ，争点整理のための弁論準備手続は終結された（記録**32**頁，**33**頁）。

＊なお，要証事実の確認方法としては，当事者から争点整理の結果を要約した書面（主張要約書）を提出させる方法のほか，口頭による確認の方法，口頭により確認された事実を調書に記載しておく方法，裁判所において争点整理書面（争点整理案）を作成して当事者の了解を得て調書に添付するという方法があるが（民訴規90条による86条1項の準用），本件では，要証事実の内容等を考慮して，口頭により要証事実を確認し，確認された事実を簡潔に調書に記載する方法がとられている。また，証人尋問及び当事者尋問等で使用する予定の文書は，証人等の陳述の信用性を争うための証拠（このような証拠は「弾劾証拠」と呼ばれている）として使用するものを除き，当該尋問等を開始する時の相当期間前までに，提出しなければならないこと（同102条）にも注意する必要がある。

争点整理の終了後にも，新たな攻撃防御方法（新たな主張や証拠）を提出することができないわけではないが，争点整理の終了後に攻撃防御方法を提出した当事者は，相手方の求めがあるときには，相手方に対し，争点整理の終了前にこれを提出することができなかった理由を説明しなければならないこと（民訴167条，174条，178条）は，後記（第9章II190頁）のとおりである。

コラム：弁論準備手続における対話

裁判官：J／原告訴訟代理人：X／被告訴訟代理人：Y

【ケース1】損害賠償請求事件
　証券会社との間で株式や投資信託の委託取引を行っていた顧客（原告）が，担当者甲からA銀行の株の買付けを勧められたことがあったが，これを断った。ところが，送付された取引報告書によりA銀行株2万株を買い付けたことになっていること（第1取引）を知り，甲に無断取引であるとして抗議の電話をした。ところが，その日にも，甲は原告の計算において，A銀行株

6000株を買い付けていた（第2取引）。そこで，原告が証券会社に対し，不法行為に基づき損害賠償請求をした。

　このケースは，口頭弁論期日を2回，弁論準備期日を2回重ねており，争点は，委託注文の有無であることに絞られていた。

J：「『顧客である原告が，被告証券会社に株の買付けの委託注文をした』事実は，原被告いずれに証明責任があるかという点は，いかがですか。」

Y：「そのような問題の立て方は適当ではなく，原告が，『無断取引である』事実を立証すべきなのではないでしょうか。」

X：「被告は，委託注文がなければ取引ができないのですから，その証明責任を負うことは当然ではないでしょうか。」

J：「たとえば，証券会社が，株の買付けの委託注文を受けたのに，顧客が売買代金を支払わないような場合には，委託注文があったことは証券会社に証明責任があるということでしょうね。そうすると，本件のようなケースでは，通常は，被告が証明責任を負うと考えるのであろうと思います。それを明示した裁判例として，東京地判平成12年12月12日金判1110号43頁がありますよ。」

Y：「分かりました。」

J：「それでは，それを前提として，本件の事実関係に即して議論してみることにしましょうか。」

X：「本件では，原告が第1取引直後から複数回にわたり抗議を繰り返しているという事情があります。また，A銀行株の株価がさほど下がっていない時点から一貫して無断であると抗議していますから，無断取引であることが推認されると考えられると思います。」

Y：「原告は第1取引の取引報告書を見る前に抗議をしています。これは，注文したが，気が変わったというだけのことです。また，妻を通じての抗議，手紙による抗議が中心で，甲の上司に対する抗議の後にも格別の措置を講じていないのです。不合理ではないでしょうか。」

X：「第1取引の取引報告書送付の時期と抗議の時期との関係については，立証する用意があります。」

J：「これだけ取引直後から抗議しているケースは，この類型の事案では珍しいように思いますね。その意味では，抗議の時期は重要でしょう。

　　証券取引に関して顧客から証券会社に対する損害賠償請求訴訟の類型としては，無断取引型，説明義務違反型，断定的判断提供型，

担当者資金着服型，担当者小遣い稼ぎ型等がみられます。本件のように無断取引型のなかには，証券会社からの取引報告書が送付されてきても顧客の側で放置していた等の事情から顧客の追認と評価されるケースもみられますが，本件における抗議の重みは相当にあるでしょうね。」
Y：「原告はA銀行株全部を売却しています。これは，無断取引であるという主張とは矛盾します。」
X：「損失の拡大を防ぐためということであれば，必ずしも矛盾しないのではないでしょうか。」
J：「それは，一応そのようにみてよいでしょうね。
　ところで，第1取引が成行注文であったのに，甲は原告に取引成否や価格を知らせていない点が気になりますが，いかがですか。」
Y：「甲は，電話をしましたが，原告が不在であったので連絡できなかっただけです。また，取引報告書送付がされれば，それで認識できると考えることもおかしくありません。」
X：「裁判官のご指摘のとおり，これは不自然です。Xに直接報告することを避けていたという現れです。」
J：「この点は，通常の株式取引実務のあり方からみて，どのように評価されるかということでしょうね。もう一点，甲が原告に対し釈明のため電話をして，その際に，第2取引の注文を受けたということですが，電話でのやり取りをテープに録音するなどしておいたらよかったですね。」
Y：「その点については，甲は，テープに録音したような気もするということで探したのですが，ありませんでした。このような争いになるとは思ってもみなかったので，やむを得ないのではないでしょうか。」
J：「ただ，無断売買であるという抗議は，担当者に対するクレームとしては極めて重大なものではないでしょうか。また，テープ録音などは簡単にできますけれどもね。」
Y：「無断売買をすれば当然こうしたトラブルになってくるわけですから，甲には，そのようなリスクを冒す動機はないですよ。」
X：「それは，甲としては，A銀行株の株価があがれば原告の事後承諾を得られると軽信したか，結果として利益があがれば問題とされないと考えたことは，あり得るのではないですか。
　動機をいうのであれば，原告は，過去にトラブルを起こしたことのない，いわゆるクレーマーでないまともな顧客ですよ。ここまで，

争うのはどういうことかを考えてもらいたいということになります。」
J：「証券市場における顧客保護の要請という大きな問題との関係で，被告としては，本件訴訟をどう捉えるべきかという点はいかがですか。」
Y：「無断売買というのは，業務の根幹に対するクレームですから，これは事実としてあり得ないというのが，被告の立場です。」
X：「それが，一貫して，原告の抗議を取り合わなかった理由ですか。」
J：「取引直後から抗議を繰り返していたケースですから，証券会社としては，相応の対応が求められてしかるべきものであったという印象はありますよね。」
X：「『金融商品の販売等に関する法律』なども制定され，『金融商品取引法』も改正されているわけですからね。」
J：「その点は，直接本件には関係しませんけれどね。
　それでは，本日は，この程度にして，次回には，書証の積み残しを全部提出していただき，人証申請と陳述書を用意していただきましょう。そのうえで，人証調べに入るか，和解手続に切り換えるかについて，協議することにしましょう。そのようなことで，次回の準備をお願いします。」

　このケースでは，弁論準備手続の目的である「嚙み合った実質的な議論」が展開されている。それこそが，この手続に求められているコミュニケーションの姿である（法的議論における対話的合理性について，田中成明「法的空間の知的地平」『法的空間』〔東京大学出版会・1993〕235頁以下が参考になる）。

【ケース２】 貸金返還請求事件

　金融機関が，金銭消費貸借契約に基づき，貸金および遅延損害金の請求をしているケースである。

J：「被告は，金銭消費貸借契約の成立を否認していますが，どのような趣旨なのでしょうか。」
Y：「被告は，取引先のＡに頼まれて，Ａの名前を出すことができない事情があるので，名義を貸してほしい，金融機関もそれを承知しているという話をされて，Ａのために名義を貸したのです。金銭を借り入れる意思がないわけですから，契約は成立していないと考えます。」
J：「甲１号証の金銭消費貸借の借主の署名欄の署名は，被告がしたものでしょうか。」

Y:「これは,そうです。」
J:「押印してある印章は,被告の印鑑によるものでしょうか。」
Y:「はい。」
J:「そうすると,処分文書の成立の真正について争いがないことになりますね。要するに,意思表示の合致があるわけですから,金銭消費貸借の合意はあり,契約は成立していることになるのではないでしょうか。」
X:「そのとおりです。」
Y:「……。」
J:「被告の先ほどの理解を前提とすると,抗弁として,心裡留保(民93条)の主張をしていくかどうかという問題になりますね。」
Y:「わかりました。」
J:「その場合,金融機関の側が真意を認識していたということを,その理由も含めてきちんと主張することが説得的なものとなるポイントでしょうね。
　それでは,次回までに,この点について主張の構成を明確にしたうえ,具体的な事実を主張する準備書面を用意してください。合わせて,関連の書証も準備してください。次々回は,原告の認否・反論という段取りで進めましょう。」
X・Y:「わかりました。」

　このケースでは,弁論準備手続のやり取りにおいて,処分文書である金銭消費貸借契約書の成立の真正を肯定した上で,その次のステップに進むことになったものである(文書の成立の真正については,加藤新太郎「文書成立の真正の認定」中野貞一郎先生古稀祝賀『判例民事訴訟法の理論(上)』〔有斐閣・1995〕575頁参照)。争点整理の実があがっているものとみることができる。

【ケース3】連帯保証債務履行請求事件

　原告とAとは,飲食店の店舗の営業委託契約をし,被告はAの債務を連帯保証した。契約期間は2年であるが,契約書には「双方協議の上,合意更新が可能である」旨の約定がある。原告は,契約更新後,Aの対価支払がされておらず,その見込みもないとして,残りの期間の対価相当分について連帯保証人である被告に請求した。

　被告の反論は,「Aは在留資格のない外国人であり,入国管理局に身柄を拘束され,本国に強制送還された。自分は,この店の客という関係で連帯保証をしたが,本来そのような義理のある関係ではない。Aが預託していた保証金が控除されるべきであるし,そもそも本件の契約更新後の債務について

連帯保証の効力が及ぶものとはいえない」というものである。原告は被告に対し，連帯保証の効力を及ぼすべく，「本件営業委託契約は，○月○日法定更新された」旨の内容証明郵便を出していた。
〔弁論準備手続における裁判官の釈明〕
　　J：「(原告の訴訟代理人に対し，)契約書には『合意更新が可能である』旨の約定がありますが，逆にいえば，更新には合意が必要であると解されます。ところが，この内容証明郵便では，『契約は法定更新された』旨の記載になっています。
　　　　この関係は，どのようなものと理解すべきなのでしょうか。」
　　X：「その点は，調査して次回に明らかにします。」
〔次回期日において〕
　原告訴訟代理人は，「Aは○月○日原告に対し電話により更新を申し入れてきて，原告はこれを承諾した」旨の原告の作成した報告書を書証として提出した。
　　J：「そうすると，『○月○日法定更新された』という内容証明郵便の文言は，『合意更新』というべきところ，素人なので不正確な表現をしたということになりますか。」
　　X：「そのとおりです。」
　　J：「そして，更新の合意を○月○日にしていることは，本日提出の報告書が証明するということですね。」
　　X：「そうです。」
　　J：「調査嘱託の結果が返っていますが，これによると，『○月○日』は，Aが入国管理局に身柄を拘束されていた最中のようですね。そうすると，Aが原告に電話をかける機会はあり得ないのではないでしょうか。」
　　Y：「まさに，そのとおりです。原告の『電話により双方協議した』という報告書は捏造したものというほかありません。」
　　X：「……。」
　このケースでは，裁判官が前回の弁論準備手続において釈明した点について，つじつまを合わせるため，原告本人が，内容虚偽の文書を作成したことが，他の証拠との照合により，判明したものである（加藤新太郎「民事訴訟における情報の歪みと是正」石川明先生古稀祝賀『現代社会における民事手続法の展開(上)』〔商事法務研究会・2002〕432頁）。原告訴訟代理人である弁護士が，このことを承知のうえで，報告書を提出したものであるとすると，「弁護士は……虚偽と知りながらその証拠を提出してはならない」という弁護士職務基本規程75条に違反したことになる。

このように弁論準備手続では，提出証拠の弱点を釈明したり，指摘したりするので，不心得な当事者，訴訟代理人は，不正な手段で対応することが絶無ではない。

第9章
第2回口頭弁論期日

■**この章で学んでほしいこと**

【証拠調べ期日における手続】
 ＊争点整理の結果はどのように取り扱われるべきか？
 ＊弁論準備手続の結果を弁論に上程する方法とその機能
 ＊集中証拠調べの意義と効用
 ＊効率的な集中証拠調べを実施するために必要なことは何か？
 ＊陳述書の機能とその問題点
 ＊人証調べ（証人尋問，当事者本人尋問）はどのように行われるか？
【口頭弁論の終結（弁論終結）】
 ＊口頭弁論の終結の意義とその効果
【第2回口頭弁論期日】
 【訴えの変更申立て（請求の減縮・請求の一部取下げ）】……民訴261条
 【弁論準備手続の結果陳述】……民訴173条，民訴規89条
  ＊争点整理手続の終了前に攻撃防御方法を提出できなった場合の理由の説明（手続終了後の攻撃防御方法提出についての説明義務）
      ……民訴167条，174条，178条，民訴規87条
 【人証調べ等の実施】……民訴190条～211条，215条の2～217条
  ＊証人尋問……民訴190条～206条
  ＊当事者尋問……民訴207条～211条
     人定質問・宣誓・尋問の順序・質問の制限・尋問の制限等に対する異議
  ＊対質……民訴規118条，126条
 【口頭弁論の終結（弁論終結）】……民訴243条1項，244条，153条
 【和解の試み（和解期日の指定）】……民訴89条，民訴規32条
第10章あるいは第11章へ

I 原告の主張の整理――訴えの変更

　本件では，原告が，●●4年7月20日付けの訴え変更申立書（記録**51**頁）をもって，本件訴えの提起後に被告から合計60万円の支払を受け，これを●●4年3月1日から同年5月末日までの賃料相当損害金に充当したとして，訴状請求の趣旨第2項の請求について，「被告は，原告に対し，100万円及び●●4年6月1日から1の建物明渡済みまで1か月20万円の割合による金員を支払え」と減縮すると述べた。これに対し，被告は，「原告の訴え変更申立書による請求の変更に異議はない。」と述べた（記録**34**頁）。本件における被告の主張からすると，本件賃貸借契約は終了していないことになるから，被告が支払ったのは賃料相当損害金ではなく，●●4年3月分から5月分までの賃料ということになるはずであるが，本件では原告が同期間の賃料の支払を求めていないことなどから，原告による請求の減縮に同意する方が訴訟上，被告にとって有利と判断したため，減縮に同意したものと推測される。

　本件のような請求金額（賃料相当損害金額）の一部の減縮が訴えの一部取下げになるかどうかについては，民事訴訟における一部請求の可否[1]と関連して議論があるところである。一部請求を認めない立場では，原告が請求を減縮しても訴訟物に変更を生じないこととなり，訴えの取下げとして扱わず，給付命令の上限を画するための特殊な訴訟行為として扱うこととなるとの立場[2]，あるいは請求の一部放棄をしたと同じ効果が生ずるから，被告の同意は不要であるとする立場[3]がある。これに対し，一部請求を認める判例（最判昭和27年12月25日民集6巻12号1255頁[4]）・通説の立場で

---

[1] 一部請求に関する学説状況等については，高橋(上)97頁以下，畑瑞穂「一部請求と残額請求」争点120頁参照。なお，一部請求後の残額請求（明示されていない場合）について最判昭和32年6月7日民集11巻6号948頁〔百選81事件〕，一部請求後の残部請求（明示された場合）について最判平成10年6月12日民集52巻4号1147頁〔百選80事件〕参照。
[2] 伊藤462頁参照
[3] 新堂358頁参照。
[4] 要旨：単に請求の趣旨を減縮した場合は，訴えの一部の取下げにすぎないから，請求の変更には当たらない。

は，請求の減縮は訴えの一部取下げとして，被告の同意などの要件が必要となり，また訴えの取下げの手続（民訴261条）によることとなる（したがって，口頭弁論期日においては，口頭ですることができ，必ずしも書面による必要はない）[5]。

II　弁論準備手続の結果陳述

　弁論準備手続を経た場合[6]，同手続における争点整理の結果を証拠調べに引き継ぐためには（受命裁判官によって実施された場合には直接主義の要請からも），当事者は，口頭弁論期日において，弁論準備手続の結果を陳述しなければならない（民訴173条）。この場合，当事者は，その後の証拠調べによって証明すべき事実（要証事実）を明らかにしてしなければならない（民訴規89条。なお，同101条参照）。これにより，弁論上程後に予定される集中証拠調べにおける争点・立証テーマが裁判所，当事者及び証人（さらには傍聴人）に明確に示されることになり，争点に集中した尋問が期待できるとの意見もある。

　実務上は，裁判所も当事者も弁論準備手続を経て争点について共通認識を有しているのであるから，結果陳述で時間をとることは無駄であるとの見解もあり，それなりの合理性があるように思われる。しかし，弁論上程の実質化の観点から設けられた民訴規則89条の趣旨からすると，具体的な争点・立証テーマ程度は明示する方が望ましいであろう。

　弁論準備手続には，弁論準備手続が終結した場合，その後に新たな攻撃防御方法の追加補充をすることができないという，いわゆる失権効（旧民訴55条1項本文）は認められていないが，弁論準備手続終結後に新たな攻撃防御方法を提出した当事者は，相手方の求めがあるときは，弁論準備手続の終結前にこれを提出できなかった理由を説明しなければならない（民

5）　なお，訴えの交換的変更について最判昭和32年2月28日民集11巻2号374頁〔百選33事件〕，占有の訴えと本権の訴えとの関係について最判昭和40年3月4日民集19巻2号197頁〔百選34事件〕参照。

6）　この場合には，弁論準備手続において争点等の整理が完了して同手続が終結された場合のみならず，当事者に手続の懈怠があるときの民訴法170条5項による166条による終結（実質的には手続の打切りであるが，この場合には手続終了の効果が発生する），民訴法172条による取消しの場合を含む。

訴174条による167条の準用)。この理由の説明内容は，相手方が民訴法157条の時機に後れた攻撃防御方法の却下の申立てをするかどうかの判断をする際の資料となる。そして，相手方が時機に後れた攻撃防御方法の却下の申立てをした場合，裁判所は，この説明の内容に合理性があるかどうか等を民訴法157条1項の要件である故意・重過失を認定する際の重要な判断資料として，攻撃防御方法を却下するかどうかの判断をすることになる（さらに，その説明内容が判決の事実認定において弁論の全趣旨として考慮されることもある)。このように，この理由の説明は，弁論準備手続終結後に提出された攻撃防御方法を却下するか否かの判断資料としての役割を果たすことから，期日において口頭でする場合[7]を除き，書面でしなければならないとされている。また，期日において口頭で説明がされた場合にも，相手方は，明確な判断資料を残しておくために，説明をした当事者に対しその説明の内容を記載した書面の交付を求めることができる（同87条2項)。

本件では，第2回口頭弁論調書（記録**34**頁）には，「弁論準備手続の結果陳述」と記載されているのみであるが，実際には，同期日において，裁判官が第2回弁論準備手続調書に記載された争点（要証事実）を告げ，両当事者がこれを確認する方法で，弁論準備手続の結果の陳述（民訴173条）が行われた。

III 証拠調べ

1 証拠調べ（概説）

裁判官が事件について判決するためには，要件事実の有無を確定し，適用すべき法規の存在及び内容を明らかにする必要がある[8]。事実認定においては，経験則が重要な役割を果たす[9]。当事者間に争いのない事実，裁

---

[7] この場合には，裁判所がその必要があると考えれば，調書への記載を命ずること（民訴規67条1項5号）により明確にしておくこともできる。
[8] 高橋(下)26頁以下は，証拠調べ全般について詳しく分析していて，参考になる。
[9] 経験則は，経験から帰納された事物に関する知識や法則であり，一般常識に属するものから，職業上の技術，専門科学上の法則まで含まれる。経験則は，ここでは，具体的な事実ではなく，事物の判断をする場合の前提となる知識ないし法則をいう。およそ人が論理的に事物を判断する場合には，必ず何らかの経験則を前提にしている。裁判官も，この助けを借りなければ，当事者の主張の趣旨を理解するこ

判所に顕著な事実,法規に関する知識や通常人が有している経験則などはそのまま判決のために使用できるが,それ以外の事実や知識は,裁判所が証拠調べ等によって認識することが必要となる。証拠の必要性を当事者の側からみると,自分に有利な事実を認定できるだけの証拠を収集しそれを訴訟に提出し,その事実の存在について裁判所を説得することによって勝訴判決を得ることができることを意味する。訴訟の勝敗は,いかにして自己に有利な証拠をより多く収集し,これを裁判官に対してより説得的にプレゼンテーションするかどうかにかかっている。

なお,経験則については,それが常識的なものであれば,裁判官も社会人の一人として知っているはずであるから,これについて証拠調べをする必要はない(法規の内容についても同様である)。しかし,特殊の専門的知識に属する経験則については証明の必要があり,訴訟に現れた資料(鑑定を含む)に基づきこれを明らかにした上で事実認定に用いるべきである[10]。

2 集中証拠調べ

(1) 集中証拠調べの実施

現行民事訴訟法は,民事訴訟の基本原則の下,できる限り迅速に紛争の全体像を把握し,事件の振り分けを行い,裁判所と当事者及び訴訟代理人が協働して,的確な争点整理を行い,争点に関する最良の証拠を提出し,証拠調べを集中的に実施することにより,争点中心主義の審理モデルの実現を目指しているといえる[11]。

従前の民事訴訟実務では,複数の人証を取り調べる場合,証拠調べ期日の間隔が長く,各期日に人証を1人ずつ順次取り調べる,いわゆる「五月雨式審理」が多く見受けられた。そのような審理方式においては,裁判官も訴訟代理人も,証拠調べ期日ごとに薄れかけた記憶を呼び戻すために,その都度訴訟記録を読み直すなどして無駄な時間と労力を費やさなくてはならない。また,同じ事実につき各人証に重複して尋問をしがちであるなど不経済であり,裁判所の心証形成も容易でない。その上,審理期間の長

とも,証拠力を合理的に評価し,そこから事実を認定することもできない。なお,新堂579頁参照。
10) 加藤・裁量論253頁参照。
11) 竹下守夫「新民事訴訟法制定の意義と将来の課題」講座新民訴(1)5頁,加藤新太郎「争点整理手続の整備」理論と実務(上)211頁参照。

期化に伴い，裁判官が交替することもあり，訴訟遅延の原因の一つとなっていた。

これに対し，集中証拠調べ（民訴182条）は，証拠調べのための準備の回数が少なくて済み，重複した人証尋問を避けることができ，対質（民訴規118条，126条）ができるなど極めて効率的であって，また，これにより，心証形成が比較的容易で，裁判所が新鮮な心証に基づき早期に適正な判断をすることが可能になる。

なお，集中証拠調べを実施するには，当事者本人を中心とした関係者による事件に関する認識を要領よくまとめて記載した陳述書（書証〔報告文書〕の一種であり，本件では，甲第7号証，乙第2号証がその例である）の活用が重要である[12]。この陳述書の活用により，人証の採否，尋問のポイント，尋問時間の把握がしやすくなり，計画的な証拠調べを実施でき，周辺事実の尋問は省略して核心の争点（要証事実）のみに尋問を集中させるという運用が一般化するようになった。また，このような陳述書が争点整理の段階で提出された場合には，証拠開示・事案提示的な機能をも果たし，

（適正迅速な民事裁判を実現するための方策）

適正迅速な民事裁判の実現
- ① 的確な争点整理手続による核心の争点への絞込み
  ↑
  陳述書の適正な利用
  ↓
- ② 集中証拠調べによる核心の争点に集中した尋問の実施

---

12) 最判昭和24年2月1日民集3巻2号21頁は，訴訟提起後に挙証者自身が係争事実に関して作成した文書も証拠能力を有するとし，以後の判例は一貫して陳述書の証拠能力を肯定している（ただし，その信用性については，人証調べの結果等をも総合して慎重に判断する必要がある）。陳述書については，山本克己「人証の取調べの書面化」自由と正義46巻8号54頁（1995），高橋宏志「陳述書」『新民事訴訟法論考』（信山社・1998）107頁，大段亨「陳述書の利用―裁判所の立場から見ての問題点と改善の期待」上谷＝加藤・総括と展望253頁，松本伸也「陳述書の利用―訴訟代理人の立場での問題点と改善の期待」同書274頁，加藤・民事事実認定論106頁，生島弘康「8 人証の取調べの充実・合理化〔2〕陳述書の活用」門口正人代表編集『民事証拠法大系第3巻』（青林書院・2003），奥宮京子「9 集中証拠調べ〔4〕集中証拠調べの実施の実情―弁護士実務の実情を踏まえて」同書250頁以下，川端基彦「陳述書」争点206頁参照。

争点等の整理を適正に実施するために大きな役割を果たすことになる。

　陳述書については，そのプラスの側面（効用）として，①集中証拠調べの実施との関係では，供述内容の事前の証拠開示機能があり，これによって，事案の把握・理解を容易にし，事前準備を可能にして，反対尋問等を容易にすること，②真の争点ではない事項の証明を陳述書に譲ることにより尋問を真の争点に集中させることができ，尋問時間を短縮させること，③訴訟代理人にとっても，陳述書を作成するために依頼者等から詳細な情報収集を行い，供述内容の正確性，証拠の存否，他の証拠との整合性等を検討することにより，早い段階での事案の正確な把握を可能にすること，④当事者も自己の名義で陳述書が作成され，内容を確認することによって，訴訟への参加意識が高まること，⑤書記官としても陳述書があることによって尋問調書の作成が正確かつ容易になることなどがあるとされている。このように，陳述書には，証拠開示機能，主尋問代用補完機能，情報収集機能，主張固定化機能，訴訟参加意識高揚機能，調書作成補助機能などがあるといわれている。

（陳述書の効用）

① （相手方に対する）証拠開示機能
② （提出者に対する）主尋問代替補完機能
③ （提出者・相手方に対する）情報収集機能
④ （提出者・相手方に対する）主張固定化機能
⑤ （提出者本人の）訴訟参加意識高揚機能
⑥ （裁判所書記官に対する）調書作成補助機能

　これに対し，陳述書の問題点・マイナスの側面（副作用）として，①直接主義・口頭主義に反するおそれがある，②心証形成が困難になる，③反対尋問が困難になる，④訴訟代理人の作為が入る可能性があるとの指摘がある。しかし，①は，真の争点については主尋問を必ず実施し，人証調べの予定のない陳述書は採用しないなどの実際の運用によって解決することができる問題であろう。②は，むしろ陳述書によって事案の全体像や争点の理解が深まるとともに，当事者双方のストーリー展開を把握することが

できるため，互いの言い分の対立点が浮き彫りになるから，心証を形成しやすくなるといわれている。③は，陳述書によって予め供述の具体的な内容が分かっていることから，相手方にとっては反対尋問の準備が行いやすく，効率的な反対尋問ができるとの意見も少なくない。④は，陳述書の作成過程を考えると，作為が入る危険があることは否定できないが，作為が入った陳述書は，後の反対尋問や補充尋問によって虚偽の記載であることが明らかになることが少なくなく，そのような場合には裁判官に決定的に不利な心証を形成させてしまうのであるから，事実に反する（無から有を生ずるような）作為を入れることは実際問題として困難であろうと思われる。ただ，実際の民事訴訟において，陳述書を活用する場合には，上記のプラスの側面のみならず，マイナスの側面があるとの指摘をも考慮して，その利用方法を考えるべきである[13]。

本件においても，集中証拠調べが実施されている。

(2) 当事者尋問

この期日においては，原告，被告各本人尋問が実施された。

当事者尋問（実務では，「当事者本人尋問」あるいは「本人尋問」とも呼ばれる）の方法等について留意すべき事項は，以下のとおりである。

(ア) 人定質問

人証調べの際には，まず出頭している人証に対し，まず人違いでないことを確かめてから，宣誓の手続に入る。

(イ) 宣誓

裁判所は，当事者に宣誓させることができる。実務上は，宣誓させた上で尋問するのが通常である。正当の事由がなく尋問に応じないと，尋問事項に関する相手方の主張を真実と認められる不利益を受けることがある

---

[13] 私署証書（私人の作成した文書・陳述書を含む）の作成者本人が公証人の面前で，当該私署証書の記載が真実であることを宣誓したうえで証書に署名若しくは捺印をし，又は署名若しくは捺印を自認した場合に，公証人がその旨を記載してする認証のことを「宣誓認証」という（公証人法58条の2第1項，第3項）。この制度は，民事訴訟の審理の適正化，迅速化に寄与し得るものとして設けられた制度である。この認証ある私署証書が当事者その他の利害関係人の陳述である場合には，一種の証拠保全的な機能を果たすことが期待でき，成立の真正（形式的証拠力）に関する争いを回避することができる。なお，証書の記載が虚偽であることを知りながら宣誓をした者は，10万円以下の過料に処せられる（公証人法60条の5）。

（民訴208条）。宣誓した上で虚偽の陳述をした場合には，偽証罪にはならないが，過料の制裁を受ける（同209条1項）。

(ウ)　尋問の順序[14]

交互尋問を原則とする。尋問を申し出た当事者（主尋問），次に相手方当事者（反対尋問），さらに申出当事者（再主尋問），裁判長の順序で行う（民訴202条1項，民訴規127条による113条1項の準用）。当事者は，主尋問，反対尋問，再主尋問までを当然に行うことができる。裁判長は，適当と認めるときは，当事者の意見を聴いて尋問の順序を変更することができる（民訴202条2項）。もっとも，裁判長は，これらの順序にかかわらず，必要に応じ，いつでも自ら尋問し，当事者の尋問を許すことができる（民訴規113条3項）。当事者は，裁判長の許可を得て，さらに尋問することができる（同条2項）。陪席裁判官は，裁判長に告げて尋問することができる（同条4項）[15]。

また，当事者は，訴訟の主体として，訴訟の結果に直接的な利害を持つ者であり，勝訴を目指して証拠の提出をする者であるから，その供述の信用性は一般的にそれほど高くなく，また当事者に供述を強いるのも酷な面があるから，当事者尋問は，証人尋問を実施した後に行うのが原則とされる（民訴207条2項本文）。ただし，実際には，当事者本人の方が事実関係をよく知っている場合も少なくなく，一概にその供述が信用性に乏しいともいえないため，裁判所が適当と認めるときは，当事者の意見を聴いた上，当事者尋問から始めることができる（同項但書）。

(エ)　質問の制限

主尋問は立証すべき事項及びこれに関連する事項について行い，反対尋

---

14)　裁量と規律185頁～200頁〔大江忠・村田渉〕参照。

15)　当事者の尋問が全て終了した後に，裁判長や陪席裁判官が補充的にする尋問を「補充尋問」といい，当事者の尋問の途中で，裁判長が随時介入してする尋問を「介入尋問」という。補充尋問は当事者の尋問だけでは事実関係が明確にならなかった場合や十分な心証が得られなかった場合などに行われ，介入尋問は供述内容に不正確な点や矛盾する点がある場合などに行われる。裁判官が行う補充尋問には，裁判官の関心や事件の見方が顕れることが少なくないとの指摘がある。また，補充尋問の方法には，様々な形態のものがあるが，代表的なものとして，①ポイント確認型，②矛盾追求型，③争点示唆型があるとされる。加藤・尋問技術273頁，281頁，300頁参照。

問は主尋問に現れた事項及びこれに関連する事項並びに供述の信用性に関する事項，再主尋問は反対尋問に現れた事項及びこれに関連する事項について行う（民訴規114条1項）。質問がこれらの対象範囲外にわたる場合であっても，それが当事者の権利を不当に侵害するものでなく，真実発見のために適当と考えられる場合には，その質問を制限する必要はないから，裁判長はその裁量によってこれを許すことができる。しかし，それが相当でないと認めるときは，裁判長は申立てによりまたは職権で，これを制限することができる（同条2項）。

　質問は，できる限り個別的かつ具体的でなければならない（民訴規115条1項）。当事者は民訴規則115条2項1号から6号までの質問をしてはならない。ただし，2号から6号までの質問は，正当な理由がある場合はこの限りでないとされている（同条2項）。また，裁判長は，質問がこれらの制限に違反したと認めるときは，申立てによりまたは職権で，これを制限することができる（同条3項）[16]。

　(オ)　異議

　裁判長による，尋問の順序の変更，尋問の許否，尋問の制限，質問における文書等の利用許可に対し，当事者は異議を述べることができる[17]（民訴規117条1項）。この異議については，遅滞なく述べないと異議権を失う（民訴90条）。異議に対しては，裁判所は，決定で，直ちに裁判をしなけれ

---

16) 実務の具体的な尋問手法等については，加藤・尋問技術参照。なお，反対尋問の保障について最判昭和32年2月8日民集11巻2号258頁〔百選65事件〕参照。

17) 当事者が述べる異議には，性質の異なる2種類のものがある。①尋問順序の変更（民訴202条3項），質問の範囲の制限（民訴規114条）に対する異議と，②裁判長の職権の発動を促すための異議（「抗議」ともいわれる）である（民訴規115条2項，3項）。①の尋問順序の変更に対する異議は，民訴法202条1項に定める尋問の順序を裁判長が変更したことに対する異議であり，質問の範囲の制限に対する異議は，尋問事項が相当でない尋問（民訴規114条），民訴規則115条2項に違反する質問についての裁判長の裁判に対する異議である（民訴規117条1項）。実務上，尋問事項が相当でない尋問，民訴規則115条2項に違反する質問が行われた場合には，まず相手方当事者が②の裁判長の職権の発動を促すための異議を述べ，これに対する裁判長の裁判に不服があるときに，裁判長の裁判に対する異議（①の質問の範囲の制限に対する異議もこれに含まれる）を述べるのが通常である。なお，実際の民事裁判では，尋問に関して異議が述べられることはさほど多くない。その理由について，加藤・尋問技術273頁は，①訴訟をギスギスしたものにしたくないという理由，②裁判官への遠慮，③調書に反映されない，④異議申立ての意味の理解不足，⑤異議の無意味性，を挙げている。

ばならない（民訴規117条2項，民訴202条3項）。
　(カ)　旅費，日当等の請求権
　当事者本人に，旅費，日当等の請求権はない（民訴費18条）。
(3)　証人尋問
　本件では，証人尋問は実施されていない。証人尋問の方法等についての留意事項は，次の点を除き，当事者尋問の場合と同じである[18]。
　(ア)　宣誓
　証人は原則として宣誓する義務があるが（民訴201条1項），若干の除外規定が置かれている（同条2項～4項）。証人が正当な理由なく宣誓を拒む場合には費用の負担及び過料の制裁を受け（同192条1項），罰金・拘留に処せられることがある（同193条）。また，宣誓した証人が虚偽の供述をした場合には偽証罪が成立する（刑169条）。
　(イ)　他の証人がある場合の措置
　　(a)　後に尋問する予定の証人の退廷（民訴規120条）
　証人尋問は，後に尋問する予定の証人を隔離して行うのが原則である（「隔離尋問の原則」あるいは「個別尋問の原則」と呼ばれる）。前の証人に後の証人が暗示や影響を受ける可能性があるし，隔離した証人が前の証人と同じ証言をすれば，却ってその信用性が高まる場合があるからである。しかし，近時の集中証拠調べの広がりに伴い，後に尋問する証人を在廷させたとしても，証人が事件に全く利害関係を持たない場合や証人同士の利害関係が対立する場合等，その証人が先行する証人の証言により不当な影響を受けるおそれがないと認められるような場合には，むしろ後に尋問する証人を在廷させ，先行する証人尋問を聞かせておいた方が自己の見解との相違を明確に認識し，相違点に絞って重点的に供述する結果，充実した尋問ができ，尋問時間も短縮することができることから，このような方法により争点に焦点を合わせて充実した尋問を目指す運用も少なくない。
　　(b)　対質（民訴規118条）

---

18)　なお，堀野出「証言拒絶権」争点208頁，公務秘密に関する証言拒絶事由について最決平成17年10月14日民集59巻8号2265頁〔百選A22事件〕，報道記者の取材源に関する証言拒絶事由について最決平成18年10月3日民集60巻8号2647頁〔百選67事件〕，技術又は職業の秘密と証言拒絶事由との関係について最判平成12年3月10日民集54巻3号1073頁〔百選A24事件〕参照。

裁判長は，その裁量で，証人と他の証人との対質を命じることができる（民訴規118条1項）。複数の証人の証言が食い違うか，その可能性がある場合に同一内容の質問をして他の証人の証言内容を聞かせ，その証言の真否を問い，あるいは認識の違う理由等についてさらに尋問するのが対質（尋問）[19]である。対質をしたときはその旨を調書に記載しなければならない（同条2項）。対質は，法の定める順序に従って通常の尋問を行った後に実施されるのが通常であり，質問者が複数の証人を面前に並べて尋問するという対質を円滑に実施するためには，まず中立的な立場にある裁判長から尋問するのが適切な場合が多いことから，対質では，裁判長がまず尋問することができることとされている（同条3項）。対質を命ずるかどうかは，裁判長の裁量に任されており，当事者は職権発動を促すことができるにとどまる。なお，当事者尋問についても，同様に，裁判長が必要があると認めるときは，当事者本人と，他の当事者本人または証人との対質を命ずることができる（同126条）。

　(ウ)　旅費，日当等の請求権

　証人は，旅費，日当等を請求することができる（民訴費18条以下）。

(4) 本件における人証調べの実施

　本件では，第2回弁論準備手続期日で採用された原告本人と被告本人が出頭し，予定どおりその取調べ（尋問）が実施され，各本人調書が作成された（民訴規67条1項2号，3号．記録**81**頁〜**95**頁）。実務では，陳述書が提出されている場合，提出されている陳述書の記載を最初から最後までなぞるような尋問も少なからず行われている。しかし，争点に焦点を当てて充実した尋問を実施するためには，形式的な事項の尋問は省略するか，簡単に触れる程度にして，実質的な争点について十分に主尋問を行うべきである。詳細な陳述書が提出されている場合には主尋問を省略するという運用も一部で行われているが，陳述書が提出されている場合にも，裁判所が実質的な争点について心証を得るためには，陳述書の作成者本人に，生の言葉で十分に供述させることが重要である。本件では，原告本人尋問及び被告本人尋問のいずれにおいても，まず陳述書の成立の真正について質問した上で，争点に焦点を当てた尋問が行われている。

---

　19) 対質については，加藤・尋問技術305頁，裁量と規律199頁〔村田渉〕をも参照。

＊なお，証人等の陳述については，調書の記載に代わる録音テープ等への記録の制度（民訴規68条）が設けられている。この制度は，集中証拠調べが実施された事件では，裁判所も当事者も，判決書の作成や次回期日の準備のためなどに，証人等の陳述の記録を使用する必要性が乏しい場合が生じることなどを考慮したものである。

IV 弁論の終結

裁判所は，事件が裁判をするのに熟したとき，すなわち，訴訟の審理が訴えに対して結論を出せる状態に達した（さらに当事者に攻撃防御を展開させてもそれまでに得られた心証が覆ることがないとの判断に裁判官が達した）ならば（ただし，例外として民訴法244条の「審理の現状に基づく判決」[20]がある），口頭弁論を終結して終局判決をすべきである（民訴243条1項）。弁論をいつ終結するかは，裁判所が，適切な裁量により，事件の種類・内容，当事者の証拠等の収集能力，現に提出された証拠の質・量等を考慮して決定することになる[21][22]。

弁論終結時が判決の既判力の標準時となる（民執35条2項参照）ので，口頭弁論終結時を明らかにするため，判決書には，口頭弁論の終結の日を記載しなければならない（民訴253条1項4号）[23]。

20) 審理の現状に基づく判決については，裁量と規律277頁〜300頁〔笠井正俊・三角比呂〕参照。
21) 口頭弁論の終結については，裁量と規律263頁〜276頁〔山田文・大江忠〕参照。
22) 口頭弁論の再開について最判昭和56年9月24日民集35巻6号1088頁〔百選41事件〕参照。
23) 徳田和幸「既判力の本質と作用」争点214頁，坂原正夫「既判力の客観的範囲」争点216頁，原強「判決理由中の判断の拘束力」争点220頁，三上威彦「既判力の時的限界」争点224頁，上原敏夫「既判力の主観的範囲(1)―口頭弁論終結後の承継人」争点230頁，渡部美由紀「既判力の主観的範囲(2)―訴訟担当における判決効」争点234頁，松下祐記「確定判決の無効と騙取」争点268頁参照。なお，既判力の時的限界と取消権との関係について最判昭和55年10月23日民集34巻5号747頁〔百選77事件〕，既判力の時的限界と建物買取請求権との関係について最判平成7年12月15日民集49巻10号3051頁〔百選78事件〕，信義則による後訴の遮断について最判昭和51年9月30日民集30巻8号799頁〔百選79事件〕，標準時後の事情変更（後遺症）について最判昭和42年7月18日民集21巻6号1559頁〔百選82事件〕，標準時後の事情変更（将来の損害）について最判昭和61年7月17日民集40巻5号941頁〔百選83事件〕，判決効の拡張と口頭弁論終結後の承継人について最判昭和48年6月21日民集27巻6

本件では，裁判所は，集中証拠調べを実施して弁論を終結した上，引き続いて和解の試みをし，和解の続行期日を●●4年7月25日午後4時30分と指定し，かつ，判決言渡期日を同年8月8日午後1時10分と指定した（記録*34*頁）。

V　和解の試み——和解期日の指定

　裁判所は，訴訟のどの段階でも和解を試みることができる（民訴89条）。実務上は，主として，①争点整理段階，②重要な人証の取調べ後の段階，③弁論終結が可能な段階，④弁論終結後の段階，などで和解勧告が行われている。

　本件では，前記のとおり，裁判所は，集中証拠調べを実施して弁論を終結した上で，引き続いて和解の試みをし，和解の続行期日及び判決言渡期日を指定した。これは，争点の性質・内容，提出された書証の種類・内容，集中証拠調べがされたこと，裁判所の心証，当事者の意向などが考慮されたものと思われる。もっとも，実務では，和解の試みが不調に終わった後に弁論を終結する運用も少なくない。いずれにしても，この段階では，裁判所は事件について心証を形成しているので，判決における結論を見据えた，的確な和解の試みをすることができる。なお，訴訟代理人が和解するには，その点について委任を受けていることが必要である（民訴55条2項2号）が[24]，実務上は，訴訟代理人が和解の権限を有している場合でも，和解期日には，事情をよく知り，最終的な判断をすることのできる本人または法定代理人等の出頭を求めることが多い[25]。

号712頁〔百選87事件〕，判決効の拡張と法人格否認の法理について最判昭和53年9月14日判時906号88頁〔百選88事件〕，判決の反射効（不真正連帯債務）について最判昭和53年3月23日判時886号35頁〔百選89事件〕，反射効と共同訴訟について最判昭和51年10月21日民集30巻9号903頁〔百選90事件〕，争点効について最判昭和44年6月24日判タ239号143頁〔百選84事件〕，限定承認の蒸し返し（既判力に準ずる効力）について最判昭和49年4月26日民集28巻3号503頁〔百選85事件〕，確定判決と損害賠償請求について最判昭和44年7月8日民集23巻8号1407頁〔百選86事件〕参照。

[24]　加藤・役割論294頁，なお，森脇純夫「弁護士強制制度・弁護士代理の原則」争点66頁参照。

[25]　なお，裁判上の和解と訴訟代理人の代理権の範囲について最判昭和38年2月21日民集17巻1号182頁〔百選19事件〕参照。

第10章

和解期日

―――

■この章で学んでほしいこと

【和解期日（和解の試み）】……民訴89条，民訴規32条
  ＊訴訟上の和解とは何か？
  ＊和解条項案の書面による受諾，裁判所等が定める和解条項とは何か？
  ＊訴訟上の和解の位置付けとその特徴
  ＊裁判官は，和解手続において，どのような役割を果たしているか？
  ＊和解手続（和解交渉）はどのように行われているか？
  ＊和解による解決の利点・有用性とは何か？
  ＊和解における弁護士の役割はどのようなものか？
  ＊訴訟代理人弁護士は和解に向けてどのような点に留意しなければならないか？

I　訴訟上の和解の意義と実際

1　訴訟上の和解のための制度

　訴訟上の和解は，「訴訟の係属中，当事者双方が訴訟物についての主張を譲り合って訴訟を終らせる旨の，期日における合意をいう。」と定義される[1]。これが原則的な形態であるが，民事訴訟法は，訴訟手続を利用しやすくするとの観点から，これとは別に，次の二つの制度を設けており，特に，(1)の和解条項案の書面による受諾の制度は実務上も頻繁に利用されている。

---

  1)　新堂366頁参照。なお，垣内秀介「訴訟上の和解の意義」争点248頁，吉田元子「訴訟上の和解の効力」争点250頁参照。また，訴訟上の和解と錯誤との関係について最判昭和33年6月14日民集12巻9号1492頁〔百選93事件〕，訴訟上の和解の内容となった和解契約の解除と訴訟の終了について最判昭和43年2月15日民集22巻2号184頁〔百選94事件〕参照。

(1) **和解条項案の書面による受諾の制度**（民訴264条，民訴規163条）

　当事者が遠隔の地に居住していることその他の事由により出頭することが困難であると認められる場合において，その当事者が予め裁判所または受命裁判官もしくは受託裁判官（裁判所等）から提示された和解条項案を受諾する旨の書面を提出し，他の当事者が口頭弁論等の期日に出頭してその和解条項案を受諾したときは，当事者間に和解が調ったものとみなすという制度である。なお，この制度では，上記のとおり，当事者が出頭することが困難であると認められる場合であることが，和解が成立したものとみなされる要件とされているが，実務上は，和解の成立を容易にするという民訴法264条の立法趣旨からみて，その当事者に和解に応ずる意思があれば，必ずしも当事者が出頭することが困難であると認められる事情があるとはいえない場合であっても，広く制度の適用を認めてよいと解されている。また，当事者本人の出頭は可能であるが，訴訟代理人の出頭は困難であるという場合でも，この制度を適用して差し支えないものと解されている。

(2) **裁判所等が定める和解条項の制度**（民訴265条，民訴規164条）

　当事者の共同の申立てがあるときは，裁判所等が事件の解決のために適当な和解条項を定めることができ，その条項の定めが当事者双方に告知されたときは，和解が成立したものとみなすという制度である。この制度は，一般に，訴訟において和解のための話し合いがされたが，ごく一部の点について双方の納得が得られず，合意に達することはできないものの，当事者双方とも，裁判官がそれまでの経過等を踏まえて判断を示してくれるのであれば，それに従って紛争を解決する意思を有しているという場合に利用されることが考えられる手続である。

　(1)では，一方当事者の期日への出席がなくとも和解を成立させる点において，(2)では，当事者双方による裁判所への授権を基礎とし，期日における合意ではなく，裁判所からの和解条項の告知によって和解が成立する点において，期日における合意という要件の例外を認め，あるいは要件を緩和するものである。

（訴訟上の和解の種類）

① 口頭弁論等の期日に和解当事者が出頭して口頭でする和解（原則型）
② 和解条項案の書面による受諾（民訴264条，民訴規163条）
③ 裁判所等が定める和解条項（民訴265条，民訴規164条）

2　訴訟上の和解の位置付け

　訴訟上の和解が，訴訟事件処理の全体において占める位置をみると，地方裁判所の通常第一審訴訟事件のうち和解で終了したものは，ほぼ30％台で推移し，これに対して，判決で終了したものは50％前後で推移しているから，実務上，訴訟上の和解が事件処理において極めて大きな位置を占めていることが分かる。訴訟上の和解は，判決と並ぶ重要な紛争解決手段であるということができる[2)3)4)]。

3　訴訟上の和解に求められるもの

　訴訟上の和解は，当事者間の合意形成による紛争解決という手段が訴訟手続内に組み込まれたものであり，①訴訟（判決）を補完するという基本

---

2) 裁判官の間で古くから伝えられてきた戒めの一つに「和解判事となるなかれ。」というものがある。旧来は「裁判官というものは法の具体的適用である判決をすることが本来の使命であって，権利行使の譲歩を迫る和解のための調停役のような仕事をするのは邪道である。」という裁判官の役割に対する認識を表現するものであったが，最近は，民事紛争解決のあり方の本質は当事者双方の合意であるとの立場から，訴訟上の和解の意義と機能が見直され，和解について積極的な評価を与える者が多い。大石忠生＝加藤新太郎「訴訟上の和解の位置づけ」後藤＝藤田・和解35頁参照。

3) なお，太田知行＝穂積忠夫「紛争解決方法としての訴訟上の和解」川島武宜教授還暦記念1『法社会学の現代的課題』（岩波書店・1971）285頁，同「訴訟上の和解」川島武宜編『法社会学講座6』（岩波書店・1972）115頁は，和解による紛争解決を選択する際に影響を与える諸要因として，「①日本人の有する和解愛好の法意識及び『カオ』をつぶさない解決ができるという文化的要因，②人格訴訟か商業訴訟かという訴訟の性質，③実体法・訴訟法の制約から解放されること，④審理過程及び判決の波及効果に対する考慮，⑤裁判官，弁護士の時間的・精神的負担軽減を図ることのできる和解を選ぶ傾向，⑥弁護士報酬契約が，着手金方式，成功報酬方式，時間料金方式などのいずれかの類型による差異，⑦裁判官の具体的妥当性のある解決志向，⑧裁判官のプレステージ等に対する訴訟関係者の心理」などを挙げている。

4) 訴訟上の和解については，後藤＝藤田・和解，草野芳郎『和解技術論〔第2版〕』（信山社・2003）等の裁判官を中心とした研究が有益である。

的性格と②当事者間の合意に基づく紛争解決手段という面において裁判外における各種の合意型紛争解決方式と共通の基盤を有している。訴訟上の和解には，訴訟手続内で行われるものであるから，法規範に反するものであってはならないという基本的要請と，訴訟（判決）を補完するものであるから，訴訟の持つ形式性や硬直的なものがもたらす弊害を除去して具体的妥当性のある解決を志向するものでなくてはならないという要請がある。また，訴訟上の和解における合意形成について，これにかかわる訴訟当事者の心理面をはじめ，交渉一般に際しての意思決定に影響を及ぼす諸要因にも注意が払われるべきである。そして，和解実務に携わる裁判官としては，法規範性（法的判断としての正当性）と具体的妥当性（事案の具体的解決策としての落ち着き）との兼ね合いをいかにしていくかということが課題となるが，この両者のバランスのとれた解決案（和解案）こそが，当事者の合意形成を容易にするものであり，説得力を有するものといえる。

4　和解による解決の利点と和解に適する紛争類型

和解による解決の利点（メリット）としては，通常，①判決が上訴を前提とした一時的解決方法であるのに対し，和解は紛争の最終的・抜本的解決となること（紛争解決の最終性），②判決では法律に従って一刀両断的に解決するために杓子定規なオール・オア・ナッシングの解決になることがあるが，和解であれば条理にかない実情に即した妥当な解決案を出すことができること（紛争解決の妥当性），③判決では履行を義務付けられても敗訴者が意地になり自発的に履行する可能性が乏しいことも少なくないが，和解であれば自分自身が裁判官に履行を約束したことであるから債務の自発的な履行が期待できること（履行の確実性）などが挙げられる[5]。

> （和解による解決の利点）
>
> ①　紛争の最終的・抜本的解決となること（紛争解決の最終性）
> ②　条理にかない実情に即した妥当な解決となること（紛争解決の妥当性）
> ③　債務の自発的な履行が期待できること（履行の確実性）

---

5) 後藤勇「紛争解決手段としての和解」後藤＝藤田・和解7頁，草野・前掲注4）12頁以下参照。

また，一般に和解に適する紛争類型としては，「(1)どちらにも言い分があるが，判決ではオール・オア・ナッシングになる場合，(2)当該事件だけ判決を受けてもさらに根本的または派生的問題があり，紛争が残る場合，(3)これと反対に，この問題さえ解決できれば後はまったく無関係になれる場合，(4)双方が意地になっているなどの理由からさらに泥沼にはまらないよう考慮を求める場合，(5)そのまま進行すれば費用倒れになりそうな場合，(6)近隣関係・親族関係があるため円満な解決が望まれる場合，(7)当事者の考えている事件の見通しが必ずしも適切でない場合等」が挙げられている[6]。

II 和解における裁判官の役割

1 総説

和解による解決を実現するためには，裁判官の積極的関与が不可欠である。当事者の言い分や当事者の考える解決案を相互に伝えるだけで和解が成立することは稀であって，裁判官が的確に事件を把握して，バランス感覚に富んだ解決案を提示し，熱意をもって当事者を説得することが，当事者を動かし，和解を成立させる方向に働くのである。

このように，和解における裁判官の役割は極めて重要である。それだけに，裁判所は，紛争解決に熱心なあまり，和解を強引に勧めるといった誤解を招かないように留意しなければならない。そのためには，裁判（判決）による紛争解決の可能性が常に開かれていること，和解に応じなくともそのことが裁判官の心証に影響することはないことを当事者に十分に意識させる必要がある。

2 和解における心証開示

裁判所は，前記のとおり，民事紛争の解決手段として訴訟上の和解の積極的活用を図るべきであり，そのためには，単に合意のあっせんをするだけではなく，裁判所が提示する和解案の合理性，メリット等について，合理的な根拠等を示して当事者を説得することが必要である。その際，当事者（訴訟代理人）に対して裁判所が心証を開示することが有効であること

---

6) 賀集唱「民事裁判における訴訟指揮」法曹時報24巻4号24頁（1972）参照。

が多い。このような心証開示は，その範囲，方法，程度に十分配慮すれば，裁判所の公平・中立性を害するものではなく，その内容が適正であれば，かえって和解に対する国民の信頼を増すことになるものと思われる。心証開示の範囲，程度については，事件の内容，審理の段階，当事者本人の性格及び訴訟代理人の人柄等を考慮しながら，具体的な心証開示の目的に応じて開示することになろうし，その方法も，審理の段階に応じた概括的，暫定的心証であることを示すことが必要である[7]。例えば，客観的な証拠を無視して事件について楽観的な見方をしている当事者には，その証拠に言及しつつ裁判所の心証を開示することにより，問題点等に気付かせるなどするのがよいことがある[8]。

また，和解手続において裁判官が当事者と対話する場合，当事者の一方から交互に話を聞いて説得する「交互面接方式」と当事者双方を対席させて同時に対話する「対席（同席）方式」がある。実務上は，当事者が率直に，事件の内容，自分の気持ち，不満，希望などを裁判官に述べることができることなどを理由として，交互面接方式によるものが多いが，近時は，対席方式が採用されることも少なくない[9]。

III 和解における弁護士の役割

訴訟代理人の目的は，紛争を解決することにある。訴訟代理人は，訴訟を提起した後でも，訴訟の進行状況から依頼者の有利・不利や裁判所の心証形成を予測しながら，訴訟手続の内外[10]において和解交渉を行う。訴訟上の和解は，紛争解決の手段の一つであるから，訴訟代理人はその有用性を理解しておくとともに，和解における訴訟代理人としての弁護士の役割

---

7) 裁判官による和解勧試とその手続規則に関する問題について，垣内・前掲注1）249頁参照。
8) 民事裁判におけるコミュニケーションとしての心証開示の具体的なあり方等について，加藤・Lコミュニケーション162頁参照。
9) 心証開示については，裁量と規律245頁〜262頁〔加藤新太郎・山本和彦〕参照。特に，同書254頁〜257頁〔加藤新太郎〕，260頁〜262頁〔山本和彦〕では，和解における心証開示のあり方を取り上げている。
10) 和解交渉は訴訟代理人間で訴訟手続外でも行われることがある。

についても考えておかなければならない[11]。

1 訴訟上の和解の有用性

(1) 経済的で迅速な紛争の解決

訴訟は，当事者にとって，時間的にも，費用的にも，精神的にも負担のかかるものである。当事者の一方が判決を不服として上訴すれば，その負担は一層増加する。当事者は訴訟上の和解をすることでこれらの負担から早く解放される。また，事件の長期化によってもたらされる権利の陳腐化を回避することができる。

(2) 一挙抜本的な解決

裁判上の和解は，訴訟物以外の権利や法律関係をその対象に加え，周辺的な紛争を含めたり，あるいは第三者に利害関係人として訴訟に参加してもらい，関係者間の互譲により一挙抜本的な紛争解決を図ることができる。

(3) 権利や名誉・信用の確保

判決は請求の認容か棄却の結論しかないから，その結論いかんでは何も得られないばかりか，名誉・信用さえも失うことがある。訴訟上の和解では，バランスのとれた和解により権利の一部や名誉・信用を確保することができる。また，判決に比べ，当事者間の感情的なしこりが残りにくい場合が多い[12]。

(4) 任意履行の可能性

判決の場合，敗訴当事者の任意の履行は期待できず，強制執行される場合が多い。これに対し，訴訟上の和解は相手方から任意に履行され強制執行に至らずに終わる場合が多く，より確実な履行が期待できる[13]。

2 訴訟代理人としての弁護士の役割[14]

(1) 訴訟の相手方への配慮

---

11) 訴訟上の和解全般に関する弁護士の現状認識や意見を分析したものとして，東京地方裁判所プラクティス委員会第1小委員会「和解の現状と今後の在るべき姿について－東京3弁護士会有志によるアンケートを踏まえて」（判例タイムズ1409号5頁）参照。

12) 親子兄弟親戚間の紛争，継続的取引関係にある当事者間の紛争，近隣住民同士の紛争などの解決策として妥当である。

13) 完全履行率は，判決25.4パーセントに対して和解66.7パーセント，完全未履行率は，判決46.2パーセントに対して和解5.6パーセント。民事訴訟制度研究会編「2016年　民事訴訟利用者調査」186頁，737頁参照。

訴訟代理人の目的は紛争の解決にあるから，訴訟の相手方に対し，紛争解決の障害になるような弁護士の言動[15]は慎まなければならない。特に，相手方の人格攻撃にわたる主張[16]や相手方の些細な行動を誇張して自分の有利に主張[17]を展開することは，仮に訴訟戦術の一環として行おうとするものであっても，後日の和解交渉の障害になり得るものであり，弁護士としてやってはいけないことである。

　また，裁判上の和解によって，獲得されるべき実体的権利の範囲[18]を超えて依頼者に有利な結果をもたらすことは，裁判所の後見的な立ち会いが行われるとしても，認められるべきではない。弁護士は，正当な権利の実現を図るべく，訴訟上の和解によって獲得する権利は，実体的な権利の範囲内にとどまるよう，依頼者を説得すべきである。

(2) **依頼者への説明・説得・了解**

　訴訟上の和解においては，依頼者の自己決定権が実質的に保障されることが必要であるが，その前提として，訴訟代理人の依頼者への必要にして十分な説明がなされていなければならない。依頼者への説明は，適切な事件の見通しから始まり，訴訟の進行に応じた随時の報告と打合せによって行われる。依頼者と訴訟代理人との信頼関係はその過程で形成される。この信頼関係が形成されなければ，依頼者が裁判上の和解について了解することは少なく，和解を成立させることは困難となる。信頼関係の樹立は，訴訟代理人である弁護士が依頼者を説得し，了解を得て和解を成立させる

---

14) 和解における弁護士の役割を考える場合，和解権限の範囲を検討することも重要である。弁護士の和解権限の範囲につき，加藤・役割論296頁以下，垣内秀介「訴訟代理人の権限の範囲」争点68頁参照。

15) 主として，訴状，答弁書，準備書面の記述や期日における弁護士の小馬鹿にしあるいは高圧的な振る舞いが留意の対象になる。

16) 離婚請求，遺留分減殺請求，遺言無効確認請求等の身分関係訴訟で見受けられるところである。

17) 例えば，交通事故の損害賠償請求事件において，加害者である被告の訴訟代理人が被害者の日常生活のだらしなさを事故の要因に挙げて過失相殺を主張する場合があり得よう。

18) 貸金返還訴訟において，分割弁済の際に相手方に交付する領収書の一部が手元にあることが訴え提起後に判明した場合，原告訴訟代理人が領収書の存在をよいことに受領した金員を含む残元本の存在を被告に認めさせた上で，利息と遅延損害金を放棄した和解を成立させることは，真実義務に反するとともに社会正義にも反する（弁護士職務基本規程14条，21条参照）。

ための鍵である。

　和解を成立させるために依頼者を説得しなければならない場合があるが，訴訟に顕れた事実や証拠関係，予測する裁判官の心証のほか，上記の和解をすることの有用性のいくつかを説明し，説得することになる。

　依頼者の了解は，当然に主体性を持った自由な意思決定に基づかなければならない[19)20)]。和解を成立させることを急ぐあまり，必要な説明を割愛したり，あるいは高圧的な言動をとったりすることは避けなければならない。

　以上のように，訴訟代理人である弁護士は，訴訟上の和解を成立させるため，依頼者との信頼関係の形成・樹立を図るとともに，依頼者を説得できるだけの技量を持つことが重要であり，常にその習得に努めなければならないのである。

Ⅳ　本件における和解の試みの経過

　実務上，和解交渉の具体的内容は記録等に残されないのが通常であり，交渉の経緯は本件記録（記録**36**頁）[21)]からは不明である。一般的な和解交渉のあり方等に照らすと，本件でも，裁判所は，集中証拠調べの結果を踏まえて心証を開示しながら，条理にかない実情に即した解決案を示すなどして，当事者双方に対する説得を試みたが，双方の隔たりが大きかったために，和解を打ち切ったものと思われる。

---

19)　慎重な取扱いをする場合には，訴訟上の和解を成立させる前に，依頼者から和解同意文書を徴することもあり得る。

20)　依頼者の中には強い個性を持ち，和解のための説得に耳をかさず判決に固執する者もいる。そのような場合，和解を強く推しすぎると信頼関係を損なうことがあり得るので，和解への説得はあきらめざるを得ない。

21)　和解期日において和解が成立した場合には和解調書を作成しなければならないが（民訴267条，民訴規67条1項1号），和解期日が実施され，和解手続（和解交渉）が行われたが，和解が成立しなかった場合に調書を作成しなければならないとする規定はない。そこで，和解期日が実施されたが和解が成立しなかった場合，手続が行われたことを明確にするためには，本件のように和解期日調書を作成する方法のほか，和解期日経過表（和解続行，和解打ち切りなどと記載されるが，その性質はメモ記載と考えられる）を作成する方法もとられている。

第11章

判決言渡し

■**この章で学んでほしいこと**

【心証形成の基本】
　＊事実認定はどのように行われるのか？
　＊事実認定における経験則・論理則の役割
　＊書証と人証の証明力はどのように考えるべきか？
　＊人証の信用性はどのように判断されるべきか？
　＊心証形成における裁判官の思考とはどのようなものか？

【心証形成過程の説明】
　＊判決書における心証形成過程の説明の重要性
　＊実務における心証形成過程の説明はどのように行われているか？

【判決書の作成】
　＊判決はどのように言い渡されるのか？
　＊判決書作成の目的は何か？
　＊判決書には何が記載されるべきか？
　＊判決書の様式にはどのようなものがあるか？
　＊在来様式の判決書と新様式の判決書の特徴とその違いは何か？

【第3回口頭弁論期日（判決言渡期日）】
　　↓
　【判決の言渡し】……民訴250条〜254条

【判決の送達】……民訴255条
　　├──→【控訴の提起・追行・控訴審の判決】第12章へ
　　│　　　　　　　　……民訴281条〜310条の2
　　│　　　　　↓
　　│　　【上告の提起・上告受理の申立て・上告審の判決】
　　│　　　　　　　　……民訴311条〜327条
　　↓
【判決の確定】……民訴116条
　↓
【判決確定後の手続（強制執行手続等）】

I　心証形成の基本

1　民事裁判における事実認定の重要性

　民事裁判は，法規を大前提とし，具体的事実を小前提とする三段論法により，権利ないし法律関係の存否を確定することによってなされる。適正な裁判を実現するためには，的確な事実認定と法律の解釈適用が必要であることはいうまでもない。一般に，地方裁判所の民事裁判の実務においては，第一審通常部の事件の約9割（控訴審の高裁では約8割とされる）が事実認定が問題となるケースであるといわれている[1]。したがって，事実認定は民事裁判の根幹であるということができ，しかも，民事事件の大多数は事実認定で勝敗が決まり，当事者の関心や不満も大半は事実認定に向けられている。また，事実認定の問題は，通常は，事件当事者が最も知悉している事柄であるだけに，この点の判断を誤ると，到底当事者の判決に対する納得は得られないことになる[2]。

2　事実認定における経験則・論理則の役割

　裁判官は，取り調べた証拠の証明力を吟味・評価し，弁論の全趣旨をもしん酌しながら，要証事実の存否について自己の判断（心証）を形成していく。証拠の証明力の評価については，裁判官の自由な判断に委ねられているが（民訴247条），裁判官の自由な判断といっても，裁判官の恣意を許すものではなく，それは経験則（一般には，人間生活における経験から帰納される一切の法則，詳言すれば，一定の条件のもとにおいて期待し得べき結果を表現する仮定的法則をいい，具体的には，自然現象を科学的方法により経験

---

[1]　倉田卓次「裁判内容の形成と判決書」『民事実務と証明論』（日本評論社・1987）134頁，土屋文昭「事実認定再考（民事裁判の実態から）」自由と正義48巻8号72頁（1997）参照。

[2]　民事事件における事実認定に関しては，伊藤眞＝加藤新太郎編『[判例から学ぶ]民事事実認定』（有斐閣・2006），田尾＝加藤・事実認定，加藤・民事事実認定論，伊藤・事実認定，加藤新太郎編『民事事実認定と立証活動（第1巻・第2巻）』（判例タイムズ社・2009），土屋文昭ほか編『ステップアップ民事事実認定』（有斐閣・2010），司法研修所・事例で考える民事事実認定（法曹会・2017）のほか，①後藤勇『民事裁判における経験則』，②同『続・民事裁判における経験則』（判例タイムズ社・①1990，②2003）がある。①2頁注(1)，②15頁注はわが国における事実認定に関する文献が網羅的に掲げられており，参考になる。

し観察して帰納される自然法則，人間の思考作用を支配する論理の法則，数学上の原理，社会生活における道義条理慣例，取引上の慣習等，学術，芸術，技術，商業，工業等その他あらゆる生活活動に関する一切の法則を包含するとされる），論理則にかなっていなければならない[3]。

　経験則，論理則にかなった誤りのない事実認定をするための基本としては，当事者間に争いのない事実及び客観的な証拠によって確実に認定し得る事実から事件の大きな枠組みを把握し，その枠組みの中に個々の争点を位置付けた上，これを踏まえて各争点についての証拠を吟味することである。つまり，裁判における事実認定では，事件の中で「動かし難い核となる事実」をいくつか見つけ，それらを有機的につないでいくと，重要な事実関係がいわば一つの仮説として構築されることになるが，その過程の中で，当初の仮説では説明できない証拠や事実関係が動かし難いものとして出てきた場合には，その仮説を放棄し，新しい眼で事実を見直し，新たな仮説を構築することになるのである[4]。

　なお，事実認定における経験則の機能について補足しておく。事実認定の目的は主要事実の認定にあるが，その方法は，直接証拠による証明と間接事実からの推認である。間接事実からの推認は，間接証拠による間接事実の証明と他の間接事実からの推定によりなされる。証拠の証明力については補助事実が関連する。さらに，事実の認定，証拠の証明力の判断は弁論の全趣旨によってもなされる。これらの事実認定の全過程を通して経験則が決定的な役割を演ずることになる。すなわち，まず，①主要事実は実体法規の定めるところであるから原則として明らかであるが，間接事実，補助事実については，主要事実，証拠方法，証拠資料との関連で決定されなければならない。したがって，いかなる事実が間接事実，補助事実となるかは，論理則，経験則に従い判断されなければならない。②１個あるいは数個の間接事実から主要事実あるいは他の間接事実を推認するのも経験則の働きによる（事実上の推定）。③直接証拠あるいは間接証拠により主要

---

3)　中西正「自由心証主義」争点172頁参照。
4)　田辺公二『事実認定の研究と訓練』（弘文堂・1965）84頁，265頁，土屋文昭『民事裁判過程論講義』（京都大学大学院法学研究科・1995）71頁，吉川慎一「事実認定の構造と訴訟運営」自由と正義50巻９号62頁（1999），加藤・民事事実認定論186頁，事例で考える46頁以下参照。

事実あるいは間接事実・補助事実を証明する場合の証拠の証明力も経験則を基準に判断される。また，証拠の内容それ自体の吟味（経験則上，蓋然性が強く，合理性の程度が高いものほど証明力が高い）により証明力が判断されるのも経験則を基準とする。④補助事実が証拠の証明力に影響を与えるのも経験則の働きによる。⑤弁論の全趣旨の証明力を評価するのも経験則である。さらに，⑥証拠調べの限度を決定し，証拠方法を選択する際にも，経験則が用いられる。このように，「民事裁判の事実認定は，徹頭徹尾経験則の適用である。」といってよい[5]。

3　書証の証明力

証拠の証明力について，一般に，自由心証主義の下では，証明力について書証と人証との間に定型的な差異はないと説明されることが多い[6]。書証の証明力も，その文書の性質，記載内容，体裁などによって吟味され，必要に応じ，他の証拠や弁論の全趣旨に照らして検討されなければならない。ただし，手形や遺言書のような処分文書にあっては，その性質上，形式的証拠力が認められれば，文書の記載内容となっている法律行為が作成者によってされた事実が証明されたことになる。

4　人証の信用性の判断方法

人証については，供述（証人の証言と当事者本人の供述の両者を含む）には多くの誤りが入り込む可能性を念頭に置いて，以下の点に注意して，その証拠価値（証拠の証明力，信用性）を判断しなければならない[7]。

供述の信用性を評価するためには，まず，その人が，直接にその事柄を

---

[5]　賀集唱「民事裁判における事実認定をめぐる諸問題」民訴雑誌16号58頁（1970），本間義信「訴訟における経験則の機能」講座民訴(5)64頁参照。

[6]　書証と人証の証明力について，一応理論的にはその証明力に定型的差異はないといえるものの，実際の民事裁判では，本人の供述や証人の証言などの人証よりも書証が重視される傾向にある。供述や証言は，宣誓の上でされるとはいえ，どうしても利害関係が絡むために全面的に信頼し難い面があることは否定できない（ときに「民事裁判は偽証合戦」といわれることさえあるほどである）。これに対し，「過去」に書き記された書証（例えば，契約書，領収書，念書等）の記載は作成当時の状況がそのまま反映しているものであり，作成者の作為が加えられている可能性が少ないから，客観的で信用できるというのである。民事裁判官の意識としては，民事裁判の審理は書証が中心で，人証はその説明のためのものであるか，あるいはその補充という受け止め方をしている場合が多いようにも思われる。土屋・前掲注4)85頁参照，事例で考える40頁以下。

[7]　加藤・民事事実認定論117頁，起案の手引63頁以下参照。

認識したのか，それとも，他人からの伝聞によってその事柄を認識したにすぎないかを確かめることが重要である。人は，しばしば自らの認識と伝聞とを区別しないで陳述することがあるからである。

　供述の信用性を吟味・検討する場合には，①真実を述べようとする主観的な誠実さを有しているか，②供述の対象である事柄をどのような状況の下で認識したか，③記憶能力，記憶時の状況，記憶の対象の性質はどうか，④記憶を正しく再生し，裁判所に対し正確にこれを伝達したかなどの点について，供述に誤りの生ずる可能性の有無を逐一確かめる心構えが大切である。例えば，主観的には非常に誠実な人であっても，その知覚，記憶，表現等の能力の欠陥や不足のために，善意かつ無意識に誤った供述をすることもある。また，宣誓した人の供述であっても，民事事件においては，前記のとおり宣誓した上で虚偽の供述をする者が少なくないことにも思いを致すべきである。

　供述の信用性を確かめるためには，供述内容との関係で，供述者の年齢，職業，教養，社会的な立場などが重要であるが，特に，供述者がその事件について有する利害関係，当事者との関係（友人関係，親族関係，職業上の従属関係など）には注意しなければならない。さらに，供述者が，当事者その他の利害関係人から，供述内容について，不当な暗示または誘導などを受けた疑いがないか，その供述が不当な誘導質問等によって引き出されたものではないかなどの点も検討すべきである。例えば，どのような質問によってその供述が引き出されたか，あるいはどのような内容の文書を示されて陳述したかなどの点に注意すべきである。

　供述者が真実を述べたかどうかを判断する際に，その供述中の挙措動作，例えば，言葉を濁したとか，顔を赤らめたことなどがポイントとなるといわれることがある（このこと自体は，尋問の実施過程において裁判官が認識する補助事実であるから，これを供述の信用性評価のための資料とできることはいうまでもない）。しかし，これを過大視すべきではない。例えば，真実を語る供述者であっても，初めての法廷に緊張するあまり，一見混乱した供述をしているような印象を与える場合があり，逆に，鉄面皮な供述者が平然と虚偽の事実を述べることもあるからである。

　供述の証拠価値を判断するには，供述内容が他の証拠や間接事実などと

符合し，または首尾一貫しているか否かが極めて重要である。例えば，成立に争いがなく，その内容にも不合理な点のない書証の記載や間接事実と照らし合わせて，供述内容がそれらと矛盾しないかどうかを検討することが大切である。結局，その供述内容自体からみても，他の証拠と対比してみても，健全な良識や経験則に照らして合理的と評価できるかどうかが，供述の信用性を判断するために最も重要といえるのである。

とはいえ，例えば，いくつかの供述の内容が符合しているからといって，そのことのみで当然にその供述が信用できるというわけにはいかない。供述者の目撃した事柄の性質や目撃状況等によっては，いくつかの供述内容が完全に一致していること自体が却って供述内容の信用性に疑いを持たせる場合もあり得ることである。また，あまりに微細な点まで複数の供述が一致していることが却って作為の存在を疑わせることもある。したがって，そのような場合には，供述者同士の打合せの可能性などについても考慮し，他の証拠との対比等による検討が必要不可欠である。

民事訴訟法は，証人及び当事者本人の尋問を行うときは，まず証人の尋問をすることとされている（民訴207条2項本文）が，このことは，証人の証言の証拠価値と当事者の供述の証拠価値について，法律上の差異を設ける趣旨ではない。法律上は当事者であっても，事件については，それほどの利害関係を持たない場合もあれば，逆に証人でも当事者と同様の利害関係を持っている場合もある。また，当事者本人は事実の直接の体験者であって，事実関係をよく知っている場合が多いから，当事者の供述が証人の証言に比べて信用性が乏しいとは必ずしもいえない。要するに，当事者本人の供述についても，証人の証言についても，個々の場合に応じて，記録に現れた全ての事情を考慮して，その証拠価値を判定すべきである。

供述の信用性について正しい判断をするためには，経験の蓄積とともに，判例集や判例雑誌等に掲載された，事実認定が問題となった裁判例の理由中に示された証拠評価についての経験則や最近の供述心理学の成果などにも注意を怠らないことが大切であろう[8]。

---

8) 田尾桃二「事実認定論の基本構造」田尾＝加藤・事実認定31頁以下は，事実認定能力の向上のために心がけるべきこととして，「まず第一に，個別的事件における事実認定に当たっては，①記録その他の資料を十二分に精査し，精神を集中し考

5　事実認定における弁論の全趣旨の取扱い

　民訴法247条は，証拠調べの結果と並べて口頭弁論の全趣旨[9]を事実認定の資料として挙げている弁論の全趣旨とは，一般に，「口頭弁論に現れた，証拠資料以外の，一切の資料をいう。弁論内容はもちろん，釈明処分（民訴151条）によって得られた資料，当事者または代理人の陳述の態度（あやふやな陳述であったとか訂正したとか，共同訴訟人が自白したとかの状況・模様），攻撃防御方法の提出時期なども含まれる」と説明されている。理論的には，弁論の全趣旨が証拠調べの結果に対して補充的なものというわけではないから，証拠調べをしないで弁論の全趣旨のみによって争いある事実を認定することも全く不可能ではない。しかし，当事者が強く争っている実質的争点について，弁論の全趣旨のみで認定判断することは相当でない場合が多いであろうし，実際にもほとんど行われていない。

コラム：事実認定――事実関係の分析のための手法

1　個々の事件において重要な間接事実は何か（あるいは事実評価において重視すべき要素は何か）を分析・検討するに当たっては，一定の分析手法・分析の視点といったものをもっておくことが便宜で効率的な場合があろうと思われる。また，一定の具体的な事件類型ごとに，重要な間接事実（事実評価の要素）を明らかにすることによって，裁判所にとっては，訴訟当事者に重要な間接事実を主張してもらい，これについて具体的に認否・反論してもら

えに考えること，②事実認定に際し，絶えず精神のゆがみがないか否か，考え方・見方が中正かを反省してゆがみ偏りのないように正すこと，③事実認定は，仮説を立てての推理であり，この推理のどこかにおかしいところがないかどうか，経験則や論理法則に反するところがないかどうかを絶えずチェック・反省すること，④証拠調べなどでも，対質させたり検証したり出張尋問したりするなど，積極的にいろいろと工夫すること，⑤事実認定に関し，合議体内部あるいは同僚で大いにディスカッションしてみることが必要であり，次に，一般的に事実認定向上のために平素心がけることとして，①近代の事実認定学，事実認定論に目を通しておくこと，②事実認定絡みで破棄された事例等の判例をよく読み，経験則をできるだけ多く知っておくこと，③事実認定問題に関心を持ち，社会的事実に関心を持ったり，その種の小説も読んだりすること，④事実認定に関して，勘を大事にし，勘を正しいものとするよう努めることが肝要である」と述べている。

9)　なお，「弁論の全趣旨」の心証形成過程及び判決の説明過程における機能については，加藤・裁量論161頁以下が参考になる。

うことによって審理の無駄を省くことができ，審理の効率化・適正化を図ることが可能となるし，訴訟代理人にとっては，重要な間接事実の有無を中心に据えた主張立証を行うことによって，的確で効率的な主張立証を展開することが可能となるように思われる。

2　そこで，民事裁判で主要事実（要証事実）の推認のために用いられる重要な間接事実についても，刑事裁判における情況証拠の分類と同様に，当該事実が存在する時点を基準として，(1)事前の情況（事前に存在した事実），(2)行為の情況（当該主要事実の時点で存在した事実），(3)事後の情況（事後に存在した事実）に分けて論ずるのが，便宜かつ有用であるように思われる。ただし，民事裁判における重要な間接事実の分類に当たっては，民事事件の性質・内容等に応じて，

(1) 「事前の情況」とは，争点となっている行為（主要事実）以前に存在していた事実であり，これには，①当事者の客観的な資産状態・経歴・社会的経験等に関する事実，②契約締結の必要性，契約締結に向けた準備作業等に関する事実，③当事者の当該事件に関する動機・計画の存在を基礎づける事実などがあること

(2) 「行為の情況」は，争点となっている行為（主要事実）の時点において存在した事実であり，これには，①直接証拠である契約書等が存在するとの事実（あるいは存在しないとの事実），②契約締結等の現場に当事者（あるいは代理人）がいたとの事実（あるいはいなかったとの事実），③契約締結等の現場での当事者の会話の内容等に関する事実，④契約内容の合理性・自然性を基礎づける事実などがあること

(3) 「事後の情況」は，争点となっている行為（主要事実）の後に存在した事実であり，これには，①主要事実の存在と符合する，あるいは矛盾する客観的情況の存在（資産状態の改善等）に関する事実，②主要事実の存在と符合する，あるいは矛盾する当事者の言動の存在（履行準備行為，支払猶予の申入れ等）に関する事実，③当事者の事後の主張・供述の一貫性と変遷の理由などがあること

などに留意する必要がある（村田渉「推認による事実認定例と問題点―民事事実認定論の整理と展開に関する一試論」滝澤孝臣編『判例展望民事法Ⅲ』〔判例タイムズ社・2009〕229頁以下）。

Ⅱ　裁判官の思考

1　「部分的・個別的なアプローチ」と「全体的・関係的なアプローチ」

裁判官は，ある事実が認められるか否かを判断するに当たっては，Ⅰ（212頁以下）でみたように，その事実に関係する証拠（書証，人証等）の意味内容及びその信用性について様々な角度から検討して証拠の取捨選択を行うという作業を積み重ねて，その事実の存在が認められるかどうかを判断していく（これは「部分的・個別的なアプローチ」ということができる）。

　このように，事実認定に当たっては，個々の証拠の証明力，信用力を確かめる一方，それらの事情全部を織り込んだ全体的，総合的な吟味検討が不可欠である。これをしないと，誰がみてもそうだという確実性が出てこない。どんな場合にも全体を見渡して，確実な前後の事情を織り込んでその証言が納まりがよいかどうか，全体的に調和するかどうかを客観的に判断すること（これは「全体的・関係的なアプローチ」ということができる）が大切であるとされている。個々的な事実認定について証拠の証明力や証明のプロセスのみに注目するのではなく，事件全体のストーリーの組立てや事実の流れとの関係で事実をとらえて，はじめて妥当な結論を得ることができるのである。事実はそれぞれ孤立して存在するのではなく，一連の社会的事実の経過の中で現れてくるのが通常であり，個々の事実はそれぞれが有機的な関係を持っていて，事件全体の経過の中に適切に位置付けられることによって，はじめて意味を持つものと考えられるからである。これらの個々の事実のまとまりとしての事件の全体像が，最終的には，裁判官による認定事実となるのであるが，この裁判官による認定事実について大切なことは，それが紛争の実態を的確にとらえたものであるかどうかということである。もちろん，裁判官によって事件の全体像のとらえ方が異なることがあるが，その場合には，事件のとらえ方の相違が何によって生じたものであるのか，いずれが紛争の実態や実情に即した自然なものであるかという観点から比較検討することが必要である[10]。

2　「分析的思考」と「統合的思考」

　加藤・裁量論64頁は，次のように裁判官の思考を分析している。すなわち，裁判官は，事件がどのような法的紛争であるかについて認識し，法的問題の分析及び解明をしていくほか，紛争の全体像を念頭に置いてどのよ

---

10)　土屋文昭「事実認定再考（民事裁判の実態から）」自由と正義48巻8号83頁（1997）参照。

うな手続運用がその事件の解決に適切であるかを考えるのであるが，実体形成面においては，①要件事実論的検討と，②「すじ」論的検討とを加えることにより，形式と実質との統合を意図して，事件の解決を図ろうとするのである。実体形成面における要件事実論的検討とは，原告の主張及び被告の主張に必要な要件事実が過不足なく主張されているか等を吟味するものである。この実体形成過程は，要件事実が不足する場合には裁判官が当事者に釈明し，場合によっては裁判官と当事者が法的対論を展開し，また裁判官が法的見解を示すこともあるという当事者への働きかけとフィードバックの動態的プロセスである。裁判官は，この作業を通して，請求原因・抗弁・再抗弁・再々抗弁というように当事者の攻撃防御の法的構造及び争点を的確に分析・認識することができる。このような要件事実論的検討は（事案）分析的思考ということができる。

　また，裁判官は，上記のような要件事実論的検討・（事案）分析的思考をする一方で，「細かく積み上げ大きく誤る」ことを避けるために，事案の「落ち着き」を考える。その結論が，法の目的とするところにかなうか，当事者の公平に合致するかなど具体的妥当性について再考してみるわけである。これは，「すじ」論（いわゆる事件の「すじ」）からの検討であり，裁判官は，この作業を通じて形式と実質を統合しようとするのである。「すじ」論からの検討により，形式論理の適用による結論がおかしい場合には，これを回避するために，釈明の活用，法解釈上の工夫，一般条項の活用などを考慮することになる[11]。このように，民事訴訟実務では，実体形成面において，形式と実質を統合する手法（統合的思考）は一般化しているといってよい。

---

11) 　加藤・裁量論66頁では，その例として，「第1に，当事者が有権代理の主張をしており，証拠上代理権授与がないことが明らかであるが，表見代理ならば認められるケースなど主張が不適切である場合に釈明を試みること，第2に，主張立証は十分されたが，法の適用による結論と社会経済的実質との間に乖離があると感じられる場合に法人格否認の法理を用いたり，利息制限法違反の超過利息支払の返還請求など（相対的）社会経済的弱者を救済したいと感じられる場合に判例上も実定法の文理からはやや離れるが実質的妥当性を導くことができる法解釈をしていること，第3に，通院治療費の不合理な理由による増大が問題となるケースで，判決による『0か100かの解決』が最良の解決と考えられない場合に何らかの法的構成（因果関係の割合的認定等）により損害賠償額を減額すること」などが挙げられている。なお，水元宏典「証明負担の軽減」争点190頁参照。

III 心証形成過程の説明

1 心証形成過程説明の必要性

　裁判官は自由な心証によって証拠を取捨選択するものであって，その証拠の取捨選択の判断について，その理由を判決に示す必要はないと解されている。これは，判例上，裁判所は，証拠の内容をいかなる事由によって真実と認めたかを理由中で判断することは訴訟法上要請されておらず（最判昭和26年3月29日民集5巻5号177頁[12]），また，当事者の提出した証拠を採用しない場合に，その旨を判文中に明示することは必ずしも必要ではなく，採用しないと明示した場合でも，採用しなかった証拠について採用しない理由をいちいち判示することも必要ではない（最判昭和32年6月11日民集11巻6号1030頁[13]）とされていることによる。証拠の取捨選択についていちいちその理由を示す必要がないというのは，例えば，証言の場合についていえば，裁判所は，通常，①その証人の性格，②経歴，③能力，④証言の際の挙動，⑤事実を認識した時の状況，⑥当事者との関係，⑦その他一切の資料を総合考慮して証言の信用性を判断しなければならないため，このような複雑微妙な心証形成過程の内容を具体的に判示するよう要求することは不可能であることが多いとされていることに基づいている。しかし，訴訟当事者に対して裁判所の判断である判決の内容を知らせるとともに，これに対して上訴するかどうかを考慮する機会を与えるという判決書の目的を考えると，可能な限り，証拠の取捨選択の理由，事実を認定した理由あるいは認定しない理由等を明示するのが適当であろう。

2 心証形成過程説明の方法

(1) 争点ごとの判断の必要性——一括認定あるいは物語調判決の問題点等

　心証形成過程の説明（理由の説示）は，争点ごとに証拠を挙げて判断するのが相当である。実務では，数個の争点を一まとめにし，これに対応する証拠をも一まとめに掲げて，長々と事実認定したり，歴史的順序を追っ

---

12) 要旨：裁判所は，証拠の内容を如何なる事由により真実と認めたかを判決の理由で判断することは訴訟法上要請されていないのであるから，これが判断を欠いているからといって違法であるとはいえない。

13) 要旨：裁判所は，証拠を排斥する理由をいちいち判示する必要はない。

て物語風に，原告と被告とが知り合ってから紛争に至るまでの経過等を，どの事実が要件事実なのか，あるいは間接事実なのか等を区別せずに認定し，「以上の認定事実によれば，……の事実を認めるのが相当である。」と説明（判示）したりする判決もある。しかし，いずれも証拠と認定事実との具体的な結び付きが曖昧になるという欠点があるとともに，不必要な事実を認定するという無駄を生ずるし，要件事実の認定・判断を落とす危険もあるから，争点ごとに証拠を挙げて確実に認定すべきである。

(2) **要証事実を認定できる場合**[14]

事実認定の説明（具体的説示）の方法には，要証事実（主要事実）を証明する直接証拠があるか否かに対応して，次の二つがある。

(ア) 直接証拠によって要証事実を認定できるケース（直接証拠認定型）

まず，要証事実である主要事実について，これを認めるに足りる直接証拠がある場合は，その証拠のみを挙げて端的に事実を認定する。要証事実である主要事実を認定する場合に，直接証拠があり，その直接証拠が信用できるものであることが明らかになれば，その直接証拠によって主要事実を認定するという方法によるべきであって，この場合には，間接事実によって主要事実を推認するという方法によることは必要（相当）でない。というのは，直接証拠による主要事実の認定の場合には，その直接証拠と主要事実の関係が直接的であって，そこには推定という問題が入る余地がなく，認定を誤る危険がより少ないといえるからであるとされている[15]。例えば，契約書（例えば，甲第1号証）や契約の締結に立ち会った証人があり，それらが信用できるときには，「契約書（甲1）及び証人Ａの証言によれば，請求原因第1項記載の契約締結の事実が認められる。」などと説明する。ただし，間接証拠によって認定される間接事実（補助事実）が直接証拠の証拠価値を高める結果，要証事実を認めることができるようになるときには，その間接証拠や間接事実も示すべきである。

　＊また，反証としての証言や書証があるが，それらが信用できない場合には，不採用の理由は原則として説明（判示）する必要はないが，それが重要な

---

14) 加藤・民事事実認定論27頁，起案の手引78頁以下参照。
15) 吉川慎一「事実認定の構造と訴訟運営」自由と正義50巻9号62頁以下（1999），事例で考える47頁以下参照。

争点であるときには，この点についても説明しておくべきである。なお，書証については，その記載及び体裁から，特段の事情のない限り，その記載どおりの事実を認めるべきときに，何ら首肯するに足りる理由を示さないでその書証を排斥することは理由不備となる（最判昭和32年10月31日民集11巻10号1779頁参照[16]，最判昭和45年11月26日集民101号565頁[17]）。

(イ) 間接事実から主要事実を推認できるケース（間接事実推認型）

要証事実である主要事実を認めるに足りる直接証拠がない場合には，間接証拠によって認定した間接事実から主要事実を推認することになる[18]。この場合には，例えば，「証人Aの証言によれば，被告は，●●4年5月中旬ころ事業の運転資金に困り，Aに融資を申し込んだが，Aはこれを断り，その際，被告の所有する本件土地建物を売却してはどうかと勧めたこと，証人Bの証言によれば，被告の友人であるBはそのころ被告から本件土地建物の買主を探して欲しいとの依頼を受け，かねてから土地建物の購入を希望していたCを被告に紹介したことが認められ，……これらの事実によれば，Cと被告との間に本件土地建物の売買契約が締結されたことを推認することができる。」などと，間接証拠から認定できる間接事実と，間接事実から推認することができる事実を区別し，段階的に判断（説明）するのがよい。

(3) 要証事実を認定できない場合

要証事実を認定することができない場合は，その事件の全証拠によっても事実を認定することができないことを明確に説明（判示）する。例えば，「証人Aの証言によれば，……の事実は認められない。」との説明は，当該証言によっては，その事実を認定するに足りないという趣旨であるか（他の証拠によれば認められるのかどうかもはっきりしない），それとも，当該証言によれば要証事実の不存在を認定できるという趣旨であるかが不明確で

---

16) 要旨：書証の記載及びその体裁から，特段の事情のない限り，その記載どおりの事実を認めるべきである場合に，なんら首肯するに足りる理由を示すことなくその書証を排斥するのは，理由不備の違法を免れない。

17) 要旨：成立の真正に争いのない売買契約公正証書や領収書がある場合には，これらの書証の記載及び体裁からすれば，別異に解すべき特段の事情が認められない限り，売買契約ないし売買の予約が成立したものと認めるのが相当である。

18) ここでいう「推認」とは，認定できる間接事実に経験則を適用して主要事実を認定することをいう。

あるから，このような表現は適当でない。

この場合の事実認定の説明（具体的説示）の方法にも，次の二つがある。

(ア) 主要事実またはそれを推認させる間接事実を認定するに足りる証拠がないケース（証拠不十分型）

このケースには，次の三つがある。

① 証明活動が全くされていないケース
　　　——「抗弁事実については，証拠が全くない。」などと説明する。

② 証明活動はされているが，証拠調べの結果を全て総合しても事実を認めることができないケース
　　　——「抗弁事実は，これを認めるに足りる証拠がない。」などと説明する。

③ 要証事実に符合する証拠はあるが，それを信用することができず，他にこれを認めることができる証拠がないケース
　　　——「この点に関する証人Aの証言は，先に認定した……との事実及び証人Bの反対の趣旨の証言に照らし，採用することができず，他に抗弁事実を認めるに足りる証拠はない。」などと説明する。

これらのいずれについても，単に，ある証拠を信用することができないから要証事実を認定することができないというだけでなく，そのほかにも要証事実を証明することのできる証拠がないことについて説明すべきである。

(イ) 間接事実は認定できるが，それから主要事実を推認することができないケース（推認不十分型）

このケースには，次の二つがある。

① 1個あるいは数個の間接事実が認められるが，それだけでは要証事実を推認するのに不十分なケース
　　　——「乙1（証拠）によれば，……の事実が認められる。しかし，この事実によっては抗弁事実を推認するに足りず，他に抗弁事実を認めるに足りる証拠はない。」などと説明する。

② 1個あるいは数個の間接事実が認められ，その限りでは要証事実を推認するのに十分であるが，他方で，その推認を動揺させる別個の間

接事実が認められることから，結局，推認が妨げられ，要証事実を認定できないケース
　　——「証人Aの証言によれば，aの事実を認めることができる。しかし，他方，証人Bの証言によればbの事実も認められ，このbの事実に照らすと，前記aの事実から抗弁事実を推認することはできず，他に抗弁事実を認めるに足りる証拠はない。」などと説明する。

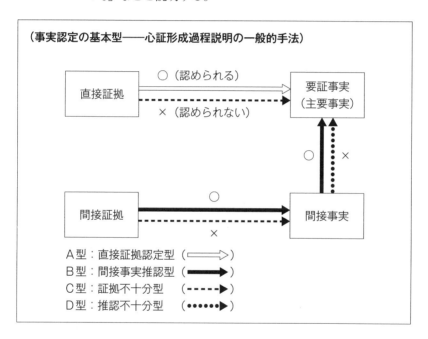

(4) 実務における事実認定の実際

　民事裁判の実際において事実関係が争われるケースでは，直接証拠がある場合であってもその信用性等が強く争われるのが通常である。直接証拠が契約書等の処分証書である場合には，その真正な成立に争いがなくとも，例えば，その契約書は銀行等の第三者に見せるために作成したものである，あるいは契約書の意味内容を十分に理解しないで署名押印したものであるなどと主張されるなど，それが作成された趣旨目的・内容の真実性等が争われることが少なくない。また，直接証拠が人証（証人の証言，本人の供

述）である場合には，その供述の信用性が強く争われることになるが，①民事裁判では，証人あるいは当事者は，通常，何らかの利害関係を有している場合が多く，証人あるいは当事者の供述の信用性をその利害関係の有無・強さから判断することは困難であること，②その供述内容自体の本質的部分に明らかな矛盾や客観的事実との食い違いや間違いがあるといった場合のように，供述自体から信用性がないといえる場合は少ないこと，③いわゆる伝聞過程の問題である，供述者の知覚の正確性，記憶の正確性，表現の正確性・誠実性についても，これを独立の争点として問題にしなければならない事態は実際の民事裁判の場ではさほど多くはないことなどから，これらの事実（補助事実）のみで，その信用性の有無を判断することは困難であることが多い。

　そこで，民事裁判の実務では，直接証拠がない場合はもちろん，直接証拠がある場合であっても，まずは，①問題となっている主要事実（要証事実）の有無を確定するのに必要な間接事実（争いのない事実及び証拠によって認定できる事実）を拾い出し，次に，②直接証拠がない場合には，これらによって主要事実を推認することができるかどうかを判断し（この場合，主要事実が証明されたというためには，間接事実〔及び弁論の全趣旨〕のみによって主要事実を推認できなければならない），③直接証拠がある場合には，これらの間接事実を「補助事実として機能する間接事実」（これを「間接事実の補助事実的機能」ということがある）として用いてその信用性を判断し（これらの間接事実と合致し，あるいは矛盾しない直接証拠の信用性は肯定されるが，これらと矛盾する直接証拠の信用性は否定されることになる），これらの間接事実と直接証拠によって主要事実を認定することができるかどうかを判断しているのが通常であろうと思われる[19]。ただし，直接証拠がある場合には，間接事実のみでは主要事実を推認できないときであっても，間接事実等によって直接証拠の信用性を肯定することができれば，直接証拠によって主要事実を認定することとなる[20]。

　実際の民事裁判の場では，このような事実認定・心証形成過程の説明が

---

[19] 吉川・前掲注15) 66頁。
[20] この場合には，間接事実による主要事実の推認ではなく，間接事実を直接証拠の補助事実として用いて直接証拠の信用性の判断を行い，この直接証拠によって主要事実を認定していることになる。

行われることが少なくないが，その基礎には，上記(1)ないし(3)において解説した理論的かつ基本的な心証形成過程の説明手法についての理解があることを忘れてはならない。

> **コラム：事実認定の手法と心証形成過程の説示の手法との関係**
>
> 　事実認定・心証形成の際には，間接事実による推認を重視して，動かし難い事実（核となる事実）を中心に間接事実を積み上げて主要事実を推認することができるかどうかを吟味・検討（直接証拠がある場合には併せてその信用性の有無等を判断）する。これに対し，形成された心証を前提にして事実認定の理由・心証形成過程の説示をする際には，直接証拠による証明があったといえるかどうかを重視して，直接証拠があり，上記の吟味・検討の結果からこれを信用できると判断した場合には，その限りにおいて，その直接証拠によって主要事実を認定した旨を説示するのが，判決理由として簡潔かつ理論的（シンプルでクリアー）であると考えられている（このように考えると，直接証拠がある場合であってもその信用性に疑問があり，これによらなくとも，間接事実によって主要事実が推認できるというのであれば，例外的ではあるが，直接証拠の信用性の有無等について説示せず，間接事実によって主要事実を推認することができる旨を説示することも許されるであろう。村田渉「推認による事実認定例と問題点―民事事実認定論の整理と展開に関する一試論」滝澤孝臣編『判例展望民事法Ⅲ』〔判例タイムズ社・2009〕196頁以下）。

3　本件における心証形成過程の説明

(1)　本件における争点

　本件における争点は，第2回弁論準備手続において確認されたとおり，①被告による相殺の自働債権があったか，②被告による相殺の意思表示があったか，③信頼関係を破壊しない特段の事情が認められるかである（記録**32**頁，**33**頁）。しかし，原告の本件における請求及び被告の抗弁の内容等からすると，本件における主たる争点は，①の被告による相殺の自働債権があったかということになる。

(2)　被告による相殺の自働債権があったか（①の争点）について

　㋐　争いの態様

　被告は藤田清に対し，●●3年6月29日，本件絵画（「湖水」）を代金

100万円で売り（本件売買契約），同年7月9日，同売買契約に基づき，本件絵画を藤田清指定の三谷総業に搬送（送付）して引き渡したと主張し，原告はこれを否認して争っている。

　(ｲ)　直接証拠の有無及びその内容

　この点に関する積極の直接証拠としては，乙2（被告の陳述書）の2項の記載のうち，「私（被告）は『"大雪山"，"湖水"をそれぞれ100万円，合計200万円で売ろうと思うが，どうか。』と尋ねました。すると，藤田清は『大雪山の100万円は即金で支払うが，残金100万円は2か月後にして欲しい。』と言われ，私は躊躇しましたが，承諾しました。」との部分（本件売買契約締結の事実についての直接証拠），被告本人尋問の結果（以下「被告本人」という）のうち24項〜28項，55項（本件売買契約締結の事実についての直接証拠）がある。

　これに対し，本件売買契約は原告の父である藤田清と被告との間の契約であることもあり，反対（消極）の直接証拠はない（甲7〔原告の陳述書〕の4項③「久保氏が大雪山と一緒に父に売ったという日本画（松本元太郎作『湖水』）など，私は見たことも聞いたこともありません。父が『大雪山』とは別にもう1枚絵を買ったとか，絵の代金債務が残っているなどとかいったことは，あり得ないことです。」）との部分及び原告本人尋問の結果（以下「原告本人」という）の24項，25項は，いずれも原告の推測にすぎず，反対の直接証拠ではない。

　(ｳ)　間接事実・補助事実の認定

　証拠によれば，間接事実（直接証拠である被告の供述の信用性に影響を及ぼす補助事実でもある）として，次の各事実を認定することができる。

　①　本件売買契約について契約書等の書面は作成されていないこと（争いがない事実である。この点について，被告は，本件売買契約について契約書を作成しなかったのは，藤田清が契約書はいらないと言ったからであり，代金の支払については，藤田清とは旧知の間柄であるから信頼していたと供述する〔被告本人65項，66項〕が，原告は本件売買契約締結の事実を強く争っているところであり，にわかに確定し難いところである）

　②　被告と藤田清は中学・高校の同級生であったこと（乙2の1項，被告本人3項）

③　被告と藤田清は、●●2年4月の本件建物の賃貸借契約締結の際に再会して以来、食事や飲み会などをしていて親交があったこと（乙2の2項、被告本人8項、9項）

④　●●3年6月29日、藤田清が被告の居住兼画廊（本件建物）を訪れ、松本元太郎作「大雪山」の絵画を購入し、被告から同絵画の引渡しを受けたこと（甲6、甲7の4項②、乙2の2項、被告本人31項。このほかにも、被告は「自分が大変世話になった人がおり、何らかのお礼をしなければいけないと思っていたのだが、何を贈ったらよいか分からなかった。しかし、友人から絵画がいいんじゃないかとアドバイスを受けたので、見せて欲しい。」と言っていたこと等、同日の藤田清とのやりとりについて詳細かつ具体的に供述する〔被告本人14項〜32項〕が、甲7の4項②に照らすと、上記認定事実のほかは、にわかに確定し難いというべきである）

⑤　同日、藤田清は被告に対し、同絵画の代金として100万円を支払い、これについては「お品代として」100万円を領収した旨の領収書が作成され、藤田清に交付されたこと（甲6、7の4項②、乙2の2項）

⑥　被告は○○運送株式会社に対し、●●3年7月8日、絵画1点を△△市○○町×丁目×番所在の株式会社三谷総業に配送するよう依頼していること（乙1、2の2項。なお、被告は、「彼（藤田清）は、私に『湖水』を送ってくれないか、というので私が業者に頼み、株式会社三谷総業宛に『湖水』を搬送してもらいました。」などと供述する〔乙2の2項、被告本人33項〕が、甲7の4項②、③、原告本人27項ないし32項、34項、41項、42項に照らすと、上記認定事実のほかは、にわかに確定し難いというべきである）

⑦　被告本人の供述によれば、本件絵画（「湖水」）の代金は●●3年8月31日までに支払うとの約定であったにもかかわらず、被告は、同期限の経過後も藤田清の相続人である原告に対し本件絵画の代金を請求しなかったこと（乙2の2項、3項、被告本人39項）

(エ)　心証形成の内容

以上の事実を前提に検討すると、次のようにいうことができる。

①　本件売買契約について契約書等の書面は作成されておらず、この点についての被告本人の上記説明も、客観的裏付けを欠くものであって、

にわかに信用することができない（被告と清が旧知の間柄であり、藤田清が本件売買契約について契約書はいらないと言ったとしても、本件絵画の代金100万円は未払であることを考えると、同契約について何らかの書面等を作成しておくのが通常である。）。
② 被告の供述によれば、●●3年6月29日、藤田清に対し松本元太郎作の絵画「大雪山」とともに本件絵画を売ったとするが、その際に被告が藤田清に交付した領収証（甲6）に本件売買契約の存在を窺わせる記載はなく、本件売買契約が締結されたと認めるには足りない。
③ 被告が三谷総業に本件絵画を搬送したことの証拠として提出した荷送り状控え（乙1）には「品名絵画1点」と記載されているにすぎず、これと本件売買契約との関係は明確でなく、これをもって本件絵画について搬送手続がとられたと認めることはできない。
④ 藤田清が本件絵画の搬送場所として指定したという三谷総業と藤田清との関係について、被告は、三谷総業は藤田清が世話になった人が経営している会社だと聞いた（被告本人37項）とするが、原告の供述（甲7の4項③、原告本人27項～32項）によれば、原告は、三谷総業という商号は聞いたことがなく、しかも、三谷総業については、●●3年6月ころには半年分の家賃を滞納して上記荷送り状記載の住所から退去したとの話を同住所の建物を管理している不動産業者から聞いたと供述しているところであり、その関係が明確であるとはいえない。
⑤ 乙1の「荷送り状控え」は、被告が主張する本件売買契約の締結日である●●3年6月29日から1週間以上が経過した後である同年7月8日に配送手続がとられた際のものであることからすると、それが本件絵画に関するものであるとは認め難いというべきである。この点について、被告は、運送会社に頼むのを忘れていたと供述する（被告本人57項）が、被告自身が、「絵の売買契約が成立した場合、通常は代金を受け取った翌日には運送会社に依頼する。」と供述している（被告本人62項）ことのほか、被告と藤田清が親友であり、同年6月29日当時にも親しい関係にあったとする被告の供述（乙2の2項、被告本人9項）に照らしても、この点に関する被告の供述は不自然というべきである。

さらに，上記のほか，被告の供述が不自然であることの事情としては，次の各点をも指摘することができよう。

⑥　原告の供述（甲7の4項②，原告本人41項，45項）では，「元々父（藤田清）は絵画の趣味などないのに，（●●3年）6月29日，突然日本画を家に持ち込んで居間に飾ろうとしたので，私が不審に思って尋ねたところ，父は，久保氏（被告）から『画廊の経営が思わしくないので，1枚絵を買ってもらえないか。現金一括で代金を支払ってくれるのなら，定価は120万円だけれども，100万円にサービスするから，是非買ってもらえないか。支払は6月末までであれば結構です。』と懇請され，久保氏の画廊の経営を助けるつもりもあって買ってやった，代金は建物の修繕費用等として手元に置いてあったお金の中から今日絵と引き換えに支払ってきた，などと話しておりました。」などと供述していること

⑦　原告から未払賃料の支払催告を受けた●●4年2月15日に原告に電話をして話をした際にも，同月21日に原告の自宅を尋ねた際にも，被告は，賃料支払は待って欲しいと述べたのみで，本件売買契約の売買代金が未払である，あるいは同売買代金債権をもって本件建物の未払賃料を相殺するなどと述べたことはなかったこと（甲7の4項①，②，原告本人13項～18項）

なお，上記認定に反する被告の供述は，そのような事実はないとする原告本人尋問の結果のほか，被告の供述するように，「被告が藤田清との本件売買契約の売買代金が未払である。あるいは同売買代金債権をもって本件建物の未払賃料と相殺する。」などと述べたとすれば，その後に，原告の代理人である甲野太郎弁護士が被告に対して送付した，本件建物の明渡し等を求める内容証明郵便においてその旨記載されるのが通常であるにもかかわらず，同内容証明にはその旨の記載がないこと（甲4の1，2）に照らし，にわかに採用することができない。

また，被告は，「同月15日に原告と電話で話した際にも，本件絵画の代金100万円の支払が残っていると原告に話したものの，相殺するとは言わなかったが，その理由は絵画の代金のことを言えば，原告の方で帳消しにしてくると思ったからである。」（被告本人50項～53項）とするが，原告は

そのような事実はないと供述していること（原告本人13項，14項）のほか，原告からは内容証明郵便をもって未払賃料の支払を請求されているにもかかわらず，「原告に絵画の代金が未払であることを言えば原告の方で帳消しにしてくれると思った。」との供述は，不自然・不合理というべきである。

　(オ)　まとめ

　そうすると，被告の供述（乙2，被告本人）は，これを採用することができず，他に被告主張の事実を認めるに足りる証拠はないから，被告が藤田清との間に本件売買契約を締結し，同契約に基づき，藤田清に対し本件絵画を三谷総業に搬送（送付）して引き渡したと認めることはできない。

(3)　被告による相殺の意思表示があったか（②の争点）について

　この争点については，積極の直接証拠として，被告の前記主張に沿う被告の供述（乙2の3項の「私〔被告〕は絵の残金100万円を支払ってもらっていませんので，●●4年2月21日，原告の家に行って，絵の代金と相殺するのだと言いました。」との部分，被告本人42項，49項，54項）がある。しかし，原告は，「被告が●●4年2月21日に原告の自宅に尋ねてきたことはあるが，その際，被告は原告に対し，本件建物の未払賃料債権と本件売買契約の売買代金債権とを相殺するとは述べなかった。」と供述する（甲7の4項②，原告本人15項）ところであり，被告の上記供述は，原告の供述及び前記(2)(エ)に照らし，採用することができない。

　そして，本件では，他に，被告が原告に対し●●4年2月21日本件建物の未払賃料債権と本件売買契約の代金債権とを対当額で相殺する旨の意思表示をしたと認めるに足りる証拠はない。

(4)　信頼関係を破壊しない特段の事情が認められるか（③の争点）について

　被告が本件賃貸借契約締結時から●●3年9月分まで約定の賃料支払時期までに賃料を支払っていたとの事実は認められず（甲5によれば，むしろ，被告は本件賃貸借契約締結直後から賃料の支払を遅滞していたものと認められる），その余の各事実についても，(2)，(3)で説明したとおり，これを認めることはできないから，本件において，原告と被告との信頼関係を破壊するに足りないものとする特段の事情があるとはいえない。

(5)　判断のまとめ

したがって，被告の抗弁はいずれも理由がないから，原告の請求は理由があるものとして認容すべきである。

Ⅳ　判決書の作成——在来様式の判決書／新様式の判決書

1　判決書作成の目的

判決の内容は，裁判所が単独体の場合は 1 人の裁判官により，合議の場合は合議体を構成する裁判官の評議・裁決により確定される。判決の内容が確定したときは，裁判官は判決書の原本を作成する。判決の言渡しは，原則として判決書の原本に基づいてしなければならないから（民訴252条），予め判決書が作成されていなければならない。ただし，被告が口頭弁論において原告の主張した事実を争わず，その他何らの防御の方法をも提出しない場合及び被告が公示送達による呼出しを受けたにもかかわらず口頭弁論の期日に出頭しない場合（被告の提出した準備書面が口頭弁論において陳述されたものとみなされた場合を除く）には，いわゆる調書判決の制度（同254条，民訴規155条 3 項）により，判決の原本に基づかないですることができる。

判決書を作成する目的は，次の点にあるとされる[21]。

> （判決書作成の目的）
>
> ①　訴訟当事者に対して，判決内容を知らせるとともに，これに対し上訴するかどうかを考慮する機会を与えること
> ②　上級審の裁判所に対して，その再審査のため，いかなる事実に基づき，いかなる理由の下に，判決をしたのかを明らかにすること
> ③　一般国民に対して，具体的な事件を通じ法の内容を明らかにするとともに，裁判所の判断及びその過程を示すことによって裁判の公正を保障すること
> ④　判決をする裁判官自身にとって，自身の考え・判断を客観視する機会となり，判断の的確さを保つことができること

これらの目的のうち①が最優先に考えられるべきものである。そして，

21）　起案の手引 1 頁，新堂664頁注(1)参照。

当事者のための判決書であることを第一義とすれば，判決書の表現も，平易簡明な文体と分かりやすい文章を用いることが望ましい。

2 判決書の記載事項[22]（民訴253条1項）

(1) 主文（民訴253条1項1号）

「主文」は，判決の結論を簡潔かつ明確に表示するもので，訴えに対する応答として，訴訟物について裁判所の判断を示すものである。原告の請求を認容する場合には，請求の趣旨に対応した判断を表示し，請求を棄却する場合には「原告の請求を棄却する。」とする。主文には，このほかに，訴訟費用についての裁判（民訴67条）を記載し，必要に応じて仮執行または仮執行免脱の宣言（同259条3項）を記載する。

(2) 事実（民訴253条1項2号，2項）

「事実」は，請求を明らかにし，かつ，当事者の主張のうち，請求に対する「主文が正当であることを示すのに必要な主張を摘示しなければならない。」（民訴253条2項）とされている。まず，事実の記載においては，請求を明らかにすることが必要である。請求の特定は，請求の趣旨及び請求の原因の記載により行う。「主文が正当であることを示すのに必要な主張」とは，主文の結論を導き出すのに必要な主張のことである。

(3) 理由（民訴253条1項3号）

「理由」は，主文の結論を導き出した経路を明らかにする部分である。判例は，原告が請求原因として陳述した事実が，自白や証拠資料によって認められるか否か，認められるとすれば被告が抗弁として述べた事実が同様に証拠資料等によって認められるか否か，及び認められた事実に対して法を適用した結果はどうなるかを示せば足り（最判昭和25年2月28日民集4巻2号75頁[23]），ある証拠を措信（信用）する，または措信（信用）しない理由を記載しなくとも違法ではない（最判昭和32年6月11日民集11巻6号

---

[22] 民訴規則3条の2は，裁判所が判決書の作成に用いる場合その他必要がある場合において，当事者が裁判所に提出した書面等に記載した情報の内容を記録した電磁的記録（電子的方式，磁気的方式その他人の知覚によっては認識することができない方式で作られる記録であって，電子計算機〔コンピュータ〕による情報処理の用に供されるもの）を有している場合には，その情報を電磁的方法（電子情報処理組織を使用する方法その他の情報通信の技術を利用する方法）で裁判所の定めるものにより裁判所に提供するよう求めることができると規定する。

1030頁[24]）としている。しかし，証拠の評価が訴訟の勝敗を決するような場合には，証拠を採用する理由またはこれを排斥する理由を分かりやすく丁寧に説明すべきことは，前記のとおりである。

　事実を確定した場合には，これを小前提とし，法律を大前提として法律効果の存在について判断するが，実務では，法律の適用については明示的に適用法条を挙げることをしない扱いとなっている。また，訴訟費用の負担の裁判及び仮執行宣言についても，判決理由の末尾に簡単に理由を示すことになっているが，通常は条文を挙げるのみである。なお，仮執行宣言またはその免脱宣言の申立てを認めない場合は，理由中で簡潔にその旨を明示する必要がある。

(4)　**口頭弁論の終結の日**（民訴253条1項4号）

　「口頭弁論の終結の日」は，判決確定により生じる既判力の基準時（標準時）を明確にするため要求される記載である。口頭弁論終結日は，口頭弁論調書によって明らかとなるが，例えば，本件の口頭弁論終結日は，第2回口頭弁論調書（記録**34**頁）によって，●●4年7月20日であることが分かる。その後の和解期日である同年7月25日，判決言渡しの日である同年8月8日と間違えないようにすべきである。

(5)　**当事者，法定代理人**（民訴253条1項5号）

　「当事者」は，「原告　藤田清」というように，その審級での当事者の地位をその氏名に冠して表示し，かつ，その肩書に住所を付記するのが実務の例である。

　なお，「訴訟代理人」は，法律上の必要的記載事項とはされていないが，訴訟の追行者を明らかにすることと送達の便宜のために，これを表示するのが実務の例であり，訴訟代理人が弁護士であるとき，弁護士は民事訴訟法上特別の地位を与えられているから，それを示すために「同訴訟代理人弁護士　甲野太郎」などと記載する。

(6)　**裁判所の表示**（民訴253条1項6号）

---

23)　要旨：判決の理由には原告が請求原因として陳述した事実が自白証拠等各資料によって認められるか否か，認められるとすれば被告が抗弁として述べた事実が同様に資料によって認められるか否か，及び認められた事実に対して法を適用した結果どうなるかを示せば足るものである。

24)　前掲注13)参照。

「裁判所の表示」は，判決をした裁判所を明確にするためのものであり，判決書末尾に部名（民事第〇部）まで記載し，最終の口頭弁論に関与した裁判官（民訴249条1項）が判決書に署名押印する（民訴規157条1項）。

3 在来様式の判決書と新様式の判決書

(1) 在来様式の判決書と新様式の判決書の記載の概要

民事事件における判決書には，在来様式と新様式の2つのタイプがある。在来様式の判決書（後記4(1)239頁）は，弁論主義を前提にして，当事者の口頭弁論での弁論（主張及び証拠の申出）等を聴取し審理を尽くしたことを様式の上でも表すものである。請求を理由あらしめる事実の主張とこれに対する被告の認否，抗弁事実の主張とこれに対する原告の認否，原告の再抗弁事実の主張とこれに対する被告の認否というように主張証明責任の分配に従って記載し，争いのない事実（自白された事実，顕著な事実），争いのある事実（相手方の認否が否認または不知の事実――「広義の争点」）を明らかにして，当事者の弁論を全て記載することを原則とするものである（起案の手引は，この在来様式の判決書の様式を中心としてその記載事項等について説明している）。

これに対し，新様式の判決書（後記4(2)244頁）は，裁判官と当事者との協議により争点整理を尽くしたことを前提にして中心的争点（「実質的争点」）とそうでない争点（「形式的争点」）を区別する。そして，まず「事案の概要」の「争いのない事実等」（あるいは「前提となる事実」）欄において，争いのない事実とともに，形式的争点については書証等による事実認定をも行った上で事件の内容を具体的に説明する。その後に「争点」として事件の中心的争点（実質的争点）を記載し，最後に「争点に対する判断」として，中心的争点（実質的争点）に対する裁判所の判断を記載するという様式である[25]。この新様式の判決書は，形式的な記載を省略し，実質的な

---

[25] 東京高・地裁民事判決書改善委員会＝大阪高・地裁民事判決書改善委員会「民事判決書の新しい様式について」判例タイムズ715号4頁以下（1990），起案の手引90頁以下参照。なお，新様式の判決書に関する参考文献としては，上記のほか，東京高等・地方裁判所民事判決書改善委員会「新様式による民事判決書の在り方について」（最高裁判所事務総局・民事裁判資料第208号〔1994〕396頁），篠原勝美ほか「民事訴訟の新しい審理方法に関する研究」（平成6年度司法研究報告）司法研究報告書第48輯1号197頁以下，宮崎公男「判決書」講座新民訴(2)344頁がある。

記載を充実させることを目的とするものであり，争点整理を尽くして中心的な争点を洗い出し，これについて集中的な証人尋問等を行う充実した審理方式が採用されれば，判決書もその点を中心にした記載で足り，要件事実を網羅的に，主張証明責任の分配に従って摘示するまでの必要はないという考え方に基づくものである。民事訴訟法は，このような新様式の判決書の実務を前提として，事実の記載は，請求のほか，主文を導き出すのに必要な主張を記載すれば足りると規定している（民訴253条2項）。

　現在の民事裁判実務においては，新様式の判決書が相当広範囲に作成されるようになっているが，在来様式による判決書も少なくない。

(2) 在来様式の判決書の特徴

　在来様式の判決書では，判決書の内容を，「主文」，「事実」及び「理由」に三分する。「事実」欄においては，権利の発生，変更，消滅等をもたらす実体法上の要件について当事者の主張の全てを，主張証明責任の所在に従って，請求原因，抗弁，再抗弁等として整理して記載し，かつ，それに対する認否を記載することによって，それぞれの要件事実について争いの有無を明らかにする。「理由」欄においては，「事実」欄に示された論理的な構造に従って，争いのない事実についても改めてその旨を記載してこれを前提とし，争いのある事実については証拠判断をして，事実関係を確定した上で，これに法規を適用して請求の理由の有無を判断するという形式が採られている。

　すなわち，在来様式の判決書は，「事実」欄においても，「理由」欄においても，権利の発生，変更，消滅等をもたらす実体法上の要件についての主張証明責任の所在に従った論理構造によって展開されるもの（要件に該当する事実が記載される）である。その意味で，判決書の「実体法的構成」ということができる。

　また，在来様式の判決書は，まず「事実」欄において，当事者の主張に従って事実に法規を適用して結論を導く三段論法の過程を摘示した上で，「理由」欄においても，裁判所がその認識に従って当事者の展開した三段論法を再度検証して権利の存否を判断するという構造を採るものであって，「二元的構成」によるものということができる。

　在来様式の判決書は，実体法上の要件事実についての主張証明責任に忠

実な構成を採るものであることから、その作成過程において自ずと実体法上の要件を確認することになって、判断の正確性が担保されるという利点がある。その反面、①当事者の主張が請求原因、抗弁、再抗弁等に分断して記載されるなど技術的であり、また②「事実」欄と「理由」欄とで同一の事実を重複して記載するため、記載が煩さになって、事案の理解が難しかったり、主要な争点の把握が困難な場合があるといわれる。

(3) **新様式の判決書の特徴**

これに対し、新様式の判決書は、「事案の概要」欄に争いのない事実と争点とを記載し、「争点に対する判断」欄には争点についての認定判断を記載して、「事案の概要」欄の記載と「争点に対する判断」欄の記載とが相俟って、主文を導くのに必要な事実関係を確定し、その論理過程を明らかにするという形式が採られている。

すなわち、在来様式の判決書における「事実」欄と「理由」欄とを統合した上で、基本的には、ある事実が請求原因、抗弁、再抗弁等のいずれかに属するか、またそれがいずれの当事者が主張するものであるかには関係なく、まず、「争いのない事実等」の欄で当事者間に争いのない事実を示すことによって紛争の基盤あるいは背景事情等を明らかにする。次いで、これを前提として、「争点」欄で争点を浮き彫りにし、これらの記載によって当該事件がどのような類型の事件であって、中心的な争点が何であるかを明らかにする。その上で、「争点に対する判断」欄でこれらの争点について裁判所の判断を示すという構成によるものである。

つまり、新様式の判決書は、まず争いのある事実と争いのない事実とを区分して争点を整理し、争いのある事実を証拠によって認定して結論を導くという実際の訴訟の展開に即した構成を採るものである。その意味で、判決書の「訴訟法的構成」ということができる。

また、新様式の判決書は、「事案の概要」の記載と「争点に対する判断」の記載とを総合して、主文を導くのに必要な事実が全て確定され、これに法規を適用して結論を導く論理的過程が明らかになっていれば足りるとする。「事実」欄と「理由」欄とが統合され、当事者が展開した三段論法と裁判所の認識による三段論法との重複記載はない。権利の発生、変更、消滅等をもたらす実体法上の要件事実のうち、あるものは争いがない事実と

して「事案の概要」欄に摘示され，他のものは「争点に対する判断」において認定される。新様式判決書は，この意味において「一元的構成」によるものということができる。

(4) **新様式の判決書作成上の留意事項**

新様式の判決書においては，主張証明責任の所在ないし権利の発生，変更，消滅等の論理的な判断過程がそのままの形では判決書に現れず，また当事者の展開した三段論法をそのまま理由中で繰り返して検証するという構成にはなっていないため，主張証明責任が判決書に明示されないことになる。したがって，新様式の判決書は，在来様式の判決書と異なり，主張証明責任の分配に従って当事者の主張を全て記載しないことから，①要件事実の主張の漏れがチェックできないこと，②要件事実に関する主張証明責任の分配を誤るおそれがあること等の危険があるといわれている。そのため，新様式の判決書の作成は，的確な訴訟指揮が行われ，要件事実的思考（要件分析的思考）に基づく主張分析，主張整理・争点整理が行われることが前提となっていることに注意する必要がある[26]。

4 本件の判決書

(1) **在来様式の判決書例**

本件における判決書を在来様式で作成したとすれば，例えば，次のようになるであろう。なお，本件では，仮執行宣言が付されているが，本件のような建物明渡請求事件では，被告の居住確保等との関係で，仮執行宣言は相当でないとしてこれを付さない例も少なくない[27]。

【在来様式の判決書例】

●●4年8月8日判決言渡し　同日原本領収　裁判所書記官　㊞
●●4年（ワ）第254号　建物明渡請求事件
口頭弁論終結日　●●4年7月20日
　　　　　　　　　　　判　　　　　決
〇〇県〇〇市〇〇町〇丁目〇番〇号
　　原　　告　　　　　藤　田　　浩

---

[26] 平成6年3月の東京高・地裁民事判決書改善委員会の「新様式による民事判決書の在り方について」民事裁判資料208号391頁以下参照。
[27] 新堂743頁参照。

　　　　　同訴訟代理人弁護士　　　　　　甲　野　太　郎
○○県○○市○○町○丁目○番○号
　　　　　被　　　　告　　　　　　　　久　保　太　一
　　　　　同訴訟代理人弁護士　　　　　　乙　野　次　郎
　　　　　　　　　　　　　主　　　　　文
1　被告は，原告に対し，別紙物件目録記載の建物を明け渡せ。
2　被告は，原告に対し，１００万円及び●●４年６月１日から１の建物明渡済みまで１か月２０万円の割合による金員を支払え。
3　訴訟費用は被告の負担とする。
4　この判決は仮に執行することができる。
　　　　　　　　　　　　　事　　　　　実
第１　当事者の求めた裁判
　１　請求の趣旨
　　　主文と同旨
　２　請求の趣旨に対する答弁
　 (1) 原告の請求を棄却する。
　 (2) 訴訟費用は原告の負担とする。
第２　当事者の主張
　１　請求原因
　 (1) 藤田清（以下「清」という。）は，被告に対し，●●２年４月３日，次の約定で別紙物件目録記載の建物（以下「本件建物」という。）を賃貸した（以下「本件賃貸借契約」という。）。
　　　ア　賃　　　料　　１か月２０万円
　　　イ　賃 貸 期 間　　●●２年４月３日から●●５年４月２日までの３年間
　　　ウ　賃料支払時期　　毎月末日までに翌月分の賃料を支払う。
　 (2) 清は，被告に対し，●●２年４月３日，本件賃貸借契約に基づき，本件建物を引き渡した。
　 (3) 清は，●●３年８月２５日，死亡した。
　 (4) 原告は清の子である。
　 (5) ●●３年９月から●●４年１月までの各末日が経過した。
　 (6) 原告は，被告に対し，●●４年２月１５日，本件建物の●●３年１０月から●●４年２月までの賃料を支払うよう催告した。
　 (7) 原告は，被告に対し，(6)の際，●●４年２月２２日が経過したときは，

本件賃貸借契約を解除するとの意思表示をした。
- (8) ●●4年2月22日が経過した。
- (9) ●●4年2月23日以降の本件建物の相当賃料額は，1か月20万円である。
- (10) よって，原告は，被告に対し，本件賃貸借契約の終了に基づき，本件建物の明渡しを求めるとともに，●●3年10月1日から●●4年2月20日までの賃料及び賃貸借契約終了の日の翌日である●●4年2月21日から同月28日までの遅延損害金として100万円並びに●●4年6月1日から同建物明渡済みまで1か月20万円の割合による遅延損害金の支払を求める。

2 請求原因に対する認否
- (1) 請求原因(1)ないし(4)，(6)，(7)はいずれも認める。
- (2) 同(9)は否認する。

3 抗弁
- (1) 相殺
  - ア 被告は，清に対し，●●3年6月29日，松本元太郎作の絵画「湖水」（以下「本件絵画」という。）を代金100万円で売った（以下「本件売買契約」という。）。
  - イ 被告は，清に対し，●●3年7月9日，アに基づき，本件絵画を△△市○○町×丁目×番×号所在の株式会社三谷総業（以下「三谷総業」という。）に搬送（送付）して引き渡した。
  - ウ 被告は，原告に対し，●●4年2月21日，上記売買代金債権をもって，本件建物の●●3年10月から●●4年2月までの賃料債権とその対当額において相殺するとの意思表示をした。
- (2) 信頼関係不破壊の評価根拠事実
  - ア 被告は，本件賃貸借契約締結時から●●3年9月分まで約定の賃料支払時期までに各月分の賃料を支払っていた。
  - イ 抗弁(1)のアないしウと同じ。

4 抗弁に対する認否
- (1) 抗弁(1)について
  アないしウはいずれも否認する。
- (2) 抗弁(2)について
  - ア アは否認する。
  - イ イは抗弁(1)アないしウの認否と同じ。

5 再抗弁
　信頼関係不破壊の評価障害事実（抗弁(2)に対し）
　(1)　本件建物の●●3年10月から●●4年2月までの賃料が，●●4年1月末までに支払われなかった。
　(2)　被告は，原告に対し，●●4年2月22日が経過するまでに，原告が被告に対し本件絵画の売買代金債務を負担しているかどうかについて何らの確認をしていない。
6 再抗弁に対する認否
　再抗弁(1)，(2)はいずれも認める。

理　　　　由

1 請求原因について
　(1)　請求原因(1)ないし(4)，(6)，(7)の各事実は，いずれも当事者間に争いがない。
　(2)　同(5)，(8)の各事実は，いずれも当裁判所に顕著である。
　(3)　同(9)の事実は，甲第2号証，第5号証及び弁論の全趣旨によって認めることができる。
2 抗弁(1)（相殺）について
　(1)　抗弁(1)ア（本件売買契約の締結）について判断する。
　　ア　本件売買契約について契約書等の書面は作成されておらず，そのため人証その他の証拠方法によって，本件売買契約の有無を判断していくことになる。そして，被告は，抗弁(1)アの主張に沿う供述をしている（乙2，被告本人）ので，その信用性について検討を加えることにする。
　　イ　被告の供述の信用性を判断するに当たり，次の諸点が重要である。
　　　①　被告の供述によれば，●●3年6月29日，清に対し松本元太郎作の絵画「大雪山」とともに本件絵画を売ったとされているが，その際に，被告が清に交付した領収証（甲6）に本件売買契約の存在を窺わせる記載はない。
　　　②　被告が三谷総業に本件絵画を搬送したことの証拠として提出した荷送り状控え（乙1）には「品名絵画1点」と記載されているにすぎず，これと本件売買契約との関係は明確でない。
　　　③　清が本件絵画の搬送場所として指定したという三谷総業と清との関係について，被告は，三谷総業は清が世話になった人が経営している会社だと聞いたと供述するが，原告の供述によれば，原告は，

三谷総業という商号は聞いたことがなく，しかも，三谷総業については，●●３年６月ころには家賃を半年分も滞納して上記荷送り状記載の住所から退去したとの話を同住所の建物を管理している不動産業者から聞いたと供述しているところであり，清と三谷総業との関係が明確であるとはいえない。
　　④　本件売買契約は●●３年６月２９日に締結されたにもかかわらず，本件絵画の三谷総業への発送が同売買契約から１週間以上が経過した同年７月８日であること（乙１）について，被告は運送会社に頼むのを忘れていたと供述するが，被告自身が，通常は代金を受け取った翌日には運送会社に依頼すると供述していることのほか，被告と清は親友であり，同年６月２９日当時にも親しい関係にあったことからすると，被告の供述は不自然というべきである。
　　⑤　原告から未払賃料の支払催告を受けた●●４年２月１５日に原告に電話をして話をした際にも，同月２１日に原告の自宅を尋ねた際にも，被告は，賃料支払は待って欲しいと述べたのみで，本件売買契約の売買代金が未払である，あるいは同売買代金債権と本件建物の未払賃料とを相殺するなどとは述べなかった（原告本人）。
　ウ　①ないし⑤の点に照らすと，被告の上記供述は採用することができず，他に抗弁(1)アの事実を認めるに足りる証拠はない。
(2)　したがって，抗弁(1)は，その余の点について判断するまでもなく，理由がない。
3　抗弁(2)（信頼関係不破壊の評価根拠事実）について
(1)　抗弁(2)アの事実は，これを認めるに足りる証拠がない。かえって，甲第５号証によれば，被告は，本件賃貸借契約締結直後から賃料の支払を遅滞していたと認められる。
　　また，被告本人尋問の結果において，被告は，本件賃貸借契約を締結した当初から当月分の賃料をその月末に支払っていたものの，清からは何も言われなかったと供述するが，同供述のみをもって，賃料前払の約定が変更されたものと認定することはできない。
(2)　抗弁(2)イのうち，抗弁(1)アの事実が認められないことは上記2のとおりであり，同(1)イは，同(1)アの事実の存在を前提とするものであるから，同事実が認められない以上，同(1)イの事実もこれを認めることができない。
　　抗弁(1)ウについて，被告はこの主張に沿う供述をする（乙２，被告本

人)。しかし，原告は，被告が●●4年2月21日に原告の自宅に尋ねてきたことはあるが，その際，被告は原告に対し，本件建物の未払賃料債権と本件売買契約に基づく売買代金債権とを相殺するとは述べなかったと供述するところであり，被告の上記供述は，原告の供述及び上記2の認定に照らし，にわかに採用することができず，他に抗弁(1)ウの事実を認めるに足りる証拠はない。
　(3)　したがって，再抗弁について判断するまでもなく，本件において，原告と被告との信頼関係を破壊するに足りない特段の事情があるとは認めることができない。
4　以上によれば，原告の本訴請求は理由があるからこれを認容することとし，訴訟費用の負担について民訴法61条を，仮執行の宣言について同法259条1項を，それぞれ適用して主文のとおり判決する。
　　　　　　　○○地方裁判所民事第○部

　　　　　　　裁　判　官　　　　A　　　　　　　㊞

(別紙)
　　　　　　　　　物　件　目　録

所　　在　　○○市○○町○丁目○番地所在
家屋番号　　○番
種　　類　　居宅
構　　造　　木造瓦葺2階建
床 面 積　　1階　　85．30平方メートル
　　　　　　2階　　62．41平方メートル

---

(2)　新様式の判決書例
　これに対し，本件における判決書を新様式で作成したとすれば，例えば，次のようになるであろう。

【新様式の判決書例】

●●4年8月8日判決言渡し　同日原本領収　裁判所書記官　　㊞
●●4年(ワ)第254号　建物明渡請求事件
口頭弁論終結日　　●●4年7月20日

判　　　　　決
○○県○○市○○町○丁目○番○号
　　原　　　告　　　　　　藤　田　　　浩
　　　同訴訟代理人弁護士　　甲　野　太　郎
○○県○○市○○町○丁目○番○号
　　被　　　告　　　　　　久　保　太　一
　　　同訴訟代理人弁護士　　乙　野　次　郎

主　　　文

1　被告は，原告に対し，別紙物件目録記載の建物を明け渡せ。
2　被告は，原告に対し，100万円及び●●4年6月1日から1の建物明渡済みまで1か月20万円の割合による金員を支払え。
3　訴訟費用は被告の負担とする。
4　この判決は仮に執行することができる。

事　　　実

第1　請求
　主文第1，第2項と同旨
第2　事案の概要
　本件は，原告が被告に対し，被告との別紙物件目録記載の建物（以下「本件建物」という。）についての賃貸借契約の終了に基づき同建物の明渡しを求めるとともに，同建物の賃料及び履行遅滞に基づく遅延損害金の支払を求めた事案である。
　1　争いのない事実等
　(1)　本件建物の賃貸借契約の締結等
　　ア　藤田清（以下「清」という。）は，被告に対し，●●2年4月3日，次の約定で別紙物件目録記載の建物（以下「本件建物」という。）を賃貸した（以下「本件賃貸借契約」という。）。
　　　(ｱ)　賃　　　料　　1か月20万円
　　　(ｲ)　賃貸期間　　●●2年4月3日から●●5年4月2日までの3年間
　　　(ｳ)　賃料支払時期　毎月末日までに翌月分の賃料を支払う。
　　イ　清は，被告に対し，●●2年4月3日，本件賃貸借契約に基づき，本件建物を引き渡した。
　(2)　原告による賃貸人たる地位の相続
　　ア　清は，●●3年8月25日，死亡した。

イ　原告は清の子である。
　(3)　原告による本件賃貸借契約解除の意思表示等
　　　ア　被告は，本件建物の●●3年10月から●●4年2月までの賃料を●●4年1月末までに支払わなかった。
　　　イ　原告は，被告に対し，●●4年2月15日，本件建物の●●3年10月から●●4年2月までの賃料を支払うよう催告した。
　　　ウ　原告は，被告に対し，イの際，●●4年2月22日が経過したときは，本件賃貸借契約を解除するとの意思表示をした。
　(4)　本件建物の相当賃料額
　　　●●4年2月23日以降の本件建物の相当賃料額は，1か月20万円である（甲2，甲5，弁論の全趣旨）。
　(5)　その他の事情
　　　被告は，原告に対し，●●4年2月22日が経過するまでに，原告が被告に対し，松本元太郎作の絵画「湖水」（以下「本件絵画」という。）の売買代金100万円の債務を負担しているかどうかについて，何らの確認をしなかった。
2　争点
　(1)　被告による相殺の自働債権があったか。
　　　（被告の主張）
　　　ア　被告は，清に対し，●●3年6月29日，本件絵画を代金100万円で売った（以下「本件売買契約」という。）。
　　　イ　被告は，清に対し，●●3年7月9日，アに基づき，本件絵画を清の指定した△△市○○町×丁目×番×号所在の株式会社三谷総業（以下「三谷総業」という。）に搬送（送付）して引き渡した。
　(2)　被告による相殺の意思表示があったか。
　　　（被告の主張）
　　　被告は，原告に対し，●●4年2月21日，本件売買契約の売買代金債権100万円をもって，本件建物の●●3年10月から●●4年2月までの賃料債権とその対当額において相殺するとの意思表示をした。
　(3)　信頼関係を破壊しない特段の事情が認められるか。
　　　（被告の主張）
　　　被告による賃料の債務不履行があるとしても，次のとおり，原告と被告との間の信頼関係を破壊しない特段の事情があるから，原告による本件賃貸借契約解除の意思表示はその効力を有しない。

ア　被告は，本件賃貸借契約締結時から●●3年9月分まで約定の賃料支払時期までに各月分の賃料を支払っていた。
　　イ　(1)の被告の主張ア，イ，(2)の被告の主張と同じ。
第3　争点に対する判断
1　争点(1)(被告による相殺の自働債権があったか。)について
　(1)　本件売買契約について契約書等の書面は作成されておらず，そのため人証その他の証拠方法によって，本件売買契約の有無を判断していくことになる。そして，被告は，被告の前記に沿う供述をしている（乙2，被告本人）ので，その信用性について検討を加えることにする。
　(2)　被告の供述の信用性を判断するに当たり，次の諸点が重要である。
　　ア　被告の供述によれば，●●3年6月29日，清に対し松本元太郎作の絵画「大雪山」とともに本件絵画を売ったとするが，その際に被告が清に交付した領収証（甲6）に本件売買契約の存在を窺わせる記載はないこと
　　イ　被告が三谷総業に本件絵画を搬送（送付）したことの証拠として提出した荷送り状控え（乙1）には「品名絵画1点」と記載されているにすぎず，これと本件売買契約との関係は明確でないこと
　　ウ　清が本件絵画の搬送・引渡場所として指定したという三谷総業と清との関係について，被告は三谷総業は清が世話になった人が経営している会社だと聞いたとするが，原告の供述によれば，原告は，三谷総業という商号は聞いたことがなく，しかも，三谷総業については，●●3年6月ころには家賃を半年分も滞納して上記荷送り状記載の住所から退去したとの話を同住所の建物を管理している不動産業者から聞いたと供述しているところであり，その関係は明確でないこと
　　エ　本件の売買契約は●●3年6月29日に締結されたにもかかわらず，本体絵画の三谷総業への発送が同売買契約から1週間以上が経過した同年7月8日であること（乙1）について，被告は運送会社に頼むのを忘れていたと供述するが，被告自身が，通常は代金を受け取った翌日には運送会社に依頼すると供述していることのほか，被告と清は親友であり，同年6月29日当時にも親しい関係にあったことからすると，被告の供述は不自然というべきであること
　　オ　原告から未払賃料の支払催告を受けた●●4年2月15日に原告に電話をして話をした際にも，同月21日に原告の自宅を尋ねた際にも，被告は，賃料支払は待って欲しいと述べたのみで，本件売買契約の売

買代金が未払である，あるいは同売買代金債権で本件建物の未払賃料を相殺するなどと述べたことはなかったこと（原告本人）

(3) アないしオの点に照らすと，被告の上記供述は採用することができず，他に被告主張の事実を認めるに足りる証拠はない。

したがって，被告が清との間に本件売買契約を締結し，同売買契約に基づき，清に対し本件絵画を清指定の三谷総業に搬送（送付）して引き渡したと認めることはできない。

2　争点(2)（被告による相殺の意思表示があったか。）について

被告は，被告の前記主張に沿う供述をする（乙2，被告本人）。しかし，原告は，被告が●●4年2月21日に原告の自宅に尋ねてきたことはあるが，その際，被告は原告に対し，本件建物の未払賃料債権と本件売買契約の売買代金債権とを相殺するとは述べなかったと供述するところであり，被告の上記主張は，原告の供述及び上記1の認定に照らし，採用することができず，他に被告が原告に対し●●4年2月21日に本件建物の未払賃料債権と本件売買契約の代金債権とを対当額で相殺する旨の意思表示をしたと認めるに足りる証拠はない。

3　争点(3)（信頼関係を破壊しない特段の事情が認められるか。）について

被告が本件賃貸借契約締結時から●●3年9月分まで約定の賃料支払時期までに各月分の賃料を支払っていたとの事実は認められず，かえって，甲5によれば，被告は本件賃貸借契約締結直後から賃料の支払を遅滞していたものと認められる。

また，被告本人尋問の結果において，被告は，本件賃貸借契約を締結した当初から当月分の賃料をその月末に支払っていたものの，清からは何も言われなかったと供述するが，同供述のみをもって，賃料前払の約定が変更されたものと認定することはできない。

その余の各事実についても，上記1，2のとおり，これを認めることはできないから，本件において，原告と被告との信頼関係を破壊するに足りない特段の事情があるとはいえない。

4　したがって，原告の請求は理由がある。

　　　　　　○○地方裁判所民事第○部

　　　　　　　　裁　判　官　　A　　　　㊞

（注）別紙物件目録省略

V 判決言渡期日

1 言渡期日（民訴251条）

判決は，言渡しによってその効力を生じる（民訴250条）。判決の言渡しは，当事者の一方または双方が不出頭でもすることができる（同251条2項）。実務では，判決言渡しの際に，当事者が出頭することはあまりない。判決言渡しは，事件が複雑であるときその他特別の事情がある場合を除き，口頭弁論の終結日から2か月以内にしなければならない（同条1項）。

2 言渡期日の通知（民訴規156条）

判決の言渡期日の日時は，原則として，予め，裁判所書記官が当事者に通知しなければならない（民訴規156条本文）。本件では，口頭弁論を終結した第2回口頭弁論期日に裁判官が双方当事者に判決言渡期日を告知しているので，通知は不要である（同条但書）。

3 言渡しの方式（民訴252条，254条，民訴規155条）

判決の言渡しは，判決書の原本に基づいてするのが原則である（民訴252条，民訴規155条1項，2項）。本件では，この原則どおり，判決原本に基づいて判決が言い渡されたことが第3回口頭弁論調書（記録**37**頁）の記載によって分かる。

4 判決をする裁判官（民訴249条1項）

判決をする裁判官は，最終の口頭弁論に関与した裁判官でなければならない。もっとも，言渡しをすることは，ここにいう「判決をする」ことに当たらないから（ここにいう「判決をする」とは判決内容を確定することである），言渡しをする裁判官は，最終の口頭弁論に関与した裁判官と同一でなくても差し支えない。

5 言渡し後の処置

(1) 裁判所書記官への判決書原本の交付等（民訴規158条）

判決書の原本を受け取った裁判所書記官は，通常は，その最初の頁の最上部欄外に，判決言渡し及び交付の日を付記して，これに押印する。ただし，この付記に認証力はなく，判決言渡しの事実は，言渡期日の調書の記載（民訴規67条1項7号）によってのみ証明される。

(2) **当事者への送達**（民訴255条，民訴規159条）

　判決書（または調書判決が記載された調書）は，当事者双方に送達される。これにより，当事者は，判決内容を知り，不服申立てをすべきかどうかの考慮の機会を与えられることになる。なお，判決に対する上訴期間は，その当事者が送達を受けたときから起算される（民訴285条，313条）。

第12章

上訴

> ■この章で学んでほしいこと
>
> 【控訴審における手続の特徴と主な留意点】
> * 控訴の提起はどのように行われるか？……民訴286条1項
> * 附帯控訴とは何か？……民訴293条1項，3項本文，民訴規178条
> * 不利益変更禁止の原則とはどのようなものか？
> * 続審制とはどのようなものか？
> * 控訴不可分と控訴審における審理との関係はどのように解すべきか？
> * 控訴審における審理はどのように行われるか？
> * 控訴審の判決はどのようなものか？
>
> 【上告審における手続の特徴と主な留意点】
> * 上告審にはどのような目的（役割）と機能があるか？
> * 上告裁判所が高等裁判所である場合と最高裁判所である場合の違いは何か？
> * どのような場合に上告することができるか（上告理由とは何か）？
> * 上告の提起と上告受理の申立ての違いは何か？
> * 上告審における審理はどのように行われるか？
> * 上告審の裁判にはどのようなものがあるか？
>
> 【敗訴当事者における上訴の選択】
> * 当事者が上訴するか否かはどのような判断基準によるのか？

I 上訴審における手続の特徴と主な留意点

　本件では，被告からの控訴の申立てがなく，第一審の判決が確定しているが，上訴制度の特徴および留意点について概説しておきたい[1]。

---

1) 山田文「上訴制度の目的」争点252頁参照。

1 控訴審の手続
(1) 控訴の提起
　控訴は，第一審判決に対し，その事実認定または法律判断が不当であるとして，不服を申し立てる上訴である。控訴審は第二の事実審であり，第一審判決の事実認定，法律判断について審判することができる。簡易裁判所が第一審のときは地方裁判所が控訴裁判所となり，地方裁判所が第一審のときは高等裁判所が控訴裁判所となる。控訴の提起は，控訴状を第一審裁判所に提出してしなければならない（民訴286条1項）。控訴は，判決書の送達を受けた日から起算して2週間の不変期間内に提起しなければならない（同285条）[2]。

(2) 附帯控訴
　附帯控訴は，被控訴人が，控訴人の控訴を契機に，原判決を自己に有利に取り消し，または変更するよう求める申立てである。被控訴人は，控訴審の口頭弁論終結までに控訴の方式に準じて附帯控訴を提起することができる（民訴293条1項，3項本文，民訴規178条）。ただし，附帯控訴は，民訴法286条1項の例外として，附帯控訴状を控訴裁判所に提出することができる（民訴293条3項但書）。被控訴人から附帯控訴があると，原判決を控訴人に不利に変更することができることになる。これにより控訴人に対する民訴法304条の不利益変更禁止が解かれ，被控訴人に有利な変更，すなわち控訴人に不利益な変更を得られる可能性が生ずる[3][4]。

(3) 控訴審の審理
　控訴審はいわゆる続審制である。したがって，控訴審は第二の事実審として，第一審判決に対する当事者の不服申立ての当否を審判するのに必要

---

2) 公示送達と控訴の追完との関係について，最判平成4年4月28日判タ815号144頁は，被告について送達すべき場所が不明であるとして原告から公示送達の申立てがされ，第一審判決正本の送達に至るまでの全ての書類の送達が公示送達によって行われた場合において，被告が，控訴期間の経過後に控訴を申し立てるとともにその追完を主張したときは，控訴期間を遵守することができなかったことについて民訴法159条（現行民訴法97条）にいう「其の責に帰すべからざる事由（その責めに帰することができない事由）」の存否を判断するに当たり，被告側の事情だけではなく，公示送達手続によらざるを得なかったことについての原告側の事情をも総合的に考慮すべきであると解するのが相当である（そして，被告は，その責めに帰すべからざる事由により控訴期間を遵守することができなかったものというべきである）と判示した。

な範囲で，改めて事実認定と法律判断をするものであり，第一審の訴訟資料と控訴審で追加された訴訟資料とにより，控訴審の口頭弁論終結時を基準にして，第一審判決を維持することができるかどうかを判断する。そして，控訴審の審理には，原則として第一審手続の規定が準用されている（民訴297条）。

控訴は不可分であり，移審の効果は訴訟全部について生ずる[5]。しかし，

---

3) 不利益変更禁止の原則について，最判昭和61年9月4日判時1215号47頁〔百選112事件〕は，訴求債権が有効に成立したことを認めながら，上告人（被告・被控訴人）の主張する相殺の抗弁を採用して，被上告人（原告・控訴人）の請求を棄却した第一審判決に対し，被上告人のみが控訴し，上告人が控訴も附帯控訴もしなかった場合において，控訴審が訴求債権の有効な成立を否定したときに，第一審判決を取り消して改めて請求棄却の判決をすることは，民訴法199条2項（現行民訴法114条2項）に徴すると，控訴した被上告人に不利益であることは明らかであるから，不利益変更禁止の原則に違反して許されないものというべきであり，控訴審としては，上告人の主張した相殺の抗弁を採用した第一審判決を維持し，被上告人の控訴を棄却するにとどめなければならないものと解するのが相当であるとした。また，最判平成2年7月20日民集44巻5号975頁は，財産分与の裁判との関係で，（財産分与の申立てについては，裁判所が申立人の主張に拘束されることなく自らその正当と認めるところに従って分与の有無，その額及び方法を定めるべきものであるから）第一審判決が一定の分与の額等を定めたのに対し，申立人の相手方のみが控訴の申立てをした場合においても，控訴裁判所が第一審の定めた分与の額等が正当でないと認めたときは，第一審判決を変更して，控訴裁判所の正当とする額等を定めるべきものであり，この場合には，いわゆる不利益変更禁止の原則の適用はないものと解するのが相当であるとした。さらに，最判平成6年11月22日民集48巻7号1355頁〔百選113事件〕は，一部請求と相殺との関係で，相殺の抗弁により自働債権の存否について既判力が生ずるのは，請求の範囲に対して相殺をもって対抗した額に限られるから，当該債権の総額から自働債権の額を控除した結果残存額が一部請求の額を超えるときは，一部請求の額を超える範囲の自働債権の存否について既判力は生じず，したがって，一部請求を認容した第一審判決に対し，被告のみが控訴し，控訴審において新たに主張された相殺の抗弁に理由がある場合には，控訴審において，まず当該債権の総額を確定し，その額から自働債権の額を控除した残存額が第一審で認容された一部請求の額を超えるとして控訴を棄却しても，不利益変更禁止の原則に反するものではないと判示している。

4) 林伸太郎「上訴の利益と附帯上訴」争点254頁，宮川聡「不利益変更禁止の原則」争点256頁参照。

5) 第一審で主張されなかった事実の取扱いについて，最判昭和61年12月11日判タ631号135頁は，第一審で主張されなかった事実であっても，第一審判決事実摘示にその事実が主張された旨記載され，控訴審での口頭弁論期日において第一審の口頭弁論の結果を陳述するに際し「第一審判決事実摘示のとおり陳述する」旨弁論したときは，上記事実は控訴審の口頭弁論で陳述されたことになるものと解すべきであるとした。なお，最判昭和41年11月10日集民85号43頁も同趣旨の判断をしている。

民訴法が採用する処分権主義との関係で，控訴審における審理の範囲は当事者が第一審判決の変更を求める限度にとどまる（民訴296条1項）[6]。この不服申立ての範囲は，控訴状の必要的記載事項ではなく（同286条2項参照），控訴状に記載がないときは，控訴提起後50日以内に控訴理由書を控訴裁判所に提出しなければならない（民訴規182条）。これに対し，裁判長は，控訴理由書に対する反論書の提出を命ずることができる（同183条）。

控訴審の口頭弁論は第一審の口頭弁論の続行として行われる。当事者は第一審の口頭弁論の結果を陳述することにより，第一審における一切の訴訟資料を控訴審に提出しなければならず（民訴296条2項），第一審における訴訟行為は控訴審においてもその効力を有する（同298条1項）。したがって，当事者は，これを前提とし，必要に応じてさらに新たな攻撃防御方法を提出することができる。ただし，第一審において争点整理手続を経ている場合には，当事者は，攻撃防御方法の追加提出についての説明義務（同167条，178条）を負担することになる（同298条2項，民訴規180条）。また，裁判長は，当事者の意見を聴いて，攻撃防御方法の提出等の期間を定めることができ，この期間経過後に提出する当事者は，期間内に提出できなかった理由を裁判所に対して説明しなければならない（民訴301条，民訴規181条）[7]。

(4) 控訴審判決の言渡し

控訴審において審理が尽くされると，控訴審判決が言い渡される。第一審判決が正当で，控訴または附帯控訴に理由がないとする場合には，控訴または附帯控訴が棄却される（民訴302条）。第一審判決が不当である場合（同305条），第一審の判決手続が法律に違反した場合（同306条）には，第

---

[6] 上訴における不服の限度について，最判昭和54年3月16日民集33巻2号270頁は，主位的請求を棄却し予備的請求を認容した控訴審判決に対し，第一審被告のみが上告し，第一審原告は上告も附帯上告もしない場合において，上告審の調査の対象となるのは予備的請求に対する原審の判断の適否であり，第一審被告の上告に理由があるときは，上告審は，原判決中予備的請求に関する部分のみを破棄すべきであると判示し，最判昭和58年3月22日判タ494号62頁〔百選111事件〕も，主位的請求を棄却し予備的請求を認容した第一審判決に対し，第一審被告のみが控訴し，第一審原告が控訴も附帯控訴もしない場合には，主位的請求に対する第一審の判断の当否は控訴審の審判の対象となるものではないと解するのが相当であると判示している。

[7] 勅使川原和彦「控訴審の審理のあり方」争点258頁参照。

一審判決が取り消される。この場合には，控訴審は続審であるから自判されるのが原則であるが，第一審判決が訴えを不適法として却下した場合に控訴裁判所がこれを取り消すとき（ただし，事件につきさらに弁論する必要がないときには自判することができる。同307条），事件についてさらに弁論をする必要があるとき（同308条1項）は，事件が第一審に差し戻される。また，管轄違いを理由として第一審判決が取り消される場合は，事件が管轄裁判所に移送される（同299条，309条）。

2 上告審における手続

(1) 上告の意義

控訴審の判決に対しては，法令違反を理由として不服申立てをすることができる。この上訴が上告である。上告制度は，控訴と同様，原判決を取り消し，または変更して当事者の権利保護を図るとともに，法令の解釈適用の統一を図ることを目的とするものである[8]。上告審は法律審であり，事実審理は行われないことに特徴がある。上告裁判所は，第一審裁判所の事物管轄の区分に対応して，高等裁判所である場合と最高裁判所である場合とがある（民訴311条，281条1項但書）。

(2) 上告理由

最高裁判所にする上告は，判決に①憲法解釈の誤りまたはその他憲法違反（民訴312条1項），②重大な手続違反（同条2項）の上告理由がある場合に限られる。これに対し，高等裁判所にする上告は，これら①②に加え，判決に影響を及ぼすことが明らかな法令違反があることも上告理由となる

---

[8] 上訴の利益について，最判昭和31年4月3日民集10巻4号297頁〔百選110事件〕は，不動産が譲渡担保に供せられたが，被担保債権はいまだ消滅していないという理由で，原告の所有権移転登記の請求を排斥した判決に対し，同不動産は単純に買い受けたもので譲渡担保に供されたものではないと主張してなされた被告からの上告は利益を欠くものであると判示した。また，上訴権の濫用について，最判平成6年4月19日判タ857号107頁は，（原告は，本件特許出願の審決取消しの請求を棄却する原審判決の言渡し後に本件特許出願を取り下げたうえ，同取下げによって本件訴訟における訴えの利益を失ったことを理由として，自ら訴えの却下を求めて上告したという事案において）原告は，原判決の言渡し後に特許出願を取り下げることにより，自らこのような状態を現出させた上で，訴えの利益を失ったことを理由として，原判決を破棄して訴えを却下することを求めて本件上告をしたものであるが，このような上告は上訴制度の本来予定しないところであって，本件上告は，上訴権の濫用に当たるものとして不適法であると判示している。

（民訴312条3項）[9)10)]。

(3) 上告の提起

上告は，原判決の送達を受けた日から2週間の不変期間内に提起しなければならない（民訴314条，313条，285条）。上告及び上告審の訴訟手続については，特別の定めがない限り，控訴及び控訴審の訴訟手続に関する規定が準用される（民訴313条）。

(4) 上告受理の申立て（裁量上告）

上告理由が制限されたことの反面として，法令解釈の統一性確保の観点から，最高裁判所は，原判決に最高裁判所の判例との相反等，法令解釈に関する重要な事項を含むと認められる事件について，申立てにより，決定で上告審として事件を受理することができる（民訴318条1項）[11)]。

上告受理の申立てに対し，受理決定があった場合は，上告があったものとみなされ（民訴318条4項前段），民訴法319条以下の規定が適用される。この申立てについては，原則として上告の提起に関する規定が準用される（同318条5項，民訴規199条2項）。これに対し，上告受理の申立てが法令の解釈に関する重要な事項を含むと認められない場合には，不受理決定がされる[12)]。なお，上告受理の申立ては，民訴法312条1項・2項の上告理由

---

9) 理由不備について，最判平成11年6月29日判タ1009号93頁は，民訴法312条2項6号の「判決に理由を付」さないこと（理由不備）とは，主文を導き出すための理由の全部又は一部が欠けていることをいうものであるところ，原判決自体はその理由において論理的に完結しており，主文を導き出すための理由の全部又は一部が欠けているとはいえないが，原判決には所論の指摘する判断遺脱があり，これによって，原判決には判決に影響を及ぼすことが明らかな法令の違反があるもの（民訴325条2項参照）というべきであると判示した。また，証拠の偽造と上告理由の関係について，最判昭和38年4月12日民集17巻3号468頁は，控訴判決の証拠となった文書を偽造したとして偽造者につき有罪判決が確定したときは，同判決の確定が控訴審の口頭弁論終結前であっても，上告人がその弁論において同判決の確定を知らないで主張しなかった場合に限り，これをもって上告の理由とすることができると判示している。

10) なお，安西明子「上告理由」争点260頁参照。

11) なお，経験則違反と上告・上告受理の申立てについて，最判昭和36年8月8日民集15巻7号2005頁〔百選114事件〕は，時価と代金が著しく懸絶している売買は一般取引通念上首肯できる特段の事情のない限り経験則上是認できない事柄であるところ，原判決判示の事情等だけでは原判示をたやすく首肯することはできないなどとして，原判決には審理不尽，理由不備の違法があると判示した。

12) 上告受理の要件と原審の審査の範囲について，最決平成11年3月9日判タ1000号256頁は，上告受理の申立てに係る事件が民訴法318条1項の事件に当たるか否か

に該当する事由を理由とすることができないが（同318条2項），上告状と上告受理申立書を兼ねるものであることを明らかにして，上告の提起と上告受理の申立てを1通の書面ですることは可能である（民訴規188条）[13][14]。

(5) **上告審の審理**

上告審裁判所は，上告状，上告理由書，答弁書（民訴規201条）その他の書類により，上告に理由がないと認めるときは，口頭弁論を経ないで，判決で上告を棄却することができる（民訴319条）。そうでない場合には，口頭弁論を開いて審理される。上告審裁判所は，上告理由に基づき，不服申立ての限度においてのみ調査し（同320条），原審の事実認定を前提とし，その法律面における当否を審査する。原判決が適法に確定した事実は上告裁判所を拘束する（同321条1項）。不当な経験則を用いて事実を確定したときなど，不適法な事実認定に拘束されないことは当然である。

(6) **上告審の判決・決定**

上告審の判決・決定には，上告の適法要件を欠く場合の上告却下決定（民訴317条1項），不服の主張につき理由がない場合の上告棄却の判決（上告審裁判所が最高裁判所である場合には決定で上告が棄却できる場合がある〔同条2項〕），上告を認容する場合の通常破棄（必要的破棄。同325条1項）と特別破棄（裁量的破棄。同条2項）がある。通常破棄は，民訴法312条1項または2項に規定する事由がある場合（および高等裁判所が上告裁判所の

　は，上告裁判所である最高裁判所のみが判断し得る事項であり，原裁判所は，当該事件が同項の事件に当たらないことを理由にして，同条5項，同法316条1項により，決定で当該上告受理の申立てを却下することはできないと解すべきであるとした。

13) 上告の上告受理申立てへの変更について，最決平成12年7月14日判タ1041号156号は，民事事件について最高裁判所に上告をすることが許されるのは，民訴法312条1項又は2項所定の場合に限られるところ，本件上告理由は同各項に規定する事由を主張するものではなく，本件上告は，不適法であってその不備を補正することができないから，却下を免れない（なお，上告人は，上告期間内に上告状を提出し，同期間経過後，上告理由書提出期間内に上告受理申立理由書を提出し，その後，先に提出した上告状を上告受理申立書に訂正する旨の上申書を提出した。しかし，上告人が提出した上告状に上告受理の申立ての趣旨が含まれていると認めることはできず，上告と上告受理の申立てとは異なる申立てであるから，上告受理申立期間経過後に，先にした上告を上告受理の申立てに変更又は訂正することはできない）とした。

14) 宮坂昌利「最高裁判所における上告受理と許可公告」争点262頁参照。

場合に判決に影響を及ぼすことが明らかな法令の違反がある場合）であり，特別破棄は，民訴法312条1項または2項に規定する事由はないが，判決に影響を及ぼすことが明らかな法令の違反がある場合である。上告審は法律審であり事実認定をすることはできないから，さらに事実認定の必要があれば原審級に差戻しまたは移送することになり，自判できるのは例外的である[15]。

II 敗訴当事者における上訴の選択

1 判決言渡し後の訴訟代理人の活動

判決の言渡しがされた場合には，訴訟代理人は裁判の結果を必ず依頼者に連絡する。民事訴訟の判決では，原則として裁判官が判決書の原本に基づいて主文のみを言い渡す（民訴252条，民訴規155条1項）。したがって，判決が言い渡された時点では，どのような理由でその結論（主文）に至ったのかは分からない。そこで，訴訟代理人は，通常，依頼者に対し，勝敗の結果だけを最初に報告し，次に今後の進行について打合せの日時を決める[16]。この打合せの日時を決めるに際し重要なことは，依頼者が原告と被告のいずれであるかということである。

依頼者が原告で勝訴した場合，仮執行宣言付きの判決の場合を除けば，判決の確定を待ってその後の手続を進めれば足りるから，時間の余裕はある。原告が敗訴した場合も，上訴期間内に手続をとらなければならないという制約はあるものの，相応の時間の余裕はある。

---

[15] 破棄判決の拘束力について，最判昭和43年3月19日民集22巻3号648頁〔百選115事件〕は，上告審判決が，一定の事実関係のもとで，ある法規の適用を否定した原判決の判断を違法としてこれを破棄し，事件を原裁判所に差し戻した場合において，差戻しを受けた原裁判所が，同一事実関係について，同法規の適用の可否を判断しないで，他の法律上の見解による判断をして，同法規を適用したのと同一の結論に達した判決をすることは，上記上告審判決の破棄理由とした判断に抵触しないと判示し，また，最判昭和46年10月19日民集25巻7号952頁は，上告審が差戻判決において破棄理由とした法律上の判断に従ってされた下級審の判決に対する再度の上告事件につき審判をする上告審は，その差戻判決に示された判断に拘束されると判示している。なお，内山衛次「破棄・取消判決の拘束力」争点264頁参照。

[16] 審級代理の原則があるからといって，第一審の判決の送達を受けることにより委任契約は終了すると考えることは相当ではない。

依頼者が被告で勝訴した場合，訴訟手続に関し特別の活動を要しない。ところが，依頼者が被告で敗訴した場合には，緊急の打合せが必要となる[17]。判決に仮執行の宣言が付される可能性がある場合には，上訴とともに執行停止の手続をとるかどうかを決めなければならないので，打合せをする必要性と緊急性が極めて高い。

2 上訴の選択要素

敗訴原告と敗訴被告とでは，上訴するかどうかを決める要素は同じとはいえないが，共通する要素もある。

(1) 上訴審での勝訴の見込み

敗訴原告が上訴するかどうかを決める一番の要素は上訴審における勝訴の見込みの有無である。勝訴の見込みの有無を判断するには，判決書を十分に分析・検討しなければならない。判決の認定事実を争うのであれば，その事実認定を覆えすことができる新たな証拠を見出すことができるか，経験則上第一審判決の証拠評価や事実認定が不自然・不合理といえるかがポイントになる。第一審判決の法令の解釈を争うのであれば，他の同種事案における判決のすう勢を分析し，これを有利に援用できるかどうかがポイントになる。

敗訴被告にとっても，上訴審における勝訴の見込みは重要な要素であることに変わりはない。敗訴原告との違いは，敗訴被告の中には仮執行宣言が付され，その仮執行を回避するために，判決書を十分に分析・検討することができないまま，上訴と強制執行停止の各手続をとらなければならない場合が多いことである。

(2) 強制執行の回避

敗訴被告が上訴を選択する大きな要素に，債権者（原告）からの強制執行を回避したいとの意思がある。仮執行宣言が付されていれば近日中に，仮執行宣言が付されていなくても判決が確定すれば，債権者（原告）は執行をすることができる。債権者（原告）が強制執行に着手した事実は債務者（被告）の信用を大きく失墜させることがあり，債務者はこれを回避す

---

[17] 訴訟代理人が敗訴の依頼者にその理由を伝え，権利保全に必要な措置をとる機会を失わせることのないようにすることは，弁護士の誠実義務の一つである（弁護士職務基本規程35条，36条参照）。

る手段として上訴やこれとともに強制執行停止の手続をとろうとするのである。ただし，強制執行停止決定を得るためには相当額の担保が求められるが，このことは上訴の選択要素としてはマイナスに作用する。

(3) **上訴審における和解の可能性**

敗訴被告が上訴審での和解含みで上訴することがある。敗訴被告は敗訴したという弱みがある。しかし，他方で，原告にとり強制執行は費用がかかる。しかも被告の資産を把握していない場合には執行が徒労に終わることも考えられる。費用と時間をかけるよりは，多少の譲歩をしても強制執行をせず，任意の履行を期待して和解により解決した方が原告にとってメリットがある。このように，勝訴原告と敗訴被告の利害が一致する可能性を考慮して，敗訴被告が上訴することがある。

(4) **同種事案への影響回避**

敗訴した当事者には同種の訴訟が係属している場合には，最初に出された敗訴判決を確定させると，他の事件に影響することが懸念され，そのため上訴を選択する要素となる。

(5) **債務者（被告）の資産の有無**

敗訴被告に資産がなければ上訴の可能性は低い。取られる物を持たない者の強みである。逆に，資産が多ければ取られまいと考え，上訴の可能性は高くなる。

3　依頼者への説明

敗訴判決を受けた当事者の訴訟代理人弁護士は，判決の内容を検討し，依頼者に対し検討結果を伝え，上訴した場合の勝訴の見込み等について説明し，助言する義務がある。依頼者にとって上訴するかどうかを判断するのに必要十分にして有用な情報が与えられていることが不可欠である。弁護士としては，上記の上訴の選択要素を考慮しながら，上訴によって依頼者が求める効用がどの程度満足されるかという観点から助言することが求められる[18]。

4　上訴に際しての注意点

(1) **委任状の受領**

第一審に引き続き控訴審においても訴訟代理人として訴訟行為をする場

---

18)　加藤・役割論159頁。

合には，依頼者から改めて訴訟委任状を受領しなければならない（審級代理の原則〔民訴55条2項3号〕）。

(2) **上訴期間の厳守**

上訴期間は判決の送達を受けてから2週間であるから（民訴285条），その期間に上訴の手続をとらなければならない。

(3) **執行停止の手続**（民訴403条1項3号）

仮執行宣言付判決の場合には，必要に応じ，執行停止の申立てをして債権者（被控訴人）の執行を停止させておかなければならない。

第13章

民事執行

■この章で学んでほしいこと

【民事執行の種類】
　　＊強制執行とは？──強制執行の種類
　　＊担保執行とは？──担保執行の種類
　　＊強制執行・担保執行以外の民事執行とは？
　　＊執行対象に応じた民事執行手続の規定
【強制執行と債務名義】
　　＊債務名義の意義
　　＊債務名義の種類
【強制執行と執行文】
　　＊執行文の意義
　　＊執行文の種類
　　＊執行文の付与機関
【強制執行と執行開始の要件】
　　＊執行開始要件の具備は，執行機関が判断
　　＊債務名義の送達
　　＊「送達」以外の執行開始の要件
【執行】
　　＊執行対象に応じた執行機関・管轄
　　＊執行対象・請求権に応じた執行の方法・効力
【民事執行における救済の概要】

I　民事執行制度（概説）

　藤田浩は，●●4年8月8日，久保太一に対し①本件建物の明渡し並びに②未払賃料及び遅延損害金の支払を命ずる勝訴判決を得たが，久保太一がこれらの義務を任意に履行しないため，甲野太郎弁護士が代理人となっ

て，同月18日，①の満足を図るため建物明渡しの強制執行（記録**113**頁）を，②の金銭支払請求権の満足を図るため動産に対する強制執行（動産執行。記録**122**頁）を，〇〇地方裁判所執行官に申し立て，明渡執行については同年9月28日に執行官から本件建物の引渡しを受けて（記録**137**頁），動産執行については同年8月24日に執行不能により（記録**132**頁），それぞれ終了した。ここでは，民事執行を概観した後，本件での民事執行手続（強制執行）を中心に概説する。

1 民事執行の種類
(1) 民事執行制度の法源

民事執行とは，私法上の請求権の内容を強制的に実現する裁判上の手続[1]であり，その主要な法源は民事執行法と民事執行規則である。民事執行法[2]は，①強制執行，②担保権実行としての競売（担保執行），③民法，商法その他の法律の規定による換価のための競売（形式競売），及び④財産開示手続の4つを民事執行として規定している（民執1条）。本件で藤田浩が久保太一に対して申し立てた民事執行は，いずれも判決を債務名義とする強制執行である（記録**113**頁，**122**頁）。

執行方法には，①直接強制（執行機関がその権力作用により（債務者の積極的協力をまたないで）直接に執行の目的たる利益状態を実現する方法。民執143条〜，167条〜等参照），②代替執行（債権者が自らまたは第三者により作為内容を実現できる旨の授権及びその費用を債務者から取り立てうる者の授権を執行機関たる裁判所から受けて，これに基づき債権者または第三者が権利内容を実現し，要した費用を債務者から取り立てるという方法。民執171）及び③間接強制（債務者に対してその不履行に一定の不利益（金銭の支払）を賦課して意思を圧迫し，あくまで債務者による履行を強いる方法。民執172条1項[3]）がある（民414条1項。中野・下村8頁）。

---

1) 類似の制度として，公法上の金銭債権の強制的実現手続である滞納処分や公法上の代替的作為義務を実現させる行政代執行がある。
2) 民事執行の分野では，社会経済情勢の変化に対応する形で新たな裁判例が出され，法令の改正が行われ，実務の運用も見直されているから，これらの動向に留意する必要がある（東京地方裁判所民事執行センター「さんまエクスプレス」〔金融法務事情に連載〕等が有益である）。
3) 例えば，「〇〇日以内に〇〇の義務を履行しないときは，債務者は債権者に対し，1日につき金〇〇円を支払え」等。

(2) 強制執行

(ア) 強制執行の意義

請求権の強制的満足のために確定判決等の個別の「債務名義」（民執22条各号。後記2(2)266頁）に基づいてなされる執行である（同22条～174条）。

民事執行法は，強制執行について，請求権が金銭の支払を目的とするか否かに応じて金銭執行（民事執行法の第2章第2節。例えば，賃料支払請求権。後記Ⅱ3 276頁）と非金銭執行（同章第3節。例えば，建物明渡請求権。後記Ⅱ2 274頁）とに分け，金銭執行にはその執行対象（不動産，船舶，動産，債権及びその他の財産権）に応じた規定を置いている。

(イ) 金銭執行

金銭債権の満足のためになされる執行である。不動産・動産の売却（民執64条，134条等）による換価・配当（同84条，139条等），債権の取立て（同155条等）・移転（同159条等）などのほか，裁判所が選任した管理人が収取した不動産の収益を金銭債権の弁済に充てる方法（不動産の強制管理。同93条）などがある。

なお，少額訴訟制度（訴訟の目的の価額が60万円以下の金銭支払を求める請求についての特別手続。民訴368条～381条）に対応して，少額訴訟にかかる債務名義による金銭債権に対する強制執行について，少額訴訟債権執行の手続（民執167条の2～167条の14）が用意されている。また，扶養義務等に係る金銭債権の強制執行[4]については，より簡便な手続進行等を図るため，金銭執行でありながら，間接強制の方法による執行が認められている（同167条の15第1項，151条の2第1項）。

本件で藤田浩が久保太一に対して申し立てた，未払賃料及び遅延損害金の金銭支払請求権の満足を図るための動産に対する強制執行（動産執行）は，金銭執行である。

(ウ) 非金銭執行

金銭の支払を目的としない請求権の満足のための執行である。民事執行法は，金銭以外の有体物の引渡義務の強制執行[5]（民執168条～173条），

---

4) ①夫婦間の協力扶助義務（民752条），②婚姻費用分担義務（同760条），②子の監護費用分担義務（同766条）及び④扶養義務（同877条～880条）の各義務（民執151条の2第1項）。

作為・不作為義務の強制執行[6]（同171条〜173条），意思表示の強制執行[7]（同174条）などの規定を置く。

本件で藤田浩が久保太一に対して申し立てた建物明渡しの強制執行は，建物明渡請求権という金銭の支払を目的としない請求権のための執行であり，非金銭執行である。

(3) **担保執行**

実体法上の担保権の実行に関する諸種の手続のうち，抵当権，質権または先取特権の実行として目的財産を競売その他の方法によって強制的に換価[8]し，被担保債権の満足を図る民事執行手続である（民事執行法の第3章。民執180条〜194条）。不動産・動産・債権その他の財産上に担保権を有する者による担保権実行手続であり，その方法は「債務名義」が不要である点を除き，ほぼ強制執行に準ずる。

担保権の実行には，強制執行と異なり「債務名義」を必要としない。ただし，不動産を目的とする担保権の実行の申立てに当たっては，債権者に担保権の存在を証する一定の法定文書（確定判決，登記事項証明書など）の提出が求められ，これらを他の文書に代えることは許されない（民執181条1項）。債権及びその他の財産権を目的とする担保権の実行の申立てについても，債務名義は要求されないが，担保権の存在を証する文書の提出が必要である（同193条1項）。

(4) **民法，商法その他の法律の規定による換価のための競売**（形式競売）

請求権の満足・保全を目的としないが担保執行の例によるものとされる

---

5) 執行方法について，債権者は，直接強制・間接強制のいずれかを自由に選択して申し立てることができる（民執173条）。

6) 執行方法について，執行の目的となる作為・不作為が代替性を有する場合は，代替執行によるが，間接強制によることもできる（民執171条，173条）。代替性を有しない作為・不作為の場合は，間接強制によるほかない（同172条）。

7) 典型例としては，「登記請求権」（権利に関する登記は，登記権利者と登記義務者が共同して申請しなければならないとの原則（不動産登記60条）から，登記権利者が登記義務者に対し，登記官に対する登記申請という公法上の意思表示をすべきことを求める権利）がある。執行の目的を達するために，意思表示をすべきことを債務者に命ずる判決（「登記手続をせよ」）の確定などの時点で，端的に意思表示をしたものと擬制する。

8) 不動産については，売却による換価のほか，不動産から生ずる収益を被担保債権の弁済に充てる方法（担保不動産収益執行。強制執行における強制管理に対応）もある（民執180条2号）。

換価手続で，留置権による競売とそれ以外の民法・商法その他の法律による換価（例えば，共有物分割に関する民258条2項等）のための競売（狭義の形式競売）とがある（民執195条）。

(5) **財産開示手続**[9]

債権者の申立てにより裁判所が債務者に対しその財産の開示を命ずる手続である（民事執行法の第4章。民執196条〜203条）。債権者自身による債務者の財産の探索・特定の困難を緩和し，強制執行の実効性を確保する見地から，金銭債権についての債務名義[10]を有する債権者または一般の先取特権者の申立てにより，裁判所が債務者を呼び出し，財産開示の期日（非公開）に，宣誓の上，自己の財産について陳述させる手続である。

2 強制執行──債務名義

(1) 本件の仮執行宣言付き判決（第11章Ⅳ4「本件の判決書」239頁以下）の主文に表示された①建物の明渡し及び②金員の支払は，いずれも強制執行によって満足が図られることとなる。そこで，以下では，民事執行のうち，強制執行の概略を説明する。

(2) 強制執行は，「債務名義」によって行わなければならない（民執22条）。債務名義とは，強制執行によって実現されるべき給付請求権（執行債権）の存在と内容を明らかにし，それを基本として強制執行をすることを法律が認めた（という意味で執行力のある）一定の格式を有する文書である。

債務名義となる文書（民執22条）としては，①確定判決（1号），②仮執行の宣言を付した判決（2号）・損害賠償命令（3号の2）・支払督促（4号），③一定額の金銭支払または他の代替物・有価証券の一定数量の給付を目的とする請求権について公証人が作成した公正証書で，債務者が直ちに強制執行に服する旨の陳述（執行受諾文言）が記載されているもの（執行証書。5号[11]），④確定判決と同一の効力を有するもの（7号。和解調書〔民訴267条，275条〕，調停調書〔民調16条〕，破産債権表における確定債権の記

---

9) 財産開示手続は，金銭執行の準備であり，それ自体が権利の強制的な実現・保全の手続ではないが，形式上は，独立の執行手続として位置づけられている（民執1条）。
10) ただし，仮執行宣言付き判決・損害賠償命令，執行証書及び支払督促は除く（民執197条1項）。
11) 同号が規定するとおり，金銭執行等を目的とするものに限られ，非金銭執行を目的とするものを債務名義とすることができない点は注意を要する。

載〔破124条3項〕等）等がある。
　本件では，藤田浩は，仮執行宣言付きの判決を債務名義として，強制執行を申し立てた（記録**114**頁「債務名義の表示」，**117**頁）。
(3)　債務名義は，強制執行によって実現される給付請求権を表示するものであるから，給付を約した文言が明確に記載されていなければならない。給付請求権の表示は，通常，①債権者・債務者が特定し適格性を有していること，②給付命令・給付条項が明確に表示されていること，③給付請求権の内容が強制執行に適するものであること，④給付義務の範囲・数額等が明確に表示されていること，⑤条件・期限のような付款の付された債務名義では付款の内容が明確に表示されていること等に留意して起案されなければならない[12]。

3　執行文

(1)　執行文の意義と必要性

　強制執行の実施は，原則として，執行文の付された債務名義の正本に基づいて行われる（民執25条）。執行文とは，債務名義の執行力（債務名義に表示された請求権の強制執行による実現を求め得ること）の存在及び範囲を公証する文書であり，債務名義の正本の末尾に債権者が債務者に対しその債務名義によって強制執行することができる旨を付記する方法で付与される（民執26条2項）。
　債務名義に執行文の付与を必要とする理由は，債務名義たる文書が有効に存在すること，執行力が現存すること，条件等債権者の証明すべき事実が証明されていること，執行力の及ぶ主観的範囲，再度付与の必要性等に関する調査・判断を，調査資料を有する執行文付与機関（裁判所書記官・公証人）に委ねて，その結果を執行文として明確にさせ，執行機関（執行裁判所・執行官）に対しては執行開始要件以外に調査・判断する職責を負担させず，迅速に執行を行わせようとするところにある[13]。

---

[12]　教材民事執行7頁～12頁。文言が矛盾していたり多義的に解釈できたりする場合，執行力を有しないこととなって債務名義としての用をなさない。したがって，和解調書，執行証書の条項については，その内容はもちろんのこと，表現についても，一義的かつ明確な内容となるよう，強制執行によって権利を実現することになる債権者の側で，ことさら留意しなければならない。

[13]　教材民事執行13頁。

(2) 執行文の付与手続

執行文付与の機関は，①執行証書以外の債務名義については事件の記録のある裁判所の書記官，②執行証書についてはその原本を保存する公証人である（民執26条1項）。

判決正本の場合，申立手数料（300円。民訴費7条別表第2の4）に相当する収入印紙を貼り（同8条），債権者・債務者・代理人の表示，債務名義の表示等を記載した書面（執行文付与申立書。民執規16条）により申立てをすると，裁判所書記官によって，債権者が債務者に対しその判決により強制執行をすることができる旨が判決正本の末尾に付記される方法で付与される（記録**118**頁）。

(3) 執行文の種類

執行文には，①一般の要件のみによって付与されるもの（単純執行文）のほか，その要件に応じて，②条件成就執行文，③承継執行文などの特殊執行文がある。

本件では，藤田浩は，判決に単純執行文の付与を受けて，強制執行を申し立てた（記録**118**頁）。

(ｱ) 単純執行文

文字どおり単純に給付を命じるだけで，債権者が証明すべき事実も債務名義に表示された当事者の変動等もない場合に，債権者の申立てによって付与される最も基本的な執行文である。

(ｲ) 条件成就執行文

請求が債権者の証明すべき事実の到来にかかる場合に，債権者がその事実の到来したことを証する文書を提出することによって付与される執行文である（民執27条1項）。「債権者の証明すべき事実」とは，その請求を訴訟物とする訴訟において債権者が証明責任を負担すべき事実をいい，債権者の先給付[14]，解除権の行使[15]，不確定期限の到来[16]等がある。

---

14) これに対し，引換給付の場合の反対給付の履行または提供は，債権者が証明すべき事実ではあるが，執行開始の要件（後記4(2)270頁）とされており，単純執行文でよい。

15) これに対し，特定の債務の不履行を停止条件として現存の契約関係を当然に失効させる約款や，分割支払の遅滞を停止条件として期限の利益を喪失させる約款における「債務の不履行」や「支払の遅滞」については，債権者が証明するのではな

(ウ) 承継執行文

債務名義に表示された当事者以外の者を債権者または債務者とする執行文で，その者に債務名義の執行力が及ぶことが執行文付与機関に明白であるとき，または債権者がそのことを証する文書を提出することによって，付与される（民執27条2項）。債務名義に表示された当事者の債務名義成立後の承継人，占有移転禁止の仮処分執行後の占有取得者（民保62条。第3章Ⅳ4 44頁参照）のほか，第三者が訴訟担当をした場合の被担当者などがある。

なお，不動産の占有者が次々に入れ替わる等，債務者とすべき承継人等を特定することが困難であるときは特定しないで執行時の占有者に対する明渡執行ができる旨を公証する執行文（債務者不特定執行文）もある（民執27条3項〜5項）。

(4) **執行文付与に関する救済**

なお，本件では特に問題となっていないが，執行文の付与を申し立てたが拒絶された場合の債権者や，執行文の付与があった場合にその要件の不備を主張する債務者のために，①異議の申立て（民執32条）[17]，②執行文付与の訴え（同33条）[18]，③執行文付与に対する異議の訴え（同34条）[19]などの

　く，債務者の側で債務を履行したことを証明すべきことから，執行文は単純執行文となる。
16) これに対し，確定期限の到来は執行開始の要件（後記4(2)270頁）であり，執行文は単純執行文となる。
17) 執行文の付与の申立てに関する処分に対して，当事者は，裁判所に異議を申し立てることができる。執行文付与を申し立てた債権者が執行文付与の拒絶に対し異議を申し立てる場合と，その相手方となる債務者が執行文付与に対して異議を申し立てる場合とがある。債務者が異議の申立てをしても執行手続は停止されないので，債務者としては，裁判所に対し，執行停止等の仮の処分（民執32条2項）の発令を促すことになる（債務者に申立権はない）。
18) 条件成就執行文，承継執行文などの特殊執行文の付与を求める債権者が付与の特別要件たる条件成就，承継等を証明するに足りる文書（民執27条）を提出することができないとき，債権者は執行文付与の訴えを提起することができる。
19) 条件成就，承継等を証明するに足りる文書の提出により執行文の付与があった場合に（民執27条），これらに異議のある債務者は，その執行文の付与された債務名義の正本に基づく強制執行の不許を求めるため，執行文付与に対する異議の訴えを提起することができる。執行文付与に対する異議の訴えを提起しても強制執行は停止されないので，債務者は，別途，強制執行の停止・執行処分の取消しの申立てを行う必要がある（同36条1項）。

手続がある。

4 執行開始の要件

(1) 債務名義の正本等の送達

強制執行を開始するには，債務名義または確定によって債務名義となるべき裁判の正本または謄本が，執行開始に先立って予めまたは遅くとも執行開始と同時に，債務者に送達されていることを要する（民執29条）。これは，債務者にどのような債務名義に基づいて強制執行が行われるかを知らせ，防御の機会と資料を与えるためである。

本件では，判決は●●4年8月11日に久保太一に送達され，藤田浩は，同事実を明らかにするため，事件記録のある○○地方裁判所の裁判所書記官に送達の事実及び日を証明してもらい（記録**119**頁「判決正本送達証明申請書」及び末尾の証明文言），同書面を添付して（記録**114**頁，**123**頁の「添付書類」），執行官に対し，強制執行を申し立てている。

(2) 執行機関の認定による執行開始の要件

なお，本件では特に問題となっていないが，いわゆる執行開始の要件として，以下のものがある（条件成就執行文に関する前記3(3)(イ)268頁参照。）。

　①債務名義上給付が確定期限の到来にかかる場合
　　　——期限の到来（民執30条1項）
　②担保を立てることを執行実施の条件とする債務名義の場合
　　　——立担保を証する文書の提出（同条2項）
　③債務者の給付が反対給付と引換えにすべき場合（引換給付の場合）
　　　——反対給付の履行またはその提供の証明（同31条1項）
　④債務者の給付が他の給付について強制執行の目的を達しないときに，他の給付に代えてすべき場合（いわゆる代償請求の場合）
　　　——他の給付の強制執行の目的不達成の証明（同条2項）

5 民事執行の機関・土地管轄

(1) 民事執行の機関——**執行裁判所・執行官**

民事執行法上の執行機関としては，①執行裁判所と②執行官がある（民執2条。例外として，同167条の2〔少額訴訟債権執行における裁判所書記官〕）。

執行裁判所が執行機関となる執行[20]としては，不動産に対する強制執行（民執44条1項）・担保執行（同188条），債権その他の財産権に対する執行

(同144条1項，167条1項）などがある。
　執行官が執行機関となる執行[21]としては，動産に対する金銭執行（民執122条），物の引渡しまたは明渡し（同168条，169条）などがある。
　本件における建物の明渡しの強制執行と動産に対する強制執行（動産執行）は，いずれも執行官が執行機関となる。

(2) **民事執行の土地管轄**
　(ｱ)　執行裁判所の土地管轄は，各執行について規定されている。例えば，不動産に対する強制執行・担保執行については，その所在地を管轄する地方裁判所とされる（民執44条1項，188条）。また，債権に対する執行については，原則として，その債務者の普通裁判籍（民訴4条2項～6項）の所在地を管轄する地方裁判所とされる（民執144条1項）。
　執行官は，原則として，その所属する地方裁判所の管轄区域内においてのみ職務を行うことができる（執行官4条）。このように執行官の職務執行に場所的制限が加えられる結果，執行官に対する申立ては，職務行為が実施されるべき地を管轄する地方裁判所の執行官に対して行わなければならず，間接的に土地管轄が定められたのと同様の結果となっている。なお，民事執行法の規定する裁判所の管轄は，職分管轄と土地管轄とを問わず，全て専属管轄である（民執19条）。
　本件で，藤田浩は，本件建物の所在地を管轄する○○地方裁判所の執行官に対し，●●4年8月18日，本件建物明渡しの強制執行（記録***113***頁）と動産に対する強制執行（動産執行）を申し立てた（記録***122***頁）。
　(ｲ)　執行官は，国から俸給を支給されず，職務の執行について手数料を受けている（裁判所62条4項，執行官7条，8条）。手数料の額は，最高裁判所規則（執行官の手数料及び費用に関する規則）によって定められており（執行官9条1項），申立人は申立てに当たってその概算額を執行官の所属する地方裁判所に予め納めなければならない（同15条）。

6　民事執行上の代理
　判決手続と異なり，国家の執行機関が概ね職権的で定型的な執行行為を

---

[20]　しばしば複雑な権利関係について高度の法的判断を必要とする，観念的執行処分を主とする執行が，執行裁判所の職分とされる。中野＝下村41頁参照。

[21]　執行機関が随所に臨場し，実力をもって事実的行為を実施しなければならない，現実的執行処分を主とする執行が，執行官の職分とされる。中野＝下村41頁参照。

行い内容も比較的単純なことから，実際上の便宜に従い，資格制限が緩和されている。すなわち，訴訟代理人となる法定資格を有する者（民執20条，民訴54条1項）のほか，①執行裁判所でする手続は執行裁判所の許可を受けて代理人となることができるし（民執13条），②執行官がする手続については代理人資格に制限がない。

7　強制執行の停止・救済
(1)　強制執行の停止・執行処分の取消し
(ア)　強制執行の停止とは，法律上の事由により強制執行を開始・続行せず，また，開始・続行を阻止する措置をとることをいう。停止には，一つの債務名義に基づく全体としての強制執行または各個の強制執行手続についてその全体を停止する場合（全部停止）と複数の執行債権者・執行債務者・執行対象の一部に限定して停止する場合（一部停止），既になされた執行処分の取消しを伴う終局的停止と，将来の執行の可能性を残す一時的停止とが，それぞれ区別される。強制執行の終局的停止として執行取消文書（民執39条1項1号〜6号）が提出されたときは，執行機関は，強制執行の停止にとどまらず，さらに，既にした執行処分を取り消さなければならない（同40条1項）。

強制執行の停止・執行処分の取消しは，原則として，債務者が執行取消文書（同39条1項1号〜6号），執行停止文書（同条1項7号，8号）を執行機関に提出して申し立てることを要する。

なお，強制執行の停止・執行処分の取消しには，原則として，担保の提供が必要である[22]（民訴403条，民執36条1項，同38条1項・4項，民保27条1項）。

(イ)　本件では申し立てられていないが，久保太一は，控訴した上で強制執行の停止を求めることができた。すなわち，敗訴した久保太一は，①判決に不服があるとして控訴期間内に〇〇地方裁判所に控訴状を提出して控訴を提起し（民訴286条），控訴によって当然には執行手続は停止しないので，②別途，強制執行停止を申し立て，担保を立てて強制執行停止決定を取得し（同403条1項3号），決定を得ただけでは執行手続は停止しないの

---

[22]　一般的に知られている一応の基準について，教材民事執行46頁「執行停止及び執行取消基準表」を参照。

で，その正本を執行停止文書（同39条1項7号）として○○地方裁判所執行官に提出し，仮執行宣言付き判決による強制執行を一時停止する余地があった。なお，第12章Ⅱ258頁（特に，2(2)259頁強制執行の回避）参照。
(2) **強制執行における救済**

そのほか，本件では格別問題となっていないが，執行文付与に関するものに加えて，①執行抗告・執行異議[23]，②請求異議の訴え[24]，③第三者異議の訴え[25]，④強制執行停止等の申立て[26]といった救済手続がある。

Ⅱ　本件でとられた民事執行——強制執行

本件では，甲野太郎弁護士は，執行文の付与を受けた仮執行宣言付きの判決を債務名義として，●●4年8月18日，建物の明渡しと動産執行の二つの強制執行の申立てをした。

1　本件における強制執行の申立て

本件では，藤田浩は仮執行宣言（民訴259条）の付された判決を得ている

---

[23] 執行機関の執行手続上の各個の処分（執行処分）に対する，裁判所の決定手続による救済の手段として，執行抗告（民執10条）と執行異議（同11条）がある。執行抗告は，執行裁判所の処分に対し，特別の定めがある場合に限って認められている（同10条1項）。これに対し，執行異議は，①執行抗告の許されていない執行裁判所の処分と②執行官の処分及びその遅怠に対して，認められる（同11条）。

[24] 債務者は，①債務名義（仮執行宣言付きの判決・支払督促で，確定前のものを除く〔確定前のものについては，控訴，上告等により執行力を阻止しうるので，これらの手続によることになる〕）にかかる請求権の存在または内容についての異議，②裁判以外の債務名義（和解調書，執行証書等）の成立についての異議を主張し，その債務名義による強制執行の不許を求めて請求異議の訴えを提起することができる（民執35条）。債務名義に表示された請求権の存在または内容が，実体法上存在せず，あるいは債務名義成立後に消滅・変更により実体法上の権利状態と一致しない場合に，債務者の側から訴えを提起しその不一致を主張させて強制執行を排除し得るものとしたものである。

[25] 強制執行の目的物について，所有権その他目的物の譲渡または引渡しを妨げる権利を有する第三者は，債権者に対して，その強制執行の不許を求めるため，第三者異議の訴えを提起することができる（民執38条）。強制執行手続の円滑な実施の観点から，債務者の責任財産に属する外観を備えていれば強制執行が許されるものとしつつ，外観に基づく執行が第三者を害する場合その第三者の側から訴えを提起し強制執行を排除し得るものとした。

[26] 請求異議の訴え，第三者異議の訴えを提起しても強制執行は当然には停止されないので，別途，強制執行の停止・執行処分の取消しの申立てを行う必要がある（民執36条1項，38条4項）。

ので（第11章Ⅳ4「本件の判決書」239頁以下），甲野太郎弁護士は，藤田浩を代理し，判決の確定を待たずに直ちに事件記録のある〇〇地方裁判所書記官から単純執行文の付与を受けて（記録**118**頁「執行文」）債務名義とし（記録**117**頁では省略されている），久保太一に対する判決正本送達の事実を証明してもらい，同証明書（記録**119**頁「判決正本送達証明申請書」及び末尾の証明文言），委任状等を添付して（記録**114**頁，**123**頁の「添付書類」），建物明渡しと動産執行の各申立てをした（記録**113**頁～**125**頁）。

　強制執行の申立書には，債権者・債務者・代理人の表示，債務名義の表示，強制執行の目的とする財産の表示及び求める強制執行の方法等を記載し，執行力のある債務名義の正本を添付しなければならない（民執規21条）。

2　非金銭執行──本件における建物明渡し

(1)　物の引渡し・明渡請求権，作為・不作為請求権，意思表示請求権等，金銭の支払を目的としない請求権の満足のためにする強制執行（非金銭執行）については，民執法168条以下に規定がある。

　本件では，甲野太郎弁護士は，本件建物の明渡しを，久保太一を債務者として，本件建物の所在地（〇〇県〇〇市〇〇町〇丁目〇番地）を管轄する〇〇地方裁判所所属の執行官に対して申し立てた[27]（記録**122**頁）。

(2)　建物などの不動産の引渡し・明渡しの強制執行は，執行官が，不動産に対する債務者の占有を解いて債権者に取得させる方法で行う（民執168条1項）。債権者が占有を取得しなければならないから，不動産等の引渡し・明渡しの強制執行に際しては，債権者またはその代理人が執行の場所に必ず出頭する必要がある（民執168条3項）。執行官は，調査権限を有し（同条2項），不動産等に立ち入り，閉鎖した扉を開くために必要な処分をすることができる（同条4項）。債務者の不在による施錠時の執行に備え，債権者は，解錠技術者を同行させておくのが一般である。なお，執行官が人の住居に立ち入って職務を執行するに際し，住居主等に出会わない場合は証人を立ち会わせなければならず（民執7条。記録**127**頁「立会人」），実務では，債権者が立会人を同行させている。

---

27)　金銭以外の有体物の引渡義務の強制執行についても，債権者は，直接強制・間接強制のいずれかを自由に選択して申し立てることができるが（民執173条。前掲注5）参照)，本件では，資力のない久保に対する明渡しの強制執行として適切・効率的な方法として，甲野弁護士は直接強制を選択した。

明渡執行では，債務者の家族・雇人その他の同居者で債務者に付随して居住しているにすぎない者（債務者の占有補助者）に対しても執行できるが，不動産の一部の賃借人など独立の権原を有すると認められる者に対しては，別にこれらの者に対する執行正本がないと執行できないため，注意を要する。

目的不動産とその従物以外の動産（目的外動産）は，執行官が取り除き，債務者等に引き渡さなければならない（民執168条5項前段）。引き渡せない場合，執行官は保管・売却する（同項後段，民執168条6項，7項，民執規154条の2第1項～4項）。

(3) 明渡催告

建物等の明渡執行は債務者に与える打撃も大きく，債務者による任意の明渡しが期待できる場合は，費用その他の面で全体的には債権者の利益になる場合も少なくないと考えられることから，執行官は，不動産等の引渡しまたは明渡しの強制執行の申立てがあった場合，引渡し期限を定めて，明渡しの催告をすることができる（民執168条の2）。

(4) 本件では，甲野太郎弁護士が予め担当執行官と日時を打ち合わせた上で，●●4年8月24日，立会人及び解錠技術者を同行させて建物明渡執行がなされたが（記録**127**頁「強制執行調書」），久保太一による任意の明渡しが期待されたため（記録**130**頁「債務者の陳述要旨　8月中に退去します。」等），明渡しの催告をして強制執行実施予定日（●●4年9月28日午前10時15分）を定めた（記録**128**頁の2(4)）。その後，久保太一が任意に本件建物から退室したため，●●4年9月28日の執行時に，執行官は債権者代理人甲野太郎弁護士に本件建物を引き渡し，これによって明渡執行は終了した（記録**137**頁「強制執行調書」2(3)「よって，債務者の目的物件に対する占有を解いて，これを債権者に引き渡した。」）。

なお，本件では，既に占有移転禁止仮処分の効力を生じていたが（記録**18**頁～**22**頁。民保62条），久保太一以外の者が本件建物の占有を取得することがなかったため（記録**127**頁「強制執行調書」中の**130**頁「占有関係等調査表」），承継執行文の付与を受ける必要もなく，その本体的な効力（当事者恒定効。第3章Ⅲ6(3)(イ)40頁）を発揮することなく本執行へ移行した（第3章Ⅳ41頁参照）。

3 金銭執行——本件における動産執行

(1) 金銭債権の満足のためになされる執行（金銭執行）には，不動産に対する強制執行としての強制競売・強制管理（不動産執行。民執43条1項），担保執行としての担保不動産競売（同180条1号）・担保不動産収益執行（同条2号），動産に対する強制執行（動産執行。同122条1項）・担保執行（動産競売。同190条1項），債権その他の財産権に対する強制執行（債権執行。同143条）・担保執行などがある（前記Ⅰ1(2)(3)264頁，265頁）。

差押えの手続にはバラエティがあるが，債務者の責任財産を金銭化（換価。売却のほか，債権等の取立て・移転，収益の収取という方法もある）し，それによって得られた金銭により債権者が満足（金銭の交付・配当）を受けることを目的とし，これらの準備として，その財産を国の支配下に拘束する（差押え）という手続をとる。

(2) 動産執行

(ア) 動産に対する強制執行（動産執行。民執122条1項）は，執行官の目的物に対する差押えによって開始する（民執122条）。動産執行は，不動産執行などと異なり，目的物を特定しないで申し立てることもできる（差押目的動産の所在場所を記載して申し立てればよい。民執規99条。執行申立書に特定して記載された差押目的動産の所在場所にある動産が，その対象となる。場所単位主義[28]）。本件でも目的動産を特定することなく申立てをしている。

(イ) 債務者の占有する動産の差押えは，執行官がそれを差し押さえてする。執行申立書に記載された所在場所に債務者が占有するどの動産を差し押さえるかは，執行官の職務上の裁量による。差押物の保管は，執行官自身が当たるのが原則であるが，相当と認めるときは，債務者，差押債権者または第三者に保管させることができる。債務者に差押物を保管させる場合，相当と認めれば，使用を許可することができる（以上について，民執123条1項～4項）。

(ウ) 差押えの制限

動産差押えは，差押債権者の執行債権及び執行費用に必要な限度を超えてはならない（超過差押えの禁止。民執128条1項）。また，換価しても売得

---

[28] 中野＝下村635頁。

金から手続費用を弁済して剰余を生ずる見込みがないときは，差押えをしてはならない（無剰余差押えの禁止。同129条1項）。そのほか，満足を追求する執行債権者の利益と満足資料となる財産について債務者・一般社会が有する利益との衝突を調整するものとして，民事執行法（同131条，132条）等が差押禁止財産を規定している[29]（記録**134**頁参照）。

　㈣　差押えの効力

　差押えにより，差押物について債務者による処分が禁止される。執行官は，差押物を売却（競り売り，入札，特別売却）の方法によって換価する（民執134条）。執行官は債権者に弁済金を交付し，あるいは配当を実施する（同139条）[30]。

(3)　本件では，甲野太郎弁護士は，差押目的物を特定することなく，久保太一の住所（○○県○○市○○町○丁目○番○号）を差押目的動産の所在場所とし，同所に所在の動産に対する強制執行の申立てをした（記録**122**頁〜**125**頁「強制執行申立書」）。甲野太郎弁護士は，従前の経緯などから，申立書記載の差押目的動産の所在場所に換価の見込みのある動産が存在する可能性は高くはないと予測し[31]，請求金額として，債務名義の元本金額に当たる100万円についてのみ動産執行の申立てをした（記録**123**頁）。

　そして，甲野太郎弁護士が予め担当執行官と日時を打ち合わせた上で，●●4年8月24日に建物明渡執行と併せて動産執行が実施されたが，執行官も同所に差押禁止動産（記録**134**頁）以外に換価の見込みのある動産が存在しないと判断したため，動産執行をすることができなかった（記録**132**頁〜**135**頁「執行不能調書」）。

---

29)　中野=下村277頁。
30)　以上は，動産執行における差押え，換価及び満足の説明である。金銭執行一般における差押え・換価及び満足の意義については，中野=下村27頁以下等参照。
31)　財産開示手続（民執196条以下）の活用の余地がないか，検討する必要はある。

第14章

民事訴訟手続の課題と展望

> ■この章で学んでほしいこと
>
> 本書をここまで読み進めてきた読者は，民事訴訟手続のアウトライン，その中で問題とされる法的論点はどのようなものか，法専門職である弁護士・裁判官がどのような活動をするかなどについて，十分理解されたことであろう。この章では，個別の民事訴訟やその手続だけにとどまらず，現状を実証的に押さえた上で，民事訴訟手続が当面している課題についても考える姿勢の大切さを学んでほしい。

I 民事紛争解決手続の中の民事訴訟

　民事紛争解決手続は，最もフォーマルな民事訴訟，家事関係を対象とする人事訴訟を中核とするが，合意型解決を目指す民事調停，家事調停もある。また，訴訟ではない非訟事件手続もあれば，家事審判手続も置かれている。

　さらに，近年注目されている裁判外紛争解決制度としてのADRも，一定の役割を果たしている[1]。ADRは，行政型，民間型，業界型など様々なものがあるが，条理を規範として合意型の解決を目指すところに特色がある。紛争によっては，民事訴訟よりもADRの方が妥当するものもあるところから，ADRの利用を促進し，訴訟手続との連携を図るための基本的な枠組みを規定する「裁判外紛争解決手続の利用の促進に関する法律」

---

1) 小島＝伊藤・ADR，山本和彦＝山田文『ADR仲裁法〔第2版〕』（日本評論社・2015）。なお，加藤新太郎「ADRとその普及の条件」小島武司編『ADRの実際と理論Ⅱ』（中央大学出版部・2005）3頁参照。

（いわゆるADR基本法）が制定された。民事司法制度改革における具体的な果実といえよう[2]。

民事紛争解決手続の中核である民事訴訟手続は，処分権主義，弁論主義，手続保障，公開原則，主張証明責任など民事訴訟の基本原則に則った信頼度の高いものである。最終章では，民事訴訟の現状と課題及びそれらの課題を実現するために有効な方法について考えてみることにしよう。

II 民事訴訟の現状と課題

1 民事訴訟の現状

地方裁判所において民事訴訟が1000件提訴された場合の結末は次のようになっている（平成17年と平成27年の統計）。

判決は平成17年が466件（うち，対席判決は294件，欠席判決は172件），平成27年が424件（うち，対席判決は272件，欠席判決は152件）。

訴訟上の和解は平成17年が341件，平成27年が360件，取下げ・その他は平成17年が193件，平成27年が216件。平成19年から23年ころには，過払い金返還請求訴訟が急増したがこの類型は，訴訟外において示談をしたり，訴訟上の和解で終了する比率が高かった。

近年は，過払い金返還請求訴訟は急減しているが，こうした要素を除外すると，3分の1が合意型の解決をするというのが実情であり，合意型解決を目指して調整活動をすることが必要なケースが相当数ある。裁判官としても，裁断型の対応一本槍というわけにはいかない。また，訴訟代理人としても，合意型解決である和解を視野に入れた訴訟活動をしていくことが必要であるといえる。

また，地方裁判所において民事第一審訴訟（通常訴訟）の平均審理期間は，短縮する方向に向かっていたが，近時揺り戻しがみられる。例えば，平成元年には12.4か月であったのが，平成17年では8.4か月，平成21年では6.5か月となったが，平成27年では8.7か月となっている。平成3年までは12か月台であったところ，平成4年からはおおむね10か月台で推移してお

---

2) 長谷部由起子「より利用しやすい民事司法制度を求めて」ジュリスト1414号101頁（2011）。

り（平成6年は，9.8か月），現行民事訴訟法が施行された平成10年に，9.3か月と9か月台になり，その後も徐々に短くなってきていたが，平成21年の6.5か月は，過払い金返還請求訴訟の急増の影響であり，これが収まり，8か月台に戻ったものとみられる。欠席判決を除いた対席判決で終局した事件の平均審理期間をみると，平成元年には20.1か月，平成17年では12.9か月，平成21年では10.8か月となっており，これも次第に短縮してきていたが，その後は上昇気味である。とはいっても，「裁判の迅速化に関する法律」は，第一審の裁判を2年以内に終結することを目指しているが，大方の民事訴訟はすでにこれをクリアしている。

2　民事訴訟の課題

(1) 実践的課題

　民事訴訟は，そのプロセスの内容において，当事者が了解可能で透明度の高い手続でなければならない。そして，プロセスの目標は，いうまでもなく，スピーディな権利実現である。そうであるとすると，民事訴訟の課題としては，第1に，審理の質を落とすことなく，迅速化を図っていくことであろう。計画審理の思想に基づく効率的な訴訟運営が実現するかどうかがカギになるものと思われる。

　第2に，専門的知見を必要とする知的財産権関係訴訟・医療過誤訴訟・建築瑕疵訴訟などの専門訴訟に対する対応を強化することも求められている[3]。これらの専門訴訟について専門委員[4]を適切に活用して，対応することのほか，鑑定を円滑かつ充実させることが決め手になるであろう。

　第3に，現代型訴訟について，適切に対応していくことも重要な課題であろう[5]。情報・証拠の偏在を克服し，結果として政策形成に影響を与えることを躊躇しない紛争解決が求められているということであろう。

　これらの課題を実現していく方法としては，職権進行主義と当事者進行主義との調和が求められ，信義則を前提とする一方，当事者の主体性・自律性を尊重すべきであろう。課題達成に向けての訴訟関係者の着実な営みが，民事訴訟における司法機能を向上させるという方向につながるものと

3）　伊藤眞「専門訴訟の行方」判例タイムズ1124号4頁（2003）。
4）　専門委員については，加藤・民事事実認定論286頁。
5）　加藤・裁量論76頁以下。

なるのである。また，制度的には，法律扶助などの充実を図り，国民の司法へのアクセスバリアをできる限り低くすることが課題になる[6]。

(2) **民事裁判手続のIT化**

近時，諸外国における民事訴訟手続において，インターネットを通じて訴えを提起し，さまざまな訴訟行為をオンライン上で行うことができ，訴訟記録も電子化する実例がみられる。こうした事情を背景として，わが国においても急速に発展するIT（情報通信技術）を民事訴訟に活用し，利用者にとって手続を使いやすいものとし，より小さな負担で，民事訴訟の役割である権利実現や紛争解決が迅速かつ実効的に得られるようにすべきであるとの提言がされている[7]。

具体的には，e-Filing（e提出），e-Court（e法廷），e-Case Management（e事件管理）を実現することが検討されている。IT化のあり方とその実現に向けての取り組みには，手続法原則との関係できちんとした説明ができること，実際にも関係者にとって円滑に手続進行ができる使い勝手のよさを確保することなどの多数の課題がある[8]。しかし，大きな方向としては，これを避けて通ることはできない課題というべきであろう。

Ⅲ　ハーモナイゼーションとしての協働的訴訟運営

1　協働的訴訟運営

これからの民事訴訟運営においては，裁判官と訴訟代理人・当事者とが協働していくことが必要であるし，裁判官と裁判所書記官とが協働していくことが重要である。協動は，民事訴訟のプロセスにおける裁判官と当事者の役割分担の一場面である。

協働的訴訟運営は，裁判官と当事者との協働作業で行われるものであり，

---

6) 立法論的課題については，三木浩一＝山本和彦編『民事訴訟法の改正課題』（有斐閣・2012年）。
7) 平成29年6月9日閣議決定「未来投資戦略2017」，裁判手続等のIT化検討会報告書「裁判手続等のIT化に向けた取りまとめ─『3つのe』の実現に向けて」（2017年10月）。
8) 福田剛久＝笠井正俊「対談　裁判手続等のIT化をめぐって」ジュリ1524号ⅱ頁（2018）。

審理の充実・促進に狙いを定めて争点整理・集中証拠調べを行うに当たっては当事者及び訴訟代理人の理解と協力が不可欠であるという考え方に基づいている[9]。協働的訴訟運営の実定法上の（規範的）根拠は，信義誠実訴訟追行義務（民訴2条）である。

訴訟代理人である弁護士が協働的であることは，「当事者の代理人的役割」を放棄することを意味しない。民事訴訟法の下においては，当事者は，その主体性・自律性を前提としつつ，信義誠実に則った訴訟追行義務を負うものである。そして，弁護士は，プロフェッションとしてこれを担保する公益的役割が課せられていることから，訴訟進行について協力すべき義務が生じており，その具体的な形として，裁判所と協働すべき関係に立つものと解されるのである[10]。

2　民事訴訟運営におけるハーモナイゼーション

これからの民事訴訟の運営は，裁判官の「マネジメント」による当事者の主体的・自律的な訴訟活動のハーモナイゼーションが要請される。およそ一定の限界のあるリソースを可及的・効果的に配分して効率的で質の高い事件処理をしていくために，民事訴訟運営にマネジメント手法を導入することは，必然である。第1に，裁判官がマネジメントについて問題意識を持って訴訟運営をしないと，同じ結論に達するのに時間がかかりすぎる。すなわち，裁判官のマネジメントにより裁判の能率の向上を目指すことが要請される。第2に，裁判の質をアップさせるために，裁判官がケースマネジメント的な活動に踏み込んでいくことは必要不可欠である。すなわち，裁判官のマネジメントにより，裁判の質の向上を目指すことが求められるのである。しかし，マネジメントの名において，裁判官の中立・公正という要請を後退させたり，当事者の主体性，自律性を損なうことがあってはならず，ハーモナイズさせることが目標となる[11]。

民事訴訟のプロセスは，実体形成と手続運営に分けられるから，協働もマネジメントも双方に関わることになる。すなわち，実体形成における協

---

9)　加藤新太郎「協動的訴訟運営とマネジメント」原井龍一郎先生古稀祝賀『改革期の民事手続法』（法律文化社・2000）151頁。
10)　加藤新太郎「民事司法過程における弁護士の役割」日本弁護士連合会編集委員会編『あたらしい世紀への弁護士像』（有斐閣・1997）134頁。
11)　加藤・裁量論157頁。

働は，主張の方法，主張・証拠整理（争点整理）のあり方及び釈明とその的確な応接などコミュニケーションのあり方の問題として，実体形成におけるマネジメントは，争点整理・釈明の技法などの問題として現れる。また，手続運営における協働は，適時提出主義に則った訴訟活動の履践及び証拠後出しの克服などの問題として，手続運営におけるマネジメントは，裁判所の賢慮に基づく手続裁量[12]及び当事者の合意調達の技法などの問題として現れることになる。

　すなわち，民事訴訟手続において争点中心の計画的審理を実現し，その質と機能を向上させていくためには，訴訟運営における裁判官のマネジメント・スキルが重要であり，それは，ハーモナイゼーションのためにも不可欠のものであるが，実体形成面では，当事者の主体性・自律性を重視することが相当である。また，手続運営面では，裁判官のマネジメントを支援する当事者の協働的スタンスが要請されるのである。そして，これからの訴訟審理のあり方としては，裁判所の後見性に過度に依存することなく，当事者自立型の審理に向けて舵を切っていくことが求められている[13]。

　訴訟に関与する者の実践的課題としては，訴訟手続の中で自らの果たすべき役割を的確に果たしていくことである。裁判官についても，訴訟代理人についても，役割分担こそあるが，この課題自体は共通している[14][15]。

---

12) 加藤新太郎「民事訴訟の運営における手続裁量」新堂古稀(上)195頁。なお，手続裁量が具体的に現れる場面の規律については，裁量と規律参照。
13) 裁判所依存型審理から当事者自立型審理への移行の前提については，例えば，山本和彦「当事者主義的訴訟運営の在り方とその基盤整備について」民訴雑誌55号60頁（2009）。
14) 裁判官の役割については，吉川慎一「民事訴訟における裁判官の役割」加藤新太郎編『ゼミナール裁判官論』（第一法規・2004）147頁参照。
15) 弁護士の役割については，加藤・役割論，同・ＣＢ倫理参照。

時系列表
(「X」は原告,「Y」は被告,「H」は平成,「●」は●●(次の元号)を表す)

(注) ゴシック部分は争いのある事実である。

H16.5.6	清	Xの新居用として本件建物を購入(甲1)
H21.	X	清と同居開始・本件建物を石村裕司に賃貸(H22〜●2)
H28.	Y	個人で画商を開始(屋号「久保画廊」)
●2.1.頃	清→前沢聡	店舗の賃借人斡旋依頼
●2.2.	前沢→Y	本件建物紹介
●2.4.3	清・Y	本件賃貸借契約締結(甲2) 清→Y 本件建物引渡し
●3.6.29	Y→清	「大雪山」を100万円で売買・引渡し
	Y→清	**「湖水」を100万円で売買・引渡し**
	清→Y	「大雪山」の代金100万円を現金で弁済(甲6)
●3.7.8	**Y→○○運送**	**「湖水」の発送依頼(乙1)**
●3.7.9	**㈱三谷総業**	**「湖水」受領**
●3.8.25	清	交通事故で急死(64歳) X 本件建物を相続
●3.9.9	清→X	所有権移転登記(甲1)
●3.9.13	Y→X	20万円入金(甲5)
●3.12.30	**X→Y**	**本件建物において賃料(●3.10分〜●4.1分)催促**
●4.2.15	X→Y	賃料催告・本件賃貸借契約の停止期限付き解除(甲3の1・2)
●4.2.21	**Y→X**	**賃料債務と「湖水」の代金債務との相殺の意思表示**
●4.2.23	**本件賃貸借契約解除の効果発生**	
●4.3.7	甲野弁護士	Xから事情聴取
●4.3.10	X(甲野弁護士)→Y	請求(甲4の1・2)
●4.3.14	X	不動産占有移転禁止仮命令申立て,同日供託
●4.3.15	X	不動産占有移転禁止仮処分決定発令,同日執行申立て
●4.3.22	不動産占有移転禁止仮処分命令執行	
●4.3.28	X	本訴提起
●4.4.7	乙野弁護士	Yから事情聴取
●4.4.11	Y→X	20万円入金(甲5)
●4.4.25	第1回口頭弁論期日	
●4.5.2	Y→X	20万円入金(甲5)
●4.5.23	第1回弁論準備手続期日	
●4.6.6	Y→X	10万円入金
●4.6.8	X	㈱三谷総業について現地を調査
●4.6.20	第2回弁論準備手続期日	
●4.7.4	Y→X	10万円入金
●4.7.20	第2回口頭弁論期日	
●4.7.25	和解期日	
●4.8.8	第3回口頭弁論期日(判決言渡し)	

ブロック・ダイアグラム 285

ブロック・ダイアグラム

(「X」は原告、「Y」は被告、「H」は平成、「●」は●●(次の元号)を表す)

請求の趣旨
1. 被告は、原告に対し、別紙物件目録記載の建物を明け渡せ。
2. 被告は、原告に対し、100万円及び●●4年6月1日から1の建物明渡済みまで1か月20万円の割合による金員を支払え。

訴訟物
1. 賃貸借契約の終了に基づく目的物返還請求権としての建物明渡請求権(附帯請求1)
2. 賃貸借契約に基づく賃料支払請求権(附帯請求1)
3. 建物明渡債務の履行遅滞に基づく損害賠償請求権(附帯請求2)

(注) 「○」は相手方の認否が「認める(自白)」であること、「×」は「否認」であること、「顕」は「裁判所に顕著な事実」であることを表す。なお、×が付された事実が、本件の争点である。

Kg (主たる請求)

あ	藤田清・Y 2.4.3 本件建物賃貸借契約 期間同日から3年間 賃料月額20万円
い	清→Y 2.4.3 (あ)に基づき本件建物引渡し
う	清・Y (あ)の際 毎月末に翌月分前払の合意
え	清 3.8.25死亡
お	X 清の子
か	●3.9～4.1の各末日経過 顕
き	X→Y ●4.2.15 ●3.10～4.2の賃料支払催告 ○
く	X→Y (きの)催告と同時に停止期限付き解除の意思表示(●4.2.22期限) ○
け	●4.2.22経過 顕

Kg (附帯請求2)

こ	(あ)～(け)と同じ
さ	●4.2.23以降の本件建物の相当賃料額は1か月20万円

Kg (附帯請求1)

し	(あ)～(お)と同じ
す	●3.9～4.1の各末日到来

E1 (相殺)

タ	Y→清 ●3.6.29 売買契約 本件絵画 代金100万円	×
チ	Y→清 ●3.7.9 (タ)に基づく本件絵画の(株)三谷絵に搬送 引渡し	×
ツ	Y→X ●4.2.21 本件建物賃貸借と(タ)の売買代金債権とを対当額で相殺するとの意思表示	×

E2 (信頼関係不破壊の評価根拠事実)

テ	Y (あ)から●3.9分まで約定の賃料支払時期までに賃料支払	×
ト	(タ)(チ)と同じ

E3 (相殺・E1と同じ)

ナ	(タ)(チ)と同じ	×
		顕

R (信頼関係不破壊の評価障害事実)

は	本件建物の●3.10～4.1末までに賃料が●4.1末までに支払われなかった
ひ	Y→X ●4.2.22経過までに本件絵画の売買代金債務の有無の確認をしなかった

事項索引

相対交渉　5,14
IT化　281
明渡催告　275
争いのある事実　130
争いのない事実　157,191

異議　197
　──の申立て　269
意思の通知　84
意思表示　78,80
移審の効果　253
移送　100,111
一部抗弁　124
一部請求　189
一般条項　170,220
違約金　72
印影　137
印紙の貼付　34,61,268

写し　139
訴え　116
　──の提起　25,46
　──の取下げ　118,157,189
訴え却下　95
　──の判決　63
　──の申立て　100
訴え提起前の和解　24
訴え取下げの合意　112
訴えの利益　93
訴え変更　64
訴え変更申立書　189

え

ADR（裁判外紛争解決制度）　24,278
閲覧制限決定　115
閲覧制限の申立て　115
援用　129,131

応訴管轄　94,100,111
オープン・クエスチョン　18
応用型の争点整理　153

解除　69
　──の意思表示　81,84
解除原因　86,125
解除権の行使　83
解除権の発生障害事由　85
ガイドライン　113
介入尋問　196
解放金　40
下級裁判所事務処理規則　60
確認訴訟　49,76
隔離尋問の原則　198
過失　169
過剰主張　173
仮定的抗弁　125
仮定的主張　125
仮差押え　8,30
　──の効力　39
仮執行宣言付きの判決　258
仮執行(の)宣言　52,234,273
仮執行免脱の宣言　234
　──の申立て　101
仮処分　8,30
　──の効力　40,44
　仮の地位を定める──　8,31
　係争物に関する──　8,30
仮の地位を定める仮処分　8,31
過料の制裁　196,198
管轄　32,271
　──の合意　111,112
管轄権　93,95
管轄違い　95,255
間接事実　50,61,89,102,130,213
　──の補助事実的機能　226
　重要な──　50,61,89,120

事項索引　287

間接証拠　171,213
間接(審理)主義　116
間接反証　103,138
鑑定　146
　　──の嘱託　146
鑑定意見　147
鑑定書　147
鑑定人質問期日　147
関連事実　50,53

期限の経過　123
期限の到来　128
期日外釈明　161
期日間釈明　161
期日指定　95,111
期日調書　164
期日の変更　111
擬制自白　104,123
起訴前の和解　24
起訴命令　29,33
規範説　68
規範的評価　169
規範的要件　170
既判力　125
　　──の基準時(標準時)　200,235
　　──の客観的範囲　64
求釈明　160
旧訴訟物理論　64
給付請求権　72
給付訴訟　48,71,76
求問権　111
共感的聴取法　19
強制執行　264,266,273
　　──における救済　273
　　──の停止　272
供託　37,43
供託金の払渡(取戻)　43
供託原因消滅　43
協働　108
協働的訴訟運営　281
挙証責任　67
記録の提示　144
　　──の申出　144
記録の取寄せ　144

金銭執行　264,276

クローズド・クエスチョン　18

計画進行主義　11
計画審理　149
経験則　151,191,192,212,217
形式競売　265
形式的証拠力　132,134
形式的争点　158
形成訴訟　49
係争物に関する仮処分　8,30
契約の解除　72,78
契約の個数　128
契約の要素　128
ケースマネジメント　282
結果陳述　146,190
欠席判決　70,119
決定　110
決定手続原則　28,35
原告本人尋問　199
顕出　145,147
検証　139,145,217
　　──の結果　145
　　釈明処分としての──　146
検証協力義務　146
顕著な事実　83,121,122,192
原本　139
権利抗弁　127
権利根拠規定　68
権利自白　121
権利障害規定　68
権利消滅規定　69
権利阻止規定　69

合意型紛争解決方式　205
行為規範　113
合意説　65
公開主義　115
公開の法廷　114
合議決定　60
攻撃防御方法　70,125

288 事項索引

―としての請求原因 49
交互尋問 196
交互面接方式 207
公示送達 96,233
公証人による確定日付 134
公正証書 24,266
構成要件 65
控訴 252,272
控訴状 252
　―の必要的記載事項 254
控訴理由書 254
口頭主義 115,116
口頭弁論 35,63,67,114,153,155
　―の終結 149
　―の終結の日 200,235
　―の調書 130
　―の併合 155
口頭弁論期日 97,104
口頭弁論期日呼出状 97
口頭弁論終結時 92
高度の蓋然性 131
公文書 137
抗弁 50,79,103,124
抗弁権 69
　―の存在効果 126,167
抗弁事実 120
抗弁事由 123
告知 83
個別合意説 65
個別尋問の原則 198

債権者面接 35
再抗弁 79,126,127,129
再抗弁事実 50,99
催告 81,84
　―の抗弁権 69
催告解除 84
催告期間 85
財産開示手続 266
再主尋問 196
再審事由 95
再訴の禁止 93
裁判外紛争解決制度(ADR) 24,278
裁判官の評議 233

裁判所等が定める和解条項 203
裁判所の職権事項 111
債務消滅原因 82
債務不履行 83
　―の個数 87
債務不履行解除 123
債務名義 13,24,266,274
　―の送達 270
在来様式の判決書 236
裁量移送 110,112
裁量上告 256
裁量的破棄 257
錯誤 122
差押え 276,277
差押禁止財産 277
五月雨式審理 192
参考事項の聴取 62
3分方式 3

事案の「落ち着き」 220
時機に後れた攻撃防御方法の却下 110,111,
　191
事件記録等保存規程 60
事件 58
　―の受付 58
　―の配てん 60
　―の振り分け 90,96
　―の呼上げ等 118
事件名 47,55,59
自己利用文書 142
事実抗弁 127
事実上の推定 213
事実認定 131,136,191,192,217,253
「事実」欄 237
事情 89,99
失権効 190
執行異議 273
執行開始の要件 270
執行官 43,270,271,274,276
執行官の手数料及び費用に関する規則 44,
　271
執行抗告 273
執行裁判所 270
執行証書 24,266

執行処分の取消し　272
執行停止の手続　261
執行の機関　39, 270
執行不能　277
執行文　267
　　——の種類　268
　　——の付与手続　268
執行文付与に関する救済　269
執行文付与に対する異議の訴え　269
執行文付与の訴え　269
実質的記載事項　49
実質的証拠力　133
実質的争点　158, 236
時的因子　167
時的要素　167
自働債権　125, 128
　　——の発生原因事実　126
自白　70, 102, 122, 168
　　——の擬制　117, 155
　　——の拘束力　94, 122
　　——の撤回　102
自白契約　112
支払督促　24
支払保証委託契約　37
事物管轄　95, 255
私文書　136, 137
事務分配　60
釈明　103, 130, 159, 220
釈明義務　159
釈明権　70, 110, 155, 159
釈明事項　161
釈明処分　110, 155, 217
写真　140
終局判決　63, 95, 200
自由心証主義　214
集中証拠調べ　90, 156, 178, 179
重複する訴え提起の禁止　64, 93
趣旨否認　133
主尋問　196
受訴裁判所　109
受託裁判官　109
主たる請求　72
主張証明責任の分配　68
主張証明の対象　124
主張整理　239

主張責任　67
出張尋問　217
主文　234
受命裁判官　109, 156, 190, 203
主要事実　66, 117, 213
受理決定　256
準主要事実　170, 176
準当事者　158
準備書面　96
準備的口頭弁論　153, 154
消極的事実　71, 80, 82
消極的釈明義務　160
承継執行文　269
条件成就執行文　268
証拠　130
　　——の採否　135
　　——の証明力　89, 130, 212, 214
　　——の信用性　89
　　——(の)申出　70, 117, 135, 155, 179
　　——の優越　131
証拠価値　214
証拠関係書類　3
証拠共通の原則　131
上告　255
上告却下決定　257
上告受理の申立て　256
上告状　257
上告理由書　257
証拠決定　135
証拠資料　132, 136, 160, 213, 217
証拠制限契約　112
証拠説明書　106, 134
証拠方法　47, 53, 151, 213
証拠申出書　179
上訴　251
　　——の選択　258
　　——の取下げ　117
上訴期間　250
証人尋問　112, 196, 198
　　——に代わる書面の提出　111
証人の再尋問　111
消費貸借契約　76
抄本　139
証明すべき事実の確認　155
証明することを要しない事実　117

証明責任　66
証明度　131
証明の概念　131
証明の対象　130
将来の給付の訴え　88
書証　34, 54, 97, 132
　──の写し　132
　──の成立　136
　──の成立の真正　137
　重要な──の写し　120
書証目録　164
職権主義　108
職権証拠調べ　118
職権進行主義　109
職権探知事項　94
職権調査事項　94
処分禁止仮処分　31
処分権主義　71, 75, 116
処分文書　133, 214
書面尋問　148
書面(審理)主義　116
書面宣誓　147
書面による準備手続　96, 155, 156
所有権　121
　──に基づく返還請求権　75
審級代理の原則　261
進行協議期日　156
人事訴訟　117
人証　179
心証開示　206
心証形成　192
審尋　35
新訴訟物理論　64
審判(の)対象　71, 118
尋問事項書　179
尋問順序の変更　112
新様式の判決書　236
審理計画　149, 157
審理契約論　114
審理の現状　149
審理不尽の違法　160

推定　137
推認　151

「すじ」論的検討　220

請求　64
　──の原因　101, 234
　──の減縮　189
　──の趣旨　47, 64, 71, 119, 234
　──の趣旨に対する答弁　100
　──の特定　48, 234
　──の併合　64
　──の放棄・認諾　117, 118
　──の法的性質　72
　──を理由付ける事実　50
請求異議の訴え　273
請求原因　49, 61, 72, 119
　──の要件事実　76
　特定方法としての──　49
請求原因事実　99
請求権の法的性質　71
正本　139
責問権　113
積極的釈明義務　160
積極否認　50, 79, 102, 103, 122, 176
説明義務　254
説明者　148
先行自白　168
先行的積極否認　99
先行否認　91
宣誓　195, 198
宣誓認証　195
専属管轄　94
全体合意説　65
全部抗弁　124
専門委員　162
専門訴訟　161, 280
占有移転禁止仮処分　26, 31, 41, 275

相殺　105, 124
　──の意思表示　105, 126, 129
　──の抗弁　127, 153
　──の要件事実　125
相殺適状　125, 127
相続　79
　──の要件事実　79

事項索引 291

送達 38, 47, 91, 270, 274
送達場所 48
相談・面接 6
争点 151
　――に対する判断 238
　広義の―― 158
争点整理 95, 151, 239
　――の結果を要約した書面 156, 180
争点整理手続 11, 153
争点中心審理 10
双方審尋主義 91, 115
訴額 73
即時抗告 41, 63
続審制 252
訴状 46, 58, 98
　――の実質的記載事項 49, 59
　――の送達 91
　――の必要的記載事項 47, 49, 61, 62, 63
　――の分析 105
訴訟委任状 21, 54, 99
訴状却下命令 63
訴訟記録 139
訴訟係属 108, 113
訴訟指揮 91, 155
訴訟指揮権 70, 109, 110, 155
訴訟終了宣言 113
訴訟上の合意 112
訴訟上の和解 117, 202
訴訟資料 117, 120, 157, 160, 253
　――の上程 156
訴訟進行に関する照会書 59
訴状審査 59, 61, 91
訴訟手続に関する異議権 113
訴訟能力 94
訴訟費用 61, 121
　――についての担保提供の抗弁 94
　――の申立て 101
訴訟費用賠償請求権 52
訴状副本 54
訴訟物 33, 51, 52, 64
　――の価額 47, 55
　――の個数 74
　――の選択 71, 98, 117
　――の特定要素 73
　――の範囲の確定 118

訴訟要件 92, 100
即決和解 24
疎明 34, 149
損害賠償請求 67, 72

大規模訴訟 61, 119
代金額 128
対抗要件 127
第三者異議の訴え 273
対質 193, 198
貸借型理論 78
対席(同席)方式 207
諾成契約 76, 77
立会人 44, 274
建物明渡請求権 72
単純執行文 268
単純否認 122
単独裁判官 60
担保 43
　――の額 37
　――の性質 36
　――の提供方法・場所 37
　――の取消し 38, 43
担保執行 265

遅延損害金 52
遅延損害金請求権 124
仲裁合意 93, 112
中心的争点 236
中断手続の受継 111
超過差押えの禁止 276
調査嘱託 158, 162
調書判決 96, 233, 250
調停 24
貼用印紙額 47, 55
直接主義 115, 116, 190
直接証拠 171, 213
直送 104, 106, 120
陳述書 159, 177, 193, 199
陳述の擬制 104, 155
賃貸借契約 72, 78
　――の終了原因 74
沈黙 122

賃料　72,123
賃料後払の原則　82
賃料支払時期　78
賃料支払請求権　72
賃料相当損害金　88,106
賃料不払解除　80

通常破棄　257

提示　144
停止期限　86
停止条件　85
適時提出主義　12,110
手数料　34,61
手続運営論的思考　152
手続裁量　113
手続裁量論　113
手続要件　81
典型契約　65
天然果実　73
添付書類　34,54,61
電話会議　95,112,154,155,156

統合的思考　219,220
動産執行　276
当事者　47
　――の意見聴取　112
　――の意思　75,111
　――の合理的意思　129
　――の特定　47
当事者恒定効　44
当事者主義　108
当事者尋問　177,195,196
当事者対等の原則　116
当事者適格　93,94
当事者能力　93
同時履行の抗弁(権)　69,126,129,167
答弁　120,121
答弁書　70,100,123
　――の形式　106
　――の提出　104
　――の内容　106

謄本　139
　認証ある――　139
特別送達　92
特別破棄　257
土地管轄　95,271
取引交渉モデル　7

内容証明郵便　22,25,26,134
捺印　137

二段の推定　138
任意管轄　94
任意規定　82
認諾　120,157
認否　101,120,121,136

のみ説　79

配達証明書　134
ハーモナイゼーション　282
判決言渡期日　201,249
判決原本　60
判決書の原本　96,233,249,258
判決の言渡し　115,149,233,249
反証　70,138
反対事実　82,127
反対尋問　196
反訳文書　140

非金銭債権の執行　13
非金銭執行　264,274
被告本人尋問　199
必要的口頭弁論　114
必要的破棄　257
ビデオテープ　140
否認　102,122
否認説　128
非のみ説　79,124
被保全権利　26,33
費用　73

事項索引　293

　　——の負担　198
評価根拠事実　170, 173
評価障害事実　173, 176
表見代理　220

不確定期限の合意　88
附款　128
　　——の主張証明責任　128
不起訴の合意　93, 112
武器対等の原則　116
副本　139
不控訴の合意　111, 112
不受理決定　256
付随性　29
付随的申立て　53, 101
附属書類　47, 53, 58, 104, 106
附帯控訴　252
附帯請求　72, 101, 106
不知　102, 122
不変期間　252
不利益陳述　129
不利益変更　117
不利益変更禁止　252
文書　132, 133
　　——の原本　139
　　——(の)提出義務　132, 144
　　——の取調べ　155, 163
　　——の標目　134
文書送付嘱託　132, 141, 158, 162
文書提出命令　132, 141, 155
紛争解決交渉モデル　7

平均審理期間　279
返還約束説　65
弁護士会照会制度　21
弁護士倫理　15, 17, 19, 20
弁済　69, 82, 103, 123, 125
　　——の提供　82, 168
弁済期の到来　126
弁論　67, 110, 129, 159
　　——の再開　110
　　——の制限　110
　　——の全趣旨　123, 137, 212, 217

　　——の分離　110
　　——の併合　110
弁論関係書類　3
弁論主義　67, 94, 117
　　広義の——　118
弁論準備手続　96, 154, 155
　　——に付する裁判の取消し　111
　　——の結果　190
　　——の終結　180
弁論上程　190
　　——の実質化　190
弁論提示　144

法規説　65
報告文書　132
傍聴人　190
　　——の退廷　112
法定解除権　81
法定合議事件　60
法定利率　88
法的観点指摘義務　170, 171
法的評価　79, 124
冒頭規定説　65
法律行為　133
　　——の成立要件　128
法律判断　253
法律問題指摘義務　170
法律要件　65, 66, 170
法律要件分類説　68
　　修正された——　71
法律要件要素　65
補充尋問　196
補助事実　89, 102, 130, 213
補正の促し　63
補正命令　61
保全異議　41
保全抗告　41
保全執行　32, 39
保全取消し　41
保全の必要性　34
保全命令の申立て　33, 34
本案訴訟　28, 29, 33
本案の答弁　100
本案判決　92, 95, 116

本案前の答弁　100, 120
本証　70

前払特約　78, 82

民事執行　262
　　——の機関　270
　　——の種類　263
　　——の代理　271
　　——の土地管轄　271
民事執行手続　13
民事訴訟記録の編成　2
民事保全　8, 24, 26, 27
　　——における救済　41
　　——の管轄　32
　　——の裁判　38
　　——の執行　39
　　——の種類　30
　　——の審理　35
　　——の担保　36
　　——の特質　28

無権代理　71
無催告解除特約　84
無償契約　78
無剰余差押えの禁止　277

命令　110

申立権　111
申立事項　116
黙示の証拠決定　135
目的外動産　275
目的物の引渡し　79
基づく引渡し　79

約定利率　88
やむを得ない事由　96

優越的蓋然性　131
有償契約　78
誘導質問　215
郵便送達報告書　97, 134

要因規範　114
要件事実　11, 50, 65
　　売買の——　128
要件事実的思考　239
要件事実論的検討　220
要件分析的思考　239
要証事実　135, 139, 155, 156, 180
要物契約　77
要約書面　156
よって書き　51, 72, 121
呼出状　97

ラウンドテーブル法廷　153, 154
ラポール　18

利益相反　16
履行期　69
　　——の経過　83
　　——の定め　81
履行遅滞　67, 80, 125
履行の提供　168
利息　73
利息制限法　220
立証活動　70, 90, 135
立証計画　178
立証趣旨　134
立証責任　67
立証テーマ　180
立証を要する事由　90, 120
理由付き否認　79, 102, 122
理由不備　223
旅費　198

録音テープ　140

──等への記録　200
論理則　213

和解　152,180,207

　──の試み　180,201
和解勧告　201
和解期日　202
和解条項案の書面による受諾　203
和解調書　60,266

【編著者紹介】

加藤新太郎（かとう・しんたろう）

　1950年生まれ。名古屋大学法学部卒業。1975年裁判官任官（東京地方裁判所）。その後，名古屋，大阪，釧路に勤務。1988年司法研修所教官（第2部），1992年司法研修所事務局長，1998年東京地方裁判所部総括判事，2001年司法研修所上席教官（第1部），2005年新潟地方裁判所長，2007年水戸地方裁判所長，2009年東京高等裁判所部総括判事，2015年から中央大学大学院法務研究科教授・弁護士，現在に至る。

　『弁護士役割論』（弘文堂・1992，〔新版〕2000），『コモン・ベーシック弁護士倫理』（有斐閣・2006），『手続裁量論』（弘文堂・1996），『リーガル・コミュニケーション』（編著，弘文堂・2002），『リーガル・ネゴシエーション』（編著，弘文堂・2004），『民事事実認定と立証活動Ⅰ・Ⅱ』（編著，判例タイムズ社・2009），『コンメンタール民事訴訟法Ⅰ～Ⅶ』（共著，日本評論社・2002～2018），『条解民事訴訟法』（共著，弘文堂・1986，〔第2版〕2011），『司法書士の専門家責任』（弘文堂・2013），『民事事実認定論』（弘文堂・2014），『民事尋問技術』（編著，ぎょうせい・1996，〔第4版〕2016）など

【著者紹介】

前田惠三（まえだ・けいぞう）

　1950年生まれ。早稲田大学商学部・法学部卒業。1985年弁護士登録（東京弁護士会）。1989年から1993年まで司法研修所所付（民事弁護），2001年から2004年まで司法研修所教官（民事弁護）。2014年逝去。

　『民事弁護と裁判実務2』（共編著，ぎょうせい・1997），『債権確保・回収の法律相談』（共編著，青林書院・1995），『役員退職慰労金一問一答』〔別冊商事法務〕（分担執筆，商事法務・2000），『事例研究民事法』（分担執筆，日本評論社・2008，〔第2版〕2013）

村田　渉（むらた・わたる）

　1955年生まれ。早稲田大学政治経済学部卒業。1984年判事補任官（東京地方裁判所），1986年福岡地家裁小倉支部判事補，1989年最高裁事務総局刑事局付，1995年京都地方裁判所判事，1998年東京地方裁判所判事を経て，2001年司法研修所教官（第2部），2004年早稲田大学大学院法務研究科客員教授（兼務），2005年東京地方裁判所判事，2011年司法研修所上席教官（第2部・第1部），2016年仙台地方裁判所所長，2017年3月から東京高等裁判所判事，現在に至る。

　『要件事実論30講』（共編著，弘文堂・2007，〔第4版〕2018），『民事事実認定と立証活動Ⅰ・Ⅱ』（共著，判例タイムズ社・2009），『事実認定体系』（編著，第一法規・〔民法総則編1-2〕2017，〔物権編〕2017，〔新訂契約各論編1～3〕2018）

松家　元（まつか・げん）

　1964年生まれ。早稲田大学政治経済学部卒業。1992年弁護士登録（第一東京弁護士会），現在に至る。1998年から2001年まで司法研修所所付（民事弁護），2009年から2012年まで司法研修所教官（民事弁護），2012年から2017年まで立教大学法科大学院特任教授，2018年から筑波大学法科大学院教授，現在に至る。

　『要件事実体系（web）』（共著，第一法規・2011），『最新　債権法の実務（加除式）』（共編著，新日本法規出版・2017）など

〔編著者〕

加藤新太郎 中央大学大学院法務研究科教授・弁護士

〔著者〕

前田惠三 元弁護士
村田　渉 東京高等裁判所判事
松家　元 弁護士・筑波大学法科大学院教授

民事訴訟実務の基礎【解説篇】〔第4版〕

2004(平成16)年4月15日　初版1刷発行
2007(平成19)年3月30日　第2版1刷発行
2011(平成23)年9月30日　第3版1刷発行
2019(平成31)年3月15日　第4版1刷発行

編　者　加藤新太郎
発行者　鯉渕友南
発行所　株式会社　弘文堂　101-0062　東京都千代田区神田駿河台1の7
　　　　　　　　　　　　TEL 03(3294)4801　振替 00120-6-53909
　　　　　　　　　　　　http://www.koubundou.co.jp

装　丁　笠井亞子
印　刷　図書印刷
製　本　井上製本所

©2019 Shintaro Kato. Printed in Japan
[JCOPY] 〈(社)出版者著作権管理機構　委託出版物〉
本書の無断複写は著作権法上での例外を除き禁じられています。複写される場合は、そのつど事前に、(社)出版者著作権管理機構(電話 03-5244-5088、FAX 03-5244-5089、e-mail: info@jcopy.or.jp)の許諾を得てください。
また本書を代行業者等の第三者に依頼してスキャンやデジタル化することは、たとえ個人や家庭内の利用であっても一切認められておりません。

ISBN978-4-335-35758-9

弘文堂ケースブックシリーズ

理論と実務との架橋をめざす、新しい法曹教育が法科大学院で行われています。その新しい法曹教育に資するよう、各科目の基本的な概念や理論を、相当のスペースをとって引用した主要な判例と関連づけながら整理した教材。設問を使って、双方向型の講義が実現可能となる待望のケースブックシリーズ。

ケースブック憲法　［第4版］　長谷部恭男・中島徹・赤坂正浩・阪口正二郎・本秀紀 編著

ケースブック行政法　［第6版］　稲葉馨・下井康史・中原茂樹・野呂充 編

ケースブック租税法　［第5版］　金子宏・佐藤英明・増井良啓・渋谷雅弘 編著

ケースブック刑法　［第5版］　笠井治・前田雅英 編

ケースブック会社法　［第5版］　丸山秀平・野村修也・大杉謙一・松井秀征・髙橋美加・河村賢治 著

ケースブック民事訴訟法　［第4版］　長谷部由起子・山本弘・松下淳一・山本和彦・笠井正俊・菱田雄郷 編著

ケースブック刑事訴訟法　［第3版］　笠井治・前田雅英 編

ケースブック労働法　［第8版］　菅野和夫 監修　土田道夫・山川隆一・大内伸哉・野川忍・川田琢之 編著

ケースブック知的財産法　［第3版］　小泉直樹・高林龍・井上由里子・佐藤恵太・駒田泰土・島並良・上野達弘 編著

ケースブック独占禁止法　［第3版］　金井貴嗣・川濵昇・泉水文雄 編著

弘文堂

2019年3月現在

━━━━演習ノートシリーズ━━━━

民法演習ノートⅢ
……家族法 21問

窪田充見・佐久間毅・沖野眞已＝編著／磯谷文明・浦野由紀子・
小池泰・西希代子＝著　　　　　　　　　　　　　3200円

憲法演習ノート
……憲法を楽しむ21問

宍戸常寿＝編著／大河内美紀・齊藤愛・柴田憲司・西村裕一・
松本哲治・村山健太郎・横大道聡＝著　　　　　　3000円

刑法演習ノート
……刑法を楽しむ21問［第2版］

只木誠＝編著／北川佳世子・十河太朗・髙橋直哉・安田拓人・
安廣文夫・和田俊憲＝著　　　　　　　　　　　　3000円

租税法演習ノート
……租税法を楽しむ21問［第3版］

佐藤英明＝編著／岡村忠生・渋谷雅弘・髙橋祐介・谷口勢津夫・
増井良啓・渡辺徹也＝著　　　　　　　　　　　　2800円

知的財産法演習ノート
……知的財産法を楽しむ23問［第4版］

小泉直樹・駒田泰土＝編著／鈴木將文・井関涼子・奥邨弘司・
上野達弘・宮脇正晴＝著　　　　　　　　　　　　3000円

倒産法演習ノート
……倒産法を楽しむ22問［第3版］

山本和彦＝編著／岡正晶・小林信明・中西正・笠井正俊・沖野眞已・
水元宏典＝著　　　　　　　　　　　　　　　　　3300円

労働法演習ノート
……労働法を楽しむ25問

大内伸哉＝編著／石田信平・魚住泰宏・梶川敦子・竹内（奥野）寿・
本庄淳志・山川和義＝著　　　　　　　　　　　　3200円

━━━━弘文堂━━━━

＊定価（税抜）は、2019年3月現在のものです。

好評発売中

要件事実論30講〔第4版〕

村田渉・山野目章夫 編著

後藤巻則・髙橋文清・村上正敏・大塚直・三角比呂
鈴木謙也・桃崎剛・德増誠一・劒持淳子 著

新たに加わった裁判官を交え、実務家と民法研究者が討議を重ねて作り上げた要件事実の基礎教育と自己学修に最適のスタンダード・テキスト。基礎理論の解説9講と民法の主要論点21講、演習問題17問による3部構成。設例に対する丁寧な解説とともに、事実摘示例やブロック・ダイアグラムを具体的に示し、さらにはコラムや補講、記載例関係一覧表も便利。暗記にたよらない正しい学修方法を伝授。民法（債権関係）改正に即応させた最新版。　3800円

民事事実認定論

加藤新太郎 著

民事事実認定を対象に、「知識体系としての民事事実認定論」の構築を試みたモノグラフィー。民事事実認定にかかわる議論群を、具体的なケースを素材に、本質論・対象論・方法論・過程論・基盤論に整理して考察。自らの実務経験と永年に亘る深い思索に支えられた民事事実認定研究の集大成。　5200円

刑事訴訟実務の基礎〔第2版〕

前田雅英 編著

青木英憲・藤井俊郎・丸山哲巳・峰ひろみ 著

最新の刑事裁判の流れにそって、刑事訴訟実務に必要な知識の修得をめざす法律実務家になるための必修テキスト。事件記録を収めた「記録篇」と、事実と理論を架橋したわかりやすい記述の「解説篇」の2冊組。具体的な事案を軸に、「記録篇」を合わせ読みながら、15講の講義が連続性のあるものとなるよう工夫された構成。法科大学院で到達すべきレベルを示し、文書作成作業を学ぶための「発展問題」を充実させ、予備試験対策を強化した最新版。　3400円

弘文堂

＊定価（税抜）は、2019年3月現在のもの